Il russo
Collana Senza Sforzo

di
Victoria Melnikova-Suchet

**Adattamento italiano di
Mario Altare**

Illustrazioni di J.-L. Goussé

Casella Postale 80, 10034 Chivasso - TO
+390119131965 - info@assimil.it
www.assimil.it

© Assimil Italia 2022
ISBN 978-88-85695-54-2

I nostri metodi

sono corredati dall'audio in lingua di tutti i dialoghi.

Inquadra il codice QR per acquistare l'audio di questo corso su **assimil.it**:

Senza Sforzo

Arabo, Cinese, Ebraico, Francese, Giapponese, Greco moderno, Greco antico, Inglese, Inglese americano, Latino, Neerlandese, Persiano, Polacco, Portoghese, Portoghese brasiliano, Romeno, Russo, Spagnolo, Svedese, Tedesco, Turco, Ungherese

Perfezionamenti

Francese - Inglese - Russo - Spagnolo - Tedesco

Affari

Inglese

E-Metodi

Francese
Inglese americano
Inglese britannico
Perfezionamento dell'inglese
Russo
Spagnolo
Perfezionamento dello spagnolo
Tedesco
Perfezionamento del tedesco

Titolo dell'edizione originale francese:

Le russe – Collection sans peine © *Assimil France 2008*

Sommario

Introduzione VI
Pronuncia e trascrizione fonetica IX

Lezioni 1 - 100

1	Как дела?	1
2	Кто это?	7
3	Давайте знакомиться!	11
4	Завтрак	15
5	Пойдём гулять!	19
6	Спокойной ночи!	23
7	*Повторение*	27
8	На Кавказе	31
9	Экзамены	37
10	Какая интересная книга!	41
11	Упрямство	45
12	Русский язык	49
13	Где я?	55
14	*Повторение*	59
15	За столом	65
16	Моя семья	69
17	Поезд	73
18	В ресторане	79
19	Телефонный разговор	83
20	В Сибири	89
21	*Повторение*	93
22	Дни недели	101
23	Сон	105
24	Какая жара!	109
25	День рождения	113
26	Замечательный вечер	117
27	Вежливая девочка	121
28	*Повторение*	125
29	Новое платье	129
30	Новое платье : В магазине (продолжение)	133
31	Недоразумение	137
32	На вечеринке	141

33	Соседи	143
34	Разочарование	147
35	*Повторение*	153
36	Кто лает?	157
37	На приёме у врача	161
38	Медицинский осмотр	165
39	Ему не повезло!	171
40	Идеальный подарок	175
41	Напряжённый график	179
42	*Повторение*	183
43	Мечты	189
44	Евгений Онегин	193
45	Жадина	199
46	Какие планы?	203
47	Общежитие	207
48	Новый год	213
49	*Повторение*	219
50	Хитрость	225
51	На вкус и цвет товарищей нет!	231
52	Летний роман	235
53	Железная логика	239
54	Закоренелый холостяк	243
55	Солидарность	249
56	*Повторение*	253
57	Сборы	261
58	Вор	265
59	Разумное решение	269
60	Дилемма	273
61	Совпадение	279
62	Ценная помощь	283
63	*Повторение*	289
64	Спортсмен	297
65	Подозрение	301
66	Хитрец	307
67	Отпуск	311
68	Слишком низко	317
69	Мы умеем считать	321
70	*Повторение*	327
71	В гостинице	333
72	Все цвета радуги	339
73	Как с вами связаться?	343

74	Все профессии важны!	349
75	Суеверный человек	355
76	Ревность	361
77	*Повторение*	367
78	Проще простого	373
79	Поговорим о путешествиях	379
80	Мы идём за покупками	385
81	Не муж, а золото!	393
82	На почте	399
83	Что празднуете?	403
84	*Повторение*	409
85	С приездом!	417
86	Без паники!	423
87	Выход из положения	427
88	Осторожно – проверка…	433
89	Какое счастье!	439
90	Свадьба	445
91	*Повторение*	451
92	Болезнь	455
93	Какая красивая кухня!	461
94	Всё ясно, как дважды два!	469
95	Потеря	475
96	В аэропорту	479
97	Шашлык	485
98	*Повторение*	491
99	Родина	495
100	До новых встреч!	499

Appendice grammaticale 508
Indice grammaticale 555
Bibliografia 557
Locuzioni ed espressioni russe 560

Lessici
    Russo – Italiano 562
    Italiano – Russo 608

Ringraziamenti

L'adattatore desidera ringraziare per la preziosa collaborazione la Dott.ssa Elena Bulgarelli e la Prof.ssa Eugenia Bolchakova.

Introduzione

Innanzitutto ci congratuliamo con voi per aver scelto di imparare il russo con il nostro metodo. I testi che costituiranno la base del vostro apprendimento vi permetteranno di conoscere la lingua russa così com'è parlata oggi e di farvi scoprire, non senza un pizzico d'umorismo, la vita quotidiana, la letteratura, la storia e le peculiarità dell'anima russa.

Nel corso delle lezioni acquisirete le conoscenze necessarie per comunicare nel quotidiano, scrivere lettere, telefonare, parlare di svariati argomenti, spiegare, fare domande... Così, al termine del vostro studio, saprete cavarvela con disinvoltura in tutte le situazioni in cui è necessaria la conoscenza del russo.

Il segreto del nostro metodo è un apprendimento di tipo intuitivo, grazie a cui potrete acquisire delle buone basi già dopo qualche mese. Seguite i consigli che vi daremo durante le lezioni e lasciatevi guidare in quest'avventura esaltante. Studiate una mezzora al giorno **tutti i giorni**: la regolarità sarà l'ingrediente fondamentale del vostro successo. Se le lezioni vi sembrano difficili o se non avete abbastanza tempo a disposizione, adeguate il ritmo dell'apprendimento alla velocità che preferite, ma non interrompete la cadenza quotidiana del vostro studio.

I dialoghi si basano su situazioni tratte dalla vita di tutti i giorni e vi trasporteranno in un mondo che troverete senz'altro familiare. Non cercate di imparare a memoria: "assorbite" le frasi ripetendole a più riprese ed esse entreranno con la massima naturalezza nel vostro bagaglio linguistico.

La trascrizione fonetica e le osservazioni sulla pronuncia vi aiuteranno ad acquisire buone capacità di lettura e di pronuncia, mentre **le note** vi forniranno in modo molto graduale le spiegazioni che vi servono. Prendetevi il tempo necessario per leggerle attentamente, perché faciliteranno l'apprendimento. **Le note culturali** al termine delle lezioni conterranno invece notizie sulla vita e sulla cultura russa in generale.
Il russo utilizza **l'alfabeto cirillico** come molte altre lingue slave (l'ucraino, il bielorusso, il serbo, il bulgaro ecc.) e l'azero, il

kazako, il turkmeno, il tagico ecc. Quest'alfabeto è stato introdotto durante il periodo di evangelizzazione della Russia dai monaci Metodio e Cirillo (da cui prende il nome), due fratelli nati in Macedonia che sono stati poi canonizzati.

Non è semplice passare a un alfabeto sconosciuto dall'oggi al domani, ma tranquillizzatevi: il cirillico è molto meno difficile di quanto sembri; è composto da 33 lettere (che possono essere sia maiuscole che minuscole), alcune delle quali simili a quelle greche e altre (come A, C, K, M) ai caratteri latini.

L'ortografia russa è stata semplificata dopo la Rivoluzione d'Ottobre del 1917. Per darvi la possibilità di abituarvi rapidamente all'alfabeto cirillico, troverete alla fine delle prime lezioni un **esercizio di lettura** e uno **di scrittura**. Inoltre vi proporremo di esercitarvi anche con i caratteri corsivi, che talvolta differiscono da quelli in stampatello.

Come studiare con Assimil

L'ideale è un apprendimento quotidiano: cercate di dedicare **una mezzora al giorno** allo studio del russo. Se in certi giorni non avete tempo, riascoltate o rileggete almeno il dialogo dell'ultima lezione che avete affrontato: l'assimilazione di una lingua è possibile solo con un impegno costante.

Nei nostri corsi le lezioni sono organizzate in gruppi di sette, ovvero **sei lezioni di apprendimento** seguite da **una lezione di ripasso** che vi aiuterà a ricapitolare con regolarità le conoscenze acquisite.

• Consigli per le sei lezioni di apprendimento

1. Assimilate il dialogo e ripetetelo
Se avete **le registrazioni**, ascoltate attentamente i dialoghi tenendo il libro chiuso. Immergetevi nelle sonorità della lingua tentando di capire le frasi e ripetendole ad alta voce. I primi quattordici dialoghi sono stati registrati due volte: la prima volta le frasi vengono pronunciate lentamente e in maniera molto articolata per consentirvi di acquisire dimestichezza con i suoni del russo; la seconda volta il ritmo di lettura sarà più rapido, quasi come quello di

una conversazione naturale. Se non disponete delle registrazioni, aiutatevi con la trascrizione fonetica (vedi il paragrafo **Pronuncia e trascrizione fonetica**). I primi dialoghi sono trascritti integralmente: questo aiuto alla pronuncia scomparirà a poco a poco finché non sarete in grado di cavarvela da soli.

2. Verificate la comprensione del dialogo
Fate quindi riferimento alla **traduzione in italiano** a fronte. Se la struttura della frase italiana è diversa da quella della frase russa, in genere viene fornita anche una traduzione letterale tra parentesi. Man mano che andrete avanti, vi sentirete sempre più sicuri e potrete cominciare a utilizzare fluentemente le parole che avete imparato.

3. Integrate il vostro apprendimento con l'aiuto delle note
Leggete attentamente le note, che completano in modo semplice e graduale il vostro studio e vi forniscono informazioni sul funzionamento della lingua.

4. Ripetete il dialogo e fate gli esercizi
Ripetete il dialogo ancora una volta ad alta voce e poi passate agli **esercizi**. Complemento indispensabile per il vostro apprendimento quotidiano, gli esercizi vi permetteranno di rivedere e verificare ciò che avete appena imparato.

• Consigli per la lezione di ripasso

1. Leggete per ripassare
I vari paragrafi della lezione di ripasso tornano sui punti più importanti affrontati nelle sei lezioni precedenti e contengono, quando è necessario, ulteriori spiegazioni.

Soffermatevi con particolare attenzione sugli aspetti che vi sembrano più complessi.

2. Consolidate le conoscenze acquisite con il dialogo di ripasso
Il dialogo di ripasso riprende parole, espressioni ed elementi grammaticali incontrati nelle lezioni precedenti. Leggetelo e/o ascoltatelo per intero e poi cercate di tradurne ogni frase.
Una volta completata la lezione di ripasso siete finalmente pronti per passare al gruppo di lezioni seguente.

Se alla fine della lezione alcuni punti non vi sembrano ancora del tutto chiari, non preoccupatevi troppo: nella maggior parte dei casi le spiegazioni complementari contenute nelle lezioni successive basteranno a diradare i vostri dubbi.

Fase passiva e fase attiva

Nelle prime 49 lezioni vi chiederemo sostanzialmente di ascoltare, ripetere e capire. È la prima fase del vostro apprendimento, che chiameremo **fase passiva**. In questa fase accumulerete un certo numero di nozioni che dovete padroneggiare per poterne successivamente fare uso e formare così frasi autonome.

A partire dalla 50ª lezione, le vostre conoscenze saranno sufficienti per passare alla **fase attiva** e cominciare a formulare frasi originali. Come procedere? Dopo aver regolarmente studiato la vostra lezione quotidiana, tornerete ogni giorno su una lezione già affrontata (vi indicheremo noi quale).

Stavolta, anziché accontentarvi di ripetere, leggere e capire, dovrete tradurre il dialogo italiano in russo e fare lo stesso con l'esercizio 1. Vi renderete allora conto di tutti i progressi che avete compiuto e sarete in grado di lanciarvi in una piccola conversazione e di esprimervi in modo semplice e corretto.

Prima di iniziare con la prima lezione vi invitiamo a leggere il preambolo sulla fonetica russa.

Pronuncia e trascrizione fonetica

Ecco alcune osservazioni e regole sulla pronuncia che è bene conoscere per leggere in russo.

Leggete attentamente questo capitolo prima di passare alle lezioni, ma non cercate di ricordare tutto subito:
• L'alfabeto cirillico è strutturato in modo che a ogni lettera corrisponda un solo suono e viceversa (tranne ь e ъ che sono segni muti), anche se ci sono alcune eccezioni da tenere presenti.
• A ogni vocale corrisponde una sillaba e viceversa.
• In russo non esistono i dittonghi: ogni vocale, come detto, forma una sillaba, per cui sarà sufficiente contare il numero delle vocali

per sapere di quante sillabe è composta una parola: **амплуа** *amplua ruolo* (tre sillabe); **Берлин** *birlin* Berlino (due sillabe).

• Le consonanti

La prima colonna della tabella seguente riporta la lettera russa maiuscola e minuscola (in stampatello sopra e in corsivo manuale sotto).

La seconda colonna riporta la trascrizione fonetica che abbiamo scelto. Alcune lettere possono averne più di una, a seconda della loro posizione nell'ambito di una parola, ma per ora ci limiteremo a fornire la trascrizione principale.

Lettera russa	Trascrizione Assimil	Si pronuncia come in	Esempio Pronuncia Traduzione
Бб *Бб*	*b*	**b**olla	**бак** *bak* vasca
Вв *Вв*	*v*	**v**etro	**вот** *vot* ecco
Гг *Гг*	*g/gh*	**g**allo/a**gh**i	**гру́ша** *gruša* pera
Дд *Дд*	*d*	**d**ito	**дом** *dom* casa
Жж *Жж*	*ž* [1]	gara**g**e	**жанр** *žanr* genere
Зз *Зз*	*z*	ro**s**a	**зал** *zal* sala
Кк *Кк*	*k*	**k**iwi	**кот** *kot* gatto
Лл *Лл*	*l*	**l**etto	**ла́мпа** *lampa* lampada

---

[1] È il suono della "j" francese in *je*.

Мм *Мм*	m	**m**are	**м**ост *most* ponte
Нн *Нн*	n	**n**ove	**н**ос *nos* naso
Пп *Пп*	p	**p**ala	**п**арк *park* parco
Рр *Рр*	r	**r**ete	ро́за *roza* rosa
Сс *Сс*	s [2]	**s**anto ro**ss**o	су́мка *sumka* borsa раса *rasa* razza
Тт *Тт*	t	**t**orre	тари́ф *tarif* tariffa
Фф *Фф*	f	**f**are	фру́кты *frukty* frutta
Хх *Хх*	H	(suono aspirato) [3]	хи́мия *Himija* chimica
Цц *Цц*	ts [4]	mosca **ts**e-**ts**e	цвет *tsvjet* colore
Чч *Чч*	č [5]	**c**era	час *čas* ora
Шш *Шш*	sh	**sh**ampoo	шака́л *shakal* sciacallo
Щщ *Щщ*	ssh [6]		я́щик *jasshik* cassetto

2 È il suono della nostra "s" all'inizio di una parola (o della "s" doppia).
3 Questo suono, a differenza della nostra "h", deve sentirsi bene ed è simile a quello che si trova nell'inglese **hobby**.
4 È lo stesso suono della "z" nella parola *tozzo*.
5 È il suono della "c" dolce.
6 Questo suono, che non ha equivalenti in italiano, somiglia a quello che si emette quando si chiede di fare silenzio.

Le consonanti russe si dividono in sonore e sorde: per saperne di più date un'occhiata alla lezione 7 (2° paragrafo). Questa distinzione è presente anche in italiano e permette di comprendere meglio le regole della pronuncia russa, eccezioni comprese.

• **Le vocali**

Lettera russa	Trascrizione Assimil	Si pronuncia come in	Esempio Pronuncia Traduzione
Аа *Аа*	a	atto	**а́вгуст** *avgust* agosto
Ее *Ее*	je e*	pieno	**апте́ка** *aptjeka* farmacia **чек** *ček* assegno
Ёё *Ёё*	jo o*	viola	**ёлка** *jolka* abete **шёлк** *sholk* seta
Ии *Ии*	i	inno	**ико́на** *ikona* icona
Оо *Оо*	o	sotto	**кот** *kot* gatto
Уу *Уу*	u	uva	**уро́к** *urok* lezione

Ы ы	y	suono inesistente in italiano[7]	**сыр** syr *formaggio*
Ээ Ээ	e	etto	**э́та** *e*ta *questa*
Юю Юю	ju	iuta	**рю́мка** rj*u*mka *bicchierino*
Яя Яя	ja	bianco	**я́хта** ja*H*ta *yacht*

* Dopo le consonanti **ж, ш, щ, ч** trascriveremo le vocali **e** / **ë** rispettivamente con *e* (*že, she, sshe, če*) e *o* (*žo, sho, ssho, čo*) dal momento che in questi casi la pronuncia corretta risulta naturale per un italiano.

• Le altre lettere

La semiconsonante **й** (detta "i breve") appare soltanto dopo le vocali e corrisponde al suono della "i" in *poi*. Non è mai accentata.

Й й Й й	ĭ	poi	**май** m*aj* *maggio*

Le lettere **ь** (segno molle) e **ъ** (segno duro) non hanno un suono proprio e servono a modificare quello delle consonanti che le precedono. Infatti in russo le consonanti possono essere dure o molli: quelle dure si pronunciano come le rispettive consonanti italiane,

---

[7] Si tratta di una "i" gutturale: per pronunciarla provate a dire una "i" spostando la lingua un po' all'indietro.

mentre le molli si pronunciano spingendo la lingua verso il palato: per esempio una "l" molle ha un suono simile a quello della "gl" italiana in *aglio*, e una "n" molle corrisponde al suono "gn" in *campagna*. Un altro esempio: la "t" molle ricorda il suono della combinazione "ts". Pertanto il segno molle (ь) posto dopo una consonante indica che quest'ultima va pronunciata accostando la lingua al palato; il segno duro (ъ), che ricorre con minore frequenza, indica invece che la consonante precedente è dura e determina una breve pausa tra detta consonante e la vocale seguente. Nella nostra trascrizione fonetica renderemo il segno duro con un trattino (-): **съесть** *s-jest' mangiare*.

Il segno molle verrà invece reso con un apostrofo (').

Ъ ъ	-	non corrisponde ad alcun suono	**съесть** *s-jest' mangiare*
Ь ь	'	non corrisponde ad alcun suono	**лишь** *lish' soltanto* **тень** *tjen' ombra* **царь** *tsar' zar*

• **L'accento tonico**

In russo, come in italiano, la sillaba su cui cade l'accento tonico è quella pronunciata con maggiore intensità. Nel corso del presente manuale segnaleremo le vocali accentate in grassetto (nei dialoghi e nella trascrizione fonetica) o con un accento acuto (nelle note e nelle osservazioni sulla pronuncia che corredano le lezioni): si tratta, in entrambi i casi, di convenzioni impiegate per facilitare l'apprendimento della lingua. In Russia, infatti, si usa segnare l'accento solo nei testi per i bambini e nei dizionari, mai negli altri libri o nei giornali.

Ricordate che una parola può avere solo una vocale accentata (a meno che non si tratti di una parola composta: in tal caso ciascuno dei termini che la formano mantiene il proprio accento). Inoltre, come vedremo durante le lezioni, il fatto che una sillaba sia tonica o atona può incidere sulla sua pronuncia, ma questa particolarità della lingua russa non deve preoccuparvi: la assimilerete gradualmente, e in caso di dubbi potrete sempre trovare le spiegazioni necessarie nell'appendice grammaticale alla fine dell'opera.
Ora avete tutti gli elementi che vi servono per cominciare la vostra prima lezione di russo: vi auguriamo quindi…

Удáчи! *udači Buona fortuna!*

Anche se non siete principianti, prima di cominciare leggete attentamente l'introduzione del corso, nella quale vi forniamo indicazioni importanti per la pronuncia spiegandovi inoltre come procedere per un apprendimento ottimale.

Lo scopo principale della prima serie di lezioni è farvi acquisire dimestichezza con le regole di pronuncia del russo e le sonorità della lingua che, una volta assimilate, vi permetteranno di saper pronunciare tutte le parole che leggerete. A tal proposito vi

---

1   Пе́рвый уро́к [pjerv^{yi} urok]

Как дела́?

kak dila?

1 – Добрый день ①, Надя!
dobr^{yi} djen', nadja!

2 – Приве́т, Саша ②!
privjet, sasha!

3   Как дела ③?
kak dila?

Osservazioni sulla pronuncia

I numeri corrispondono a quelli delle frasi del dialogo.

Titolo, 3 Normalmente la **e** non accentata si pronuncia *i*: **дела́** *dila*. Alcune vocali, infatti, si pronunciano diversamente da come si scrivono quando sono atone.

1 Come abbiamo visto già nell'introduzione, il segno molle **ь** non si pronuncia, ma modifica il suono della consonante che lo precede. Nel caso specifico, altera il suono della **н** rendendolo simile a quello del gruppo consonantico *gn* in "biso**gn**o".

1 • один (*adin*)

consigliamo vivamente di fare estrema attenzione alle "osservazioni sulla pronuncia".
Attenzione: nei dialoghi, la vocale su cui cade l'accento tonico è indicata in grassetto, mentre nelle note reca un accento acuto. Nella traduzione in italiano dei dialoghi, le parole tra parentesi tonde sono la traduzione letterale del testo russo, mentre quelle tra parentesi quadre, pur non comparendo nella frase russa originale, sono necessarie per una corretta traduzione del testo.

Prima lezione   1

Come va?

1 – Buongiorno, Nadja!
2 – Ciao, Sasha!
3   Come va *(Come affari)*?

Note

① **Добрый день** *dobrᵛʲi djen'* si usa per salutare dopo le 11 di mattina e nel primo pomeriggio.

② **Сáша** *sasha* è il diminutivo di **Александр** *aliksandr*, così come **Нáдя** *nadja* è il diminutivo di **Надéжда** *nadježda*. È bene conoscere i diminutivi perché i Russi li usano molto in contesti confidenziali.

③ **Как делá?** *kak dila?*, letteralmente *Come [vanno gli] affari?*, equivale a *Come va?* ed è, come si può intuire, una delle frasi che sentirete dire più spesso all'inizio di una conversazione...

1   4 – Хорош**о**, спас**и**бо.
   *Harasho, spasib*ᵃ*.*

5   А у вас ④?
   a u vas?

6 – Спас**и**бо, всё хорош**о**.
   *spasib*ᵃ*, fsjo Harasho.*

4, 6 • Anche la **o**, quando non è accentata, prende un suono diverso: si pronuncia all'incirca come una *a*, più o meno attenuata (a fine parola si sente ancora meno, per questo la trascriveremo con ᵃ): **хорошо́** *Harasho*; **спаси́бо** *spasib*ᵃ
• La **o** tonica, invece, si legge come si scrive: **хоро́ш**ий *Har*o*shyj*; **до́брый** *d*o*br*ᵞʲ
6 • Ricordatevi che la seconda **с** di **спаси́бо** si legge aspra come la *s* di "sera" e non dolce come la *s* di "rosa".
• La consonante sonora **в** (vedi 7ª lezione, paragrafo 2 e relativa tabella), che si pronuncia normalmente *v*, davanti alla consonante sorda **с** (*s*) ne subisce l'influsso, si assorda a sua volta e si legge dunque *f*: **всё** *fsjo*.

Упражнение 1 *(Esercizio 1)*
– **Читайте и переводите** *(Leggete e traducete)*
[*upražnjeni*ʲᵉ *adin – čitaj*tʲᵉ *i pirivadi*tʲᵉ]

❶ – Саша, добрый день! – Привет! ❷ Как дела? ❸ Спасибо, Надя! ❹ Всё хорошо. ❺ Как у вас дела?

Упражнение 2 *(Esercizio 2)*
– **Восстановите текст** *(Ricostruite il testo)*
[*upražnjeni*ʲʲᵉ *dva – vasstanavi*tʲᵉ *tjekst*]
A ogni punto corrisponde una lettera.

❶ Come va?
   . . . дела?

❷ Bene, grazie.
   Хорошо, ...

4 – Bene, grazie.
5   E voi?
6 – Tutto bene, grazie *(Grazie, tutto bene).*

Note

④ **Вас** (lett. *di voi*), su cui torneremo in seguito, è il pronome di seconda persona plurale.

Inoltre, anziché dire semplicemente **Как дела?** *kak dila* si sarebbe potuto aggiungere **у вас?** *u vas* riformulando la domanda così: **Как у вас дела?** *kak u vas dil***a**, *Come state?* (in tal modo la domanda diventa più interessata).

Soluzione dell'esercizio 1 (Traduzione)
❶ – Buongiorno, Sasha! – Ciao! ❷ Come va? ❸ Grazie, Nadja! ❹ Tutto bene. ❺ Come state?

❸ Ciao!
. . . . . . !

❹ Buongiorno!
Добрый . . . . .

❺ Tutto bene.
. . . хорошо.

Soluzione dell'esercizio 2 (Parole mancanti)
❶ Как – ❷ – спасибо ❸ Привет ❹ – день ❺ Всё –

1
Al termine delle lezioni vi proponiamo due esercizi complementari: uno di lettura e uno di scrittura, in cui troverete sia parole incontrate nelle lezioni precedenti che termini ancora sconosciuti. Vi accorgerete con piacere che questi caratteri, incomprensibili a prima vista, acquisteranno un senso dal momento in cui sarete riusciti a traslitterarli.
Nell'esercizio di lettura la prima riga è in stampatello e la seconda riproduce la scrittura corsiva manuale. Vedrete che ci sono alcune differenze, piuttosto marcate, fra le due scritture: leggete ogni parola ad alta voce e assaporate le sonorità del russo!
Con il secondo esercizio potrete allenarvi a scrivere in cirillico: vi consigliamo di munirvi di un quaderno e di scrivere tutte le parole più volte.

Leggete:
Саша, да, газ, спасибо, вы, жираф, опера.
Саша, да, газ, спасибо, вы, жираф, опера.

Scrivete e traslitterate:
как, это, Надя, театр, стоп.

Soluzione (pronuncia e traduzione):
sasha Sasha, da sì, gas gas, spasiba grazie, vy Lei, žyraf* giraffa, opira opera.

* Dopo le consonanti ж e ш la vocale и si pronuncia come una ы.

Soluzione:
как kak come, это et^a questo, Надя nadja Nadia, театр tiatr teatro, стоп stop stop.

2   Второ́й уро́к [ftaroj urok]

Кто э́то ①?
kto et^a?

1 – Здра́вствуйте ②!
  zdrastvujtje!
2 – Кто э́то ①?
  kto et^a?
3 – Э́то ① Наде́жда и Ви́ктор.
  eta nadježda i viktar.
4   Надя – журналистка ③.
  nadja žurnalistka.
5 – А Ви́ктор то́же журнали́ст ④?
  a viktar tož^e žurnalist?
6 – Нет, он – студе́нт.
  njet, on studjent.

Osservazioni sulla pronuncia
N° della lezione второ́й *ftaroj*: davanti alla consonante sorda **т** *(t)* la consonante sonora **в** *(v)* si assorda e si pronuncia *f*.

Note

① **Кто э́то?**, letteralmente *Chi questo?*, ci permette di conoscere in un colpo solo tre punti fondamentali della grammatica russa. **Кто** *kto* fa sempre riferimento a soggetti animati (persone o animali), mai a cose. Il verbo *essere*, **быть** *byt'*, come potete notare in quasi tutte le frasi del dialogo, non è espresso al presente indicativo: nello scritto è spesso sostituito da un trattino e nel parlato da una pausa. Infine il pronome dimostrativo **э́то** *eta* può significare *questo, questa, questi* o *queste* a seconda che il soggetto sia singolare o plurale, maschile o femminile. Per cui, ricapitolando, la domanda **Кто э́то?** può riferirsi a una o più persone (*Chi è?, Chi sono?*). Ecco perché l'abbiamo tradotta in due modi diversi: nel titolo non ci sono riferimenti al contesto, che abbiamo invece specificato (aggiungendo "*queste persone*") nella 2ª frase. ▶

Seconda lezione 2

Chi è *(Chi questo)*?

1 – Buongiorno *(Salve)*!
2 – Chi sono queste persone *(Chi questo)*?
3 – [Sono] Nadježda e Viktor *(Questo Nadežda e Viktor)*.
4 — Nadja [è una] giornalista.
5 – Anche Viktor è *(E Viktor anche)* giornalista?
6 – No, è uno studente *(lui – studente)*.

Titolo Кто э́то? La **э** si pronuncia come una *e* aperta. Come ricorderete, la **o** atona in **э́то** si legge pressappoco come una *a*.
1 La prima **в** del gruppo consonantico **вств** (che s'incontra in diverse parole russe) non si pronuncia. Scomponete la parola per pronunciarla più facilmente: *zdrast-vuj-tje*.
5 Nella parola **то́же** *tože*, la **e** finale ha un suono molto breve: in genere le vocali atone in fine di parola si pronunciano smorzate.

② **здра́вствуйте!** è una parola utilissima perché si può usare in qualsiasi momento della giornata per salutare una persona cui si dà del Lei, o più persone, solo nel momento in cui ci si incontra. Letteralmente vuol dire *state in salute*. A proposito, complimenti: avete appena imparato una delle parole russe più difficili da pronunciare…

③ **журнали́ст** *žurnalist* e **журнали́стка** *žurnalistka* possono significare *un/una giornalista, il/la giornalista* o semplicemente *giornalista*; in russo, infatti, l'articolo non esiste. Per le professioni vengono usate molto spesso le forme maschili anche per le donne. Il genere delle parole dipende dalla loro terminazione: i nomi che finiscono per consonante (**журнали́ст** *žurnalist*, **студе́нт** *studjent*, ecc.) sono di norma maschili; quelli che finiscono per **-а** (**журнали́стка** *žurnalistka*) sono femminili, salvo eccezioni.

④ Notate che **то́же** *tože*, *anche*, segue il termine cui si riferisce anziché precederlo.

во́семь (*vosjem'*) • 8

Упражнение 1 *(Esercizio 1)*
– Читайте и переводите *(Leggete e traducete)*
[upražnjeni^{je} adin – čitajt^{je} i pirivadit^{je}]

❶ – Здравствуйте, Надя! – Добрый день, Виктор! ❷ – Это Надя. ❸ – Кто Виктор? – Он журналист. ❹ Нет, Надя журналистка. ❺ Это он.

Упражнение 2 *(Esercizio 2)*
– Восстановите текст *(Ricostruite il testo)*
[upražnjeni^{je} dva – vasstanavit^{je} tjekst]

❶ Buongiorno *(Salve)*!
. . . . (. .)!

❷ Chi è?
. . . это?

❸ È un giornalista?
Он . . . .

❹ Anche Viktor è uno studente?
. Виктор . . . . студент?

❺ No, è lui.
. . . , это . . .

Leggete:
Надя, мама, я, шок, роза, банан, оно.
Надя, мама, я, шок, роза, банан, оно.

Scrivete e traslitterate:
Виктор, кто, здравствуйте, газ, я.

9 • девять (djevit')

Soluzione dell'esercizio 1 (Traduzione)

❶ – Salve, Nadja! – Buongiorno, Viktor! ❷ – Questa è Nadja. ❸ – Chi è Viktor? – È un giornalista. ❹ No, Nadja è una giornalista. ❺ È lui.

Soluzione dell'esercizio 2 (Parole mancanti)

❶ Здравствуйте ❷ Кто – ❸ – журналист ❹ А – тоже – ❺ Нет – он

Soluzione (pronuncia e traduzione):

n**a**dia *Nadja*, m**a**ma *mamma*, j**a** *io*, sh**o**k *choc*, r**o**za *rosa*, ban**a**n *banana*, an**o** *esso* (neutro).

Soluzione:

Виктор viktar *Viktor*, *кто* kto *chi*, *здравствуйте* zdrastvujtje *buongiorno*, *газ* gas *gas*, *я* ja *io*.

3   Трéтий урóк [trjet^{ij} urok]

In questa lezione incontrerete per la prima volta le declinazioni: potranno sembrarvi complicate, ma in realtà si basano su una logica ben precisa ed esistono (almeno per quanto riguarda i pronomi personali) anche in italiano. Vi diverranno rapidamente familiari!

Давáйте знакóмиться!
davajtje znakomitsa

1 – Как ① вас зовýт?
   kak vas zavut?
2 – Меня зовýт Натáша. А вас ②?
   minja zavut natasha. a vas?
3 – Я – Сергéй.
   ja – sirghjej.
4 – Óчень приятно.
   očin' prijatn^a!
5 – Мне ③ тóже.
   mnje tož^e.

Osservazioni sulla pronuncia
Titolo знакóмиться *znakomitsa*: la terminazione -ться si pronuncia *tsa*.
4 L'avverbio **óчень** vi permette di ripassare un paio di cose sulla pronuncia: la **e** atona all'interno di una parola si legge solitamente *i*, la **н** seguita dal segno molle **ь** si pronuncia quasi come il suono *gn* di "gnu". Notate inoltre che, in **приятно**, le vocali **и** e **я** vanno pronunciate distintamente (*i-ja*).
5 Ricordate che la **ж** si pronuncia come la *j* del francese "je".

Terza lezione 3

Facciamo conoscenza *(Date conoscersi)*!

1 – Come si chiama *(Come vi chiamano)*?
2 – Mi chiamo Natasha *(Mi chiamano Natasha)*. E Lei *(voi)*?
3 – Io [mi chiamo] Serghjej.
4 – Molto piacere *(Molto piacevole)*.
5 – Piacere mio *(A me anche)*.

Note

① **как** *kak* significa *come* (**Как делá?** *kak dila*, *Come va?*), ma si può tradurre *che* nelle frasi esclamative: **Как хорошó!** *kak Harasho*, *Che bello!*

② **звать** *zvat'*, *chiamare*. Notate che per dire *mi chiamo... ti chiami*, ecc. in russo il verbo va alla 3ª persona plurale (**зовут**: *chiamano*), per cui la traduzione letterale dell'espressione è *mi chiamano, ti chiamano*, ecc. Inoltre avete incontrato **меня** e **вас**, due pronomi al caso accusativo (il caso del complemento oggetto): **меня зовýт** *minja zavut*, *mi chiamo*, e **вас зовýт** *vas zavut*, *si chiama* oppure, se ci si rivolge a più persone, *vi chiamate*.

③ Ed ecco un altro pronome declinato: **мне** *mnje*, *a me, mi*, ovvero il dativo (caso del complemento di termine) di **я**, *io*. Come avete visto, le declinazioni sono presenti anche in italiano.

3

Упражнение 1 *(Esercizio 1)*
– **Читайте и переводите** *(Leggete e traducete)*
[upražnjenije adin – čitajtje i pirivaditje]

❶ – Как вас зовут? – А вас? ❷ Я – студент.
❸ Очень приятно! ❹ Меня зовут! ❺ Вас зовут Сергей.

Упражнение 2 *(Esercizio 2)*
– **Восстановите текст** *(Ricostruite il testo)*
[upražnjenije dva – vasstanavitje tjekst]

❶ Come si chiama *(vi chiamano)*?
 . . . вас . . . . . ?

❷ Molto piacere!
 Очень . . . .

❸ Come me *(io)*.
 . . . я.

❹ Sono un giornalista.
 . журналист.

❺ Molto bene.
 . . . . . хорошо.

Leggete:
Париж, он, стоп, бас, тип, нет, ананас.
Париж, он, стоп, бас, тип, нет, ананас.

Scrivete e traslitterate:
Россия, студент, да, хорошо, очень.

Soluzione dell'esercizio 1 (Traduzione)

❶ – Come si chiama? – E Lei? ❷ Sono uno studente. ❸ Molto piacere! ❹ Mi chiamano! ❺ Si chiama Serghjej.

Soluzione dell'esercizio 2 (Parole mancanti)

❶ Как – зовут ❷ – приятно ❸ Как – ❹ Я – ❺ Очень –

Soluzione (pronuncia e traduzione):

parish' Parigi, *on* lui, *stop* stop, *bas* basso, *tip* tipo, *njet* no, *ananas* ananas.

Soluzione:

Россия Rassija Russia, *студент* studjent studente, *да* da sì, *хорошо* Harasho bene, *очень* očin' molto.

4 Четвёртый урок [čitvjort^{yi} urok]

Завтрак
zaftrak

1 – Хотите кофе ①?
Hatitje kof^{je}?

2 – Нет, один чай, пожалуйста ②.
njet, adin čaj, pažalst^a.

3 – Сахар?
saHar?

4 – Да, пожалуйста ②.
da, pažalst^a.

5 – Пирожки? Блины?
pirashki? bliny?

6 – Нет, спасибо, я на диете…
njet, spasib^a, ja na dijetje

Osservazioni sulla pronuncia

Titolo Ricordate che la **з** di **завтрак** si pronuncia *s* dolce come nella parola *rosa*.

1, 3 Il suono della lettera **x** somiglia alla *c* aspirata toscana.

2 In **пожалуйста** la **у** e la **й** non si pronunciano.

5 Per pronunciare la **ы** (**блины** *bliny*), uno dei suoni più curiosi del russo, articolate una *i* spostando la lingua all'indietro rispetto alla posizione consueta.

6 In **на диете** *nadijetje* le vocali **и** ed **е** devono sentirsi entrambe nettamente *(i-je)*: cfr. la pronuncia di **приятно** nella lezione scorsa.

Quarta lezione 4

Colazione

1 – Vuole [del] caffè *(Volete caffè)*?
2 – No, [vorrei] un tè, per cortesia.
3 – Zucchero?
4 – Sì, grazie *(per cortesia)*.
5 – [Gradisce dei] piroshki? [Dei] bliny?
6 – No, grazie, *(io)* sono a dieta…

Note

① La parola **кóфe** *koᶠᵉ*, *caffè*, come tutte le parole di origine straniera che finiscono per vocale, è invariabile. Di norma, le parole in -**e** sono neutre, ma **кóфe** fa eccezione ed è maschile.

② Notate che **пожáлуйста** *pažalstᵃ* può significare, secondo il contesto, *per favore*, *prego* o *grazie*. Quest'ultimo caso è tipico di quando si accetta qualcosa, mentre per rifiutare cortesemente si usa **спасúбо** (frase 6).

Упражнение 1 *(Esercizio 1)*
– **Читайте и переводите** *(Leggete e traducete)*

❶ Вы на диете? ❷ Сахар, пожалуйста! ❸ Один кофе и один чай, пожалуйста. ❹ Мне тоже кофе. ❺ – Блины? – Нет, спасибо.

Упражнение 2 *(Esercizio 2)*
– **Восстановите текст** *(Ricostruite il testo)*

❶ Un caffè, per cortesia!
Один кофе, ...

❷ No, grazie.
Нет, ...

❸ Questi sono [dei] piroshki e [dei] bliny.
Это . . . . и . . . . . .

Leggete:
Александр, спорт, они, масса, поэма, ты, краб
Александр, спорт, они, масса, поэма, ты, краб

Scrivete e traslitterate:
Саша, блины, мама, он, сахар.

I **пирожки́** *pirashki e i* **блины́** *bliny sono preparazioni dolci o salate, a seconda degli ingredienti. I primi hanno pressapoco la*

Soluzione dell'esercizio 1 (Traduzione)   4

❶ Lei è a dieta? ❷ Dello zucchero, per cortesia! ❸ Un caffè e un tè, per cortesia. ❹ Un caffè anche per me. ❺ – Gradisce dei bliny? – No, grazie.

❹ Sì, *(io)* sono a dieta.
   Да, . на . . . . . .

❺ Come sono i bliny?
   . . . блины?

Soluzione dell'esercizio 2 (Parole mancanti)
❶ – пожалуйста ❷ – спасибо ❸ – пирожки – блины ❹ – я – диете ❺ Как –

Soluzione (pronuncia e traduzione) :
*aliks*a*ndr Aleksandr, sport sport, a*ni loro, m*assa massa, p*ae*ma poema, ty tu, krap granchio.*

Soluzione:
Саша sasha Sasha, блины bliny bliny, мама mama mamma, он on lui, сахар saHar zucchero.

forma di fagottini ripieni (di carne, riso, verdure, uova, ecc.), i secondi sono invece delle frittelle sottili, molto simili alle crêpes.

5   Пя́тый уро́к [pia^{tyi} urok]

Пойдём гуля́ть!
pajdjom guljat'!

1 — Сего́дня плоха́я пого́да.
   sivodnja plaHa^{ja} pagoda.
2   Там ве́тер и дождь… ①
   tam vjetir i dosht'…
3 — Ты шу́тишь! Там тепло́ ②!
   ty shutish! tam tiplo!
4 — Тогда́ пойдём гуля́ть.
   tagda pajdjom guljat'.
5 — Хоро́шая ③ иде́я!
   Harosha^{ja} idjeja!

Osservazioni sulla pronuncia
Titolo, 4 гуля́ть *guljat'*, *passeggiare*. La **т** molle si ottiene pronunciando una *t* con la lingua vicina al palato.
1 Normalmente la **г** si pronuncia *g* dura (come in *gatto*), ma nella desinenza **-его** si legge *v*: **сего́дня** *sivodnja*, oggi.
2 Le consonanti sonore si assordano, oltre che davanti a consonante sorda, anche in fine di parola. In **дождь**, la seconda **д** è considerata l'ultima lettera perché il segno molle (che non si pronuncia) ha solo la funzione di modificare il suono della **д**, che di conseguenza si assorda. Questo fenomeno influisce anche

Note
① Le espressioni **там дождь** *tam dosht'*, *piove*; **там тепло́** *tam tiplo*, *si sta bene*; **там ве́тер** *tam vietir*, *c'è vento* sono caratteristiche della lingua parlata. Con **там** *tam*, *là*, i Russi sottintendono "fuori". Si potrebbe anche dire, per esempio, **сего́дня тепло́** *sivodnja tiplo*, *oggi si sta bene*, omettendo **там**.

Quinta lezione 5

Andiamo a fare una passeggiata!
(Andiamo passeggiare!)

1 – Oggi [c'è] brutto tempo.
2   [C'è] vento e piove *(pioggia)*…
3 – *(Tu)* scherzi! Si sta bene *(Là fa caldo)*!
4 – Allora andiamo a fare una passeggiata.
5 – Ottima idea *(buona idea)*!

sulla lettera precedente (**ж**) che pertanto si assorda a sua volta e si pronuncia *sh*.
3 шу́тишь *shutish*. Qui il segno molle ha solo una funzione grammaticale (appartiene alla desinenza della 2ª persona singolare **-ишь**) e non rende molle la **ш**, che è una consonante sempre dura. Pertanto, in questo caso, il segno molle non è trascritto nella pronuncia figurata.
1, 2, 3, 4, 5 Ricordate che la stessa vocale si pronuncia in maniera diversa a seconda che sia accentata oppure no: notate per esempio come si comporta la lettera **o** nelle parole del dialogo: **пого́да** *pagoda*, **тепло́** *tipl**o***, **тогда́** *tagd**a***, **хоро́шая** *Haroshaja*.
4 Tenete presente che la **ё** è sempre accentata.

▶ ② **тепло́** *tipl**o*** è un avverbio. In russo, come in italiano, gli avverbi sono sempre invariabili; spesso finiscono per **-o**, ma non sempre: **о́чень** *očin'*, *molto*.

③ I due importanti aggettivi **хоро́шая** *Haroshaja*, *buona*, *bella* e **плоха́я** *plaHaja*, *cattiva* (frase 1) concordano con i sostantivi cui si riferiscono (**иде́я** e **пого́да**), entrambi femminili. Ne riparleremo nella lezione di ripasso.

Упражнение 1 *(Esercizio 1)*
– **Читайте и переводите** *(Leggete e traducete)*

❶ Там хорошая погода, пойдём гулять! ❷ Там сегодня тепло? ❸ Это очень плохая идея. ❹ – Ты шутишь? – Нет. ❺ Сегодня дождь.

Упражнение 2 *(Esercizio 2)*
– **Восстановите текст** *(Ricostruite il testo)*

❶ Oggi ti va di scherzare *(Oggi tu scherzi)*.
Сегодня ты . . . .

❷ No, oggi [c'è] vento.
Нет, сегодня . . . . . .

❸ Non è una buona idea *(Questa cattiva idea)*.
Это . . . . . . идея.

❹ Andiamo a fare una passeggiata, [fuori] si sta bene.
Пойдём . . . . . . , там . . . . . .

❺ Oggi c'è brutto tempo *(Oggi cattivo tempo)*.
. . . . плохая погода.

Leggete:
Москва, код, борщ, футбол, дискета, концерт, она.

Москва, код, борщ, футбол, дискета, концерт, она.

Scrivete e traslitterate:
тепло, Толстой, ты, идея, сегодня

Soluzione dell'esercizio 1 (Traduzione)

❶ C'è bel tempo, andiamo a fare una passeggiata! ❷ Si sta bene oggi? ❸ È una pessima idea. ❹ – Scherzi? – No. ❺ Oggi piove.

Soluzione dell'esercizio 2 (Parole mancanti)

❶ – шутишь ❷ – ветер ❸ – плохая – ❹ – гулять – тепло ❺ Сегодня –

Soluzione:

maskv**a** *Mosca*, kot *codice*, borssh *borsh*, futb**o**l *calcio*, diskj**e**ta *dischetto*, kants**e**rt *concerto*, an**a** *lei*.

Soluzione:

тепло tipl**o** *caldo*, *Толстой* talst**o**j *Tolstoj*, *ты* ty *tu*, *идея* idj**e**ja *idea*, *сегодня* siv**o**dnja *oggi*.

6 Шесто́й уро́к [shystoj urok]

Споко́йной но́чи!
spakojnᵃʲ noči!

1 — Что ① ты де́лаешь?
   shto ty djelajesh?

2 — Чита́ю ②.
   čitaju.

3 — А мы идём ③ в ④ теа́тр.
   a my idjom ftiatr.

Osservazioni sulla pronuncia

1, 4, 5 Ripassiamo quanto detto nella lezione precedente: la **т** seguita da **ь** (per esempio in **спать** *spat'*, *dormire*), è molle e si legge pertanto pronunciando una **т** con la lingua vicina al palato. Dopo **ш** e **ж** (che sono sempre dure), invece, il segno molle ha solo valore ortografico e non modifica la pronuncia di queste consonanti, per cui non ha alcun effetto sulla pronuncia figurata: **де́лаешь** *djelajesh'*, **хо́чешь** *Hočish*. Inoltre, sempre dopo queste due consonanti, la vocale **и** si legge *y*.

1, 3 La vocale **ы** si pronuncia in modo leggermente diverso a seconda della consonante che la precede: in **мы** (terza frase del dialogo) tra i suoni *m* e *y* si percepisce una "u" molto breve che è invece assente in **ты** (prima frase): ascoltate attentamente le registrazioni per notare questa differenza.

1, 2, 4, 5, 6 In alcuni casi, come in **что** *shto* (prima frase), la **ч** si pronuncia *sh* davanti a consonante, mentre si legge *č* nelle

Note

① Conosciamo già il pronome interrogativo **кто** *kto*, che indica esseri animati e corrisponde pertanto all'italiano *chi*. Il pronome interrogativo **что** *shto*, invece, significa *che*, *che cosa* e si riferisce sempre a un oggetto.

② In russo, come in italiano, il pronome personale soggetto si può omettere se il contesto o la desinenza verbale permettono di stabilire chi è l'autore dell'azione. Nella prima frase, per ▸

Sesta lezione 6

Buona notte!

1 – Cosa fai *(Cosa tu fai)*?
2 – Leggo.
3 – *(E)* Noi andiamo a teatro.

altre parole del dialogo in cui compare: **читáю** *čitaju*; **хóчешь** *Hočish*; **хочý** *Haču* e **нóчи** *noči*.
3 Leggete **в теáтр** come se si trattasse di una parola sola; la regola in base alla quale una consonante sonora (qui **в**) davanti a consonante sorda (**т**) diventa sorda a sua volta vale anche in questo caso: *ftiatr*. Fate inoltre attenzione a pronunciare distintamente la "i" che precede la "a" e non cedere alla tentazione di dire "*ftjatr*". Se vi riesce difficile leggere le due ultime consonanti, inserite fra la *t* e la *r* una "e" appena accennata, come se la parola fosse trascritta *ftiat^er*.

▸ esempio, al posto di **Что ты дéлаешь?** avremmo potuto dire semplicemente **Что дéлаешь?**

③ Il verbo **идём** (da **идтú** *itti*, andare a piedi) si può omettere al presente indicativo solo se era presente nella frase precedente, per cui è possibile dire **Мы идём в кинó.** *my idjom fkino*. *Noi andiamo al cinema.* **А мы – в теáтр.** *a my ftiatr. E noi a teatro.*

④ La preposizione **в**, traducibile con *a* o *in*, introduce in genere un complemento di luogo.

6   **4**   Не ⑤ хо́чешь с на́ми?
niHočish s nami?

5 – Нет, я уста́л и хочу́ спать…
njet, ja ustal i Haču spat'…

6 – Ну ⑥, тогда́ – споко́йной но́чи!
nu, tagda spakojnᵃʲ noči!

6 La terza **o** di **споко́йной** *spakojnᵃʲ* ha il suono di una *a* molto tenue: le vocali atone in fine di parola si pronunciano infatti meno chiaramente che in altre posizioni.

***

Упражне́ние 1 *(Esercizio 1)*
– **Чита́йте и переводи́те** *(Leggete e traducete)*
❶ – Что э́то? – Э́то чай. ❷ – Что ты хо́чешь? – Я о́чень хочу́ спать. ❸ – Я чита́ю, а ты де́лаешь ко́фе. ❹ – Мы в теа́тр. – А я нет. ❺ Я не хочу́ в теа́тр, я чита́ю.

Упражне́ние 2 *(Esercizio 2)*
– **Восстанови́те текст** *(Ricostruite il testo)*

❶ – Buona notte, Serghjej! – Grazie!
 – . . . . , Серге́й! – . . . . !

❷ *(Tu)* vuoi [venire] con noi a teatro.
 . . хо́чешь с . . . . в теа́тр.

❸ – Noi andiamo a teatro. Vuoi venire *(tu non)* con noi?
 – . . . . . . в теа́тр. Ты . . с на́ми?

25 • два́дцать пять (*dvatsat' pjat'*)

4   Vuoi venire con noi *(Non vuoi con noi)*?
5 – No, *(io)* [sono] stanco e ho sonno *(voglio dormire)*…
6 – Beh, allora buona *(tranquilla)* notte!

Note

⑤ In russo la negazione non comporta particolari problemi: **не** si mette immediatamente prima della parola da negare. **Это не я**, *Non sono io*; **Ви́ктор не студе́нт**, *Viktor non è uno studente*; **Ты не шу́тишь**, *Tu non scherzi*.

⑥ La particella **ну** *nu* appartiene alla lingua parlata e si traduce diversamente a seconda della situazione: *ebbene*, *su*, *beh*, ecc.

***

Soluzione dell'esercizio 1 (Traduzione)

❶ – Che cos'è? – È del tè. ❷ – Cosa vuoi? – Vorrei tanto dormire *(Io molto voglio dormire)*. ❸ – Io leggo e tu fai il caffè. ❹ – Noi andiamo a teatro. – E io no. ❺ Non voglio andare a teatro, sto leggendo.

❹ – Hai sonno *(Tu vuoi dormire)*?
– Ты хочешь . . . . . ?

❺ – Beh, allora buona notte!
– . . , ... – споко́йной но́чи!

Soluzione dell'esercizio 2 (Parole mancanti)

❶ Споко́йной но́чи – спаси́бо ❷ Ты – нами – ❸ Мы идём – не –
❹ – спать ❺ Ну тогда –

7 Leggete:
Рос**си**я, чай, лун**а**, мы, шанс, в**и**за, кост**ю**м.
Россия, чай, луна, мы, шанс, виза, костюм.

Scrivete e traslitterate:
спать, Сергей, опера, вы, спорт.

---

7 Седьмо́й уро́к

Повторе́ние – Ripasso

Ogni sette lezioni rivedremo e completeremo, se necessario, gli argomenti importanti affrontati nelle lezioni precedenti. Non preoccupatevi se non vi sembra ancora tutto chiaro: fate un piccolo ripasso di ciò che avete già studiato e, nelle prossime lezioni, avrete modo di approfondire le cose rimaste in sospeso.

1 Pronuncia

Nelle prime sei lezioni abbiamo visto le regole principali della pronuncia e, dopo aver imparato a traslitterare i caratteri cirillici, vi sarete resi conto che la loro complessità è solo apparente. Ricordate che nelle parole russe l'accento tonico è mobile e che in genere non è indicato nello scritto: è dunque necessario imparare di volta in volta dove cade.

L'accento russo ha due caratteristiche: in primo luogo può distinguere, in base alla sua diversa posizione, due parole che si scrivono allo stesso modo. Inoltre può spostarsi a seconda della forma grammaticale di una parola (**хорошо́** – avverbio ; **хоро́шая** – aggettivo; **де́ло** – *affare* ; **дела́** – *affari*).

La sillaba accentata si pronuncia chiaramente e con maggiore intensità rispetto alle altre.

2 Consonanti

Si dividono in sonore e sorde: le prime si pronunciano facendo vibrare le corde vocali, le seconde si articolano invece senza farle vibrare. Alcune cambiano suono in determinate posizioni:

Soluzione:

Rassija Russia, *čaj* tè, *luna* luna, *my* noi *shans* occasione, *viza* visto, *kastjum* completo (abito).

Soluzione:

спать spat' dormire, *Сергей* sirghjej Serghjej, *опера* opira opera, *вы* vy Lei, voi, *спорт* sport sport.

Settima lezione 7

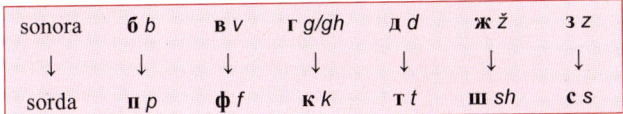

Le consonanti **л, м, н, р** e la semiconsonante **й** sono sempre sonore e non hanno consonanti sorde corrispondenti. Le consonanti **х, ц, ч** e **щ** sono sempre sorde e non hanno consonanti sonore corrispondenti.

3 Vocali

Le vocali toniche si pronunciano distintamente come in italiano; quelle atone, per contro, hanno un suono più tenue e, in alcuni casi, diverso rispetto a quello indicato dalla lettera corrispondente: il suono della **о** in posizione atona, per esempio, è molto vicino a quello di una **а**, mentre la **е** atona si pronuncia sovente come una **и**: **хорошó** H*a*rasho, *bene*; **делá** d*i*la, *affari*. Possiamo suddividere le vocali russe in due serie:

1	а *a*	о *o*	э *e*	ы *y*	у *u*
↓	↓	↓	↓	↓	↓
2	я *ja*	ё *jo*	е *je*	и *i*	ю *ju*

In genere le vocali della prima serie indicano che la consonante che le precede è dura, mentre quelle della seconda indicano che la consonante che le precede è molle. Queste tabelle, che all'inizio potranno sembrarvi complesse e un po' oscure, vi saranno utili man mano che procederete con lo studio.

4 Segno molle e segno duro

Il segno molle **ь** e il segno duro **ъ** non corrispondono a suoni specifici. Il primo rende molle la consonante che lo precede (**спать** *spat'*, *dormire*), il secondo si incontra più di rado e, come vedremo, serve a mantenere dura la consonante che lo precede davanti a una vocale della 2ª serie. Pertanto una consonante è molle quando è seguita direttamente da un segno molle, dal suono *i* o dal suono *j*.

5 Il genere dei nomi

In russo ci sono tre generi: il maschile, il femminile e il neutro. Poiché in russo l'articolo non esiste, il genere dei nomi dipende dalla loro desinenza, che è molto importante perché indica anche il numero, il caso e la funzione della parola nella frase.
La maggior parte dei nomi femminili finisce per **-a** o **-я**, i nomi maschili finiscono di solito per consonante e quelli neutri finiscono per **-o** oppure **-e**. Sarete felici di sapere che le eccezioni sono rare: **папа** è maschile anche se finisce per **-a**.

6 Nomi di origine straniera

I nomi di origine straniera che finiscono per vocale sono invariabili: **кофе** *koffe*, *caffè*. In genere questi nomi sono neutri, tuttavia **кофе** è maschile.

7 Gli aggettivi

Gli aggettivi concordano coi nomi cui si riferiscono e di norma li precedono. Si dividono in aggettivi di declinazione dura e di declinazione molle, a seconda della loro desinenza, per cui avremo anche in questo caso una ripartizione per coppie:

	Decl. dura	→	Decl. molle
Maschile	-ый		-ий
Femminile	-ая		-яя
Neutro	-ое		-ее

Così, per esempio, **Спокóйный студéнт** *spakojnyj studjent*, *uno studente tranquillo* (maschile) – **Хорóший журналúст** *Haroshyj žurnalist*, *un buon giornalista*. **Спокóйная ночь** *spakojnaja noč'*, *una notte tranquilla*; **Хорóшая идéя** *Haroshaja idjeja*, *una buona idea*. Più avanti studieremo anche gli aggettivi femminili in **-яя** e quelli neutri, che non abbiamo ancora incontrato.

8 Il verbo

In genere il verbo *essere* non è espresso al presente indicativo: **Я – студéнт** *ja studjent*, *[Sono uno] studente*. Abbiamo visto anche l'omissione del verbo *andare*: **Не хóчешь (идтú) с нáми?** *niHočish s nami?*, *Vuoi venire con noi?*

9 La forma negativa e la forma interrogativa

Niente di più facile, dal momento che in russo le frasi negative e interrogative si costruiscono come in italiano. La particella negativa **не** traduce il nostro *non*: **Он не студéнт**, *Non è uno studente*; **Ты не шýтишь**, *Non scherzi*. Per quanto riguarda le frasi interrogative, conosciamo inoltre le parole **кто** e **что** (*chi* e *che cosa*), utili per fare domande: **Кто э́то?**, *Chi è?*; **Что ты дéлаешь?**, *Cosa fai?*.

10 I pronomi personali

Nel corso delle prime lezioni abbiamo incontrato alcuni pronomi personali soggetto. Eccone la lista completa:

я	*io*	мы	*noi*
ты	*tu*	вы	*Lei, voi*
он	*lui*		
онá	*lei*	онú	*loro (essi, esse)*
онó	*esso* (neutro)		

Notate che, alla 3ª persona singolare, le desinenze ricalcano quelle dei sostantivi: il maschile finisce per consonante, il femminile per **-a** e il neutro (che fa riferimento a cose inanimate) per **-o**.

8 Заключи́тельный диало́г
Dialogo di ripasso *(conclusivo)*

1 – Надя, привет!
2 – Виктор! Как дела?
3 – Спасибо, всё хорошо.
4 – Это Сергей; он журналист.
5 – Очень приятно.
6 – Мне тоже.
7 – Мы идём в театр.
8 – Не хочешь с нами?
9 – Шутишь! Очень хочу!
10 – Это хорошая идея: сегодня плохая погода и дождь…

---

8 Восьмо́й уро́к [vas'moj urok]

На Кавка́зе

na kafkazje

1 – Дети, что вам ① здесь нравится?
dijeti, shto vam zdjes' nravitsa?

Osservazioni sulla pronuncia
Titolo, 4, 6 Come avviene in **всё**, in **Кавка́зе** la **в** viene in contatto con la **к** (consonante sorda), si assorda a sua volta e si pronuncia come una **ф** (*f*).
1 Allenatevi a pronunciare la parola **нра́вится** ripetendo più volte la prima sillaba, che può risultare ostica all'inizio.
1, 5, 6 In **здесь** *zdjes'* qui, occorre pronunciare la **с** con la lingua accostata al palato per via del segno molle che segue. Fate conto di leggere la *s* come se dopo ci fosse una *i* (es. *siero*).

Traduzione

1 Ciao, Nadja! **2** Viktor! Come va? **3** Tutto bene, grazie. **4** Questo è Serghjej; è un giornalista. **5** Molto piacere. **6** Piacere mio. **7** Andiamo a teatro. **8** Vuoi venire con noi? **9** Scherzi? Molto volentieri *(Molto voglio)*! **10** È una buona idea: oggi fa brutto e piove *(cattivo tempo e pioggia)*…

Ottava lezione   8

Ormai sapete che in russo non c'è l'articolo, per cui non è più necessario segnalarlo tra parentesi quadre nella traduzione in italiano.

Nel Caucaso

1 – Bambini, cosa vi piace qui *(cosa a voi qui piace)*?

Note

① In russo ci sono sei casi, corrispondenti alle diverse funzioni delle parole nella frase. Osservate gli esempi seguenti: **Я – Сергéй** (3ª lezione, soggetto); **Меня́ зову́т Ната́ша** (3ª lezione, complemento oggetto); **что вам здесь нра́вится** (in questa lezione, complemento indiretto). In queste frasi abbiamo visto come si declinano i pronomi personali **я**, *io*, e **вы**, *Lei/voi*, a seconda della loro funzione nella frase. Dunque **вам** e **мне** (2ª frase di questa lezione) sono due dativi, complementi indiretti di **вы** e **я**, e si traducono letteralmente *a Lei/a voi* e *a me*.

8

2 – Ему и мне нравится море ②.
ʲemu i mnʲe nravitsa morʲe.

3 – А ей нравится лес.
a jei nravitsa lʲes.

4 – Им всё нравится!
im fsjo nravitsa!

5 – Да, здесь очень хорошо ③.
da, zdjesʲ očinʲ Harasho.

6 – Здесь есть ④ всё!
zdjesʲ jestʲ fsjo!

---

2 All'inizio e alla fine di una parola (come in **емý** e in **мóре** rispettivamente) la **e** atona non si pronuncia *i*, bensì *je*, ma si tratta di un suono molto più tenue rispetto a quello della **e** tonica.

Note

② La desinenza di **мóре** (*morʲe*) indica che il sostantivo è di genere neutro (i nomi neutri finiscono di norma per **-e** o per **-o**).

③ Ricordate ancora una volta che il verbo *essere* (**быть**) si omette in questo tipo di frasi.

④ **есть**, 3ª persona singolare del presente indicativo di **быть**, si usa soltanto quando corrisponde a *c'è, ci sono*.

***

Упражнение 1 – Читайте и переводите

❶ Кто им нравится? ❷ С нами очень хорошо. ❸ Мне нравится, что он журналист. ❹ Давайте пойдём в лес! ❺ На Кавказе есть море.

2 – A lui e a me piace il mare.
3 – Invece a lei piace il bosco.
4 – A loro piace tutto *(tutto piace)*!
5 – Sì, qui si sta benissimo *(qui molto bene)*.
6 – Qui c'è tutto!

2, 3, 5 Notate, ascoltando le registrazioni dei dialoghi, la differenza tra una **e** tonica e una **e** atona in posizioni diverse: (**есть, ей, ему, море, очень**).

***

Soluzione dell'esercizio 1
❶ Chi piace a loro? ❷ Con noi si sta benissimo. ❸ Mi fa piacere che faccia il giornalista. ❹ Andiamo nel bosco! ❺ Nel Caucaso c'è il mare.

8 **Упражнение 2 – Восстановите текст**

❶ – Le piace leggere. – Anche a me.
 – Ей . . . . читать. – . . . тоже.

❷ Nel Caucaso ci sono dei bambini.
 На Кавказе . . . . дети.

❸ Da voi [si sta] bene.
 У вас . . . .

❹ – Noi andiamo a teatro. – E noi nel bosco.
 – Мы идём в театр. – А мы – . . . . .

❺ Questo non gli piace.
 . . . это . . нравится.

Leggete:
лес, нам, здесь, урок, нравится, всё.
лес, нам, здесь, урок, нравится, всё.

Scrivete e traslitterate:
D'ora in poi non vi forniremo più la pronuncia né la traduzione delle parole nella soluzione di questo esercizio: ormai le conoscete bene.

Кавказ, роза, какао, шок, ей.

La catena montuosa del Caucaso si estende per circa 1.200 km, dallo stretto di Kerch (mar Nero) fino alla penisola di Apsheron (mar Caspio). Alla regione caucasica appartengono la Georgia, l'Armenia, l'Azerbaigian e parte della Russia (precisamente le repubbliche di Adighezia, del Daghestan, dell'Inguscezia, di Kabardino-Balkaria, dell'Ossezia del Nord, di Karačajevo-Čerkessia – in russo **Карачаево-Черкесская Республика** *– e della Cecenia). Il Caucaso è spesso considerato la linea di demarcazione tra l'Europa e l'Asia, benché sia ufficialmente asiatico; se appartenesse all'Europa, la sua catena montuosa sarebbe la più alta del nostro continente. È anche la meta preferita dai russi in vacanza.*

Soluzione dell'esercizio 2

8

❶ – нравится – мне – ❷ – есть – ❸ – хорошо ❹ – в лес ❺ ему – не –

Soluzione:

l*je*s *bosco*, n*a*m *a noi*, *z*djes' *qui*, ur**o**k *lezione*, nr**a**vitsa *piace*, fsj**o** *tutto*.

Soluzione:
Кавказ, роза, какао, шок, ей.

*Situate sul territorio di Stavropol' (**Ставрополь**), le cinque città termali più importanti sono Mineral'nje Vody, Essentuki, Pjatigorsk, Železnovodsk e Kislovodsk. Quest'ultima ha conservato la tradizione delle cure termali: vi si beve l'acqua di Narzan, l'acqua minerale gassata più nota in Russia. Un altro centro importante è Krasnaja Poljana (**Красная Поляна**), stazione sciistica che si trova nel Caucaso occidentale a 50 km da Soci e dalle sue spiagge. Alla fine degli anni '90 Soci ha visto fiorire decine di complessi alberghieri e altre infrastrutture turistiche, pur rimanendo intatta la sua fama di città-parco con i suoi giardini pubblici, i suoi parchi tropicali e le piante esotiche.*

9   Девя́тый уро́к [divijat^{yj} urok]

Экза́мены

egzaminy

1 – Ты куда́ ①?
ty kuda?

2 – У меня́ ② сейча́с экза́мен.
uminja sičas egzamin.

3 – Како́й ③ экза́мен?
kakoj egzamin?

4 – Снача́ла по фи́зике ④, а пото́м сдаю́ ⑤ матема́тику.
snačala pa fizik^{je}, a patom zdaju matimatiku.

5 – Ну, ни пу́ха, ни ⑥ пера́!
nu, ni puHa ni pira!

6 – К чёрту!
kčortu!

Osservazioni sulla pronuncia

Titolo, 2, 3 In **экза́мен** la consonante sonora **з** (ricordate di pronunciarla *s* dolce come in *rosa*) rende sonora anche la consonante sorda che la precede (**к → г**): **экза́мен** (*egzamin*) *esame*.
2 In **сейча́с** *sičas*, *ora*, la **й** non si pronuncia.
4 • **по фи́зике** *pa fizik^{je}*, *di fisica*, si legge come se fosse una parola sola dove l'accento cade sulla prima **и**, dunque la **о** di **по** è una vocale non accentata e si pronuncia *a*.
• La **с** di **сдаю́** diventa sonora (**с → з**) perché è seguita da una consonante sonora (**д**): *zdaju*.

Note

① In russo ci sono due modi per tradurre l'avverbio *dove*, a seconda che l'azione implichi un movimento oppure no: il primo è **куда́** *kuda*, che fa riferimento al luogo verso cui ci si dirige; il secondo lo vedremo presto.

Nona lezione   9

Esami

1 – Dove vai *(Tu dove)*?
2 – Ora ho un esame *(Presso di me ora esame)*.
3 – Di cosa *(Quale esame)*?
4 – Prima di fisica, e poi di matematica *(do matematica)*.
5 – Allora in bocca al lupo *(né piuma né penna)*!
6 – Crepi *(Al diavolo)*!

▶ ② **у меня́**, lett. *presso di me*, si usa per tradurre il verbo avere. La costruzione completa è **у меня́ есть ...** *(io) ho...*, ma talvolta il verbo *essere* si può omettere, per cui è possibile dire anche **У меня́ ... экза́мен**, *Ho un esame*.

③ L'aggettivo interrogativo **како́й (-а́я, -о́е)** *kakoj, kakaja, kakoje* significa *quale, che, di che tipo*, e concorda nel genere e nel numero col nome cui si riferisce.

④ La preposizione **по** può significare *di* (come in questo caso), ma anche *per, su, secondo* in base al contesto.

⑤ **сдаю́** *zdaju* è la prima persona singolare del verbo **сдава́ть** *zdavat'*, *dare (un esame)*.

⑥ **ни... ни...** equivale alla struttura correlativa *né... né...*: **Он ни студе́нт, ни журнали́ст**, *Non è né uno studente né un giornalista*.

Упражнение 1 – Читайте и переводите

❶ – Они куда? – В театр. ❷ Мне тоже сначала чай. ❸ Я сдаю экзамен по физике. ❹ Ей не нравится ни лес ни море. ❺ Пойдём потом гулять?

Упражнение 2 – Восстановите текст

❶ Ho una *(presso di me)* buona idea.
 . . . . . хорошая идея.

❷ Quale bosco le piace?
 . . . . . лес . . нравится?

❸ Qui c'è del tè e del caffè.
 . . . . чай и кофе.

❹ – In bocca al lupo! – Crepi!
 – Ни . . . . , ни . . . . ! – . чёрту!

❺ Ora ho sonno *(io voglio dormire)*.
 . . . . . . я хочу спать.

Leggete:
царь, экзамен, кофе, физика, мимоза, текст.
царь, экзамен, кофе, физика, мимоза, текст.

Scrivete e traslitterate:
куда, математика, сейчас, ни пуха!

***

Come avrete notato, l'espressione **Ни пу́ха, ни пера́!** *(usata dai cacciatori che, per scaramanzia, si auguravano reciprocamente di non prendere nulla, "né piuma né penna") equivale al nostro "in bocca al lupo!" ed è divenuta un augurio buono per tutte le oc-*

Soluzione dell'esercizio 1

9

❶ – Dove vanno? – A teatro. ❷ Anch'io [vorrei] prima un tè. ❸ Do l'esame di fisica. ❹ Non le piace né il bosco né il mare. ❺ Dopo andiamo a fare una passeggiata?

Soluzione dell'esercizio 2

❶ У меня – ❷ Какой – ей – ❸ Здесь есть – ❹ – пуха – пера – к – ❺ Сейчас –

Soluzione:

tsar' *zar*, egz**a**min *esame*, ko**f**^je *caffè*, f**i**zika *fisica*, mim**o**za *mimosa*, tj**e**kst *testo*.

Soluzione:

куда, математика, сейчас, ни пуха!

***

casioni (esami, colloqui di lavoro, ecc.). Spesso ci si limita a dire soltanto **Ни пýха!**, cui si risponde di solito **К чёрту!**, letteralmente "Al diavolo!", che si può tradurre con "Crepi il lupo!" o con un'altra frase non propriamente di stampo oxfordiano...

10 Деся́тый уро́к [disjat`yi` urok]

Кака́я ① интере́сная кни́га!
kaka`ja` intirjesna`ja` kniga!

1 – Что ты чита́ешь?
   shto ty čita`je`sh?
2 – Я чита́ю кни́гу ② «Война́ и мир ③».
   ja čitaju knigu vajna i mir.
3 – Как ④ интере́сно!
   kak intirjesn`a`!
4   Ты всё понима́ешь?
   ty fsjo panima`je`sh?
5 – Нет, но я понима́ю гла́вное ⑤.
   njet, no ja panimaju glavna`je`.
6   К тому́ же, ⑥ здесь есть фра́зы на францу́зском языке́ ⑦.
   ktamuže zdjes' jest' frazy na frantsuskam jizykje.

Osservazioni sulla pronuncia

Titolo, 3 La **с** in **интере́сная** e **интере́сно** si legge *s* dura (come in *sala*) e non dolce (come in *rosa*).

6 • In **францу́зском** la **з** non si pronuncia: *frantsuskam*.

• La **я** è un'altra vocale che ha un suono diverso a seconda che sia accentata oppure no: quando è atona e non è in fine di parola si pronuncia *ji*, ma è accettata anche la pronuncia *je*.

Note

① Nella lezione scorsa abbiamo visto che l'aggettivo **како́й, -а́я, -о́е** *kakoj, kakaja, kakoje* concorda nel genere e nel numero col nome cui si riferisce. Qui è al femminile perché **кни́га**, *libro*, è femminile in russo. ▶

Decima lezione 10

Che libro interessante!

1 – Cosa *(tu)* leggi?
2 – Sto leggendo *(Io leggo il libro) Guerra e pace.*
3 – *(Come)* Interessante!
4 – Capisci tutto *(Tu tutto capisci)*?
5 – No, ma *(io)* capisco l'essenziale.
6 – E poi *(inoltre qui)* ci sono delle frasi in francese *(su francese lingua)*.

② Ecco un esempio di caso accusativo (il caso del complemento oggetto). Per declinare un nome femminile che finisce per **-a** all'accusativo è sufficiente sostituire la **-a** con una **-y**: кни́г **-а** (nominativo) → кни́г **-у** (accusativo). Confrontate: nella frase **Мне нра́вится кни́га**, *Mi piace il libro*, "libro" è soggetto (dunque va al nominativo); in **Я чита́ю кни́гу**, *Leggo un libro*, invece, "libro" è il complemento oggetto (e di conseguenza va declinato all'accusativo).

③ **мир** *mir* può anche significare *mondo, universo*.

④ Conoscete già l'avverbio **Как?**: **Как дела́?**, *Come va?* In frasi esclamative può essere seguito da un altro avverbio: **Как интере́сно!**, *Interessante!* **Как тепло́!**, *Come si sta bene!*

⑤ **гла́вное** *gLavnaJe* significa *l'essenziale, l'importante, la cosa principale / più importante*, secondo il contesto.

⑥ Con **к тому́ же** *ktamuže*, *inoltre, e poi, per di più*, aggiungiamo qualcosa a quanto abbiamo appena detto.

⑦ **францу́зский язы́к**, *la lingua francese*; **францу́зский**, *il francese*. Si sarebbe anche potuto dire semplicemente **фра́зы на францу́зском**, *frasi in francese*. E *l'italiano*? Si dice **италья́нский**, mentre *la lingua italiana* è **италья́нский язы́к**.

10 Упражнение 1 – Читайте и переводите

❶ У меня есть интересная книга. ❷ Ты понимаешь фразы на французском языке? ❸ Это книга по физике. ❹ К тому же, это интересно! ❺ Им нравится книга на французском языке.

Упражнение 2 – Восстановите текст

❶ Leggo e capisco tutto.
. . . . . и всё . . . .

❷ E poi stai scherzando *(inoltre tu scherzi)*!
. . . ., ты шутишь!

❸ Qui ci sono frasi interessanti.
. . . . . есть интересные . . . . . .

❹ Ma *(questo)* non è l'importante!
. . это не . . . . !

❺ Prima leggo le frasi in francese *(su francese lingua)*.
. . . . я читаю фразы на французском . . . . . .

Leggete:
компь**ю**тер, фр**а**за, мин**у**та, Нат**а**ша, пож**а**луйста, гл**а**вное.
компьютер, фраза, минута, Наташа, пожалуйста, главное.

Scrivete e traslitterate:
масса, шанс, ритм, чай, тип.

Soluzione dell'esercizio 1

❶ Ho un libro interessante. ❷ Tu capisci delle frasi in francese? ❸ È un libro di fisica. ❹ E poi è interessante! ❺ A loro piace il libro in francese.

Soluzione dell'esercizio 2

❶ читаю – понимаю ❷ К тому же – ❸ Здесь – фразы ❹ Но – главное ❺ Сначала – языке

Soluzione:

kamp'j**u**ter *computer*, fr**a**za *frase*, min**u**ta *minuto*, nat**a**sha *Natasha*, paž**a**lst^a *per cortesia*, gl**a**vn^{je} *l'essenziale*.

Soluzione:

масса, шанс, ритм, чай, тип.

11 *Guerra e pace, epopea letteraria di Lev Nikolaevič Tolstoj (***Лев Николáевич Толстóй***, 1828-1910), nonché uno dei più celebri classici russi, è stato scritto in sei anni (dal 1863 al 1869) ed è generalmente considerato uno dei più grandi romanzi della letteratura mondiale. In questo immenso affresco Tolstoj mette in scena 559 personaggi, ma la storia riguarda in particolare la vita di tre famiglie aristocratiche all'epoca dell'invasione napoleonica. L'autore contrappone la parola* **мир***, pace, che allora si utilizzava anche per indicare tutto ciò che ha che fare con la vita di tutti i giorni, alla parola* **войнá** *guerra, per dimostrare più chiaramente l'assurdità e l'inutilità di quest'ultima. Il principale punto di forza di questo capolavoro di realismo consiste nella veridicità degli avvenimenti storici e nei ritratti fisici e psicologici dei personaggi che parteci-*

---

11   Одúннадцатый урóк [adinatsat^{yj} urok]

Упрямство
uprjamstv^a

1 – Я думаю ①, что ② это очень хороший фильм.

ja dumaju, shto et^a očin' Harosh^{yj} fil'm.

2 – А мне он не нравится.

a mnje on ninravitsa.

Osservazioni sulla pronuncia
N° della lezione Nella parola **одúннадцатый** la seconda **д** non si pronuncia e la doppia **н** va letta come se fosse singola: *adinatsatyj*.
1 Regola importante: per convenzione ortografica la consonante **ш**, che è sempre dura (vedi le osservazioni sulla pronuncia della 5ᵃ lezione), non può essere seguita dalla vocale **ы** ed è pertanto seguita dalla **и**, di suono simile, che in questo caso si pronuncia come una **ы**: **хорóший** *Harosh^{yj}*.
2 Не нрáвится si legge come se fosse una parola sola: *ninravitsa*. Notate la pronuncia della **е**.

pano a importanti eventi militari accanto a grandi figure storiche. È la descrizione di un'intera epoca ed è per questo che contiene molte frasi in francese, lingua a quel tempo utilizzata abitualmente dall'aristocrazia russa. Il romanzo è diviso in quattro volumi, ma la mole dell'opera non deve impressionare: la storia è libri e si legge con facilità.

Se disponete delle registrazioni, ascoltate bene i dialoghi e ripeteteli ad alta voce. Ricordate che in russo l'ordine delle parole è libero e l'intonazione è importantissima, tanto da arrivare a modificare talvolta il senso dell'intera frase.

Undicesima lezione   11

Testardaggine

1 –   *(Io)* penso che questo sia un bel film *(questo molto buon film)*.
2 –   E a me *(lui)* non piace.

Note

① **дýмаю** *dumaju* è la 1ª persona singolare del verbo **дýмать** *dumat'* pensare, credere: **Я дýмаю, что это хорóший кóфе.** *ja dumaju, shto eta Haroshyj kofje*, Penso che questo sia un buon caffè. – **Что ты дéлаешь?** *shto ty djelajesh?* – *Che cosa fai?* – **Я дýмаю.** *ja dumaju* – *Penso.*

② **что**, *che*, a differenza di quanto avviene in italiano, va sempre preceduto da una virgola quando introduce una proposizione subordinata.

11 **3** – Почему ③?
počimu?
4 – Не нравится и всё!
ninravitsa i fsjo!
5 – А ④ ты его ⑤ видел?
a ty ʲevo vidil?
6 – Нет… А зачем ③ смотреть неинтересные ⑥ фильмы?
njet… a začem smatrjet' niintirjesnᵘʲe fil'my?

5 Come abbiamo già visto nella 5ª lezione (seconda osservazione sulla pronuncia), la **г** si pronuncia normalmente *g* dura, ma nella desinenza **-ero** (e nella parola **eго**) si pronuncia *v*.
6 In **смотреть** la **с** va letta come una *s* aspra (fate conto di pronunciarla doppia) e non dolce, come verrebbe naturale fare.

Note

③ **почему́** *počimu* e **зачем** *začem* (frase 6) si possono tradurre entrambi con *perché?* C'è però una differenza fondamentale tra queste due parole: con **почему́** si domanda la causa dell'azione, mentre con **зачем** se ne domanda lo scopo. Confrontate: **Почему́ он ей нра́вится?** *počimu on jej nravitsa*, *Perché* (per quale causa) *lui le piace?*; **Зачем мы идём в теа́тр?** *začem my idjom ftiatr*, *Perché* (a che scopo) *andiamo a teatro?* Nella prima domanda si mette in rilievo la causa, nella seconda l'effetto.

④ Avete già incontrato la congiunzione **a**, *e* (prima lezione): in questo dialogo, come vedete, può avere valore avversativo e ▸

***

Упражнение 1 – Читайте и переводите

❶ Зачем здесь книга по физике? ❷ Мне не нравится смотреть неинтересные фильмы. ❸ Ты видел, они тоже здесь… ❹ Я думаю, им здесь хорошо. ❺ Почему ты не хочешь в театр?

3 – Perché?
4 – Non [mi] piace e basta *(e tutto)*!
5 – Ma tu l'hai visto?
6 – No… Ma a che serve guardare film noiosi *(E per che cosa guardare non interessanti film)*?

> tradursi pertanto con *ma* o *invece*: sarà il contesto a suggerire il termine equivalente più adatto.

⑤ **его** *jevo, lo* è l'accusativo (caso del complemento oggetto) di **он**, *lui*: **Он студе́нт**, *Lui è uno studente*; **Ты его́ понима́ешь**, *Tu lo capisci*.

⑥ In molti casi il contrario di una qualità si ottiene facendo precedere l'aggettivo corrispondente dalla particella negativa **не**: **не + интере́сные → неинтере́сные** (*non + interessanti → noiosi, non interessanti*); **хоро́ший → нехоро́ший** (*buono → cattivo*).

***

Soluzione dell'esercizio 1

❶ Perché qui c'è un libro di fisica? ❷ Non mi piace guardare film noiosi. ❸ Hai visto, ci sono anche loro… ❹ Penso che si trovino bene qui. ❺ Perché non vuoi [andare] a teatro?

12 Упражнение 2 – Восстановите текст

❶ Perché stanno bene in Caucaso?
  . . . . . . им хорошо на Кавказе?

❷ Non mi va e basta *(non voglio e tutto)*!
  Не . . . . и . . . !

❸ Bambini, che ci fate qui *(a che scopo voi qui)*?
  Дети, ... вы здесь?

❹ *(Tu)* non hai visto un libro in francese?
  Ты не . . . . . книгу . . французском?

❺ Io invece penso che *(questo)* sia l'importante!
  А я . . . . . , что это главное!

Leggete:
библиотека, радио, книга, здесь, на, телевизор.
библиотека, радио, книга, здесь, на, телевизор.

Scrivete e traslitterate:
дети, почему, фильм, ананас, дискета.

---

12   Двена́дцатый уро́к [dvinatsat^{yj} urok]

Ру́сский язы́к
ruskij jizyk

1 – Ты говори́шь по-ру́сски?
  ty gavarish paruski?

2 – Да, немно́го ① говорю́ и почти́ всё понима́ю.
  da, nimnog^a gavarju i pačti fsjo panimaju.

49 • сорок девять (*sorak djevit'*)

Soluzione dell'esercizio 2

❶ Почему – ❷ – хочу – всё ❸ – зачем – ❹ – видел – на – ❺ – думаю –

Soluzione:

*bibliat*j*eka biblioteca, **r**adio radio, **k**niga libro, zdj**e**s' qui, na su, tilivi**z**ar televisore.*

Soluzione:

дети, почему, фильм, ананас, дискета.

Dodicesima lezione 12

La lingua russa

1 – Parli russo *(Tu parli in-russo)*?
2 – Sì, lo parlo un po' e capisco quasi tutto *(Sì, un po' parlo e quasi tutto capisco)*.

Note

① **немно́го** *nimn**o**g*ª*, un po', poco.*

3 – А они говоря́т по-ру́сски?
a ani gavarjat paruski?

4 – Да. Они́ все иностра́нцы, но хорошо́ говоря́т по-ру́сски.
da. ani fsje inastrantsy, no Harasho gavarjat paruski.

5 – Тогда́ дава́йте говори́ть ② по-ру́сски!
tagda davajtje gavarit' paruski!

6 – С удово́льствием!
sudavol'stvijem!

Osservazioni sulla pronuncia
6 Allenatevi a pronunciare l'espressione **с удово́льствием** scomponendola come segue: *suda-vol'st-vi-jem*. La **л** molle ha un suono simile a quello di *gl* in *aglio*.

Note
② Avete già visto la costruzione **дава́йте** (lett. *date*) + verbo all'infinito: **Дава́йте знако́миться!** *Facciamo conoscenza!* (terza lezione). Si usa per esprimere un'esortazione: **Дава́йте говори́ть!** *Parliamo!* **Дава́йте спать!** *Dormiamo!*

***

Упражне́ние 1 – Чита́йте и переводи́те
❶ Иностра́нцы говоря́т по-ру́сски. ❷ Ты говори́шь, что им хорошо́. ❸ Вам нра́вится говори́ть по-ру́сски? ❹ Я ду́маю, что они́ все здесь. ❺ У меня́ хоро́ший ру́сский язы́к.

3 – E loro lo parlano *(E loro parlano in-russo)*?
4 – Sì. *(Loro)* sono tutti stranieri, ma lo parlano bene *(ma bene parlano in-russo)*.
5 – Allora parliamo in russo *(Allora date parlare in-russo)*!
6 – Volentieri *(Con piacere)*!

***

Soluzione dell'esercizio 1
❶ Gli stranieri parlano russo. ❷ Dici che si trovano bene. ❸ Le piace parlare russo? ❹ Penso che siano tutti qui. ❺ Il mio russo è buono *(ho un buon russo)*.

Упражнение 2 – Восстановите текст

❶ Capisci quello che dico *(che io dico)*?
   Ты понимаешь, . . . я . . . . . . ?

❷ – [Gradisce] del tè? – Volentieri *(con piacere)*!
   – Чай? – С . . . . !

❸ Mi piace quasi tutto.
   Мне нравится . . . . . всё.

❹ – Sono tutti stranieri *(loro tutti stranieri)*? – No, non tutti.
   – Они все . . . . ? – Нет, не . . . .

❺ [Lo] parlo bene e [lo] capisco un po' *(Io bene parlo e un po' capisco)*.
   Я хорошо . . . . . . и . . . . понимаю.

Leggete:
дискотека, зачем, шофёр, фара, фотография.
дискотека, зачем, шофёр, фара, фотография.

Scrivete e traslitterate:
всё, все, почти, борщ, Париж.

Soluzione dell'esercizio 2

❶ – что – говорю ❷ – удовольствием ❸ – почти – ❹ – иностранцы – все ❺ – говорю – немного –

Soluzione:
diskat**j**eka *discoteca*, za**č**em *a che scopo*, shaf**jor** *autista*, **fa**ra *faro*, fatag**ra**fija *fotografia*.

Soluzione:
всё, все, почти, борщ, Париж.

13 Трина́дцатый уро́к [trinatsat^{yj} urok]

Где́ ① я?
gdje ja?

1 – Прости́те ②, как пройти́ на ③ у́лицу Арба́т?
prastit^{je}, kak prajti na ulitsu arbat?

2 – О! Это о́чень про́сто:
o! eta očin' prosta:

3 иди́те пря́мо ④, пото́м – нале́во, по́сле светофо́ра – напра́во,
idit^{je} prjam^a, patom naljev^a, posl^{je} svitafora naprav^a,

4 ещё нале́во, а там спроси́те...
issho naljev^a, a tam sprosit^{je}

Osservazioni sulla pronuncia
4 ещё: pronunciate la **щ** articolando il suono *sh* con la lingua molto vicina al palato.
- Attenti all'accento tonico: **спро́сите** *sprosit^{je}* vuol dire *Lei chiederà* o *chiederete*, mentre **спроси́те** *sprasitje* significa *chieda!, chiedete!*

Note

① L'avverbio **где** *gdje*, è il secondo modo per tradurre *dove* (vedi la 9ª lezione): fa riferimento al luogo in cui ci si trova (complemento di stato in luogo) e non, come nel caso di **куда́** *kuda*, a quello in cui ci si dirige (moto a luogo).

② Ecco un'altra parola molto utile: **Прости́те** *prastitje*, *Scusi, Mi scusi*. Impiegatela quando dovete chiedere l'ora o un'informazione per strada, quando urtate inavvertitamente qualcuno, ecc.

Tredicesima lezione 13

Dove sono *(Dove io)*?

1 – Mi scusi, come si arriva in Via Arbat *(Scusate, come passare su via Arbat)*?
2 – Oh, è molto semplice:
3   vada *(andate)* dritto, poi a sinistra [e], dopo il semaforo, a destra,
4   un'altra volta *(ancora)* a sinistra e a quel punto chieda *(là chiederete)*…

▶ ③ La preposizione **на** può introdurre, come **в**, un complemento di luogo, ma di norma si usa davanti ai nomi di luoghi aperti (in questo caso la strada), mentre **в** "preferisce" i luoghi chiusi (teatro) o i nomi geografici, salvo eccezioni.

④ **прямо** *prjam^a*, dritto, diritto oppure *proprio, esattamente*: **Идите прямо** *idit^{ie} prjam^a*, *Vada dritto*; **Прямо здесь** *prjam^a zdjes'*, *Proprio qui*.

5 – Спаси́бо…
   spasib^a…

6 Я лу́чше возьму́ такси́ ⑤!
   ja lučsh^e vaz'mu taksi!

---

6 • Fate conto che dopo la **з** ci sia una *i* brevissima, perché questa consonante è resa molle dal segno **ь**: **возьму́** *vaz'mu* .
• Ricordate che la **e** atona di **лу́чше** si pronuncia molto attenuata, come avviene di norma per le vocali atone finali.

***

Упражне́ние 1 – Чита́йте и переводи́те
❶ Я ду́маю, по́сле светофо́ра – нале́во. ❷ Всё о́чень про́сто! ❸ Я лу́чше возьму́ кни́гу на францу́зском. ❹ – Пойдём на Арба́т! – А где э́то? ❺ Иди́те в лес!

Упражне́ние 2 – Восстанови́те текст
❶ E poi prenderò un taxi.
   А . . . . . я . . . . . . такси́.

❷ A sinistra c'è il teatro e a destra il bosco.
   . . . . . . – теа́тр, а . . . . – лес.

❸ Oh! È ancora semplice!
   О! Э́то ещё . . . . . . !

❹ *(E)* a quel punto chieda dov'è Via Arbat.
   А там . . . . у́лицу . . . . . .

❺ Mi scusi, dove sono?
   . . . . , . . . я?

57 • пятьдеся́т семь (*piddisjat sjem'*)

5 – Grazie…
6 Forse è meglio se prendo un taxi *(Io meglio prenderò taxi)*!

Note

⑤ Non dimenticate che le parole di origine straniera che finiscono per vocale sono invariabili: **такси** *taksi*, *taxi*.

***

Soluzione dell'esercizio 1
❶ Penso che dopo il semaforo si debba andare a sinistra. ❷ È tutto molto semplice! ❸ Forse è meglio se prendo un libro in francese. ❹ – Andiamo in via Arbat! – E dov'è? ❺ Andate nel bosco!

Soluzione dell'esercizio 2
❶ – потом – возьму – ❷ Налево – направо – ❸ – просто ❹ – спросите – Арбат ❺ Простите – где –

14 **Leggete:**
ру́сский, ико́на, рубль, президе́нт, им, Ватика́н.
русский, икона, рубль, президент, им, Ватикан.

Scrivete e traslitterate:
такси́, по-ру́сски, лу́чше, пото́м, блины́.

> *Via Arbat, vero simbolo della vecchia Mosca, ha compiuto di recente 500 anni. Nel XV secolo vi s'incontravano le carovane dei mercanti venuti dall'Est e, successivamente, sono sorti piccoli borghi. Verso la metà del XVIII secolo l'Arbat è divenuta una delle zone più aristocratiche e chic della capitale, oltre che il luogo di ritrovo degli intellettuali e dell'intellighenzia russa.*

---

14 Четы́рнадцатый уро́к

Повторе́ние – Ripasso

1 Le declinazioni

Eccettuati i sostantivi neutri di origine straniera, le parole russe cambiano desinenza in base alla loro funzione nella frase e questo cambiamento permette di stabilire il <u>caso</u> al quale sono declinate. Il russo ha sei casi, che vedremo e spiegheremo di volta in volta affinché li assimiliate senza alcuna fatica. Niente paura dunque, con un approccio graduale e con un po' di pratica ne imparerete le desinenze!

Avete già incontrato:

• **Il nominativo**, ovvero il caso del soggetto. È la forma che trovate nei dizionari: **мо́ре** (n) *mare*, **война́** (f) *guerra*, **лес** (m) *bosco*.

59 • пятьдеся́т де́вять (*piddisjat djevit'*)

Soluzione:

*ru*skij *russo,* ik**o**na *icona,* rubl' *rublo,* priezid**j**ent *presidente,* im *a loro,* vatik**a**n *Vaticano.*

Soluzione:
такси, по-русски, лучше, потом, блины.

Nel 1986 l'Arbat è stata completamente rinnovata e oggi è l'unica via pedonale di Mosca, con molti negozi, caffè e ristoranti; ogni casa e ogni angolo respirano l'aria della città vecchia, a testimonianza di una storia indimenticabile e senza uguali. Quest'arteria è uno dei luoghi d'elezione per le passeggiate: qui gli artisti si esibiscono in spettacoli improvvisati e i pittori espongono i loro quadri...

Quattordicesima lezione 14

• **Il dativo** (il caso del complemento di termine) **dei pronomi personali**:

Nominativo	Dativo		
я	мне	нра́вится	*mi piace*
ты	тебе́	нра́вится	*ti piace*
он	ему́	нра́вится	*gli piace*
она́	ей	нра́вится	*le piace*
оно́	ему́	нра́вится	*gli piace (soggetto neutro)*
мы	нам	нра́вится	*ci piace*
вы	вам	нра́вится	*vi/Le piace*
они́	им	нра́вится	*piace loro*

шестьдеся́т (*shysdisjat*) • 60

14 • Prima di parlare dell'accusativo, che avete già incontrato, dobbiamo dire qualcosa sulle **nozioni di sostantivo animato e sostantivo inanimato**, che è necessario conoscere per scegliere correttamente la desinenza dei nomi maschili. Distinguere i nomi animati da quelli inanimati è semplice: tutti gli esseri viventi (e quindi anche gli animali) sono animati, mentre gli oggetti appartengono alla categoria dei sostantivi inanimati. Per esempio: **экзáмен**, *esame*; **банáн**, *banana*; **тип**, *tipo* (un tipo di cosa) sono inanimati; **студéнт**, *studente*; **тип**, *tipo* (una persona) e **инострáнец**, *straniero* sono esseri viventi e quindi animati.

• **L'accusativo** è il caso del complemento oggetto. Nel caso dei sostantivi maschili inanimati, neutri e femminili in segno debole è identico al nominativo:
лес (m) *bosco*, **мóре** (n) *mare* → **Я вúдел лес, мóре**, *Ho visto il bosco, il mare.*
экзáмен (m) *esame* → **Я сдаю́ экзáмен**, *Do un esame.*
фúльмы (plurale di **фильм**) → **смотрéть фúльмы**, *guardare dei film.*
Per declinare all'accusativo un sostantivo femminile singolare basta sostituire la **-а** con una **-у**:
кнúга (f) → **Я читáю кнúгу**, *Leggo un libro.*
Dei sostantivi maschili animati ce ne occuperemo più avanti.
Avete visto? Non è poi così difficile!

2 Il verbo

• **Le frasi col verbo omesso** non sono rare. In genere sono frasi in cui il verbo al presente è sottinteso o frasi esclamative:
Как интерéсно!, *(Come) interessante!*
Il verbo si sottintende anche quando si può dedurre dal contesto:
Я – в лес, *[Vado] nel bosco.*
Come avete notato, nella lingua scritta si mette un trattino al posto del verbo sottinteso che, nel parlato, è invece sostituito da una pausa. **Быть**, *essere*, è sempre omesso al presente indicativo: **Э́то интерéсно**, *È interessante (*lett. *Questo interessante);* tuttavia può essere usato alla terza persona singolare per sottolineare l'esistenza del soggetto: **Здесь есть всё**, *Qui c'è tutto.*

• **есть**, può corrispondere dunque a *c'è, ci sono*, ma si usa anche nella perifrasi **у меня́ есть …** (lett. "presso di me c'è…"), *ho,* che esprime possesso. **Есть** può essere sottinteso quando l'oggetto posseduto non è concreto: **У меня экза́мен**, *Ho un esame*. Se invece l'oggetto è reale e materiale, **есть** non si può omettere: **У меня́ есть ко́фе и чай**, *Ho del caffè e del tè*.

• Il costrutto **дава́йте** + **verbo all'infinito** esprime un invito o un'esortazione: **Дава́йте говори́ть!**, ("Date parlare!") *Parliamo!* ; **Дава́йте спать!**, ("Date dormire!") *Dormiamo!* ; **Дава́йте знако́миться!**, ("Date conoscersi!"), *Facciamo conoscenza!* **Дава́йте** è l'imperativo del verbo **дава́ть**, *dare*, alla 2ª persona plurale.
Questo costrutto cambia a seconda che si dia del Lei o del tu all'interlocutore, anche se la traduzione rimane la stessa:
1) **Дава́йте говори́ть!**, *Parliamo!* si usa con una persona cui si dà del Lei o quando ci si rivolge a più persone.
2) Se invece si parla con una persona alla quale si dà del tu, basta togliere il suffisso **-те** al verbo **дава́йте** e otterremo la 2ª persona singolare dell'imperativo: **дава́й говори́ть!**, *Parliamo!*, ("Dai parlare!").

3 L'avverbio

In russo l'avverbio *dove* si traduce in due modi: **куда́** *kuda*, "*dove* + moto a luogo" (che indica il luogo verso cui ci si muove) e **где** *gdje*, "*dove* + stato in luogo" (che indica il luogo in cui si è):
– **Ты куда́? – На у́лицу Арба́т**, – *Dove vai? – In Via Arbat*.
– **Ты где? – Я здесь.** – *Dove sei? – Sono qui*. Nel primo caso l'avverbio implica un'idea di movimento, dunque il verbo sottinteso è *andare*, nel secondo l'avverbio indica staticità, dunque il verbo sottinteso è *essere, trovarsi*.

4 *какой* e *как*

• L'aggettivo **како́й, -а́я, -о́е** *kakoj* significa *quale, che* e concorda col sostantivo cui si riferisce. Può essere interrogativo o esclamativo: **Како́й экза́мен?**, *Quale esame?*; **Како́й лес!**, *Che bosco!*; **Кака́я кни́га?**, *Che libro?*; **Како́е мо́ре!**, *Che mare!*

• L'avverbio **как** può essere usato sia in frasi interrogative che esclamative: **Как ты?**, *Come stai?*; **Как интере́сно!**, *Interessante! (Com'è interessante!)*; **Как дела́?**, *Come va?*; **Как тепло́!**, *Come si sta bene!*

14 Ricordate che **какóй, -áя, -óе**, essendo un aggettivo, va seguito da un nome o da un altro aggettivo, mentre **как** va seguito da un avverbio quando ha funzione esclamativa.

5 La frase

• Se il verbo non è sottinteso, il pronome personale si può omettere al presente indicativo in caso di risposta a una domanda: **Сдаю́ экза́мен** anziché **Я сдаю́ экза́мен**, *Do un esame*. In genere la desinenza del verbo indica da sola, come in italiano, la persona di cui si sta parlando. Quando si vuole marcare un'opposizione, invece, il pronome personale va espresso:
– **Что ты де́лаешь? – Чита́ю. – А мы идём в теа́тр.**
– Cosa fai? – Leggo. – Noi invece andiamo a teatro.

• **что** serve a introdurre una proposizione subordinata, esattamente come il nostro pronome relativo *che*. In questo caso va sempre preceduto da una virgola che la separa dalla proposizione da cui dipende: **Я ду́маю, что э́то о́чень хоро́ший фильм**, *Penso che questo sia un bel film*.

6 Le congiunzioni *но* e *a*

Entrambe sono congiunzioni che marcano un'opposizione. Tuttavia, **но** è più forte di **а**, al punto che, mentre la prima corrisponde di norma a *ma, però*, la seconda si traduce nella maggior parte dei casi con *invece* o con la congiunzione *e*:
1) **Он, но не я**, *Lui, ma non io*.
2) **Он – в теа́тр, а я – в лес**, *Lui va a teatro e io nel bosco* (oppure *Lui va a teatro, io invece vado nel bosco*).
Notate inoltre che nella prima frase l'opposizione riguarda le persone, nella seconda le loro azioni.

Заключи́тельный диало́г 14

1 – Что ты чита́ешь?
2 – Кни́гу по фи́зике на францу́зском языке́.
3 – Заче́м?
4 – У меня́ экза́мен.
5 – И ты всё понима́ешь?
6 – Почти́… Я понима́ю гла́вное.
7 – Óчень интере́сно.
8 – А ты куда́?
9 – Снача́ла – в лес, мне о́чень нра́вится лес.
10 – А мне нра́вится мо́ре… Но у меня́ экза́мен…
11 – Ну, а пото́м я в теа́тр!

Traduzione
1 Cosa leggi? 2 Un libro di fisica [scritto] in francese. 3 Perché? 4 Ho un esame. 5 E capisci tutto? 6 Quasi… Capisco l'essenziale. 7 Molto interessante. 8 E tu dove vai? 9 Prima vado nel bosco, mi piace molto il bosco. 10 A me invece piace il mare… Ma ho l'esame… 11 *(Beh,)* e poi vado a teatro!

15 Пятна́дцатый уро́к [pitnatsat^{yi} urok]

За столо́м

zastalom

1 – Все за стол ①!
fsje zastol!

2 – Немно́го сала́та ② «Оливье́»?
nimnog^a salata aliv'je?

3 – Нет, спаси́бо. Лу́чше окро́шки…
njet, spasib^a. lučsh^e akroshki…

4 – Окро́шки – само́ собо́й ③!
akroshki samo saboj!

Osservazioni sulla pronuncia
Titolo, 1, 6 за столо́м *zastalom* e **за сто́л** *zastol* si pronunciano come se fossero una parola sola: la maggior parte delle preposizioni monosillabiche diventano foneticamente un tutt'uno con la

Note
① Ecco di nuovo un concetto già visto: la distinzione tra azione con movimento e azione senza movimento. Con **За сто́л!** *zastol*, *A tavola!*, i commensali vengono invitati a muoversi per andare in sala da pranzo, dunque la preposizione vuole l'accusativo; **за столо́м** *zastalom*, *a tavola*, indica che i commensali sono già seduti ai loro posti, pertanto l'azione non comporta alcun movimento e la preposizione **за** regge un nuovo caso, lo strumentale, di cui parleremo più avanti.

▶

65 • шестьдеся́т пять (*shysdisjat pjat'*)

Quindicesima lezione   15

A tavola

1 – *(Tutti)* a tavola!
2 – Un po' d'insalata russa *("Olivier")*?
3 – No, grazie. Preferisco l'okroshka * *(meglio dell'okroshka)*…
4 – Dell'okroshka, certo *(stesso da sé)*!

* *L'okroshka è una zuppa fredda a base di* **kvas** *(bevanda russa fermentata e lievemente alcolica).*

parola seguente. Anche in **не хочу́** *niHaču* l'avverbio monosillabico **не** si salda al verbo; la **e** si pronuncia come se fosse atona.
2 • Di norma le parole di origine francese hanno l'accento sull'ultima sillaba: **Оливье́** *aliv'je*; **шофёр** *shafjor*.

▶ ② **немно́го**, *nimnog^a*, *un po'*, richiede l'uso del genitivo. In tal caso equivale all'italiano *un po' di*. Per formare il genitivo si aggiunge la desinenza **-а/-я** ai maschili, mentre si sostituisce la vocale finale dei femminili con **-ы/-и**: **сала́т**, *l'insalata* → **сала́т-а**, *dell'insalata*; **окро́шка**, *l'okroshka* → **окро́шки**, *dell'okroshka*. Per una spiegazione più dettagliata consultate la 21ª lezione.

③ L'espressione completa è **Само́ собо́й разуме́ется** *samo saboj razumje^{je}tsa*, *Va da sé*, *s'intende*. Nella lingua parlata, però, spesso si sente dire solo **само́ собо́й**.

шестьдеся́т шесть (*shysdisjat shest'*) • 66

15 5 – И чуть-чу́ть икры́ и́ли во́дки ④?
   i čut'-čut' ikry ili votki?

6 – Нет, пра́вда, я не хочу́ ⑤…
   njet, pravda, ja niHaču…

7 – Э́то вку́сное мя́со.
   etᵃ fkusnaʲᵉ mjasᵃ.

8 – Ням-ням! Я так хочу́ есть ⑥!
   njam-njam! ja tak Haču jest'!

---

5 • **чуть-чу́ть**, *un pochino*, è un'espressione di uso molto frequente. Non dimenticate di pronunciare la **т** molle; la prima delle due non si sente quasi: *ču(t')-čut'*.
• La **д** di **во́дки**, *di vodka*, si assorda a contatto con la **к** (che è per l'appunto una consonante sorda): *votki*.

Note

④ Anche dopo **чуть-чу́ть**, *un pochino*, ci vuole il genitivo, esattamente come dopo **немно́го**: **икра́ и́ли во́дка**, *caviale o vodka*, → **чуть-чу́ть икры́ и́ли во́дки**, *un pochino di caviale o di vodka*.

⑤ Per rifiutare cortesemente dite **Нет, пра́вда, я не хочу́!** o **Нет, спаси́бо, я пра́вда не хочу́!** *No grazie, davvero, non mi va!* I Russi usano insistere quando offrono qualcosa, perché per loro è buona educazione non accettare subito il cibo proposto. Perciò vi chiederanno cortesemente "È sicuro? Non ne ▶

***

Упражне́ние 1 – Чита́йте и переводи́те

❶ – Дава́йте есть мя́со! – Нет, я на дие́те. ❷ Почему́ они́ все за столо́м? ❸ Мне то́же снача́ла чуть-чуть во́дки. ❹ – А сала́т "Оливье́" есть? – Само́ собо́й! ❺ Ты так хо́чешь икры́?

5 – E un pochino di caviale o *(di)* vodka?
6 – No, davvero, non mi va *(io non voglio)*…
7 – Questa carne è squisita *(gustosa)*.
8 – Gnam gnam! Ho una fame *(Io così voglio mangiare)*!

▸ vuole almeno un pochino?" e non stupitevi se vi offriranno di nuovo la stessa cosa anche se avete risposto **Нет, спасибо!**, *No, grazie!* Come probabilmente saprete, il significato principale di **правда** è *verità*.

⑥ Ecco una parola indispensabile: **хочу́** è la 1ª persona singolare del presente indicativo di **хоте́ть** *Hatjet', volere*. Ecco un paio di espressioni fondamentali in cui si usa: **я хочу́ есть**, *ho fame* (lett. *voglio mangiare*); **я хочу́ пить**, *ho sete* (lett. *voglio bere*); **я хочу́ спать**, *ho sonno* (*voglio dormire*). Altre volte si traduce *ho voglia*: **я хочу́ чита́ть**, *ho voglia di leggere, voglio leggere*.

***

Soluzione dell'esercizio 1

❶ – Mangiamo carne! – No, sono a dieta. ❷ Perché sono tutti a tavola? ❸ Per cominciare, un pochino di vodka anche per me. ❹ – E l'insalata russa c'è? – Certo! ❺ Hai così tanta voglia di caviale *(Tu così vuoi del caviale)*?

Упражнение 2 – Восстановите текст

❶ Che carne squisita *(quale gustosa carne)*!
Какое вкусное ..... !

❷ – Ancora un pochino? – No, grazie.
– Ещё .... - .... ? – Нет, спасибо.

❸ È la cucina *(tavola)* russa.
Это русский .....

❹ – Un po' di okroshka? – No, meglio un'insalata *(dell'insalata)*.
– Немного .... ? – Нет, лучше ....

❺ Davvero, non ho fame *(non voglio mangiare)*.
Правда, я не ....

Leggete:
матч, соль, Лондон, ритм, шимпанзе.
матч, соль, Лондон, ритм, шимпанзе.

Scrivete e traslitterate:
Оливье, окрошка, вкусный, есть, мясо.

---

16 Шестнáдцатый урóк

[shysnatsat[yi] urok]

Моя́ семья

maja sim'ja

1 – Это моя́ мáма и мой пáпа ①.
   et[a] maja mama i moj papa.

2 Их зовýт Нáдя и Ви́тя.
   iH zavut nadja i vitja.

Note

① Stando alla regola generale, **пáпа** *papa*, papà, dovrebbe essere un nome femminile perché finisce per –a (e come tale si ▸

Soluzione dell'esercizio 2

❶ – мясо ❷ – чуть–чуть – ❸ – стол ❹ – окрошки – салата
❺ – хочу есть

Soluzione:
matč match, *sol' sale*, *londan Londra*, *ritm ritmo*, *shympanze scimpanzé*.

Soluzione:
Оливье, окрошка, вкусный, есть, мясо.

Sedicesima lezione 16

La mia famiglia

1 – Ecco *(Questo)* la mia mamma e il mio papà.
2 Si chiamano Nadja e Vitja.

▸ declina), ma in realtà è un maschile, così come vuole la logica e come avviene in italiano per i nomi in –*a* che designano un uomo (es. poeta). Gli aggettivi che lo accompagnano si accordano conseguentemente al maschile: **мой па́па**, *il mio papà*. Lo stesso vale per i diminutivi dei nomi (es. **Серёжа** *sirjoža*, diminutivo di Serghjej).

16

3 Это мой брат, е**го** зовут Серёжа,
et^a moj brat, ^{je}vo zavut sirjoža,

4 и мо**я** сестра, её зовут Ира ②.
i maja sistra, ^{je}jo zavut ira.

5 А это мой люби́мый ③ ро́дственник Шарик ④…
a et^a moj ljubim^{yj} rotstvinik sharik…

6 – Но ведь это собака ⑤!
no vit'et^a sabaka!

7 – Да, но он – с**а**мый д**о**брый и с**а**мый при**я**тный из всех!
da, no on sam^{yj} dobr^{yj} i sam^{yj} pRijatn^{yj} isfsheH!

Osservazioni sulla pronuncia
3 Nella parola **его**, e in genere quando è compresa tra le vocali **e** e **o**, la **г** si pronuncia *v*.
5 • Nella parola **ро́дственник** la **д** si assorda per via del contatto con la **с**: *rotstvinik*.

Note
② **На́**дя e **Ви́**тя sono diminutivi rispettivamente di **Наде́жда** *nadježda* e **Ви́ктор** *viktar*, mentre **И́ра** è diminutivo di **Ири́на** *irina*.

③ **Люби́мый (-ая, -ое)** *ljubim^{yj}*, lett. *amato* (per rivolgersi ironicamente a un amico si può usare **брат**, *fratello*, nel senso di *vecchio mio*). **Люби́мый мой!** *ljubim^{yj} moj, Caro!* **Э́то моя́ люби́мая кни́га**, *et^a maja ljubima^{ja} kniga*, È il mio libro preferito. ▶

***

Упражнение 1 – Читайте и переводите

❶ – Кто здесь? – Это я, брат. ❷ Я думаю, что семья – это самое главное. ❸ Ей очень нравится моя собака. ❹ Это мой самый любимый родственник. ❺ Мой папа очень добрый.

3 Questo [è] mio fratello, si chiama Serjoža,
4 e [questa è] mia sorella, si chiama Ira.
5 Poi c'è *(e questo)* il mio parente preferito, Šarik…
6 – Ma è un cane *(ma eppure questo cane)*!
7 – Sì, ma è il più buono e il più simpatico *(lui più buono e più piacevole)* di tutti!

6 In **ведь** (che si pronuncia come se fosse attaccata alla parola che segue, perciò la **e** va letta come se fosse atona) la **д** è considerata l'ultima lettera della parola, benché sia seguita da un segno molle. Per questo si assorda come tutte le consonanti sonore in fine di parola: *vit'*.
7 **из всех** si pronuncia come se fosse tutto attaccato. Qui la **в** si assorda a contatto con la **с** e influisce a sua volta sulla pronuncia della **з** (altra consonante sonora): *isfsjeH*.

▸ ④ **Шáрик**, lett. *Pallino*, è l'equivalente russo del nostro Fido perché è un nome molto frequente per un cane.

⑤ **собáка** finisce per –**а** e, conseguentemente, è un femminile. Anche se questo nome può indicare tanto un cane quanto una cagna, si accorda sempre al femminile. Per l'italiano abbiamo esempi analoghi come "lepre" o "tigre".

***

Soluzione dell'esercizio 1

❶ – Chi c'è qui? – Sono io, vecchio mio *(fratello)*. ❷ Penso che la famiglia sia la cosa più importante. ❸ Le piace molto il mio cane. ❹ È il mio parente preferito. ❺ Il mio papà è molto buono.

17   Упражнение 2 – Восстановите текст

❶ Interessante: il cane mi capisce?
Интересно, ... меня понимает?

❷ Che bella giornata *(Quale giorno piacevole)* oggi!
Какой сегодня . . . . день!

❸ Inoltre è il più interessante di tutti.
К тому же, он . . . . . интересный . . . .

❹ Le piace mia sorella?
Вам нравится моя . . . . . . ?

❺ Mia madre non parla russo.
. . . . не говорит по-русски.

Leggete:
пальто́, Гёте, ро́дственник, кенгуру́, эликси́р.
пальто́, Гёте, ро́дственник, кенгуру́, эликси́р.

Scrivete e traslitterate:
семья, приятный, день, собака, сестра.

---

17   Семна́дцатый уро́к [simnatsat*yj* urok]

По́езд
poist

1 – Оди́н биле́т до Москвы́, пожа́луйста.
*adin biljet da maskvy, pažalst*ᵃ*.*

Soluzione dell'esercizio 2

❶ – собака – ❷ – приятный – ❸ – самый – из всех ❹ – сестра ❺ Моя мама –

Soluzione:
pal'**to** cappotto, ghj**o**te Goethe, r**o**tstvinik parente, king**u**ru canguro, eliks**i**r elisir.

Soluzione:
семья, приятный, день, собака, сестра.

Diciassettesima lezione   17

Il treno

1 –   Un biglietto per *(fino a)* Mosca, per favore.

Osservazioni sulla pronuncia
Titolo поезд *poist*: la **д** finale, come sapete, si assorda in fine di parola, ma influisce anche sulla **з** vicina che si assorda a sua volta.

семьдесят четыре (sj*e*mdis^{ja}t čityr^{je}) • 74

17 2 – Плацка́рта, купе́ или СВ ①?
platskartᵃ, kupe ili esve?

3 – Купе́, ни́жнюю по́лку ②, е́сли мо́жно.
kupe, nižnjuju polku, jesli možnᵃ.

4 – Да, коне́чно.
da, kanjeshnᵃ.

5 Биле́т туда́-обра́тно ③?
biljet tuda-abratnᵃ?

6 – Нет, в оди́н коне́ц ④.
njet, vadin kanjets.

7 – Ваш па́спорт ⑤, пожа́луйста.
vash paspart, pažalstᵃ.

---

2 • **купе́** è un prestito dal francese, perciò la **e** finale si pronuncia *e* e non *je*: *kupe*.
• **СВ** si pronuncia compitando le due lettere: *esve*.
4 Il gruppo di consonanti **чн** si pronuncia in genere come si scrive, ma in alcuni casi si legge *shn*: **коне́чно** *kanjeshnᵃ*.

Note

① **плацка́рта, купе́ и СВ** sono i nomi dei diversi tipi di biglietti: **плацка́рта** *platskartᵃ*, sostantivo di origine tedesca, significa letteralmente *biglietto per un posto* ed è un biglietto di prenotazione per un viaggio in 3ª classe; **купе́** *kupe* è uno scompartimento con quattro cuccette, equivalente alla 2ª classe; **СВ** (la 1ª classe), è una sigla che sta per **Спа́льныйВаго́н**, *vagone letto*, e indica uno scompartimento a due posti. ▶

***

Упражне́ние 1 – Чита́йте и переводи́те

❶ Е́сли мо́жно, я лу́чше до Москвы́. ❷ Я хочу́ ни́жнюю по́лку. ❸ Пра́вда, что э́то ваш костю́м? ❹ Мне оди́н биле́т туда́-обра́тно, пожа́луйста. ❺ Коне́чно, им всё э́то о́чень интере́сно.

2 – Terza *(biglietto con posto prenotato)*, seconda *(scompartimento)* o prima classe *(SV)*?
3 – Seconda, la cuccetta inferiore, se è possibile.
4 – Sì, naturalmente.
5 Un biglietto di andata e ritorno *(biglietto là-indietro)*?
6 – No, sola andata *(in una fine)*.
7 – Mi dia il Suo documento d'identità *(Vostro passaporto)*, prego.

▶ ② **нижнюю полку** *nižnjuju polku* è l'accusativo di **нижняя полка** *nižnja{jа} polka*; notate che la desinenza di **нижняя** indica che la **н** è molle perché è seguita da una vocale della 2ª serie (vedi lezione 7); **полка** *polka*, sostantivo femminile, significa *mensola* o, in un contesto ferroviario, *cuccetta*.

③ **туда-обратно**, *andata e ritorno*, è composto dagli avverbi **туда**, che significa *là* (con movimento; anche **там** vuol dire *là*, ma senza movimento) e **обратно**, *indietro* o *al contrario*. È più corretta la forma **туда и обратно**.

④ Di norma **конец** vuol dire *fine*, ma non mancano altre accezioni: **конец фильма** *kanjets filma*, *la fine del film*; **конец текста** *kanjets tjeksta*, *la fine del testo*; **в конце улицы** *fkantse ulitsy*, *in fondo alla via*.

⑤ In Russia ci sono due tipi di passaporto: uno valido solo per l'interno, chiamato **внутренний паспорт**, equivalente alla nostra carta d'identità, e uno valido anche per l'estero, **заграничный паспорт**.

***

Soluzione dell'esercizio 1
❶ Se è possibile, preferirei andare a Mosca. ❷ Voglio la cuccetta inferiore. ❸ Questo completo è Suo, vero? ❹ Per me un biglietto di andata e ritorno, per favore. ❺ Certo, tutto ciò li interessa molto.

17 Упражнение 2 – Восстановите текст

❶ Se Lei è straniero, *(allora)* dov'è il Suo passaporto?
 . . . . вы иностранец, то где ваш . . . . ?

❷ E dopo si può andare al cinema.
 А потом . . . . . пойти в кино.

❸ Suo *(Vostro)* fratello è un giornalista?
 . . . брат журналист?

❹ Che biglietto desidera *(volete)*: terza, seconda o prima classe?
 Какой . . . . . вы хотите: плацкарта, ... или СВ?

❺ Per Lei un biglietto di sola andata *(in una fine)*?
 Вам билет в один . . . . . ?

Leggete:
амплуа, шасси, Токио, антагонизм, клиника.
амплуа, шасси, Токио, антагонизм, клиника.

Scrivete e traslitterate:
туда-обратно, плацкарта, паспорт, билет, конец.

Acquistare un biglietto del treno in Russia può spesso rivelarsi un'impresa a causa degli addetti agli sportelli che parlano quasi sempre soltanto il russo e non si sforzano di capire gli stranieri in difficoltà.
Una volta sul treno, però, sarete immersi in un altro mondo.
Spesso i treni russi circolano di notte e in effetti è più bello percorrere chilometri e chilometri dormendo, anziché perdere tanto tempo viaggiando di giorno, in quanto spesso le distanze sono molto grandi.
*Ci sono tre classi: la prima (SV – **СВ**), la seconda – (**купе**), uno scompartimento chiuso con quattro cuccette, e la terza, che consiste in uno scompartimento aperto con più letti.*

Soluzione dell'esercizio 2

❶ Если – паспорт ❷ – можно – ❸ Ваш – ❹ – билет – купе – ❺ – конец

Soluzione:
ampl**ua** *ruolo*, sh**ass**i *telaio*, **to**kio *Tokyo*, antagan**izm** *antagonismo*, kl**i**nika *clinica*.

Soluzione:
туда-обратно, плацкарта, паспорт, билет, конец.

A bordo di ogni vagone c'è un assistente che si occupa solo dei passeggeri della sua carrozza.
In alcuni treni si fa ancora distinzione tra vagoni con servizio o senza: quelli "con servizio" sono più cari, perché vi si serve anche la colazione o la cena.
Alcuni treni russi hanno ancora un aspetto piuttosto antiquato e si fermano in moltissime stazioni.
Su questi mezzi è peraltro assai facile che nascano delle amicizie: quello del treno è un universo tutto particolare ed è sicuramente un'esperienza da non perdere in Russia.
Buon viaggio e, soprattutto, non dimenticate il vostro documento d'identità, che vi servirà per acquistare il biglietto!

18 Восемна́дцатый уро́к

[vasimnatsat^{yi} urok]

В рестора́не ①
vristaran^{je}

1 — Что ты хо́чешь?
shto ty Hočish'?

2 — Стака́н воды́ ②.
stakan vady.

3 — И всё?
ifsjo?

4 — Я бо́льше ③ ничего́ не хочу́.
ja bol'sh^e ničivo niHaču.

5 — Как хо́чешь.
kak Hočish.

6 А мне, пожа́луйста, пи́во и чи́псы!
amnje, pažalst^a, piv^a i čipsy!

Osservazioni sulla pronuncia
1, 3, 4, 5, 6 Non dimenticate che le parole brevi, come l'avverbio di negazione **не** e le preposizioni, si saldano alla parola seguente e si pronunciano come ne facessero parte: **Не хочу́** *niHaču*; **И всё** *ifsjo*; **А мне́** *amnje*.

Note

① **в рестора́не**: l'aggiunta della **е** alla parola **рестора́н** e la presenza della preposizione **в** (*in, a*) indica stato in luogo (dunque senza movimento). Abbiamo già visto che in russo si distingue tra **где** (*dove* senza movimento) e **куда́** (*dove* con movimento); la stessa distinzione si fa con i nomi: si usa l'accusativo (il caso del complemento oggetto) quando l'azione si svolge con movimento e il prepositivo (caso del complemento di stato in ▸

Diciottesima lezione   18

Al ristorante

1 – Cosa ti va *(Cosa tu vuoi)*?
2 – Un bicchiere d'acqua.
3 – E basta *(E tutto)*?
4 – [No,] non voglio nient'altro *(Io più niente non voglio)*.
5 – Come vuoi.
6 – Per me *(E a me)* una birra e delle patatine, per favore!

▸ luogo) che in genere compare soltanto dopo la preposizione **в** o **на** quando non c'è movimento. Approfondiremo entrambi i casi nel corso delle prossime lezioni.

② **стака́н воды́**, *un bicchiere d'acqua*: il genitivo non preceduto da preposizione è in genere un complemento di specificazione; anche nel caso in cui si voglia indicare una quantità o si usi un partitivo, il nome che indica l'oggetto quantificato va al genitivo e, nel nostro esempio, **стака́н** delimita una certa quantità d'acqua. Il genitivo femminile si forma con la desinenza **-ы** per i sostantivi in **-а** e con la desinenza **-и** per i sostantivi in **-я** e in caso di incompatibilità ortografica, della quale parleremo nella prossima lezione di ripasso (per esempio con i nomi che finiscono per **-ка** с **-га**): **вода́** → **воды́**; **во́дка** → **во́дки**; **окро́шка** → **окро́шки**. Non dovete imparare a memoria queste regole: le assimilerete a poco a poco!

③ **бо́льше**, *più* (ma in alcuni casi *altro*), nelle frasi negative precede la negazione **не** e altre parole "negative" come **ничего́**: **Ты бо́льше не хо́чешь воды́?** *ty bol'sh^e niHočish vady?*, *Non vuoi (più) altra acqua?*; **Мне стака́н воды́** *mnje stakan vady* – **А мне бо́льше** *amnje bol'sh^e*, – *Per me un bicchiere d'acqua*. – *E a me [ne dia] di più*.

восемьдесят (*vosimdis^{ja}t*) • 80

18

7 Ты то**ч**но ④ ничег**о** не х**о**чешь?
*ty to**č**na ni**č**ivo ni**H**o**č**ish?*

8 Я угощ**а**ю ⑤…
*ja ugassh**a**ju…*

9 – Тогд**а** мне т**о**же пиво, чипсы и борщ…
*tagd**a** mnj**e** to**ž**e piv**ª**, **č**ipsy i borssh…*

10 раз ⑥ ты так наст**а**иваешь ⑦!
*ras ty tak nast**a**iva**ʲᵉ**sh!*

9 Ricordate che il suono della **щ** è quello del gruppo *sh* (come in *shampoo*) pronunciato avvicinando molto la lingua al palato.

Note

④ **т**о**чно** *to**č**na* è un avverbio che può significare *precisamente*, *proprio*, *infatti*.

⑤ **угощ**а**ю** è la 1ª persona singolare del verbo **угощ**а**ть**, *offrire* (da bere o da mangiare).

***

Упражнение 1 – Читайте и переводите

❶ Почему ты так настаиваешь? ❷ У меня ничего нет. ❸ Я тоже больше не хочу есть. ❹ Я всех угощаю! ❺ Салата больше нет, но есть чипсы.

Упражнение 2 – Восстановите текст

❶ Vuoi *(Per te)* un bicchiere di vodka? – No, [ne voglio uno] d'acqua.
   – Тебе . . . . . . водки? – Нет, ...

❷ Certo, è meglio la birra.
   Конечно, ... лучше.

❸ – Dov'è tua sorella? – È al ristorante.
   – . . . твоя сестра? – Она в . . . .

7 [Ma] non vuoi proprio niente *(Tu precisamente nulla non vuoi)*?
8 Offro io *(Io offro)*…
9 – Allora *(a me anche)* una birra, patatine e un borsh anche per me…
10 visto che insisti tanto *(se tu così insisti)*!

> **10** In **настáиваешь** la **e** si pronuncia come una *je* molto attenuata (e non *i*).

- ⑥ **раз** *ras* significa in genere *volta*, ma in questo caso ha più il senso di *se, dal momento che, visto che*: **один раз**, *una volta*.
- ⑦ **настáиваешь** *nastaivajesh* è la 2ª persona singolare di **настáивать** *nastaivat'*, insistere.

***

Soluzione dell'esercizio 1
❶ Perché insisti tanto? ❷ Non ho niente. ❸ Anch'io non ho più fame. ❹ Offro io per tutti! ❺ L'insalata non c'è più, ma ci sono delle patatine.

❹ Se non vuoi più niente *(Se tu più niente non vuoi)*…
… ты больше …… не хочешь!

❺ – Ah! È Suo fratello… – Precisamente!
– А! это ваш брат… – ….. !

Soluzione dell'esercizio 2
❶ – стакан – воды ❷ – пиво – ❸ Где – ресторане ❹ Раз – ничего – ❺ – Точно

18 **Leggete:**
антенна, бобина, лира, сарказм, мегаватт.
антенна, бобина, лира, сарказм, мегаватт.

Scrivete e traslitterate:
точно, больше, чипсы, борщ, угощать.

Esistono moltissimi tipi di minestre russe, in genere molto gustose e nutrienti, che non vengono mai passate al frullatore e sono buonissime riscaldate. Il borsh, per esempio, si prepara in modo diverso da regione a regione (per non dire da famiglia a famiglia), ma è sempre inconfondibile grazie al suo bel colore rosso impreziosito da un velo di panna acida. Provate anche voi a preparare il borsh con la ricetta seguente:
Mettere 1 kg di petto di manzo in due litri e mezzo d'acqua fredda, portare lentamente a ebollizione e schiumare. Nel frattempo fare imbiondire in padella con il burro una cipolla, delle carote e un peperone tagliati a fette sottili, aglio e prezzemolo. Lasciare stufare per 10 minuti. Aggiungere una barbabietola cruda tagliata a fette sottili, aggiungere del concentrato di pomodoro e cuocere a fuoco lento per 5 minuti. Tagliare a strisce 500 g di cavolo bianco. Dopo un'ora aggiungere alla carne delle patate fatte a pezzettini e il cavolo. Togliere le patate cotte dalla padella per schiacciarle con la forchetta. Mezzora dopo aggiungere tutte le verdure

---

19 Девятна́дцатый уро́к

[divitnatsatʲi urok]

Телефо́нный разгово́р
tilifonnʲi razgavor

1 — Та́ня, тебя́ к телефо́ну, слы́шишь?
tanja, tibja ktilifonu, slyshysh?

2 — Алло́?
alo?

Soluzione: **18**

ant**e**na *antenna*, bab**i**na *bobina*, l**i**ra *lira*, s**a**rkazm *sarcasmo*, migav**a**t *megawatt*.

Soluzione:
точно, больше, чипсы, борщ, угощать.

rimaste in padella e lasciare cuocere per un'altra mezzora (occorrono dunque due ore in tutto). Un quarto d'ora prima di togliere la minestra dal fuoco, aggiungere dell'aneto a piacere e uno spicchio d'aglio grattugiato.
Servire il borsh con panna acida e, se possibile, accompagnato dai piroshki.

Diciannovesima lezione   19

Forse non ve ne sarete resi conto, ma avete già acquisito un buon numero di vocaboli. Adesso cominceremo a occuparci dei verbi russi, malgrado la loro complessità (che è solo apparente), sono abbastanza semplici perché tutti i tempi si formano a partire dall'indicativo presente o dall'infinito e alcune desinenze sono comuni a tutti i gruppi verbali.

Conversazione telefonica

1 –   Tanja, ti [vogliono] al telefono, hai sentito *(senti)*?
2 –   Pronto?

19

3 – Добрый вечер, это Саша говорит.
dobr^{yj} vje^{č}er, et^a sasha gavarit.

4 – Какой Саша?
kakoj sasha?

5 – Как какой? Комов!
kak kakoj? komaf!

6 – Простите, но я вас не знаю ①!
prastit^{je}, no ja vas niznaju!

7 – Это Таня Иванова?
et^a tanja ivanova?

8 – Нет, вы ошиблись номером.
njet, vy ashyblis' nomiram.

9 – Ой! Извините пожалуйста.
oj! izvinit^{je} pažalst^a.

10 – Ничего страшного ②.
ničivo strashnav^a.

Osservazioni sulla pronuncia
3 Non abbiamo segnato l'accento di **это** perché in questa frase non sostituisce un verbo e ha una funzione secondaria (enfatica). Confrontate: **Это Саша**, *È Sasha* e **Это Саша говорит**, *È Sasha che parla*.
6 Come già sapete, **не** si pronuncia come se facesse parte del

Note
① In **знаю** incontriamo una delle desinenze della 1ª persona singolare (**-ю**), che in realtà abbiamo già visto fin dalla 6ª lezione (**читаю**, frase 2).

Упражнение 1 – Читайте и переводите
❶ Я точно знаю, что это он. ❷ – Добрый вечер! – Здравствуйте! ❸ Ой! А я вас знаю! ❹ Извините, но больше ничего нет. ❺ – Вас к телефону. – Спасибо.

85 • восемьдесят пять (*vosimdis^{ja}t pjat'*)

3 – Buonasera, sono Sasha *(questo Sasha parla)*.
4 – Sasha chi *(Quale Sasha)*?
5 – Come chi *(quale)*? [Sasha] Komov!
6 – [Mi] scusi, ma io non La conosco!
7 – Lei è *(Questo)* Tanja Ivanova?
8 – No, ha sbagliato numero.
9 – Oh! Mi scusi *(Scusi per cortesia)*.
10 – Non fa niente *(Niente di terribile)*.

verbo che segue, per cui la **e** diventa atona e si pronuncia *i*: **не знáю** *niznaju*.
1, 8 Poiché la **ш** è sempre dura, **слы́шишь** si pronuncia *slyshysh* e **оши́блись** *ashyblis'* (la **и** si legge come una **ы**).
10 Ricordate che nelle desinenze **-его/-ого** la **г** si legge *v*: **ничего́** *ničivo*; **стра́шного** *strashnav*ᵃ.

▶ ② **Ничего́ стра́шного** è un modo educato per dire *Non fa niente, Non importa*; **стра́шного** *strashnav*ᵃ è il genitivo dell'aggettivo **стра́шный** *strashnyj* (**-ая**, **-ое**), *terribile, spaventoso*.

Soluzione dell'esercizio 1
❶ So bene *(Io precisamente so)* che è lui. ❷ – Buonasera! – Salve! ❸ Oh, ma io La conosco! ❹ Mi dispiace *(Scusi)*, ma non c'è più niente. ❺ – La vogliono al telefono! – Grazie.

19 **Упражнение 2 – Восстановите текст**

❶ *(Oggi)* è una bella serata.
Сегодня хороший . . . . . .

❷ – Lei è Tanja? – No, si sbaglia *(vi siete sbagliato)*.
– Вы Таня? – Нет, вы . . . .

❸ Che bella *(piacevole)* conversazione!
Какой приятный . . . . !

❹ – Non so dove sia *(dove lui)*. – Non fa niente.
– Я . . . . . . , где он. – Ничего страшного.

❺ – Pronto! Sei tu? – Certo [che sono] io!
– Алло! Это ты? – . . . . я!

Leggete:
лобби, жюри, сардина, габарит, мобилизация.
лобби, жюри, сардина, габарит, мобилизация.

Scrivete e traslitterate:
вечер, страшный, разговор, ничего, простите.

I cognomi russi maschili finiscono spesso per **-в** *e quelli femminili per* **-ва**, *per esempio:* **Петро́в – Петро́ва, Ивано́в – Ивано́ва, Ушанёв – Ушанёва**. *Esistono però altre terminazioni, come per esempio* **-ин** *per i maschili e* **-ина** *per i femminili, oppure* **-о** *(di origine ucraina):* **Соро́кин – Соро́кина, Ви́ктор Фоме́нко, Ната́ша Ковале́нко**. *Sapete inoltre che la maggior parte dei nomi russi ha un diminutivo (a volte anche più d'uno). Ecco un elenco di nomi con i diminutivi più diffusi:*
Алекса́ндр – Са́ша; Анастаси́я – На́стя; А́нна – А́ня; Бори́с – Бо́ря; Ви́ктор – Ви́тя; Викто́рия – Ви́ка; Еле́на – Ле́на; Ива́н – Ва́ня; Мари́я – Ма́ша; Наде́жда – На́дя; Ната́лия

Soluzione dell'esercizio 2

❶ – вечер ❷ – ошиблись ❸ – разговор ❹ – не знаю – ❺ – Конечно –

Soluzione:

lobi lobby, *žuri* giuria, *sardina* sardina, *gabarit* sagoma, *mabilizatsija* mobilitazione.

Soluzione:

вечер, страшный, разговор, ничего, простите.

(Ната́лья) – Ната́ша; О́льга – О́ля; Пётр – Пе́тя; Рома́н – Ро́ма; Серге́й – Серёжа; Татья́на – Та́ня; Ю́лия – Ю́ля.
Come potete vedere, i diminutivi finiscono sempre per vocale e non ci dicono se si riferiscono a un maschio o una femmina; notate inoltre che ci sono due tipi di diminutivi: quelli veri e propri, che consistono nel nome abbreviato, e quelli affettivi, che non sono più brevi dei nomi da cui derivano. In alcuni casi c'è solo il secondo tipo di diminutivo: Оле́г – Оле́жка, Оле́жек*;* И́горь – Игорю́ша, Игорёк*;* Анто́н – Анто́ша, *ecc.*

20 Двадца́тый уро́к [dvatsa*tyi* urok]

В Сиби́ри ①
fsibiri

1 – Алло́, И́горь?
alo, igar'?
2 – Да, приве́т!
da, privjet!
3 – Я смотрю́ ② прогно́з пого́ды.
ja smatrju praghnos pagody.
4 Говоря́т ③, у вас стра́шный хо́лод.
gavarjat, u vas strashnyi Holat.

Osservazioni sulla pronuncia
1 La **р** si pronuncia molle in fine di parola per via del segno **ь**: **И́горь** *igar'*. Pronunciatela sollevando la lingua verso il palato, come se dopo ci fosse una *i*.
3 In **прогно́з** *praghnos* la **з** finale si pronuncia come la consonante sorda corrispondente (**с**). Benché questa parola somigli (e non a caso) a *prognosi*, il gruppo consonantico **гн** si legge sempre *ghn* (ovvero con la *g dura* di *gheriglio*) e non *gn*.

Note
① **в Сиби́ри** *fsibiri*: si tratta di un nome al caso prepositivo perché non c'è movimento (complemento di stato in luogo). Formare il prepositivo non è difficile: in genere si aggiunge una **-e** ai nomi che finiscono per consonante o la si sostituisce alla vocale finale dei neutri e femminili; **рестора́н** → **в рестора́не**; **теа́тр** → **в теа́тре**; **дие́та** → **на дие́те**. Tuttavia, i nomi che finiscono in **-ия** al nominativo o quelli femminili in consonante molle prendono la desinenza **-и**: **Сиби́рь** → **в Сиби́ри**, *in Siberia*; **Росси́я** → **в Росси́и**, *in Russia*.

Ventesima lezione 20

In Siberia

1 – Pronto, Igor?
2 – Sì, pronto *(ciao)*!
3 – Sto guardando le previsioni del tempo *(Io guardo previsione del tempo)*.
4 Dicono [che] da voi [fa un] freddo terribile.

▶ ② **смотрю** *smatrju*, *guardo, sto guardando*: in russo il presente indicativo corrisponde anche alla nostra costruzione verbale *stare* + gerundio: Non c'è dunque differenza tra un presente che indica un'azione generalizzata (es. "la Terra gira") o un'azione che sta avvenendo in questo momento.

③ **говорят** è la 3ª persona plurale del verbo **говорить**, che già conoscete. Oltre a *dicono*, significa anche *si dice*.

5 – Да нет, минус двадцать-двадцать пять…
danjet, minus dvatsat' - dvatsatpjat'…

6 – Да? А по телевизору говорят – минус ④ сорок пять…
da? a patilivizaru gavarjat minus sorakpjat'…

7 – А-а-а… Ну, так ⑤ это, может быть ⑥, на улице!
aaa… nu, tak et^a, može^{e}tbyt', na ulitse!

Note

④ La parola **минус**, oltre a *meno* (o *sottozero* come in questo caso), significa anche *difetto*.

⑤ **ну так…** è un'espressione della lingua parlata ed è una variante di **ну**, che avete già incontrato nella sesta lezione. Si traduce *allora, beh, ebbene*.

***

Упражнение 1 – Читайте и переводите
❶ На улице страшный холод. ❷ А что ты делаешь в Сибири? ❸ Я смотрю интересный фильм. ❹ Говорят, что ты иностранец. Это правда? ❺ Так ты с нами или нет?

Упражнение 2 – Восстановите текст

❶ Che brutte previsioni del tempo *(Quale terribile previsione)*!
Какой страшный … … … !

❷ Per caso vuoi del caviale?
… … … … … , ты хочешь икры?

❸ Vuoi vedere *(guardare)* le previsioni del tempo alla TV?
Хочешь смотреть … … … … … … прогноз … … … ?

5 – Ma no *(sì no)*, [ci saranno] venti, venticinque gradi sottozero *(meno venti-venticinque)*…
6 – Davvero *(Sì)*? *(E)* Per televisione invece dicono [che ce ne sono] quarantacinque sottozero…
7 – Ah… Beh, forse fuori *(così questo, può essere, su strada)*!

5, 6 двадцать пя́ть, со́рок пя́ть: le decine e le unità si scrivono staccate, ma si pronunciano come se formassero una parola sola: *dvatsatspjat', sorakpjat'*.
7 La **ж**, la **ш** e la **ц** sono sempre dure, perciò la **e** che le segue immediatamente si pronuncia *e*: **мо́жет** *mož*ᵉ*t*.

▸ ⑥ Nella lingua parlata, invece di **может бы́ть**, si può dire semplicemente **мо́жет**: **Мо́жет, это о́н?** *Forse è lui?*

***

Soluzione dell'esercizio 1
❶ Fuори fa un freddo terribile. ❷ E cosa fai in Siberia? ❸ Sto guardando un film interessante. ❹ Dicono che sei straniero. È la verità? ❺ Allora, sei con noi oppure no?

❹ Forse è meglio che io prenda un taxi?
. . . . . , я лу́чше возьму́ такси́?

❺ È un film assolutamente *(molto)* spaventoso!
Это о́чень . . . . фильм!

Soluzione dell'esercizio 2
❶ – прогно́з ❷ Мо́жет быть – ❸ – по телеви́зору – пого́ды
❹ Мо́жет – ❺ – стра́шный –

21 **Leggete:**
сат**и**р, м**е**бель, ком**е**та, шак**а**л, корид**о**р.

Scrivete e traslitterate:
иностранец, двадцать, может быть, прогноз, телевизор.

> *Quando si sente parlare di Siberia, ci si immaginano gli orsi che vagano per immense distese bianche, un freddo insopportabile e petrolio a fiumi... Vediamo di fare qualche precisazione: in effetti la Siberia è una regione immensa della Federazione Russa (12.765.000 km², che si estende dagli Urali fino all'Oceano Pacifico e conta circa 30 milioni di abitanti. Alcune zone della Siberia vantano grandi giacimenti (petrolio, oro, ferro, gas naturale, ecc.) e il 25% della produzione mondiale di diamanti proviene dalla Jakuzia (nel nord-est della regione), ma sono abbondanti anche le foreste*

---

21 Двадц**а**ть п**е**рвый ур**о**к

Повтор**е**ние – Ripasso

1 Pronuncia

• **L'assordimento delle consonanti sonore**
Sapete già che, in russo, le consonanti si dividono in sonore e sorde. Ricordate una regola importante: una consonante sonora (**б, в, г, д, ж, з**) diventa sorda (**п, ф, к, т, ш, с**) in fine di parola o davanti a una consonante sorda: **прогн**о**з** *praghnos*; **водка** *vot-ka*. Questa regola è valida anche per le preposizioni che finiscono per consonante sonora davanti a parole che cominciano per consonante sorda: **из всех** *isfsjeH*. Notate inoltre che, se una parola finisce per segno molle, la consonante che lo precede è da considerarsi quella finale e di conseguenza è soggetta ad assordimento: **дождь** *dosht'*, *pioggia*.

Soluzione:

satir satiro, *mjebil' mobili*, *kamjeta cometa*, *shakal sciacallo*, *karidor corridoio*.

Soluzione:

иностранец, двадцать, может быть, прогноз, телевизор.

(**тайга́**, la taiga), *che costituiscono una riserva considerevole di legna d'ottima qualità. L'inverno siberiano è lungo e freddo (tra i -15° e -40° C) e l'estate è molto breve (con temperature dai 10° ai 20° C).*
La conquista russa di queste terre dal clima rigido è cominciata nel XVI secolo; alla fine del XIX è entrata in servizio la ferrovia Transiberiana (9.000 km da Mosca a Vladivostok). Inoltre, in epoca staliniana, la Siberia è diventata la terra dei gulag.

Ventunesima lezione 21

• **L'accento tonico dei prestiti**
Di norma, nelle parole d'origine straniera, l'accento tonico non cambia la propria posizione (esempi di termini d'origine italiana: **пи́цца** *pittsa, pizza*; **ча́о** *čao, ciao*). È il caso dei prestiti dal francese, nei quali l'accento si mantiene sull'ultima sillaba: **купе́** *kupe, scompartimento*; **Оливье́** *aliv'je, Olivier*; **шофёр** *shafjor, autista*.

• **Le preposizioni e le particelle monosillabiche**
Si pronunciano come se formassero un'unica parola con i termini che le seguono: **в теа́тр** *ftiatr, a teatro*; **из всех** *isfsjeH, di tutti*.

девяносто четыре (*divinosta čityrje*)

2 La distinzione tra presenza e assenza di movimento

È una distinzione particolarmente importante perché determina il caso da utilizzare dopo una preposizione che introduce un complemento di luogo, come abbiamo visto con le preposizioni **за**, **в** e **на**.

• Con **в** e **на** si usa il caso accusativo (il caso del complemento oggetto) quando il complemento è di moto a luogo - ovvero c'è presenza di movimento - mentre si usa il caso prepositivo (del complemento di stato in luogo) quando l'azione non implica un movimento: **в теа́тр**, *a teatro* (con movimento: es. **мы идём в теа́тр**, *andiamo a teatro*) – **в теа́тре**, *a teatro* (senza movimento: es. **ты в теа́тре?**, *sei a teatro?*).

• Anche con la preposizione **за** si usa il caso accusativo se l'azione implica un movimento (**сесть за сто́л**, *sedersi a tavola*: il fatto di sedersi richiede uno spostamento), mentre si usa il caso strumentale, che ancora non conoscete, se l'azione avviene sul posto (**мы за столо́м**, *siamo a tavola*).

3 Le declinazioni

• Il caso prepositivo

La formazione del caso prepositivo non pone particolari problemi: al singolare è sufficiente aggiungere la desinenza **-е** ai nomi maschili e sostituirla alla vocale finale dei neutri e dei femminili: **рестора́н → в рестора́не**; **теа́тр → в теа́тре**; **дие́та → на дие́те**. Fanno eccezione i nomi neutri in **-ие** e i nomi femminili che al nominativo finiscono per segno molle **-ь** o in **-ия**, per i quali la desinenza è **-и**: **Сиби́рь → в Сиби́ри**, *in Siberia*; **Росси́я → в Росси́и**, *in Russia*.

• Il caso genitivo

Il genitivo è il caso del complemento di specificazione e risponde in genere alle domande *di chi?* / *di che cosa?*, ma può indicare anche una quantità: infatti si usa, per esempio, dopo parole come **чуть-чу́ть**, *un pochino*; **немно́го**, *un po'*; **два**, *due*; **три**, *tre*; **четы́ре**, *quattro*; **стака́н**, *un bicchiere*, ecc. Il genitivo si traduce dunque con la preposizione *di* quando indica appartenenza e quando ha funzione di partitivo: **Я хочу́ воды́**, *Voglio dell'acqua*; **Э́то па́па И́ры**, *È il padre di Ira*. In **день рожде́ния**, *compleanno* (lett. *giorno di nascita*), la parola **рожде́ния** definisce **день**, per cui anche in questo caso si usa il genitivo.

Formazione del genitivo:
- <u>I nomi maschili e i neutri in -o</u> prendono la desinenza **-a**, mentre <u>i maschili in consonante molle o in -й e i neutri in -e</u> prendono la desinenza **-я**: **сала́т**, *l'insalata* – **сала́та**, *dell'insalata*; **мя́со**, *la carne* – **мя́са**, *della carne*; **дождь**, *la pioggia* (il segno **ь** indica che la consonante finale è molle) – **немно́го дождя́** *un po' di pioggia*.
- <u>I nomi femminili in -a</u> prendono la desinenza **-ы**, mentre <u>quelli in -я</u> o in consonante molle prendono la desinenza **-и**: **вода́**, *l'acqua* – **воды́**, *dell'acqua*; **иде́я**, *un'idea* – **(две) иде́и**, *due idee*; **ночь**, *una notte* – **(три) но́чи**, *tre notti*.
Ricordiamo inoltre che dopo **г, ж, к, х, ч, ш, щ** non si può scrivere la **-ы** per la regola dell'incompatibilità ortografica, per cui la desinenza è **-и**: **во́дка**, *la vodka* – **во́дки**, *della vodka*; **окро́шка**, *l'okroshka* – **окро́шки**, *dell'okroshka*.

• **Il caso genitivo/accusativo dei pronomi personali**
L'abbiamo già incontrato diverse volte e ora possiamo fare il punto sull'argomento completandolo. Una buona notizia: il genitivo dei pronomi personali è del tutto identico al loro accusativo:

я	меня́	он меня́ зна́ет	*lui mi conosce*
ты	тебя́	он тебя́ зна́ет	*lui ti conosce*
он	его́	он его́ зна́ет	*lui lo conosce*
она́	её	он её зна́ет	*lui la conosce*
оно́	его́	он его́ зна́ет	*lui lo conosce (neutro)*
мы	нас	он нас зна́ет	*lui ci conosce*
вы	вас	он вас зна́ет	*lui vi/La conosce*
они́	их	он их зна́ет	*lui li/le conosce*

Quando sono preceduti da una preposizione, i pronomi personali di 3ª persona (**его́**, **её** e **их**) diventano rispettivamente **него́**, **неё** e **них** per ragioni eufoniche: **у них**, *presso di loro, da loro*.

4 Il verbo

• **Il presente dei verbi regolari**

In russo ci sono due coniugazioni. Per formare il presente dei verbi regolari bisogna togliere dall'infinito la desinenza **-ть/-ти** per i verbi della prima coniugazione, **-ить/-ать/-еть** per quelli della seconda e aggiungere le desinenze seguenti:

Per la prima coniugazione
Дéла - ть *djela-t' fare*:

я	дéла + ю	мы	дéла + ем
ты	дéла + ешь	вы	дéла + ете
он			
онá	дéла + ет	они́	дéла + ют
онó			

Ид - ти́ *it-ti andare (a piedi)*, nonostante la desinenza irregolare dell'infinito (**-ти**), si coniuga regolarmente al presente:

я	ид + ý	мы	ид + ём
ты	ид + ёшь	вы	ид + ёте
он			
онá	ид + ёт	они́	ид + ýт
онó			

Come potete notare, all'inizio della maggior parte delle desinenze compare la vocale **e** (**ё** quando è tonica), che abbiamo sottolineato. Questa vocale caratterizza la prima coniugazione.

Inoltre la desinenza della 1ª persona singolare (**ю** se la lettera precedente è una vocale, **у** se è una consonante) ricompare, seguita da una **т**, nella 3ª plurale: **дéлаю – дéлают**, *faccio – fanno*; **идý – идýт**, *vado – vanno*.

Per la seconda coniugazione
говор - и́ть *gavar-it'* parlare:

я	говор + ю́	мы	говор + и́м
ты	говор + и́шь	вы	говор + и́те
он			
она́	говор + и́т	они́	говор + я́т
оно́			

слы́ш - ать *slysh-at'* sentire:

я	слы́ш + у	мы	слы́ш + им
ты	слы́ш + ишь	вы	слы́ш + ите
он			
она́	слы́ш + ит	они́	слы́ш + ат
оно́			

La vocale che caratterizza la seconda coniugazione è la **и**: la ritroviamo esattamente nelle stesse persone in cui abbiamo trovato **е** / **ё** per la prima coniugazione. Quanto alla vocale della 1ª persona singolare, invece, è bene sapere che influisce sulla desinenza della 3ª persona plurale: infatti, se è della 2ª serie (**ю**), anche la desinenza della 3ª persona plurale sarà della 2ª serie e pertanto la consonante precedente sarà molle: **говорю́ – говоря́т**, *dico – dicono*; se invece è della 1ª serie (**у**), lo sarà anche la desinenza della 3ª persona plurale: **слы́шу – слы́шат**, *sento – sentono*. Quest'ultimo esempio mostra che, in caso di incompatibilità ortografica, dopo alcune consonanti (come ad esempio **ш**, **ч**) non si può scrivere **-я** o **-ю**.
Vi consigliamo di ricordare per ogni verbo tre voci verbali: l'infinito, la 1ª persona singolare (che può finire per **-у** o per **-ю**) e la 2ª persona singolare (che vi indicherà la vocale tematica delle altre voci).

• **Costruzioni impersonali**
говоря́т è la 3ª persona plurale del verbo **говори́ть**, che già conoscete, ma può anche tradurre la costruzione impersonale *si dice*.

21 Заключи́тельный диало́г

1 – Добрый вечер, Саша.
2 – Это моя сестра и мой брат.
3 – Очень приятно… Я так хочу есть!
4 – Я тоже. Что ты хочешь? Я угощаю.
5 – Может, немного икры…
6 – И чуть-чуть водки, если можно…
7 – Само собой! На улице страшный холод!
8 – Ой!.. вы не Таня Иванова?
9 – Конечно нет, вы ошиблись… Я вас не знаю.
10 – Извините, пожалуйста!
11 – Ничего страшного.

Traduzione 21

1 Buonasera, Sasha. **2** Ti presento *(Questo)* mia sorella e mio fratello. **3** Molto piacere… Ho una fame! **4** Anch'io. Cosa ti va? Offro io. **5** Magari un po' di caviale… **6** E un pochino di vodka, se è possibile… **7** Certamente! Fuori fa un freddo terribile! **8** Oh!… [Ma] Lei non è Tanja Ivanova? **9** Certo che no, si sbaglia… Io non La conosco. **10** Mi scusi *(per favore)*! **11** Non fa niente.

22 Двадцать второй урок [dvatsat'ftaroj urok]

Дни недели ①

1 – Приходи к нам в понедельник ②!
2 – Боюсь ③, что в понедельник я не могу…
3 – Тогда – во вторник ④ или в четверг;
4 в среду мы уже идём в кино.
5 – А, может быть, в пятницу?
6 – Ну, если ты не можешь в другой день, то приходи в пятницу,
7 так как мы уезжаем на выходные ⑤.
8 – Жаль ⑥, я хотел предложить субботу или воскресенье!

Pronuncia
dni nidjeli **1** *priHadi knam fpanidjel'nik!* **2** *bajus', shto fpanidjel'nik ja nimagu…* **3** *tagda vaftornik ili fčitvjerk,* **4** *fsrjedu my uže idjom fkino.* **5** *a može̯t byt' fpjatnitsu?* **6** *nu, jesli ty nimože̯sh vdrugoj djen', to priHadi fpjatnitsu,* **7** *takkak my uježžaje̯m navyHadnyje̯.* **8** *žal', ja Hatjel pridlažyt' subotu ili vaskrisjen'je̯!*

Osservazioni sulla pronuncia
Avete incontrato già diverse volte delle parole che si pronunciano "saldate" a quelle che le seguono come se ne formassero una sola: si tratta (come abbiamo già sottolineato) di preposizioni e

Note
① Avete già visto quando si usa il genitivo (lezione 15): qui ha la funzione di complemento del nome e si traduce con la preposizione *di* inserita fra il nome e il proprio complemento: **неделя → дни недели**, *una settimana → i giorni della settimana*.

② **в понедельник**: per indicare il giorno in cui si svolge l'azione si utilizza la preposizione **в** seguita dal caso accusativo.

③ **боюсь** è la 1ª persona singolare del verbo **бояться** *bajatsa*, *aver paura, temere*.

▶

Ventiduesima lezione 22

Vi state pian piano abituando all'alfabeto cirillico e avete già fatto grandi progressi nella lettura: la pronuncia figurata vi è ancora utile, ma dovreste essere in grado di farne a meno in parecchi casi. Provate a leggere direttamente il testo russo e consultate la trascrizione fonetica solo per verificare la correttezza della vostra pronuncia.

I giorni della settimana

1 – Vieni a trovarci *(da noi)* lunedì!
2 – Temo che [per] lunedì non sia possibile *(che lunedì io non posso)*…
3 – Allora martedì o giovedi;
4   mercoledì *(noi già)* andiamo al cinema.
5 – Magari *(E, forse,)* venerdì?
6 – Beh, se non puoi [passare] *(in)* un altro giorno, allora vieni venerdì,
7   perché andiamo via *(je)* per il fine settimana.
8 – Peccato, *(io)* volevo proporre il sabato o la domenica!

di particelle monosillabiche che trovate anche nella lezione di oggi. Allenatevi a pronunciarle ad alta voce.
3 La **г** finale si pronuncia *k*: **четвéрг** *čitvjerk*.
8 In **воскресéнье** *vaskrisjen'ʲe*, il segno debole rafforza la "mollezza" della **н**, che si pronuncia come se fosse separata dalla **е**.

▸ ④ **во втóрник**: si aggiunge una **о** alla preposizione **в** per facilitare la pronuncia.
⑤ Anche se la parola *week-end* è ormai entrata a far parte del lessico russo (**уикéнд** *uikent*), vi consigliamo di usare **выходны́е** *vyHadnyʲe*, più frequente nell'uso e più naturale.
⑥ **жаль** significa *peccato, purtroppo*, ma combinato con un pronome personale al dativo traduce il verbo *dispiacersi*: **Мне так жаль!**, *Come mi dispiace!* **Ему́ óчень жаль**, *Gli dispiace molto*.

сто два (*sto dva*) • 102

22 Упражнение 1 – Читайте и переводите

❶ Вы ошиблись номером второй раз.
❷ Понедельник – первый день недели.
❸ Извините, но в другой день я не могу.
❹ В субботу мы не уезжаем. Приходи! ❺ Жаль, что ты не можешь в воскресенье.

Упражнение 2 – Восстановите текст

❶ Qui stiamo bene perché c'è tutto.
Нам здесь хорошо, ... здесь всё есть.

❷ Se vuoi, vieni a trovarci.
. . . . хочешь, то приходи . . . . .

❸ Giovedì partiamo per il Caucaso.
В . . . . мы . . . . на Кавказ.

❹ E poi ho paura di lui!
К тому же я его . . . . . !

❺ Che fai martedì?
Что ты делаешь во . . . . ?

Leggete:
импрессион**и**зм, ласс**о**, м**а**г, марк**и**з, ф**а**за, саркоф**а**г, муз**е**й.

импрессионизм, лассо, маг, маркиз, фаза, саркофаг, музей.

Scrivete e traslitterate:
понедельник, вторник, среда, четверг, пятница, суббота, воскресенье.

> *Questa è l'ultima lezione in cui vi proponiamo esercizi di scrittura, ma nulla vi vieta di riprendere i dialoghi delle lezioni e di ricopiarli a mano!*

Soluzione dell'esercizio 1

22

❶ Ha sbagliato numero per la seconda volta. ❷ Lunedì è il primo giorno della settimana. ❸ Mi scusi, ma un altro giorno non posso. ❹ Sabato non partiamo. Vieni a trovarci! ❺ Peccato che tu non possa venire domenica.

Soluzione dell'esercizio 2

❶ – так как – ❷ Если – к нам ❸ – четверг – уезжаем – ❹ – боюсь ❺ – вторник

Soluzione:

imprissianizm impressionismo, *lasso*, *lazo*, *mak mago*, *markis marchese*, *faza fase*, *sarkafak sarcofago*, *muzjej museo*.

Soluzione:

понедельник, вторник, среда, четверг, пятница, суббота, воскресенье.

23 Двадцать третий урок

[dvatsat'trjetij urok]

Сон ①

1 – Доктор, у меня проблема ② :
2 каждую ③ ночь мне снится ④,
3 что крысы ⑤ играют в футбол.
4 – Вот лекарство; этот ⑥ кошмар прекратится ⑦.
5 – Спасибо, я приму лекарство завтра.
6 – А почему завтра?
7 – А потому, что сегодня у них ⑧ финал… □

Pronuncia
son **1** doktar, uminja prabljema: **2** každuju noč' mnje snitsa, **3** shto krysy igrajut ffutbol. **4** vot likarstvᵃ; etᵃt kashmar prikratitsa. **5** spasibᵃ, ja primu likarstvᵃ zaftra. **6** a pačimu zaftra? **7** apatamushtᵃ, sivodnja uniH final…

Note

① Il termine **сон** significa sia *sogno* che *sonno*.

② In russo **проблéма** è femminile perché finisce per -a.

③ **кáждую** è l'accusativo femminile dell'aggettivo **кáждый, -ая, -ое**, *ogni, ciascuno/-a* (talvolta si traduce *tutti/-e*): **кáждый день**, *ogni giorno*; **здесь кáждый хóчет говорúть по-рýсски**, *qui tutti vogliono parlare in russo*. L'accusativo è il caso normalmente usato per il complemento di tempo (vedi anche la nota 2 della scorsa lezione).

④ **мне снúтся, что…** *sogno che…* (lett. *mi appare in sogno che…*) Si può dire anche **мне снúтся сон**, *faccio un sogno* (lett. *mi appare in sogno un sogno*).

⑤ **крýсы** è il plurale di **крýса**, *topo*. La desinenza per il plurale dei nomi maschili in consonante dura e dei femminili in -a è -ы: **финáл → финáлы**; **проблéма → проблéмы**.

Ventitreesima lezione 23

Un sogno

1 – Dottore, ho un problema:
2   ogni notte sogno
3   dei topi che giocano a calcio *(che ratti giocano a calcio)*.
4 – Prenda questa medicina *(Ecco medicina)*; quest'incubo finirà.
5 – Grazie, la prenderò *(io prenderò medicina)* domani.
6 – E perché domani?
7 – Perché *(E perché)* oggi c'è *(hanno)* la finale…

Osservazioni sulla pronuncia
2, 4 La combinazione di lettere **тся** alla fine dei verbi si pronuncia *-tsa* nonostante la presenza della **я** (che normalmente ammollisce la consonante precedente): **снится** *snitsa*, **прекратится** *prikratitsa*.
3 Attenzione al suono **ы**: **крысы** *krysy*.

▸ ⑥ **э́тот** è un aggettivo dimostrativo che concorda nel genere e nel numero col sostantivo cui si riferisce e pertanto va declinato. Le sue desinenze ricordano quelle dei nomi. **э́тот** (maschile), *questo*; **э́та** (femminile), *questa*; **э́то** (neutro), *questo*; **э́ти** (plurale), *questi, queste*.

⑦ **прекрати́тся** è la 3ª persona singolare del futuro di **прекрати́ться** (notate la somiglianza tra le due parole) *prikratitsa*, *finire*. A differenza di quanto avviene in italiano, questo verbo in russo è riflessivo.

⑧ Ricordate? Davanti ai pronomi personali di 3ª persona al genitivo/accusativo si aggiunge una **н** per facilitare la pronuncia: **у них**, *loro hanno* (lett. *presso di loro*).

23 Упражнение 1 – Читайте и переводите

❶ Каждую среду они играют в футбол. ❷ Завтра у вас финал. ❸ – Почему завтра? – А потому, что в другой день я не могу. ❹ У них всё хорошо. ❺ Когда прекратится этот кошмар?

Упражнение 2 – Восстановите текст

❶ Ecco il mio treno. *(Io)* parto.
... мой ...... Я ....

❷ Ogni notte faccio questo sogno.
...... ночь мне снится этот ....

❸ Ma è questo è un problema mio!
А это моя .... !

❹ *(Io)* volevo questa medicina.
Я хотел это ....

❺ C'è solo un problema *(un solo problema)*: qui [ci sono i] topi!
Одна проблема: здесь ..... !

Leggete:

экран, инициалы, химия, шантаж, рента.
экран, инициалы, химия, шантаж, рента.

Soluzione dell'esercizio 1
❶ Ogni mercoledì giocano a calcio. ❷ Domani avete la finale. ❸ – Perché domani? – Perché un altro giorno non posso. ❹ Stanno bene *(Presso di loro tutto bene)*. ❺ Quando finirà quest'incubo?

Soluzione dell'esercizio 2
❶ Вот – поезд – уезжаю ❷ Каждую – сон ❸ – проблема ❹ – лекарство ❺ – крысы

Soluzione:
*ekr*a*n schermo, initsy*a*ly iniziali, H*i*mija chimica, shant*a*sh ricatto, rj*e*nta rendita.*

24 Двадцать четвёртый урок

[dvatsat'čitvjort^{yj} urok]

Какая жара!

1 – На улице так ① жарко,
2   что я всё время ② хочу пить.
3 – Съешь мороженое.
4 – Думаешь, после мороженого ③ не хочется ④ пить?
5 – Не уверена,
6   но нет ничего лучше мороженого в такую ① жару!

Pronuncia
kakaja žara! **1** na ulits^e tak žark^a, **2** shto ja fsjo vrjemja Haču pit'. **3** s-jesh marožena^{je}. **4** duma^{je}sh, posl^{ie} marožen^av^a niHočitsa pit'? **5** niuvjerina, **6** no njet ničivo lučsh^e marožen^av^a ftakuju žaru!

Note

① Dopo **как** e **так** si usa un avverbio mentre dopo **какой** e **такой** (frase 6) si usa un aggettivo o un sostantivo: **Как хорошо!**, *Che bello!*; **Какой он добрый!** *Com'è buono!*; **Здесь так весело!**, *Qui ci si diverte un mondo! (*lett. *Qui così allegro!)*; **Сегодня такая жара!**, *Oggi fa un caldo!*

② **всё время** (lett. *tutto il tempo*), è un'espressione che significa *continuamente, in continuazione*, ma anche *sempre*.

③ Dopo **после** ci vuole il caso genitivo: **мороженое → после мороженого**; **жара → после жары**. **мороженое**, *gelato*, è un aggettivo sostantivato neutro.

④ **хочется** *Hočitsa*: questa costruzione impersonale corrisponde all'italiano *si vuole, si ha voglia*; per indicare un soggetto logico (non grammaticale) si deve utilizzare un pronome personale al dativo: **мне хочется** *mnje Hočitsa*, *voglio, ho voglia*.

Ventiquattresima lezione 24

Che caldo!

1 – Fuori fa così caldo
2 che ho continuamente sete.
3 – Mangia un gelato.
4 – [E tu] pensi [che] dopo un gelato non si abbia più sete *(dopo un gelato non si vuole bere)*?
5 – Non credo *(Non sicura)*,
6 ma non c'è niente di meglio di un gelato con questo caldo *(in tale caldo)*!

Osservazioni sulla pronuncia

1 La **ц** è sempre dura, per cui la **e** che segue non la rende molle: **улице** *ulitse*. **3** Per la prima volta incontriamo il segno duro **ъ**. Come potete constatare, non compare molto spesso: serve a indicare che la consonante precedente è dura anche se è seguita da una vocale (in questo caso la **e**) che in assenza del segno duro la ammollirebbe: **съешь** *s-jesh*.

24 Упражнение 1 – Читайте и переводите

❶ – Съешь немного салата. – Я не хочу ни есть, ни пить. ❷ Уверена, тебе хочется в кино. ❸ На улице такая жара! ❹ – Ты хочешь есть? – Нет, я хочу пить. ❺ Я смотрю прогноз погоды: завтра у вас жарко.

Упражнение 2 – Восстановите текст

❶ Con questo caldo si ha molta sete *(molto si vuole bere)*.
В такую . . . . очень хочется . . . . .

❷ Ma sei sicura che lui sia qui?
А ты . . . . , что он здесь?

❸ Dopo un gelato viene sete.
. . . . хочется пить.

❹ Leggi sempre!
Ты всё . . . . . читаешь!

❺ – Andiamo al cinema! – No, non ne ho voglia.
– Пойдём . . . . . ! – Нет, мне не . . . .

Leggete:
эго**и**ст, иммунит**е**т, фара**о**н, ситу**а**ция, те**о**рия.
эгоист, иммунитет, фараон, ситуация, теория.

Soluzione dell'esercizio 1

❶ – Mangia un po' di insalata. – Non ho né fame né sete. ❷ Sono sicura che hai voglia di andare al cinema. ❸ Fuori fa un caldo! ❹ – Hai fame? – No, ho sete. ❺ Sto guardando le previsioni del tempo: da voi domani farà caldo.

Soluzione dell'esercizio 2

❶ – жару – пить ❷ – уверена – ❸ После мороженого – ❹ – время – ❺ – в кино – хочется

Soluzione:

*ega**i**st* egoista, *imunitj**e**t* immunità, *fara**o**n* faraone, *situ**a**tsija* situazione, *ti**o**rija* teoria.

25 Двадцать пятый урок

[dvatsat'pjat^{yi} urok]

День рождения

1 – Тамара, это тебе!
2 – Спасибо большое ①!
3 – Ей уже подарили море цветов…
4 А вот ещё подарок.
5 – Но почему всё это ей, а мне – ничего?
6 – Сегодня у неё ② день рождения.
7 – А! Всё ясно.
8 С днём рождения ③, Тамара!

Pronuncia
djen' raždjenija **1** tamara, et^a tibje! **2** spasib^a bal'sho^{je}!
3 jej uže padarili mor^{je} tsvitof… **4** a vot ^{i}ssho padar^{a}k.
5 no pačim$u$ fsjo et^a jej, a mnje ničivo? **6** sivodnja u
nijo djen' raždjenija. **7** a! fsjo jasn^a. **8** zdnjom raždjenija,
tamara!

Osservazioni sulla pronuncia
8 La consonante **с** diventa sonora a contatto con la **д**: **с днём** zdnjom.

Note

① **Спасибо большое!** spasib^a bal'sho^{je}. È possibile dire anche **Большое спасибо!** perché in russo l'ordine delle parole non è rigido.

② **у неё**: la preposizione **у** richiede il genitivo. **Тамара → у Тамары**. Come ricorderete, all'inizio del pronome personale preceduto da preposizione si aggiunge una **н** per rendere più fluida la pronuncia.

Venticinquesima lezione 25

Un compleanno *(Giorno di nascita)*

1 – Tamara, questo è per te *(questo a te)*!
2 – Grazie mille *(Grazie grande)*!
3 – Le hanno già regalato un sacco *(mare)* di fiori…
4   Ed ecco un altro regalo.
5 – Ma perché a lei [regalano] tutte queste cose *(tutto questo a lei)* e a me niente?
6 – [Perché] oggi è il suo compleanno *(presso di lei giorno di nascita)*.
7 – Ah! [Allora è] tutto chiaro.
8   Buon compleanno, Tamara!

▶ ③ **С днём рождéния** lett. *Col giorno di nascita*, equivale a *Buon compleanno!* L'espressione completa è **Поздравля́ю тебя́ с днём рождéния!** *pazdravljaju tibja zdnjom raždjenija*, (lett. *Ti auguro col giorno di nascita*) *Tanti auguri di buon compleanno!*

25

Упражнение 1 – Читайте и переводите

❶ Тебе подарили море цветов! ❷ – Воды? – Спасибо большое, я так хочу пить. ❸ Всё ясно: ты шутишь? ❹ Приходи к нам, у Тамары день рождения. ❺ Ей подарили этот подарок.

Упражнение 2 – Восстановите текст

❶ – Quando compi gli anni *(presso di te giorno di nascita)*? – Domani.
– Когда у тебя . . . . ? – Завтра.

❷ È il mio regalo!
Это мой . . . . !

❸ Buon compleanno, sorellina mia *(sorella)*!
. . . . . рождения, сестра!

❹ Loro le hanno regalato un libro.
Они . . . . ей книгу.

❺ È chiaro, lei sta benissimo *(che presso di lei tutto bene)*.
. . . . , что у . . . всё хорошо.

Leggete:
экземпл**я**р, р**е**плика, мавзол**е**й, фаз**а**н, конститу́ция.

экземпляр, реплика, мавзолей, фазан, конституция.

Per i Russi le due ricorrenze più importanti sono senz'altro il Capodanno e il compleanno. Per festeggiare quest'ultimo si usa in genere invitare a casa gli amici e preparare una tavola sontuosa. Tutti portano un regalo, ma in genere i pacchi non vengono aperti davanti agli invitati per non mettere in imbarazzo chi ha fatto regali più modesti.

Soluzione dell'esercizio 1

❶ Ti hanno regalato un sacco di fiori! ❷ – [Vuole] dell'acqua? – [Sì,] grazie mille, ho molta sete. ❸ È tutto chiaro: stai scherzando? ❹ Vieni da noi, è il compleanno di Tamara. ❺ Le hanno fatto questo regalo.

Soluzione dell'esercizio 2

❶ – день рождения – ❷ – подарок ❸ С днём – ❹ – подарили – ❺ Ясно – неё –

Soluzione:

egzempljar esemplare, *rjeplika battuta*, *mavzaljej mausoleo*, *fazan fagiano*, *kanstitutsija costituzione*.

Non mancano poi le occasioni per i brindisi: il primo si fa in onore del festeggiato, il secondo in onore dei suoi genitori e il terzo, spesso, all'amore.
Tradizionalmente, se si festeggia in un caffè o al ristorante, gli invitati non pagano, ma le tradizioni si stanno occidentalizzando... La cosa più importante è arrivare sempre con un regalo e, se possibile, con una bottiglia di spumante!

26 Двадцать шестой урок

[dvatsat'shystoj urok]

Замечательный ① вечер

1 – Вчера я была ② у Тамары на дне рождения.
2   Она пригласила своих друзей ③.
3   Мы ели, пили шампанское ④, а потом танцевали.
4   Было очень весело ⑤!
5 – А я вчера был в опере ⑥.
6   Первый акт был таким скучным…
7 – А второй?
8 – Не знаю: я заснул сразу после первого. □

Pronuncia
zamičatjil'n^{yj} vječir **1** fčira ja byla u tamary nadnje raždjenija. **2** ana priglasila svaiH druzjej. **3** my jeli, pili shampanskaje, a patom tantsivali. **4** byl^a očin' vjesil^a! **5** a ja fčira byl vopir^{je}. **6** pjerv^{yj} akt byl takim skushnym… **7** a ftaroj? **8** niznaju: ja zasnul srazu posl^{je} pjerv^av^a.

Note

① L'aggettivo **замечательный, -ая, -ое** indica generalmente ammirazione: **Это замечательная опера**, *È un'opera straordinaria*; **Это замечательная поэма**, *È un grande poema*; **Ты замечательный друг!**, *Sei un amico speciale!*

② Avete già incontrato dei verbi al passato, tempo molto facile da formare perché i verbi di tutti i gruppi hanno le stesse desinenze: **-л** al maschile, **-ла** al femminile, **-ло** al neutro e **-ли** al plurale.

③ **друзей** è l'accusativo plurale di **друг** (nominativo singolare) → **друзья** (nominativo plurale irregolare). Abbiamo già visto l'accusativo singolare dei maschili inanimati (14ª lezione); quanto ai nomi maschili animati, invece, l'accusativo coincide col genitivo. Per esempio **журналист** (nominativo singolare) → **журналисты** (nominativo plurale): **я позвал журналиста** ▸

Ventiseiesima lezione 26

Una splendida serata

1 – Ieri sono stata al compleanno di Tamara *(ero da Tamara su giorno di nascita)*.
2   Ha invitato i suoi *(propri)* amici.
3   Abbiamo mangiato, bevuto spumante e poi ballato.
4   È stato molto divertente!
5 – Io invece ieri sono andato *(ero)* all'opera.
6   Il primo atto era così noioso…
7 – E il secondo?
8 – Non [lo] so: mi sono addormentato subito dopo il primo.

Osservazioni sulla pronuncia

2, 8 своих, заснул, сразу: fate attenzione a pronunciare la **с** come la *s* aspra di sera e non come la *s* di rosa, nonostante la vicinanza della consonante sonora. Lo stesso vale per i gruppi consonantici **сн** e **ср** nella frase 8 del dialogo.
6 In alcune parole il gruppo consonantico **чн** si pronuncia *shn*: **скучным** *skushnym*.

▸ (accusativo singolare), *ho chiamato un giornalista* → **я позвал журналистов** (accusativo plurale), *ho chiamato dei giornalisti*. Dunque non dovete imparare niente di nuovo, ma solo ripassare il genitivo singolare; quanto al genitivo plurale, lo scopriremo a poco a poco.

④ **шампанское** si comporta come **мороженое** (v. 24ª lez., nota 3).

⑤ **Было очень весело!**: qui il verbo *essere* è usato in una costruzione impersonale e non viene omesso perché la frase è al passato.

⑥ **в опере** *all'opera*: qui si usa il caso prepositivo perché l'azione della frase avviene senza movimento (stato in luogo); per esprimere un moto a luogo (es. *andare all'opera*) avremmo dovuto usare il caso accusativo: **в оперу**.

Упражнение 1 – Читайте и переводите

❶ Какой сегодня замечательный вечер! ❷ Кого ты пригласил на день рождения? ❸ – Ты вчера был у Тамары? – Нет, я был в опере. ❹ Мне здесь очень весело! ❺ Вчера мы ели икру и пили шампанское.

Упражнение 2 – Восстановите текст

❶ Mi sono addormentata subito dopo il film.
Я . . . . сразу после фильма.

❷ Il primo atto era meglio.
Первый . . . . . . лучше.

❸ Il *(Al)* compleanno è stato divertente.
На дне рождения было . . . .

❹ Ieri abbiamo ballato.
. . . . . мы танцевали.

❺ Oh, è un libro splendido!
О, это . . . . книга!

Leggete:

коррупция, экон**о**мика, **ю**мор, компр**е**сс, симм**е**трия.

коррупция, экономика, юмор, компресс, симметрия.

Soluzione dell'esercizio 1

① Che bella serata oggi! ② Chi hai invitato al compleanno? ③ – Ieri sei stato da Tamara? – No, sono stato all'opera. ④ Qui mi diverto un sacco! ⑤ Ieri abbiamo mangiato caviale e bevuto champagne.

Soluzione dell'esercizio 2

① – заснула – ② – акт был – ③ – весело ④ Вчера – ⑤ – замечательная –

Soluzione:

k**arru**ptsija *corruzione*, e**ca**n**o**mika *economia*, **ju**mar *umorismo*, k**a**mpr**e**ss *impacco*, simm**e**trija *simmetria*.

27 Двадцать седьмой урок

[dvatsat'sid'moj urok]

Вежливая девочка

1 – Почему у тебя болит живот ①?
2 – Сначала Наташа дала мне пирожок.
3   Я его съела.
4   Потом мне предложили ② яблоко,
5   и я не смогла ② отказаться.
6   А после банана, апельсина и дыни ③
7   у меня заболел ④ живот.
8   Но я не могла ② отказаться:
9   я вежливая девочка!

Pronuncia
vježliva^{ja} djevačka 1 pačimu utibja balit žyvot? 2 snačala natasha dala mnje piražok. 3 ja ^{je}vo s-jela. 4 patom mnje pridlažyli jablak^a, 5 i ja nismagla atkazatsa. 6 aposl^{je} banana, apilsina i dyni 7 uminja zabalijel žyvot. 8 no ja nimagla atkazatsa: 9 ja vježliva^{ja} djevačka!

Osservazioni sulla pronuncia
1, 4 La **ж** è sempre dura, per cui la **и** si pronuncia y: **живот** žyvot, **предложили** pridlažyli.

Note

① Il verbo **болеть** equivale esattamente all'italiano *dolere, far male*, ma il soggetto della frase va al caso genitivo e dev'essere preceduto dalla preposizione **у**: **У меня болит живот**, *Mi fa male la pancia* (oppure *ho mal di pancia*). **У него всё болит!**, *Ha male dappertutto!*

② **смогла** e **могла** sono due tempi passati irregolari (al femminile), voci dei verbi **смочь** e **мочь**, che significano entrambi *potere* (vedremo in seguito la differenza tra i due verbi). ▸

Ventisettesima lezione 27

Una bambina educata

1 – Perché ti fa male la pancia *(presso di te duole pancia)*?
2 – Prima Natasha mi ha dato un pasticcino.
3   L'ho mangiato.
4   Poi mi hanno offerto una mela
5   e non ho potuto dire di no *(rifiutare)*.
6   *(E)* dopo una banana, un'arancia e un melone,
7   mi è venuto mal di pancia *(presso di me cominciò a dolere pancia)*.
8   Ma non potevo rifiutare:
9   *(io)* [sono] una bambina educata!

---

3 Ricordate che il segno duro serve a "proteggere" la **с** dalla **е**, evitando che la consonante diventi molle: **съéла** *s-jela*.
4 Anche se entrambe le **о** di **я́блоко** *jablaka* sono trascritte con una *a* nella pronuncia, ricordate che, in fine di parola, questa *a* suona sempre molto attenuata.
5 Nel gruppo consonantico **см** la **с** non subisce l'influsso della consonante sonora **м**, per cui si pronuncerà aspra come la *s* di sera.

▶ Curiosamente, in russo il passato si comporta come un aggettivo: infatti le sue desinenze dipendono dal genere e dal numero (e sono in tutto 4), ma non dalla persona come avviene per i verbi. Date un'occhiata alla prossima lezione per sincerarvene!
③ Ricordate: dopo **после** ci vuole il genitivo: quello dei nomi femminili in **-я** vuole la desinenza **-и**: **дыня**, *melone* → **дыни**, *del melone*.
④ In alcuni casi il prefisso verbale **за-** indica l'inizio di un'azione: nel caso specifico, **заболéть** significa *cominciare a far male*.

27 Упражнение 1 – Читайте и переводите

❶ Съешь немного дыни и яблоко. ❷ Я не могла отказаться: они такие добрые! ❸ – Что у тебя болит? – Живот. ❹ Мне предложили пойти в кино. ❺ Наташа дала мне русскую книгу.

Упражнение 2 – Восстановите текст

❶ Non ho potuto rifiutare.
Я не смогла . . . .

❷ Dopo la banana ho mangiato un'arancia.
После . . . . . . я съел . . . .

❸ Tanja è una bambina molto educata.
Таня – очень . . . . девочка.

❹ Mi è venuto il mal di pancia subito dopo [aver mangiato] il melone.
У меня . . . . живот . . . . . после дыни.

❺ Una bambina mi ha offerto un bicchiere d'acqua.
. . . . предложила мне стакан воды.

Leggete:
пунктуа́ция, хамелео́н, корса́р, эмо́ция, сардони́ческий.

пунктуация, хамелеон, корсар, эмоция, сардонический.

123 • сто двадцать три

Soluzione dell'esercizio 1

❶ Mangia un po' di melone e una mela. ❷ Non potevo rifiutare: sono così buoni! ❸ – Cosa ti fa male? – La pancia. ❹ Mi hanno proposto di andare al cinema. ❺ Natasha mi ha dato un libro russo.

Soluzione dell'esercizio 2

❶ – отказаться ❷ – банана – апельсин ❸ – вежливая – ❹ – заболел – сразу – ❺ Девочка –

Soluzione:

punktuatsija punteggiatura, *Hamilion* camaleonte, *karsar* corsaro, *emotsija* emozione, *sardaničeskij* sardonico.

28 Двадцать восьмо́й уро́к

Повторе́ние – Ripasso

1 Pronuncia

- La vocale **и**, pur indicando di norma che la consonante che la precede è molle (vedi 7ª lezione), si pronuncia *y*, come la vocale **ы** dopo **ж**, **ш** e **ц** (dopo quest'ultima però è ammessa, secondo le regole ortografiche, anche la **ы**), perché sono sempre consonanti dure: **предложи́ли** *pridlažyli*, **живо́т** *žyvot*, **шить** *shyt'*, **цирк** *tsyrk*.

- Avete già incontrato parole monosillabiche (particelle, avverbi, preposizioni) che si pronunciano come se formassero un tutt'uno con la parola che segue. In tal caso, se finiscono per consonante sonora, questa può assordarsi se la parola successiva comincia per consonante sorda. Può avvenire anche il fenomeno contrario, come nel caso di **с днём** *zdnjom*: la consonante sorda si sonorizza a contatto con la consonante sonora iniziale della parola che segue. Tuttavia **с** non si sonorizza davanti a **в**, **л**, **м**, **н** e **р**.

2 Le declinazioni

- La desinenza del **nominativo plurale** è **-ы** per i nomi maschili in consonante dura e i femminili in **-а**, mentre è **-и** per i femminili in **-я**: **кошма́р** *(incubo)* → **кошма́ры** *(incubi)*; **у́лица** *(via)* → **у́лицы** *(vie)*; **ды́ня** *(melone)* → **ды́ни** *(meloni)*. I neutri in **-о** fanno il plurale in **-а**: **лека́рство** *(medicina)* → **лека́рства** *(medicine)*. Vedremo altri dettagli sul plurale regolare nella prossima lezione di ripasso.

- **L'accusativo dei nomi animati**

Conoscete già l'accusativo dei nomi inanimati (oggetti); per quanto riguarda i nomi animati maschili, l'accusativo coincide col genitivo: **до́ктор**, *dottore* – **Я слу́шаю до́ктора**, *Sto sentendo il dottore*; **журнали́сты**, *giornalisti* – **Ты ждёшь журнали́стов?**, *Stai aspettando i giornalisti?* Niente di nuovo, insomma…

Ventottesima lezione 28

• **Il genitivo**
Abbiamo già visto alcuni usi del caso genitivo e la formazione del singolare. Il plurale è un po' più complesso, ma non chiudete il libro! Avrete occasione di tornarci più volte nel corso delle lezioni e di assimilarlo senza neppure accorgervene. Per ora vi diciamo solo che la desinenza dei maschili in consonante dura è **-ов**: **банáн**, *banana* → **банáнов**, *di banane/delle banane*. Vedremo più avanti come si comportano gli altri sostantivi.

3 I giorni della settimana

Per dire qual è il giorno della settimana in cui si svolge un'azione ci vuole la preposizione **в** seguita dal nome del giorno al caso accusativo: **в понедéльник**, *lunedì*; **во втóрник**, *martedì* (si aggiunge la **о** alla preposizione **в** per facilitare la pronuncia); **в срéду**, *mercoledì*; **в четвéрг**, *giovedì*; **в пя́тницу**, *venerdì*; **в суббóту**, *sabato* e **в воскресéнье** *domenica*.

4 Costruzioni impersonali

• I verbi pronominali privi di soggetto compaiono spesso in strutture impersonali che esprimono sentimenti o stati d'animo: per esempio, **хóчется** *Hočitsa*, *si vuole, si ha voglia*. Per indicare il soggetto logico (non grammaticale) si usa il dativo: **мне хóчется** *mnje Hočitsa*, *voglio, ho voglia*.
• Ci sono anche costruzioni impersonali formate da semplici nomi (per esempio **жаль**) anch'essi combinati con un pronome al dativo: **мне жаль** *mnje žal'*, *mi dispiace*.

5 L'aggettivo dimostrativo *э́тот*

э́тот *etat* concorda nel genere e nel numero col nome cui si riferisce. Date un'occhiata alle sue desinenze: non vi ricordano quelle dei nomi?

э́тот (maschile), *questo*
э́та (femminile), *questa*
э́то (neutro), *questo*
э́ти (plurale), *questi, queste*

Esempi: **э́тот день**, *questo giorno*; **э́та де́вочка**, *questa bambina*; **э́то шампа́нское**, *questo spumante*; **э́ти инициа́лы**, *queste iniziali*.

6 Il passato dei verbi

La formazione del passato è semplicissima: basta sostituire la desinenza dell'infinito (**-ть**) col suffisso **-л** per ottenere il maschile, **-ла** per il femminile, **-ло** per il neutro e **-ли** per il plurale. Di fatto le desinenze del tempo passato ricordano quelle dell'aggettivo dimostrativo appena visto. Anche se qui sotto abbiamo tradotto **бы-л** con l'imperfetto, è il contesto a decidere qual è il tempo corrispondente in italiano, che può essere il passato prossimo, il passato remoto ecc. a seconda dei casi:

Быть *byt'*, *essere*
(**Я, ты, он**) **бы-л**, *io ero, tu eri* (soggetti maschili), *lui era*
(**Я, ты, она**) **бы-л + а́** *io ero, tu eri* (soggetti femminili), *lei era*
(**Оно́**) **бы́-л + о**, *esso era* (soggetto neutro)
(**Мы, вы, они́**) **бы́-л + и**, *noi eravamo, voi eravate, loro erano* (soggetti plurali)

Queste desinenze sono le stesse per i verbi di tutti i gruppi:
Де́лать *djelat'*, *fare*: **де́лал, де́лала, де́лало, де́лали**.
Слы́шать *slyshat'*, *sentire*: **слы́шал, слы́шала, слы́шало, слы́шали**.
Говори́ть *gavarit'*, *parlare*: **говори́л, говори́ла, говори́ло, говори́ли**.
Quanto ai verbi irregolari, può accadere che cambi la radice del verbo, ma le desinenze rimangono le stesse (o al massimo cade la **-л** al maschile):
Идти́ *itti*, *andare (a piedi)*: **шёл, шла, шло, шли**;
Мочь *moč'*, *potere*: **мог, могла́, могло́, могли́**.

Заключи́тельный диало́г 28

1 В четверг у меня был день рождения.
2 Я пригласила друзей и родственников.
3 Мы пили водку и шампанское…
4 В такую жару всегда хочется пить!
5 А потом мы танцевали.
6 Но вот проблема:
7 после шампанского у меня заболел живот.
8 Саша – доктор, он дал мне лекарство.
9 После лекарства живот больше не болел.
10 Потом все ели мороженое и шутили.
11 Было очень весело!

Traduzione

1 Giovedì era il mio compleanno. 2 Ho invitato amici e parenti. 3 Abbiamo bevuto vodka e spumante… 4 Con questo caldo si ha sempre sete! 5 *(E)* poi abbiamo ballato. 6 Ma ho avuto un problema *(ecco un problema)*: 7 dopo [aver bevuto] lo spumante mi è venuto mal di pancia. 8 Sasha è un dottore, mi ha dato una medicina. 9 Dopo *(la medicina)* la pancia non mi ha più fatto male. 10 Poi tutti hanno mangiato il gelato e scherzavano. 11 È stato molto divertente!

29 Двадцать девя́тый уро́к

[dvatsat'divjat[yj] urok]

Но́вое пла́тье

1 — Заче́м тебе́ в магази́н оде́жды? ①
2 — Мне ну́жно купи́ть краси́вые брю́ки ②,
3   тёплый сви́тер и зи́мнюю о́бувь ②.
4 — А ещё – но́вое вече́рнее пла́тье.
5 — У тебя́ це́лый шкаф пла́тьев!
6   Поищи́ в шкафу́ ③, мо́жет, что-нибу́дь ④ найдёшь.

Pronuncia
nova[je] plat'je 1 začem tibje vmagazin adježdy? 2 mnje nužn[a] kupit' krasivy[je] brjuki, 3 tjopl[yj] sviter i zimnjuju obuf'. 4 a issho nova[je] vičernij[e] plat'je. 5 u tibja tsel[yj] shkaf plat'jef! 6 paisshi fshkafu, mož[e]t, shtonibut' najdjosh.

Osservazioni sulla pronuncia
3 In **сви́тер** la **e**, benché atona, si pronuncia *e* perché la parola è di origine straniera (deriva dall'inglese "sweater").
• Anche se **о́бувь** finisce per segno molle, dal punto di vista fonetico l'ultima lettera è la **в**, che conseguentemente si assorda e va letta come una *f* molle: *obuf'*.

Note

① Abbiamo già visto nella 18ª e nella 21ª lezione le "istruzioni per l'uso" del genitivo. Qui abbiamo due esempi di questo caso (**магази́н оде́жды**, *negozio di abbigliamento*; **шкаф пла́тьев**, *armadio di abiti*): il primo è un genitivo singolare (**оде́жда → оде́жды**; questo termine vuol dire sia *abbigliamento* che *vestiti* e si usa solo al singolare), mentre il secondo è un genitivo plurale (**пла́тье → пла́тьев**).

② **о́бувь**, *scarpe*, si comporta come **оде́жда** ed è pertanto sempre al singolare. Per **брю́ки**, *pantaloni*, invece, avviene il contrario: si usa esclusivamente al plurale. Attenzione a declinare ▶

Ventinovesima lezione 29

Ed eccoci all'inizio della quinta settimana di lezioni: ormai sapete leggere bene il cirillico per cui, a partire da oggi, non ci sarà più l'esercizio di lettura. Se vi serve ancora un po' di pratica, date ancora un'occhiata alle lezioni precedenti.

Un abito nuovo

1 – Perché devi andare *(A che scopo a te)* al negozio di abbigliamento?
2 – Devo comprare un bel paio di pantaloni,
3   un maglione caldo e delle scarpe invernali.
4   E poi *(ancora)* un nuovo abito da sera.
5 – [Ma se] hai un armadio pieno *(intero armadio)* di abiti!
6   Cerca lì dentro *(nell'armadio)*, forse troverai qualcosa.

▸ correttamente gli aggettivi che fanno riferimento a questi nomi: **красивая одéжда**, *bei vestiti*, **красíвые брюки**, *bei pantaloni* oppure *un bel paio di pantaloni*.

③ **в шкафý**, *nell'armadio*. Alcuni nomi maschili monosillabici formano il prepositivo in **-у** quando sono preceduti dalla preposizione **в** o **на**.

④ **что-нибýдь** equivale a *qualcosa, qualche cosa*. Aggiungendo **нибýдь** (che va sempre preceduto da un trattino) agli avverbi o ai pronomi interrogativi potete formare dei pronomi indefiniti: **кто-нибýдь**, *qualcuno*; **где-нибýдь**, *da qualche parte*, ecc.

сто тридцать • 130

29 **7** Как говори́тся ⑤,
8 но́вое – э́то хорошо́ забы́тое ста́рое! ☐

7 kak gavaritsa, **8** nova^je et^a Harasho zabyta^je stara^je!

Note
⑤ **говори́тся**, *si dice*: come avrete notato, il suffisso **-ся** corrisponde in genere al nostro pronome *si* con valore riflessivo o impersonale.

***

Упражнение 1 – Читайте и переводите
❶ – Что тебе́ ну́жно? – Зи́мний сви́тер. ❷ У тебя́ о́чень краси́вые брю́ки. ❸ Съешь что-нибу́дь! ❹ Как говори́тся, ни пу́ха ни пера́! ❺ – Где твои́ но́вые брю́ки? – Поищи́ в шкафу́.

Упражнение 2 – Восстановите текст

❶ – Hai un abito nuovo? – Sì, un altro ancora!
 – У тебя́ но́вое . . . . . . ? – Да, ещё одно́!

❷ Ecco un armadio pieno di vestiti.
 Вот . . . . . шкаф . . . .

❸ A cosa ti serve quel vecchio maglione?
 Заче́м тебе́ э́тот . . . . . . сви́тер?

❹ Devo andare al negozio.
 Мне . . . . . в . . . .

7 Come si suol dire *(Come si dice)*:
8 il nuovo è solo il vecchio che ritorna *(il nuovo è vecchio ben dimenticato)*!

***

Soluzione dell'esercizio 1
❶ – Cosa ti serve? – Un maglione invernale. ❷ Hai dei pantaloni molto belli. ❸ Mangia qualcosa! ❹ Come si suol dire… in bocca al lupo! ❺ – Dove sono i tuoi pantaloni nuovi? – Cerca nell'armadio.

❺ Che bell'abito! È nuovo?

Какое . . . . платье! . . . новое?

Soluzione dell'esercizio 2
❶ – платье – ❷ – целый – одежды ❸ – старый – ❹ – нужно – магазин ❺ – красивое – Оно –

30 Тридца́тый уро́к [tritsat^{yj} urok]

Но́вое пла́тье: В магази́не (продолже́ние)

1 – Ой, смотри́, кака́я краси́вая и недорога́я ю́бка…
2 – Ты счита́ешь, что э́то дёшево?!
3 А по-мо́ему, здесь це́ны куса́ются ①.
4 Посмотри́ ②, ско́лько сто́ят э́ти бе́лые сапоги́ ③

Pronuncia

nova^{je} plat'je (pradalženije): vmagazinje **1** oj, smatri, kaka^{ja} krasiva^{ja} i nidaraga^{ja} jupka… **2** ty sshita^{je}sh, shto et^a djoshev^a?! **3** apamojemu, zdjes' tseny kusajutsa. **4** pasmatri, skol'ka stojat eti bjely^{je} sapaghi

Osservazioni sulla pronuncia

1 In **ю́бка** *jupka*, la **к** (consonante sorda) influisce sulla **б**, che si assorda a sua volta.

Note

① **куса́ются** è la 3ª persona plurale di **куса́ться** *kousatsa*, *mordere*. Notate che in russo il verbo è pronominale.

② Oggi affrontiamo per la prima volta un argomento molto importante: l'aspetto. Il russo ha solo un tempo passato e un solo futuro, ma compensa questa "povertà" con la distinzione tra l'imperfettivo e il perfettivo. In altre parole, a un verbo italiano corrispondono due verbi russi: uno imperfettivo e uno perfettivo. Nel dialogo di oggi, per esempio, abbiamo due verbi che significano entrambi *guardare*: **смотре́ть** (frase 1) e **посмотре́ть** (frase 4). Lo stesso era già accaduto nella 27ª lezione con **мочь** e **смочь** (frasi 5 e 3). Anzitutto tenete presente che l'imperfettivo esprime un'azione ripetuta, abituale, senza un risultato definitivo, o un'azione considerata nel corso del suo svolgimento, mentre il perfettivo descrive un'azione momentanea, che avviene in un momento ben determinato e si conclude con un risultato. Tornando al nostro dialogo, nel ▶

Trentesima lezione 30

Un abito nuovo: nel negozio (seguito)

1 – Oh, guarda che bella gonna a buon prezzo!
2 – Tu pensi che costi poco *(ritieni che questo a poco prezzo)*?
3 *(E)* secondo me, qui i prezzi sono salatissimi *(mordono)*.
4 Guarda quanto costano quegli stivali bianchi

---

2 La **ё** è sempre accentata: **дёшево** *djoshev^a* .
• Il gruppo consonantico **сч** non si pronuncia come si scrive, bensì come se fosse una **щ**: **считáешь** *sshita^{je}sh*, *consideri, pensi, ritieni*. Il segno molle in fine di parola ha solo valore ortografico.
2, 3, 5, 6 Ricordate che **ц**, **ш** e **ж** sono sempre consonanti dure.
3 Ricordate che il suffisso dei verbi riflessivi e pronominali **-тся** si pronuncia *tsa* nonostante la presenza della **я**: **кусáются** *kusajutsa*.

▸ primo caso si invita semplicemente l'interlocutore a guardare la gonna, per cui si usa **смотри́**, imperfettivo, perché non ci si preoccupa del risultato dell'azione. Nel secondo, invece (frase 4), si usa il perfettivo **посмотри́** perché ciò che interessa è il risultato dell'azione, ovvero invitare l'interlocutore a trarre le sue conclusioni dopo aver guardato quanto costano gli stivali. Se tutto questo non vi sembra molto chiaro, state tranquilli: non dovete capire subito questa distinzione, che si acquisisce con la pratica e col tempo. Torneremo ad occuparcene a più riprese durante il corso.

③ Il plurale degli aggettivi in tema duro, ovvero quelli maschili in **-ый** (**-óй** se l'accento cade sull'ultima sillaba, come nel caso di **какóй**, *quale*), quelli femminili in **-ая**, e quelli neutri in **-ое** si forma con la desinenza **-ые**: **обы́чный**, *comune*; **обы́чные магази́ны**, *negozi comuni*. Gli aggettivi in tema molle, ovvero in **-ий**, **-яя** e **-ее**, fanno invece il plurale in **-ие**: **си́ний сапóг**, *stivale blu* → **си́ние сапоги́**, *stivali blu*.

сто три́дцать четы́ре • 134

30 5 или даже обычные синие джинсы!
6 Да даже эта некрасивая куртка…
7 И вообще, тебе нужно ④ платье!

5 ili daže abyčny^je sini^je džynsy! 6 dadaže et^a nikrasiva^ja kurtka… 7 ivaapsshe, tibje nužn^a plat'je!

Note

④ **нýжно**, *necessario*, concorda nel genere e nel numero col soggetto (in questo caso l'abito). Per indicare la persona che ha bisogno si usa il dativo, caso che studieremo più avanti per quanto riguarda gli aggettivi e i nomi: **им нýжен свитер** (ma- ▸

Упражнение 1 – Читайте и переводите

❶ По-моему, тебе нужно в магазин. ❷ Ты считаешь, это красивая куртка? ❸ Я хочу купить белые сапоги и синие джинсы. ❹ Вообще, здесь всё очень дёшево. ❺ В этом магазине одежды цены кусаются.

Упражнение 2 – Восстановите текст

❶ Ha dei vestiti belli, ma non cari *(non cari, ma belli)*.
У неё ...., но красивая одежда.

❷ Che abito ti serve: blu o bianco?
Какое тебе нужно платье: ..... или ..... ?

❸ Ieri sono stata in un nuovo negozio di abbigliamento.
Вчера я была в новом .... одежды.

❹ Guarda che bel giubbotto invernale!
........, какая красивая зимняя ...... !

❺ Nell'armadio c'è un giubbotto, dei blue jeans e una gonna.
В шкафу есть куртка, ... и .....

5 o anche solo *(o persino)* dei comuni blue jeans!
6 E *(persino)* quel brutto giubbotto…
7 E poi *(E in generale)* hai bisogno di un abito!

▶ schile), *hanno bisogno di un maglione*; **ей нужна́ ю́бка** (femminile), *ha bisogno di una gonna*; **тебе́ ну́жно пла́тье** (neutro), *hai bisogno di un abito*; **ему́ нужны́ брю́ки** (plurale), *ha bisogno di un paio di pantaloni*. Osservate le desinenze: nessuna sorpresa, vero? Somigliano a quelle dei nomi: una consonante per il maschile, **-a** per il femminile, **-o** per il neutro e **-ы** per il plurale.

Soluzione dell'esercizio 1
❶ Secondo me devi *(hai bisogno di)* andare al negozio. ❷ Pensi che questo sia un bel giubbotto? ❸ Voglio comprare degli stivali bianchi e dei jeans blu. ❹ In genere qui costa tutto molto poco. ❺ In questo negozio di abbigliamento i prezzi sono salatissimi.

Soluzione dell'esercizio 2
❶ – недорогая – ❷ – синее – белое ❸ – магазине – ❹ Посмотри* – куртка ❺ – джинсы – юбка

* Si può anche usare **смотри**.

31 Тридцать пе́рвый уро́к

[tritsat'pjerv ᵞʲ urok]

Недоразуме́ние

1 Молодо́й па́па ① кача́ет коля́ску.
2 В коля́ске пла́чет ребёнок.
3 – Возьми́ себя́ в ру́ки ②!
4 Успоко́йся ③, Оле́г! Не паникуй!
5 Прохо́жий: – Послу́шайте ④!
6 Прекрати́те говори́ть с ва́шим Оле́гом:

Pronuncia

nidarazumjeni⁽ʲᵉ⁾ **1** maladoj papa kačaʲᵉt kaljasku. **2** fkaljaskʲᵉ plačit ribjonᵃk. **3** vaz'mi sibja vruki! **4** uspakojsja, aljek! nipanikuj! **5** praHožᵞʲ: paslushajtʲᵉ! **6** prikratitʲᵉ gavarit' svashym aljegam:

Note

① Il significato letterale di **па́па** è *papà* (**ма́ма** – *mamma*), mentre *padre* si dice **оте́ц** e *madre* **мать**.

② **взять себя́ в ру́ки** (lett. *prendersi nelle mani*) è un'espressione che vuol dire *dominarsi, controllarsi*.

③ Leggete prima di tutto la nota **(4)** che vi permetterà di comprendere meglio questa spiegazione: **успоко́йся** è l'imperativo del verbo pronominale **успоко́иться** *uspakojtsa, calmarsi*. La formazione dell'imperativo dei verbi pronominali è la stessa degli altri verbi: l'unica differenza è che dopo la **и** si aggiunge **-сь** e dopo **й** si aggiunge **-ся**. Al plurale si aggiunge **-сь** dopo la desinenza **-те**.

④ **послу́шайте** è l'imperativo del verbo **послу́шать** *paslushat'*, *ascoltare*. L'imperativo è molto facile da formare: salvo eccezioni, basta prendere il verbo alla 2ª persona singolare e sostituirne la desinenza con **-й** se la lettera precedente è una vocale o con **-и** se la lettera precedente è una consonante. Es. **послу́шать: послу́ша - ешь → послу́ша + й → послу́шай**, *ascolta*; **идти́: ид - ёшь → ид + и → иди́**, *va'*.

Trentunesima lezione 31

Un malinteso

1 Un giovane padre *(papà)* dondola un passeggino.
2 Nel passeggino c'è un bimbo che piange *(piange un bimbo)*.
3 – Controllati!
4 Sta' calmo *(Calmati)*, Oleg! Non ti agitare!
5 Un passante: – Mi scusi *(Ascoltate)*!
6 La smetta di parlare col suo Oleg:

Osservazioni sulla pronuncia

3, 8 Di norma l'accento cade sui sostantivi e non sulle proposizioni né sulle parole monosillabiche; tuttavia ci sono alcuni casi che fanno eccezione a questa regola: se in **в ру́ки** notiamo che l'accento cade "normalmente" su **ру́ки**: *vruki*, in **на́ руки** l'accento va sulla preposizione: *naruki*.

▸ Per rivolgersi a più persone o a una persona cui diamo del Lei dobbiamo utilizzare la 2ª persona plurale: in tal caso è sufficiente aggiungere **-те**, desinenza del plurale che è valida per tutti i verbi senza eccezioni: **послу́шай** + **те** → **послу́шайте**, *ascolti/ascoltate*; **иди́** + **те** → **иди́те**, *vada/andate*.

31 **7** ребёнок вас не понима**ет**.
  8 Лучше возьмите ⑤ его на руки.
  9 – Понимаете, Олег – это я!

7 ribjon^ak vas nipanimajet. **8** lučsh^e vaz'mitje ^{je}vo naruki.
9 panimajet^{ie}, aljek et^a ja!

Note

⑤ Eccoci di nuovo col verbo **взять**, *prendere*, di cui abbiamo già visto l'imperativo alla 2ª persona singolare nella frase 3 (**возьми**). È un verbo perfettivo e non può indicare un'azione che dura nel tempo o considerata nel suo svolgimento: per-▸

***

Finora, negli esercizi, avete trovato soltanto delle parole già utilizzate nei dialoghi. A cominciare da oggi incontrerete termini già visti, ma declinati con desinenze differenti per abituarvi gradualmente a utilizzare i casi, che costituiscono un argomento fondamentale della lingua russa.

Упражнение 1 – Читайте и переводите

❶ Ничего страшного, это просто недоразумение. ❷ У тебя очень молодой папа. ❸ Мальчик качает коляску, а ребёнок плачет. ❹ – У меня сейчас экзамен… – Успокойся, ты всё знаешь! ❺ Какой у вас приятный ребёнок!

Упражнение 2 – Восстановите текст

❶ Ascolti, si controlli!
  Послушайте, возьмите . . . . в руки!

❷ Guarda, quel *(questo)* passante piange…
  (. .) . . . . . . , этот . . . . плачет…

❸ La smetta! Non La capisce!
  . . . . ! Он вас не . . . . !

7 [tanto] il bambino non La capisce.
8 Lo prenda piuttosto in braccio *(Meglio prendetelo su braccia)*.
9 – Ma guardi che Oleg sono io *(Capite, Oleg sono io)*!

▶ tanto i verbi perfettivi non hanno il presente, ma solo il passato o il futuro. La coniugazione del futuro di **взять** è la seguente: **возьму́** *vaz'mu*, **возьмёшь** *vaz'mjosh*, **возьмёт** *vaz'mjot*, **возьмём** *vaz'mjom*, **возьмёте** *vaz'mjotje*, **возьму́т** *vaz'mut*. Passiamo all'imperativo: **возьм - ёшь → возьм + и → возьми́**. Nella frase 8 abbiamo l'imperativo alla 2ª persona plurale: **возьми + те → возьми́те**, *prenda/ prendete*.

***

Soluzione dell'esercizio 1

❶ Niente di grave, è solo un malinteso. ❷ Tuo padre è molto giovane *(Hai un padre molto giovane)*. ❸ Il ragazzo dondola il passeggino, ma il bimbo piange. ❹ – Ora ho l'esame… – Sta' tranquillo, sai tutto! ❺ Com'è simpatico il vostro bimbo!

❹ Prenda il bambino in braccio.
.... ребёнка на руки.

❺ Guardi *(Capite)*, oggi è il mio compleanno.
........., сегодня мой день рождения.

Soluzione dell'esercizio 2

❶ – себя – ❷ (По)смотри – прохожий – ❸ Прекратите – понимает ❹ Возьмите – ❺ Понимаете –

32 Тридца́ть второ́й уро́к

[tritsat'vtaroj urok]

На вечери́нке

1 – Я то́лько что ви́дела ① одного́ ② па́рня…
2   Он мо́лод и так краси́в ③!
3   А Та́ня сказа́ла, что он ещё и бога́т.
4   Я так хоте́ла бы ④ с ним познако́миться!
5 – Е́сли хо́чешь, могу́ познако́мить.
6 – Ты его́ зна́ешь?
7 – Немно́го… Э́то мой жени́х!

Pronuncia
navičirinkje **1** *ja tol'ka shto vidila adnavo parnja…* **2** *on molat i tak krasif!* **3** *atanja skazala, shto on issho i bagat.* **4** *jatak Hatjelaby snim paznakomitsa!* **5** *jesli Hočish, magu paznakomit'.* **6** *ty jevo znajesh?* **7** *nimnogᵃ… etᵃ moj žʸniH!*

Note
① **ви́дела** è il passato femminile del verbo imperfettivo **ви́деть** *vidjet'*, *vedere*. Rileggete la nota **(2)** della 26ᵃ lezione.

② **одного́** è il genitivo maschile di **оди́н** *adin*, *uno*. Anche i numerali si declinano.

③ **мо́лод** e **краси́в** sono aggettivi di forma breve. La loro formazione è molto semplice: al maschile basta togliere la desinenza dell'aggettivo: **мо́лод – о́й**, **краси́в – ый**, **бога́т – ый**. Aggiungendo una **-a** al maschile dell'aggettivo breve così ottenuto si ha il femminile: **мо́лод + а́**, **краси́в + а**, **бога́т + а**. Aggiungendo una **-о**, invece, abbiamo il neutro: **мо́лод + о**, **краси́в + о**, **бога́т + о**. E il plurale? Si ottiene aggiungendo una **-ы**: **мо́лод + ы**, **краси́в + ы**, **бога́т + ы**. Gli aggettivi di forma breve si usano in funzione di attributo e sono obbligatori dopo **так** e **как** nelle frasi esclamative: **как он мо́лод!**, *Com'è giovane!*; **Они́ так бога́ты!**, *Sono così ricchi!*

Trentaduesima lezione 32

A una festa

1 – Ho appena visto *(io solo che ho visto)* un ragazzo…
2 È un giovanotto *(Lui giovane e)* così bello!
3 E Tanja ha detto che *(lui ancora)* è anche ricco.
4 Vorrei tanto conoscerlo *(Io così vorrei con lui fare conoscenza)*!
5 – Se vuoi posso presentartelo *(presentare)*.
6 – *(Tu)* lo conosci?
7 – Un po'… È il mio fidanzato!

Osservazioni sulla pronuncia
1, 7 Attenti alla pronuncia della **г** in **одного** *adnavo* e in **немного** *nimnoga*: nel primo caso (genitivo singolare) **г** si legge *v*, nel secondo (avverbio) invece si pronuncia *g*.
7 Notate la pronuncia della **e** in **жених** *žyniH*: la vocale atona si pronuncia *y* e non *i* perché si trova a contatto con **ж** (consonante sempre dura).

▶ ④ Ecco il primo esempio di condizionale (**хотела бы**). La sua formazione? Niente di più facile: prendete il passato di un verbo, aggiungete la particella **бы** (che può precedere o seguire il verbo) e il gioco è fatto: es. **он сказал бы**, *direbbe (avrebbe detto)*; **мы бы хотели**, *vorremmo (avremmo voluto)*.

33 **Упражнение 1 – Читайте и переводите**

❶ На вечеринке было так весело! ❷ Если он богат, то я хочу с ним познакомиться. ❸ Ты видел этого парня? ❹ – Почему она так молода? – Не знаю. ❺ Ты хотел бы быть в жюри?

Упражнение 2 – Восстановите текст

❶ Il mio fidanzato è così giovane!
  Мой жених так . . . . . !

❷ – Sai chi è? – No, ma è bello.
  Ты знаешь, кто это? – Нет, но он . . . .

❸ Ho già visto quel bel ragazzo.
  Я уже видела этого красивого . . . . . .

---

33   Тридцать тре́тий уро́к

[tritsat'trjetⁱʲ urok]

Сосе́ди ①

1 – Вы меня не узнаёте ② ?

Pronuncia
sasjedi 1 vy minja niuznajotje?

Note

① **сосе́ди** è il plurale (irregolare perché di norma, dopo una consonante dura, il plurale è in **-ы**) di **сосе́д** *sasjet*, *vicino (di casa)*. Il femminile singolare è **сосе́дка** *sasjetka*.

② **узнаёте** è la 2ª persona plurale del verbo **узнава́ть** *uznavat'*, *riconoscere*. Se ci fate caso, questo verbo deriva da **знать**, cui sono stati aggiunti il prefisso **у-** e il suffisso **-ва** (vedi anche la lezione di ripasso).

Soluzione dell'esercizio 1

❶ La festa è stata così divertente! ❷ Se è ricco, allora voglio conoscerlo. ❸ Hai visto quel ragazzo? ❹ – Come mai lei è così giovane? – Non lo so. ❺ Vorresti far parte della giuria?

❹ Tanja ha detto che è il tuo fidanzato.
  Таня . . . . , что это . . . . жених.

❺ Lei vorrebbe andare al cinema.
  Она . . . . пойти в кино.

Soluzione dell'esercizio 2

❶ – молод ❷ – красив ❸ – парня ❹ – сказала – твой – ❺ – хотела бы –

Trentatreesima lezione 33

Vicini di casa

1 – Non mi riconosce?

33 **2** Мы раньше ③ жили ④ рядом, на улице Чапыгина.
3 – Ах, конечно! Я и ⑤ сейчас там живу ④.
4 А вы теперь где живёте ④?
5 – На Невском проспекте, в ⑥ самом центре Питера ⑦!
6 Я оставлю ⑧ вам мой новый адрес:
7 будете рядом, заходите ⑨!

2 my ran'she žyli rjadam, naulitsᵉ čipyghina. 3 aH kanjeshnᵃ! ja i sičas tam žyvu. 4 a vy tipjer' gdje žyvjotje? 5 nanjevskam praspjektje, fsamam tsentrje pitⁱᵉra! 6 ja astavlju vam moj novʸʲ adrjes: 7 buditje rjadam, zaHaditje!

Note

③ L'avverbio **раньше** può avere parecchi significati: *prima, in passato, un tempo, una volta*.

④ **жи́ли, живу́** e **живёте** sono voci del verbo **жить** *žyt'*, *vivere* (la prima è un passato al plurale) **живу́, живёшь, живёт, живём, живёте, живу́т**. Ricordate: la ё è sempre accentata.

⑤ In questa frase **и** non corrisponde alla congiunzione *e*, ma significa *anche* o *ancora*. Come sempre è il contesto a suggerire la traduzione corretta.

⑥ Le preposizioni **на** (frase 2) e **в** possono richiedere l'accusativo o il prepositivo. Nel primo caso indicano il luogo verso cui ci si muove: **я на у́лицу, на проспе́кт**, *Vado nella via/nel corso*; **в центр**, *in centro*; **в Москву́**, *a Mosca*. Nel secondo caso indicano il luogo in cui ci si trova: **я на у́лице, на проспе́кте**, *Sono nella via/nel corso*; **в це́нтре**, *in centro*.

Упражнение 1 – Читайте и переводите

❶ На Невском проспекте есть большой магазин одежды. ❷ Я живу в самом центре. ❸ – Вы узнаёте этого парня? – Это Сергей. ❹ Раньше мы жили рядом. ❺ – Я оставлю вам яблоко и банан. – Спасибо.

2 Un tempo eravamo vicini di casa *(vivevamo accanto)* in via Čapyghin.
3 – Ah, [ma] certo! Abito lì ancora adesso *(io anche adesso là vivo)*.
4 E Lei ora dove abita?
5 – Nella prospettiva Njevskij, in pieno centro *(nello stesso centro)* di San Pietroburgo!
6 Le lascio *(lascerò)* il mio nuovo indirizzo:
7 [se] capita *(sarete)* da quelle parti *(vicino)*, passi a trovarmi!

Osservazioni sulla pronuncia

2 In qualche caso, il più noto dei quali è **часы́** *čisy*, *orologio*, la **a** atona preceduta da **ч** si pronuncia *i*: **чапы́гина** *čipyghina*.

▶ ⑦ **Пи́тер** è uno dei termini con cui ci si riferisce a **Санкт-Петербу́рг** *sankt pitirburk*, *San Pietroburgo*, nella lingua parlata.

⑧ **оста́влю** è la 1ª persona singolare del futuro del verbo perfettivo **оста́вить** *astavit'* *lasciare*. Fate attenzione alla **л** che compare dopo la **в** nella 1ª persona singolare (e solo in quella): **оста́влю, оста́вишь, оста́вит, оста́вим, оста́вите, оста́вят**. Qui si tratta di un futuro immediato: l'azione infatti sta per avvenire e il senso è più o meno quello di "accingersi a lasciare l'indirizzo".

⑨ Il prefisso **за-**, unito a un verbo di moto, traduce l'idea di *passare a trovare qualcuno, fare un salto da qualcuno*. Come vedrete, non è il solo prefisso a specificare meglio il significato di un verbo.

Soluzione dell'esercizio 1

❶ Nella prospettiva Njevskij c'è un grande negozio di abbigliamento. ❷ Abito in pieno centro. ❸ – Riconosce questo ragazzo? – È Serghjej. ❹ Una volta eravamo vicini di casa. ❺ – Le lascio una mela e una banana. – Grazie.

34 Упражнение 2 – Восстановите текст

❶ Ecco il mio nuovo indirizzo. Passi a trovarmi!
  Вот мой новый . . . . !

❷ – Mi riconosce? – Certo, siamo vicini di casa.
  – Вы меня . . . . ? – Конечно, мы –
  . . . .

❸ – Abita a Mosca? – No, in pieno centro di San Pietroburgo!
  – Он живёт в Москве? – Нет, в . . . . .
  . . . . . Питера!

❹ Se capita nella prospettiva Njevskij, passi a trovarmi. Abito lì.
  . . . . . . на Невском, заходите. Я там . . . . .

❺ Prima Lei abitava qui; e ora dove abita?
  . . . . . . вы . . . . здесь, а теперь где . . . . . . ?

---

34 Тридцать четвёртый уро́к

[tritsat'čitvjort⁽ʸʲ⁾ urok]

Разочарова́ние

1 – Ма́ма, сего́дня сли́шком хо́лодно,
2   я не могу́ идти́ в шко́лу…

Pronuncia
razačaravani⁽ʲᵉ⁾ **1** mama, sivodnja slishkam Holadnᵃ, **2** ja nimagu itti fshkolu…

Soluzione dell'esercizio 2   34
❶ – адрес – Заходите ❷ – узнаёте – соседи ❸ – самом центре – ❹ Будете – живу ❺ Раньше – жили – живёте

In Russia, l'indirizzo sulle buste si scrive osservando l'ordine seguente: Paese, codice postale (a meno che in fondo alla busta non ci siano già le caselle apposite), città, via, numero civico, numero dell'appartamento e infine nome e cognome del destinatario (al dativo). Per esempio:
**Россия,
394086, г. Воронеж,
ул. Южно-Моравская,
д.5, кв.26
Ушанёву Сергею**

Trentaquattresima lezione   34

Delusione

1 – Mamma, oggi [fa] troppo freddo,
2   *(io)* non posso andare a scuola…

34

3 — Да, сын**о**к, ты прав ①.
4 — Ах, как мне жаль ②!
5   Кн**и**ги, уч**е**бники, тетр**а**ди,
6   пр**а**вила и уравн**е**ния ③…
7   Я так любл**ю** шк**о**лу!
8 — Б**е**дный ребёнок ④!
9 — Ну, нич**е**г**о** не под**е**лаешь.
10   Позвон**ю** ⑤ Серёже и позов**у** ег**о** игр**а**ть в снежк**и**…

---

3 da, synok, typraf. 4 aH, kak mnje žal'! 5 knighi, učebniki, titradi, 6 pravila i uravnjenija… 7 ja tak ljubljou shkolu! 8 bjedn^yi ribjon^ak! 9 nu, ničivo nipadjela^jesh. 10 pazvanju sirjože i pazavu ^jevo igrat' fsnishki…

Note

① прав è la forma breve di пр**а**вый, *giusto* e, quando segue il soggetto, traduce il verbo *avere ragione*. Il femminile è прав**а́**, il neutro пр**а́**во e il plurale пр**а́**вы. La forma lunga пр**а́**вый non si usa.

② Conosciamo жаль dalla 22ª lezione, in cui abbiamo esaminato alcuni dei suoi possibili significati: se vi ricordate, esprime rincrescimento quando è posto dopo un pronome personale al dativo (Мне жаль, *Mi dispiace, Sono spiacente*); un pronome all'accusativo, invece, indica la persona per cui si è dispiaciuti: Мне жаль его́ (oppure мне его́ жаль), *Mi dispiace per lui, Lo compatisco*.

③ Ripassiamo e approfondiamo il plurale dei nomi: кни́га → кни́ги, уче́бник → уче́бники (dopo г, к, ш, щ, х, ч non può seguire la ы per incompatibilità ortografica, per cui dovremo sostituirla con la и), тетра́дь → тетра́ди (la consonante si mantiene molle anche al plurale ed è per questo che è seguita dalla и), пра́вило → пра́вила, уравне́ние → уравне́ния. ▸

3 — Sì, figlio mio *(figliolo)*, hai ragione.
4 — Ah, come mi dispiace!
5   Libri, manuali, quaderni,
6   regole ed equazioni…
7   Mi piace così tanto la scuola *(Io così amo la scuola)*!
8 — Povero bambino!
9 — Beh, pazienza *(niente non farai)*.
10 Chiamerò *(Telefonerò a)* Serjoža e lo inviterò a giocare *(lo chiamerò giocare)* a palle di neve…

Osservazioni sulla pronuncia
9 Non dimenticate che la **г** in **-его** si pronuncia *v*: **ничего́** *ničivo*.

▸ ④ **ребёнок**, *bambino/bambina,* è il plurale irregolare di **де́ти** *djeti.*

⑤ **позвони́ть** *pazvanit', telefonare,* è un verbo perfettivo e regge il caso dativo. In genere il dativo è il caso del complemento di termine (rispondendo alla domanda "a chi? a che cosa?"): i maschili in consonante dura e i neutri in **-o** prendono la desinenza **-у**, mentre **-ю** è, per così dire, la desinenza "molle" riservata ai maschili in consonante molle e in **-й**, nonché ai neutri in **-e** e **-ë**: **Он позвони́л сосе́ду** (**сосе́д** al nominativo), *Ha telefonato al vicino*; **Это пода́рок музе́ю** (**музе́й** al nominativo), *È un dono per il museo*. Per i nomi femminili il dativo somiglia al prepositivo: è in **-e**, tranne per i femminili in consonante molle (in tal caso è in **-и**) e in **-ия** (per i quali la desinenza del dativo è **-ии**): **позвони́ Серёже** (**Серёжа** è diminutivo di un nome maschile, ma finisce per **a** e pertanto si declina come se fosse un femminile), *Telefona a Serjoža*; **но́чи** (nominativo **ночь**), *alla notte*; **всё Росси́и** (nominativo **Росси́я**), *tutto alla Russia.*

Упражнение 1 – Читайте и переводите

❶ Ты прав, мне больше ничего не нужно. ❷ Бедный ребёнок! Мне его жаль. ❸ Они знают все правила и уравнения. ❹ Я так тебя люблю! ❺ – Ты куда? – В школу.

Упражнение 2 – Восстановите текст

❶ Mi dispiace, ma io non La *(ri)*conosco.
Мне . . . . , но я вас не . . . . . .

❷ Vuole comprare dei libri, dei manuali e dei quaderni.
Он хочет купить . . . . . , ... и . . . .

❸ Andiamo a giocare a palle di neve.
Пойдём . . . . . . в . . . .

❹ Pazienza: oggi non posso.
. . . . . . не поделаешь: сегодня я не могу.

❺ Hai ragione, fuori fa troppo freddo.
Ты . . . . (.) , там . . . . холодно.

Quando la temperatura è troppo bassa i bambini russi non vanno a scuola, ma non esistono leggi specifiche sulla questione: quasi tutte le amministrazioni regionali applicano norme proprie. Non c'è da stupirsene: date un'occhiata al territorio della Russia su una cartina geografica e vi renderete subito conto che, in questo Paese immenso, le temperature medie variano molto a seconda dei luoghi. La normativa della regione di Voronež, per esempio, prevede la chiusura delle scuole nel caso in cui la temperatura in classe scenda al di sotto dei 18°C. È chiaro che le

Soluzione dell'esercizio 1

❶ Hai ragione, non ho più bisogno di niente. **❷** Povero bambino! Mi dispiace per lui. **❸** Conoscono tutte le regole e le equazioni. **❹** Quanto ti amo! **❺** – Dove vai? – A scuola.

Soluzione dell'esercizio 2

❶ – жаль – узнаю **❷** – книги учебники – тетради **❸** – играть – снежки **❹** Ничего – **❺** – прав(а) – слишком –

autorità locali sono tenute a controllare la temperatura esterna, perché i bambini non devono uscire di casa se fuori fa troppo freddo (vale a dire se fanno circa 20 gradi sottozero). Il divieto di uscire è legato a condizioni meteorologiche complesse, cui concorrono la temperatura, il vento e l'umidità. In giornate così fredde i bambini attendono con impazienza che i genitori escano per andare al lavoro e poi vanno a giocare con i loro compagni di scuola…

35 Тридцать пя́тый уро́к

Повторе́ние – Ripasso

1 Il nome

• **Il plurale regolare dei nomi**

Il nominativo plurale dei maschili in -й e -ь e dei femminili in -я e -ь si ottiene sostituendo queste desinenze con -и: музе́й, *museo* → музе́и, *musei*; дождь, *pioggia* → дожди́, *piogge*, ды́ня, *melone* → ды́ни, *meloni*; ночь, *notte* → но́чи, *notti*.

I sostantivi neutri in -o fanno il plurale in -a: де́ло, *affare* → дела́, *affari*, mentre i neutri in -e lo fanno in -я: мо́ре, *mare* → моря́, *mari*.

Sapete già che dopo le lettere г, к, ж, х, ч, ш, щ non si può scrivere la ы, che va sostituita con una и: сапо́г, *stivale* → сапоги́, *stivali*; ку́ртка, *giubbotto* → ку́ртки, *giubbotti*.

• **Il plurale irregolare**

Alcuni maschili formano il plurale in -a, spostando oltretutto l'accento su questa desinenza: лес, *bosco* → леса́, *boschi*; но́мер, *numero* → номера́, *numeri*; па́спорт, *passaporto* → паспорта́, *passaporti*; ве́чер, *sera* → вечера́, *sere*; до́ктор, *medico* → доктора́, *medici*; а́дрес, *indirizzo* → адреса́, *indirizzi*; по́езд, *treno* → поезда́, *treni*.

Altri plurali irregolari: друг (m), *amico* → друзья́, *amici*; я́блоко (n), *mela* → я́блоки, *mele*; ребёнок (m), *bambino* → де́ти, *bambini*.

• **Il dativo**

I nomi maschili in consonante dura e neutri in -o formano il dativo in -y; nel caso dei maschili in consonante molle o in -й e dei neutri in -e la desinenza del dativo è -ю: **Он дал кни́гу сосе́ду** (сосе́д + у), *Ha dato il libro al vicino*; **дождь**, *pioggia* (nome maschile in consonante molle) → **дождю́**, *alla pioggia*. Il dativo dei femminili coincide col prepositivo: è di norma in -e, tranne per i femminili in consonante molle (che fanno il dativo in -и) e in -ия (che fanno il dativo in -ии). Esempi: **позвони́ ма́ме** (ма́ма), *telefona alla mamma*; **но́чи** (ночь è femminile), *alla notte*; **конститу́ции** (конститу́ция: femminile), *alla costituzione*.

Trentacinquesima lezione 35

2 Gli aggettivi

• **Il plurale**

Il plurale degli aggettivi è facile da formare perché ci sono solo due desinenze per tutti i generi.

Gli aggettivi in **-ый** (**-ой** se l'accento cade sull'ultima sillaba), in **-ая** e in **-ое** fanno il plurale in **-ые**: **краси́вый** (maschile) **ребёнок**, *bel bambino* → **краси́вые де́ти**, *bei bambini*; **бе́лая** (femminile) **ку́ртка**, *giubbotto bianco* → **бе́лые ку́ртки**, *giubbotti bianchi*; **но́вое пла́тье**, *abito nuovo* (neutro) → **но́вые пла́тья**, *abiti nuovi*.

Gli aggettivi in **-ий**, **-яя** e **-ее** fanno il plurale in **-ие**: **си́няя ю́бка**, *gonna blu*, → **си́ние ю́бки**, *gonne blu*.

La regola dell'incompatibilità ortografica vale anche per gli aggettivi, quindi non ci vuole mai la **ы** dopo **г**, **к**, **ж**, **х**, **ч**, **ш** e **щ**: **како́й**, *quale* → **каки́е**, *quali*.

• **Gli aggettivi di forma breve**

Conoscete già le desinenze degli aggettivi di forma lunga (vedi la 7ª lezione). Tra questi, alcuni aggettivi qualificativi possono essere "accorciati", assumendo in tal caso il ruolo di attributo: al maschile si tolgono infatti le desinenze degli aggettivi lunghi: **молод – о́й**, **хоро́ш – ий**, **до́бр – ый**; al femminile si aggiunge la **-а**, al neutro la **-о** e al plurale la **-ы** (**-и** dopo **г**, **к**, **ж**, **х**, **ч**, **ш** e **щ**). Nei femminili la desinenza è accentata: **молода́**, **хороша́**, **добра́**; notate, infine, che gli aggettivi di forma breve neutri coincidono con i rispettivi avverbi: **хорошо́**, *bene*; **пло́хо**, *male*.

3 Gli aggettivi possessivi

• **Eccone le desinenze al nominativo:**

Maschile	Femminile	Neutro	Plurale
мой *mio*	**моя́** *mia*	**моё** *mio*	**мои́** *miei/mie*
твой *tuo*	**твоя́** *tua*	**твоё** *tuo*	**твои́** *tuoi/tue*

наш *nostro*	на́ша *nostra*	на́ше *nostro*	на́ши *nostri/ nostre*
ваш *vostro (Suo)*	ва́ша *vostra (Sua)*	ва́ше *vostro (Suo)*	ва́ши *vostri/ vostre (Suoi/ Sue)*
их *loro*			

E gli aggettivi possessivi per la 3ª persona singolare? Qui bisogna soffermarsi su una distinzione importante che più o meno corrisponde a quella tra *suo* e *proprio* in italiano. In russo *suo (suoi, sua, sue)* si dice **его́** oppure **её**: il primo significa *di lui*, il secondo *di lei*, mentre *proprio* (con il quale indichiamo che il possessore è il soggetto della frase) si dice **свой**; ne abbiamo visto un esempio nella 26ª lezione (**Она́ пригласи́ла свои́х друзе́й**, *Ha invitato i propri amici*; **Я пригласи́л свои́х/мои́х друзе́й**, *Ho invitato i miei amici*). Notate inoltre che, mentre **свой** concorda nel genere e nel numero col nome dell'oggetto posseduto, **его́** si usa per indicare che il possessore è di genere maschile e **её** per indicare che è di genere femminile: **э́то её жени́х**, *è il suo (di lei) fidanzato*; benché **жени́х** sia maschile, l'aggettivo possessivo è al femminile perché il possessore – qui sottinteso – è una donna; **э́то его́ кни́га**, *è il suo (di lui) libro*; qui abbamo usato **его́** perché il possessore (sottinteso pure in questa frase) è un uomo, anche se **кни́га** è femminile.

Come si può constatare grazie alla tabella, alla 3ª persona plurale abbiamo solo un aggettivo/pronome possessivo: **их**, invariabile come in italiano; **их кни́га**, *il loro libro* (femminile), **их де́ти**, *i loro bambini* (maschile plurale), **их ре́плики**, *le loro battute* (femminile plurale), **их до́ктор**, *il loro medico* (maschile).

4 L'aspetto

I verbi russi hanno due "aspetti": l'imperfettivo e il perfettivo.
Di norma, dunque, a ogni verbo italiano corrispondono ben due verbi russi, ed è il punto di vista da cui si considera un'azione a decidere l'aspetto da scegliere: l'imperfettivo indica la ripetitività di un'azione o si sofferma sul suo svolgimento; il perfettivo "bada al sodo", indicando invece azioni che sono immediate o danno un risultato.

La nozione di aspetto è piuttosto complessa, ma verrà chiarita a poco a poco: ne riparleremo più volte.

5 I modi

• L'imperativo
Per coniugare un verbo all'imperativo occorre prenderne la 2ª persona singolare e sostituire la desinenza con **-й** se la lettera precedente è una vocale o con **-и** se la lettera precedente è una consonante. Esempi: **слу́шать**, *ascoltare* : **слу́ша - ешь + й** → **слу́шай!**, *ascolta!*; **идти́**, *andare a piedi*: **ид - ёшь + и → иди́**, *va'!* Per formare il plurale basta aggiungere **-те** alla forma dell'imperativo singolare: **иди́те!** *vada/andate!*

• Il condizionale
È molto semplice da formare: basta aggiungere la particella **бы** al verbo coniugato al passato. È possibile anche mettere la particella dietro il verbo: **я бы хоте́л/хоте́л бы пойти́ в кино́**, *Vorrei andare al cinema* oppure *Avrei voluto andare al cinema*; **они́ бы купи́ли/купи́ли бы э́то лека́рство**, *Comprerebbero (o avrebbero comprato) questa medicina*.

6 Il verbo *дава́ть*

Il verbo **дава́ть**, *dare*, ha la particolarità di perdere il suffisso **-ва** al presente: **да-ю́, да-ёшь, да-ёт, даём, да-ёте, да-ю́т**. Al passato il suffisso **-ва** si mantiene: **дава́л, дава́ла, дава́ло, дава́ли**.

36 Заключительный диалог

1 – Я только что видела Сергея. Позвони ему.
2 – Зачем?
3 – Тебе нужно купить брюки? Ему тоже.
4   Идите прямо сейчас.
5 – Точно! Мне нужно новое платье!
6 – Послушай, у тебя целый шкаф платьев…
7   По-моему, тебе нужны красивые брюки.
8 – Ты знаешь его адрес?
9 – Да, он живёт в центре, на Невском проспекте.
10   Там рядом есть недорогой магазин!
11   Ты права.
12   Позвоню ему и позову его в магазин одежды.

---

36   Тридцать шестóи урóк

[tritsat'shystoj urok]

Кто лáет?

1 – Игорёк ①, как мяукает кот?
2 – Мяу-мяу.

Pronuncia
kto lajet? **1** igarjok, kak miuka^jet kot? **2** mjau-mjau.
Osservazioni sulla pronuncia
1 мяýкает miuka^jet: ricordate che la **я** atona che precede la sillaba accentata si pronuncia *i*.

Traduzione

1 Ho appena visto Serghjej. Chiamalo *(Telefonagli)*. **2** Perché?
3 [Non] devi comprare dei pantaloni? Anche lui [deve comprarli].
4 Andate subito *(direttamente adesso)*. **5** Giusto! Ho bisogno di un abito nuovo! **6** Senti, hai [già] un armadio pieno d'abiti… **7** Secondo me hai bisogno [piuttosto] di un bel paio di pantaloni. **8** Conosci il suo indirizzo? **9** Sì, abita in centro, nella prospettiva Njevskij. **10** Lì vicino *(Lì accanto)* c'è un negozio conveniente! **11** Hai ragione. **12** Gli telefono per dirgli se viene con me *(e lo invito)* al negozio di abbigliamento.

Trentaseiesima lezione 36

Chi abbaia?

1 – Igorjok, come fa *(miagola)* il gatto?
2 – Miao miao.

Note
① **Игорёк** è diminutivo del nome **И́горь**, *Igor*.

36
3 – А как мыч**и**т кор**о**ва?
4 – Му!
5 – А как крич**и**т пет**у**х?
6 – Кукарек**у**!
7 – Молод**е**ц, всё зн**а**ешь!
8 А кто зло г**а**вкает ② «гав-гав»? Соб**а**ка?
9 – Нет, б**а**бушка!
10 Когд**а** д**е**душка не помог**а**ет б**а**бушке ③ мыть пос**у**ду ④…

3 akak myčit karova? 4 mu! 5 akak kričit pituH? 6 kukariku ! 7 maladjets, fsjo znajesh! 8 akto zlo gafka^(je)t gaf-gaf? sabaka? 9 njet, babushka! 10 kagda djedushka nipamaga^(je)t babushkje myt' pasudu…

Note

② Sia **л**á**ять** che **г**á**вкать** significano *abbaiare* e *latrare*.

③ **помог**á**ть** è un verbo che regge il dativo e non l'accusativo come ci si potrebbe aspettare: **д**é**душка не помог**á**ет б**á**бушке**, *il nonno non aiuta la nonna*. Per i femminili in **-a/-я** la desinenza del dativo è **-e**.

④ **пос**ý**да**, lett. *stoviglie*, si usa sempre al singolare.

***

Упражнение 1 – Читайте и переводите

❶ Почему он так зло кричит? ❷ – У тебя есть кот? – Нет, у меня есть корова. ❸ Мой дедушка очень добрый. ❹ Почему твоя собака всё время гавкает? ❺ – Когда у тебя экзамены? – Ещё не знаю.

3 – E come fa *(muggisce)* la mucca?
4 – Muu!
5 – E come fa *(grida)* il gallo?
6 – Chicchirichì!
7 – Bravo, sai tutto *(tutto sai)*!
8   E chi è che abbaia rabbiosamente *(rabbiosamente abbaia "bau bau")*? Il cane?
9 – No, [è] la nonna!
10   Quando il nonno non la aiuta *(non aiuta la nonna)* a lavare i piatti…

***

Soluzione dell'esercizio 1

❶ Perché grida così rabbiosamente? ❷ – Hai un gatto? – No, ho una mucca. ❸ Mio nonno è molto buono. ❹ Perché il tuo cane abbaia in continuazione? ❺ – Quando hai gli esami? – Ancora non so.

37 **Упражнение 2 – Восстановите текст**

❶ – *(Tu)* sai tutto? – Penso di sì. – Bravo!
 – Ты всё . . . . . . ? – Думаю, да. – . . . . !

❷ È bravo; aiuta la nonna e il fratello.
 Он молодец: . . . . бабушке и брату.

❸ Il cane abbaia e il gatto miagola.
 Собака . . . . , а . . . мяукает.

❹ – Chi grida *(qui)*? – Ah! È papà…
 – Кто здесь . . . . . . ? – А! Это папа…

❺ *(Tu)* sai come mi chiamo?
 Ты знаешь, . . . меня . . . . . ?

---

37 Тридцать седьмóй урóк

[tritsat'sid'moj urok]

На приёме ① у врачá

1 – На что жáлуетесь?
2 – Дóктор, у меня часто болит ② голова.
3 – Хорошо.
4 – Ещё у меня слáбый желудок

Pronuncia
naprijom^je u vrača. **1** *nashto žalu^it^je s'?* **2** *doktar, uminja čast^a balit galava.* **3** *Harasho.* **4** *issho uminja slab^yj žyludak*

Osservazioni sulla pronuncia
4 желу́док *žyludak*: ricordate che la **е** atona, dopo la **ж**, si pronuncia *у*.

Soluzione dell'esercizio 2

❶ – знаешь – молодец ❷ – помогает – ❸ – лает – кот – ❹ – кричит – ❺ – как – зовут

Trentasettesima lezione 37

Dal medico

1 – Cosa Le fa male *(Su cosa vi lamentate)*?
2 – Dottore, spesso ho mal di testa.
3 – Bene.
4 – E poi *(Ancora)* ho lo stomaco debole

Note

① **приём** vuol dire letteralmente *accoglienza, ricevimento*. Tuttavia **На приёме у врача** si può tradurre semplicemente *Dal medico*.

② **болит** è la 3ª persona singolare del verbo **болеть**, che significa *dolere, far male*. Può essere utile anche conoscere la 3ª persona plurale (**болят**): **У бабушки** (genitivo) **болит живот**, *La nonna ha mal di pancia*; **У меня** (genitivo) **болят руки**, *Mi fanno male le mani*. Tuttavia **болеть** si può coniugare come se fosse un verbo della prima coniugazione (**болею, болеешь, болеет, болеем, болеют**) e in questo caso significa *essere malato*.

сто шестьдесят два • 162

37

5   и проблемы с пищеварением ③.
6 – Хорошо…
7 – Расшатанная нервная система…
8 – Хорошо…
9 – Я часто впадаю в депрессию…
10 – Очень хорошо…
11 – Доктор, да что же здесь хорошего?
12 – Хорошо, что у меня всего этого нет ④!   □

---

5 iprabljemy spisshivarjen^{ij e}m. 6 Harasho… 7 rasshatanna^{ja} njervna^{ja} sistjema 8 Harasho… 9 ja čast^a fpadaju vdiprjessiju 10 očin' Harasho… 11 doktar, d^ašto^{že} zdjes' Harosh^yv^a? 12 Harasho, shto uminja fsivo etav^a njet!

Osservazioni sulla pronuncia
11 Nella parola **хорóшего** la **е** atona si pronuncia *i*, ma trovandosi a diretto contatto con la **ш** che è sempre dura, si pronuncia *y*: Harosh^yv^a.

***

Упражнение 1 – Читайте и переводите
❶ Очень хорошо, что у вас этого нет. ❷ – Он так молод! – Да, но у него уже слабый желудок. ❸ – Что у вас болит? – Голова. ❹ Вы так часто жалуетесь! ❺ – Алло! Ты где? – На приёме у врача.

5 e problemi di *(con)* digestione.
6 – Bene…
7 – Ho i nervi a pezzi *(Sistema nervoso rovinato)*…
8 – Bene…
9 – *(Io)* spesso cado in depressione…
10 – Molto bene…
11 – Dottore, ma perché continua a dire "bene" *(cosa mai qui di buono)*?
12 – Perché tutto questo io non ce l'ho *(Bene, che presso di me di tutto questo non c'è)*!

Note

③ La preposizione **с**, *con*, regge di norma il caso strumentale (il caso del complemento di mezzo e di compagnia). Si forma con la desinenza **-ем** per i maschili in consonante debole e per i neutri in **-е/-ё**: **пищеваре́ние** → **с пищеваре́нием**.

④ **всего́ э́того нет.** Come sapete, l'ordine delle parole in russo è piuttosto libero. Proviamo a invertirlo per capire bene la struttura di questa frase: **нет всего́ э́того**, *non c'è (di) tutto questo*. Per esprimere assenza si usa la negazione **нет**, che richiede il genitivo; *tutto questo* si dice **всё э́то** *fsjo et*[a] (nominativo) e, per dire che non c'è, dovremo declinarlo al genitivo (**всего́ э́того**).

***

Soluzione dell'esercizio 1

❶ Meno male che non ce l'ha. ❷ – È così giovane! – Sì, ma ha già lo stomaco debole. ❸ – Cosa Le fa male? – La testa. ❹ Si lamenta così spesso [Lei]! ❺ – Pronto! Dove sei? – Dal medico.

Упражнение 2 – Восстановите текст

① La nonna ha spesso mal di testa.
У бабушки часто болит . . . .

② – Di cosa si lamenta [Lei]?
– На что . . . . ?

③ Ha lo stomaco debole.
У него слабый . . . .

④ Lo conosci: spesso cade in depressione.
Ты его знаешь: он . . . . . впадает в . . . .

⑤ Il nonno ha i nervi a pezzi.
У . . . . расстроенная . . . . система.

---

38 Тридцать восьмой урок

[tritsat'vas'moj urok]

Медицинский осмотр

1 — Что вас беспокоит?
2 — Ничего. У меня всё в порядке.
3 — Вы курите? Пьёте ①?

Pronuncia
miditsinsk^{ij} asmotr 1 shto vas bispakoit? 2 ničivo. uminja fsjo fparjatkje. 3 vy kurit^{je}e? pjot^{je}e?

Osservazioni sulla pronuncia
2 Attenzione alle consonanti sonore che si assordano: **в порядке** *fparjatkje*.

165 • сто шестьдесят пять

Soluzione dell'esercizio 2 38

❶ – голова ❷ – жалуетесь – ❸ – желудок ❹ – часто – депрессию ❺ – дедушки – нервная –

Trentottesima lezione 38

Leggete attentamente le note: vi aiuteranno a imparare la grammatica evitando un approccio troppo scolastico. Di tanto in tanto vi ricorderemo i punti già incontrati completandoli a poco a poco: con questa gradualità assimilerete le norme grammaticali senza troppa fatica.

Una visita medica

1 – Che cos'ha *(Cosa vi preoccupa)*?
2 – Nulla. È tutto a posto *(Presso di me tutto in ordine)*.
3 – Fuma? Beve *(Voi fumate? Bevete)*?

Note

① Il verbo **пить** *pit'*, bere, è irregolare, benché le desinenze siano quelle della 1ª coniugazione: **я пью, ты пьёшь, он пьёт, мы пьём, вы пьёте, они пьют**.

сто шестьдеся́т шесть • 166

38

4 – Нет, никогда не курил и не пил,
5 даже по праздникам: берегу здоровье.
6 – Вас мучает бессонница?
7 – Нет, сплю ② очень хорошо:
8 ложусь ③ в девять, а встаю ④ в семь.
9 Ем только здоровую пищу.
10 Не читаю и не смотрю телевизор –
11 берегу зрение.
12 Не смеюсь, так как боюсь морщин ⑤.
13 – Да... жить вы будете ⑥ долго,
14 если не умрёте от скуки ⑦!

---

4 njet, nikagda nikuriL i nipil, 5 daže papraznikam: birigu zdarov'je. 6 vas mučait bissonitsa? 7 njet, splju očin' Harasho: 8 lažus' vdjevit', a fstaju fsjem'. 9 jem tol'ka zdravuju pisshu. 10 ničitaju i nismatrju tilivizar – 11 birigu zrjeniʲᵉ. 12 nismijus',

Note

② **спать** spat', *dormire*, è della 2ª coniugazione: **я сплю, ты спишь, он спит, мы спим, вы спите, они спят**. La л tra la radice del verbo e la desinenza compare solo alla 1ª persona singolare, come in **оставить** (vedi la nota 8 della 33ª lezione).

③ La coniugazione dei verbi riflessivi e pronominali non è difficile: basta aggiungere alle desinenze abituali i suffissi **-сь** (se la desinenza finisce per vocale) e **-ся** (se la desinenza finisce per consonante): **я ложу́сь, ты ложи́шься, он ложи́тся, мы ложи́мся, вы ложи́тесь, они́ ложа́тся**. Dopo la ж non si possono scrivere né **ю** né **я** per incompatibilità ortografica, per cui le due vocali vanno sostituite rispettivamente da **у** e **а**.

④ **встава́ть** fstavat', *alzarsi*. In russo questo verbo non è pronominale: notate inoltre la scomparsa del suffisso **-ва** al presente: **встаю́, встаёшь, встаёт, встаём, встаёте, встаю́т**.

4 – No, non ho mai fumato né bevuto *(e non ho bevuto)*,
5 nemmeno *(persino)* nei giorni di festa: mi mantengo in salute *(conservo la salute)*.
6 – Soffre d'insonnia *(Vi tormenta l'insonnia)*?
7 – No, dormo benissimo:
8 vado a letto alle nove, *(e)* mi alzo alle sette.
9 Mangio solo cibi sani.
10 Non leggo e non guardo la televisione:
11 risparmio la vista.
12 Non rido poiché ho paura delle rughe.
13 – Sì… Lei vivrà [anche] a lungo *(vivere voi sarete lungamente)*,
14 se non muore *(morrete)* di noia!

---

takkak bajus' marsshin. **13** da… žyt' vy buditje dolg^a, **14** jesli niumrjot^{je} atskuki!

Osservazioni sulla pronuncia
5 • **пра́здникам** *praznikam*: la д non si pronuncia.

⑤ **морщи́н** è il genitivo plurale di **морщи́на** *marsshina*, *ruga*. Per declinare i femminili al genitivo plurale è sufficiente, di norma, togliere la vocale finale: **морщи́н**.

⑥ **жить вы бу́дете…** Se rimettiamo a posto l'ordine delle parole, che è un po' inconsueto (ma ormai ci siete abituati, no?), abbiamo la frase **вы бу́дете жить**. Tradotta letteralmente, significa "voi sarete vivere" che suona privo di senso, ma in realtà stiamo per far conoscenza con un nuovo tempo russo: il futuro composto. Ne riparleremo prossimamente: per ora vi basti sapere che il verbo *essere* ha qui funzione di ausiliare…

⑦ La preposizione **от**, che indica causa o provenienza, richiede il genitivo: **от ску́ки**, *di noia*; **от меня́**, *da me, da parte mia*.

Упражнение 1 – Читайте и переводите

❶ – Как дела?– У меня всё в порядке. ❷ Когда я смотрю телевизор, я смеюсь... ❸ – Хотите мороженое? – Нет, я ем только здоровую пищу. ❹ Я не читаю, так как берегу зрение. ❺ – Вы курите? – Нет, берегу здоровье.

Упражнение 2 – Восстановите текст

❶ – Ha una buona vista? – Non mi lamento.
– У вас хорошее ......? – Не ....

❷ Non fumo e non bevo.
Я не .... и не ....

❸ – Ride molto *(in generale)*? – No! Ho paura delle rughe.
– Вы вообще ....? – Нет! Я ...... морщин.

❹ Anche nei giorni di festa vado a letto alle nove.
Даже по .... я ..... в девять.

❺ – Legge? – No, guardo la televisione.
– Вы ....? – Нет, ... телевизор.

Soluzione dell'esercizio 1

❶ – Come va? – Tutto a posto. ❷ Quando guardo la televisione rido... ❸ – Vuole un gelato? – No, mangio solo cibi sani. ❹ Non leggo per risparmiare *(poiché risparmio)* la vista. ❺ – Fuma? – No, mi mantengo in salute.

Soluzione dell'esercizio 2

❶ – зрение – жалуюсь ❷ – курю – пью ❸ – смеётесь – боюсь – ❹ – праздникам – ложусь – ❺ – читаете – смотрю –

Nelle note può capitarvi di trovare la coniugazione completa di un verbo, ma non dovete impararla a memoria: è sufficiente che vi limitiate a leggerla un paio di volte a voce alta per far sì che possiate riconoscerne facilmente le voci verbali quando le incontrerete di nuovo, e il fatto di trovarle familiari vi faciliterà l'assimilazione. Se volete rivedere come si coniuga un verbo, consultate il lessico alla fine del manuale per sapere in quali lezioni l'abbiamo trattato.

39 Тридцать девя́тый уро́к

[tritsat'divjat^{yj} urok]

Ему́ не повезло́ ①!

1 – Ско́лько тебе́ лет ②, Са́шенька?
2 – Мне пять лет.
3 – А ско́лько лет твое́й сестре́?
4 – Ей два го́да.
5 – А твоему́ бра́ту ③?
6 – Ему́ три неде́ли.
7 – А почему́ он так си́льно пла́чет?
8 – Как же ему́ не пла́кать?
9 У него́ нет ни воло́с, ни зубо́в ④,

Pronuncia
^{je}mu nipavizlo! **1** skol'k^a tibje ljet, sashyn'ka? **2** mnje pjat' ljet.
3 askol'k^a ljet tvajej sistrje? **4** jej dva goda. **5** atvaimu bratu?
6 ^{je}mu tri nidjeli. **7** apačimu on tak sil'n^a plačit? **8** kagž^{e je}mu
niplakat'? **9** univo njet nivalos, nizubof,

Note

① Il verbo perfettivo **повезти́** *pavisti* significa letteralmente *portare*, ma in quest'espressione vuol dire *avere fortuna*. Il soggetto logico della frase va al dativo, perciò *Mi è andata male* (oppure *Non ho avuto fortuna*) si dirà **мне не повезло́**.

② Per rispondere alla domanda **Ско́лько тебе́ лет?**, *Quanti anni hai?*, bisogna tenere conto del fatto che dopo le cifre 2, 3 e 4 si usa **го́да** *goda*, genitivo singolare di **год** *got*, *anno*: **два го́да**. Dalla cifra 5 in poi, invece, si usa il genitivo plurale irregolare **лет** *ljet*: **мне пять лет**.

③ In **Ско́лько тебе́ лет?** (frase 1) il soggetto logico (tu) è al dativo, caso al quale andrà declinato anche il soggetto della ▶

Trentanovesima lezione 39

Gli è andata male! *(A lui non ha portato!)*

1 – Quanti anni hai *(Quanto a te di anni)*, Sashen'ka?
2 – Cinque *(A me cinque di anni)*.
3 – E quanti anni ha tua sorella?
4 – Due *(A lei due di anno)*.
5 – E tuo fratello?
6 – Tre settimane.
7 – E perché piange così forte *(così forte piange)*?
8 – [E] come potrebbe *(Come a lui)* non piangere?
9 – Non ha capelli né denti *(né dei capelli né dei denti)*,

▸ risposta: **Мне пять лет** (frase 2). Nella domanda **А твоему́ бра́ту?**, pertanto, **бра́ту** è il dativo di **брат**, così come **твоему́** è il dativo di **твой**. L'espressione **Ско́лько лет** è sottintesa.

④ Come ricorderete, per esprimere assenza in russo dobbiamo usare la costruzione **нет** + genitivo: **Нет уро́ка**, *Non c'è lezione*; **У нас нет пробле́м**, *Non abbiamo problemi*.

10 ноги ⑤ не держат, и руки не слушаются…
11 На его месте ⑥ вы бы ещё не так заплакали ⑦!

Note

⑤ Il termine **ногá** *naga* si traduce *piede* o *gamba*, secondo il contesto.

⑥ Come vi è ormai noto, la preposizione **на** introduce generalmente un complemento di stato in luogo o moto a luogo. Nell'espressione **на его месте**, *al posto suo*, il complemento di stato in luogo è chiaramente da intendersi in senso figurato; tra l'altro è interessante notare che l'aggettivo possessivo **егó** resta invariato anche al caso prepositivo (per ripassare quest'ultimo consultate la 21ª lezione).

***

Упражнение 1 – Читайте и переводите

❶ – Сколько тебе лет? – А тебе? ❷ У дедушки нет ни волос, ни зубов. ❸ Ну, тебе просто не повезло! ❹ – Почему она плачет? – У неё болит живот. ❺ Почему ты на моём месте?

Упражнение 2 – Восстановите текст

❶ Sono così stanco che non sto in piedi!
Я так . . . . . , что меня . . . . не держат!

❷ – Quanti anni ha tua sorella? – Tre settimane.
– Сколько . . . твоей сестре? – Три . . . .

❸ – [Se fossi] al posto Suo… – Non lo è *(Voi non al mio posto)*!
– . . вашем месте… – Вы . . на моём . . . . . !

❹ Come potrebbe non piangere? Gli è andata proprio male!
Как же ему не . . . . ? Ему так не . . . . !

10 non sta in piedi *(le gambe non tengono)* e non ha il controllo delle braccia *(le braccia non obbediscono)*…
11 Al posto suo Lei *(ancora non così)* si metterebbe a piangere [anche più forte]!

10 noghi nidjeržat i **r**uki nisl**u**shajutsa… **11** najev**o** mj**e**st*ie* v**y**by issh**o** nitak zapl**a**kali!

▸ ⑦ In questo dialogo abbiamo due verbi che corrispondono entrambi a *piangere*: **плачет** (frase 7), 3ª persona singolare del presente di **плакать** *plakat'*, e **заплакали**, plurale del passato di **заплакать** *zaplakat'*. Il primo è imperfettivo, il secondo è perfettivo e letteralmente vuol dire *mettersi a piangere*. Per ripassare le differenze tra verbi perfettivi e imperfettivi, rileggete la nota (2) della 30ª lezione.

***

Soluzione dell'esercizio 1

❶ – Quanti anni hai? – E tu? ❷ Il nonno non ha capelli né denti. ❸ Beh, ti è semplicemente andata male! ❹ – Perché piange? – Ha mal di pancia. ❺ Perché sei al mio posto?

❺ – Quanti anni ha la nonna? – Non lo so nemmeno…
– . . . . лет . . . . ? – Даже не знаю…

Soluzione dell'esercizio 2

❶ – устал – ноги – ❷ – лет – недели ❸ На – не – месте ❹ – плакать – повезло ❺ Сколько – бабушке –

40 Сороковой урок [sarakavoj urok]

Идеальный подарок

1 — Добрый день, девушка ①!
2 — Чем могу помочь ②?
3 — Я ищу ③ подарок для моего жениха ④.
4 — Подарите ему галстук.
5 — Нет… Он почти не носит галстуки.
6 — Тогда, может быть рубашку?

> **Pronuncia**
> idial'n^{yj} padar^ak 1 dobr^{yj} djen', djevushka! 2 čem magu pamoč?
> 3 ja isshu padar^ak dlja majivo ž^yniHa. 4 padarit^{je j}emu galstuk.
> 5 njet… on pačti ninosit galstuki. 6 tagda, mož^et byt' rubashku?

Note

① **девушка** significa *ragazza* (anche nel senso di *fidanzata*), ma può essere impiegato pure quando ci si rivolge a una signora, e in tal caso si traduce con *signorina*.

② Di norma il suffisso dell'infinito è **-ть**, ma ci sono anche (pochi) verbi che finiscono in **-чь** come **помочь** e in **-ти**, come per esempio **идти**, che già conoscete.

③ **ищу́** è la 1ª persona singolare del verbo imperfettivo **искать** *iskat'*, *cercare*. La coniugazione di questo verbo è irregolare, come suggerisce la differenza tra la radice del verbo all'infinito e quella delle voci al presente: **(я) ищу́** *isshu*, **(ты) и́щешь** *isshish*, **(он) и́щет** *isshit*, **(мы) и́щем** *isshim*, **(вы) и́щете** *isshitje*, **(они́) и́щут** *isshut*. È un verbo di prima coniugazione perché la vocale tematica, ovvero quella che precede gran parte delle desinenze del presente, è una **-е**.

④ La preposizione **для** vuole il genitivo; notate inoltre che si declina anche l'aggettivo possessivo: **для моего́ жениха́**, *per il mio fidanzato*.

Quarantesima lezione 40

Un regalo ideale

1 – Buon giorno, signorina *(ragazza)*!
2 – In cosa posso esserLe utile *(Con che cosa posso aiutare)*?
3 – Sto cercando un regalo per il mio fidanzato.
4 – Gli regali una cravatta.
5 – No… Non porta quasi [mai] la cravatta.
6 – Allora *(può essere)* una camicia?

Osservazioni sulla pronuncia
2 помо́чь *pamoč*: qui il segno debole ha solo funzione ortografica e pertanto non influisce sulla pronuncia.

Он писатель.

40

7 – У негó мнóго рубáшек ⑤…
8 – Подари́те емý чтó-нибудь нýжное,
9 наприме́р, чтó-нибудь для егó ⑥ рабóты.
10 – Кем ⑦ рабóтает ваш жени́х?
11 – Он писáтель.
12 – Отли́чно! Подари́те емý вот э́ту корзи́ну для мýсора!

7 univo mnoga rubash^ek… 8 padarit^{je} ^{je}mu shtonibut' nužna^{je}, 9 naprimjer, shtonibut dlja ^{je}vo raboty. 10 kjem rabota^{je}t vash žyniH? 11 on pisat^{je}l'. 12 atličn^a! padarit^{je} ^{je}mu votetu karzinu dlja musara!

Note

⑤ Dopo **мнóго** ci vuole il genitivo plurale: **рубáшка**, *camicia* → **мнóго рубáшек**, *molte camicie*. Oltre alla caduta della **-a** per declinare il nome al genitivo plurale, fate attenzione alla comparsa della vocale **e** in **рубáшка**: serve a facilitare la pronuncia di questa parola, che altrimenti terminerebbe con due consonanti.

Упражнéние 1 – Читáйте и переводи́те

❶ – Он нóсит галстýки? – Почти́ нет. ❷ Я ищý что-нибудь нýжное для рабóты. ❸ У негó так мнóго галстýков и рубáшек. ❹ – Прости́те, пожáлуйста… – Чем могý помóчь? ❺ – Кем он рабóтает? – Он писáтель.

Упражнéние 2 – Восстанови́те текст

❶ – Tuo fratello ha una cravatta? – Penso di sì.
– . твоегó ….. есть ……. ? – Дýмаю, да.

❷ Signorina, vorrei questo cestino per la carta straccia.
……., я хочý вот э́ту корзи́ну для …….

❸ Sto cercando una cravatta e una camicia per mio fratello.
Я … галстýк и ……. … моегó брáта.

177 • сто сéмьдесят семь

7 – Ne ha [già] molte *(Presso di lui molto di camicie)*…
8 – Gli regali qualcosa di utile *(necessario)*,
9 per esempio qualcosa per il suo lavoro.
10 Cosa fa *(Come chi lavora)* il Suo fidanzato?
11 – Fa lo scrittore *(Lui scrittore)*.
12 – Ottimo! Gli regali *(ecco)* questo cestino per la carta straccia *(di spazzatura)*!

▸ ⑥ L'aggettivo possessivo maschile **его́** e quello femminile **её** sono sempre invariabili. Facile, no?

⑦ Il verbo **рабо́тать**, *lavorare*, si può usare anche per specificare qual è il mestiere del soggetto, come avviene in italiano quando diciamo "lavorare come medico, impiegato, ecc". In questo caso è seguito dal nome del mestiere declinato al caso strumentale: **кем** è dunque lo strumentale di **кто**, *chi*, mentre **чем** (frase 2 del dialogo) è a sua volta lo strumentale di **что**, *cosa*.

Soluzione dell'esercizio 1

❶ – Porta la cravatta? – Quasi mai. ❷ Sto cercando qualcosa di utile per il [mio] lavoro. ❸ Ha tantissime cravatte e camicie. ❹ – Mi scusi… – In cosa posso esserLe utile? ❺ – Cosa fa di mestiere? – Fa lo scrittore.

❹ – Cosa fa Sua sorella? – Fa il medico.
– Кем . . . . ваша сестра? – Она . . . . .

❺ Ottimo! Posso aiutarLa.
. . . . ! Я . . . . вам . . . .

Soluzione dell'esercizio 2

❶ У – брата – галстук – ❷ Девушка – мусора ❸ – ищу – рубашку для – ❹ – работает – врач ❺ Отлично – могу – помочь

41 Сорок пе́рвый уро́к

[sorakpjerv^{yj} urok]

Напряжённый гра́фик ①

1 – Во ско́лько мы мо́жем встре́титься ?
2 – Сейча́с посмотрю́ расписа́ние…
3   Я встаю́ в семь часо́в два́дцать пять мину́т. ②
4   За́втракаю без десяти́ ③ во́семь.
5   Ро́вно в во́семь я иду́ на рабо́ту.
6   В два часа́ у меня́ обе́д.
7   Зака́нчиваю рабо́тать в пять ве́чера.
8   И до у́жина, то есть до семи́ ③, я соверше́нно свобо́ден.

Pronuncia

naprižonn^{yj} grafik 1 vaskol'k^a my mož^em fstrjetitsa? 2 sičas pasmatrju raspisani^{je}… 3 ja fstaju fsjem' čisof dvatsat'pjat' minut. 4 zaftrakaju bizdisiti vosjem'. 5 rovn^a vdjevit' ja idu narabotu. 6 vdva čisa uminja abjet. 7 zakančivaju rabotat' fpjat' vječira. 8 idaužyna, tojest' dasimi, ja savirshenn^a svabodjen.

Note

① Il termine **гра́фик** ha più di un significato: può indicare *grafico*, *piano* (di lavoro) o *agenda*.

② Dopo 2, 3 e 4 (e dopo i composti che terminano con queste cifre) si usa il genitivo singolare, mentre da 5 in poi si usa il genitivo plurale: **одна́ мину́та**, *un minuto*; **оди́н час**, *un'ora*; **две мину́ты** (genitivo singolare), *due minuti*; **два́дцать три часа́** *ventitré ore*; **пять мину́т** (genitivo plurale), *cinque minuti*; **де́сять часо́в**, *dieci ore*. Per ora limitatevi a prenderne atto: riprenderemo quest'argomento più avanti.

③ Le preposizioni **без**, *senza* e **до**, *fino*, reggono il genitivo: **де́сять → без десяти́**; **семь → до семи́**.

Quarantunesima lezione 41

Un'agenda piena di impegni *(tesa)*

1 – A che ora *(A quanto)* possiamo vederci *(incontrarsi)*?
2 – [Aspetta che] guardo l'agenda [di oggi] *(Adesso guarderò l'orario)*…
3   Mi alzo alle sette *(di ore)* [e] venticinque *(di minuti)*.
4   Faccio colazione alle otto meno dieci *(Senza di dieci otto)*.
5   Alle otto in punto vado a lavorare *(Esattamente alle otto io vado su lavoro)*.
6   Alle due *(presso di me)* pranzo.
7   Finisco di lavorare alle cinque *(di sera)*
8   e fino all'ora di *(fino a)* cena, ovvero fino alle sette, *(io)* sono completamente libero.

41 9 Можешь прийти с пяти ④ сорока пяти до половины седьмого.
10 – А сколько сейчас времени?
11 – Без двадцати шесть.
12 Мы можем встретиться через пять минут.
13 – Но ты же ⑤ не занят!..
14 – График есть график!

> 9 mo*ž*ᵉsh prijti spiti saraka dapalaviny sid'mova.
> 10 askol'kᵃ sičas vrjemini? 11 bizdvatsati shest'.
> 12 my mo*ž*ᵉm fstrjetitsa čerᵈᵉs pjat' minut. 13 notу*ž*ᵉ nizanjat!
> 14 grafik jest' grafik!

***

Упражнение 1 – Читайте и переводите

❶ У него такой напряжённый график! ❷ – Ты занят? – Сейчас посмотрю расписание. ❸ Я работаю с пяти до половины седьмого. ❹ До ужина я совершенно свободен. ❺ Я завтракаю в восемь, а в два у меня обед.

Упражнение 2 – Восстановите текст

❶ – Che ore sono? – Le sei meno dieci.
  – Сколько . . . . ? – . . . десяти шесть.

❷ A che ora finisci di lavorare?
  . . . . ты заканчиваешь работать?

❸ – Ma se tu non sei impegnato alle nove di sera! – Non è vero, lo sono!
  – Ты же не . . . . . в девять . . . . . . ! – Нет, занят!

9   Puoi venire *(arrivare)* dalle cinque [e] quarantacinque alle sei e mezza *(fino a metà del settimo)*.
10 – E che ore sono adesso *(E quanto ora di tempo)*?
11 – Le sei meno venti.
12 – *(Noi)* possiamo vederci fra cinque minuti.
13 – Ma se tu non sei impegnato!
14 – L'agenda è l'agenda!

Note

④ Qui la preposizione **с** significa *da* e in tal caso regge il genitivo: **пять → с пяти**. Notate inoltre il modo particolare di dire le sei e mezza in russo.

⑤ **же** è una particella espressiva, non sempre facile da tradurre, che indica sorpresa o irritazione da parte di chi parla, sottolineando per esempio un fatto evidente: **Ты же это зна́ешь!**, *Ma se già lo sai!*

***

Soluzione dell'esercizio 1

❶ Ha un'agenda così piena di impegni! ❷ – Sei occupato? – Guardo subito l'agenda. ❸ Lavoro dalle cinque fino alle sei e mezza. ❹ Fino all'ora di cena sono completamente libero. ❺ Faccio colazione alle otto e alle due pranzo.

❹ – Puoi venire alle otto in punto? – No, ho una cena.

– Можєшь прийти . . . . . в восемь? – Нет, у меня . . . . .

❺ Possiamo vederci tra cinque minuti?

Мы . . . . . встретиться . . . . . пять . . . . . ?

Soluzione dell'esercizio 2

❶ – времени – Без – ❷ Во сколько – ❸ – занят – вечера – ❹ – ровно – ужин ❺ – можем – через – минут

42 Со́рок второ́й уро́к

Повторе́ние – Ripasso

1 L'ora

Nella lezione precedente avete visto alcuni esempi di come si dice l'ora in russo: in questa riordineremo le idee e completeremo l'argomento.

Intanto abbiamo visto che, per chiedere l'ora, si dice **Ско́лько вре́мени?**, mentre *A che ora?* si dice **Во*** **ско́лько?**. Per rispondere alla prima domanda indicheremo l'ora al nominativo, mentre per rispondere alla seconda domanda dovremo usare la preposizione **в** seguita dall'accusativo: **Сейча́с во́семь (часо́в)**, *Ora sono le otto*; **В во́семь (часо́в)**, *Alle otto*. Negli altri casi abbiamo due possibilità (e per il momento vi consigliamo di usare solo la prima): dire l'ora ufficiale (**семь часо́в пять мину́т**, *le sette e cinque*; **два часа́ со́рок пять мину́т**, *le due e quarantacinque*) oppure fare riferimento all'ora successiva, non solo nella mezzora che la precede, ma anche prima: **полови́на седьмо́го**, *le sei e mezza* (lett. *metà della settima*); **два́дцать мину́т второ́го**, *l'una e venti* (lett. *venti minuti della seconda*); **без десяти́ четы́ре**, *le quattro meno dieci* (lett. *meno di dieci quattro*). Si noti che, nei primi due casi, per indicare l'ora successiva usa il numerale ordinale al genitivo, mentre nell'ultimo (ovvero quando manca meno di mezzora allora successiva) si usa il numerale cardinale al nominativo.

2 Il nome
• **Il genitivo plurale dei femminili e di alcuni neutri**

Per declinare al genitivo plurale i <u>nomi femminili in -а</u> basta togliere questa vocale (si tratta della cosiddetta "desinenza zero"): **морщи́на**, *ruga* → **морщи́н**; **фра́за**, *frase* → **фраз**.

I <u>femminili in -я</u>, invece, sostituiscono questa desinenza col segno molle **-ь**: **неде́ля**, *settimana* → **неде́ль**, tranne <u>quelli in -ия</u> che,

---

* **Во** è una variante della preposizione **в** e si utilizza davanti alle parole che cominciano con due o più consonanti per facilitare la pronuncia.

Quarantaduesima lezione 42

al pari dei neutri in **-ие**, vogliono la desinenza **-ий**: **ситуа́ция**, *situazione* → **ситуа́ций**; **удово́льствие**, *piacere* → **удово́льствий**. Ricordate inoltre che può rendersi necessaria la comparsa di una vocale mobile (**e** oppure **o**) per facilitare la pronuncia di alcune parole che, una volta declinate al genitivo plurale, possono presentare problemi di pronuncia: **руба́шка** (nominativo singolare), *camicia* → **руба́шек** (genitivo plurale).

• **Lo strumentale singolare**
Lo strumentale è in genere il caso del complemento di mezzo o di compagnia, ma ha anche altri impieghi che vedremo in seguito. Per ora lo studieremo in combinazione con la preposizione **с**, *con*.
Per i maschili in consonante dura e i neutri in **-о** la desinenza è **-ом**: **Я в кино́ с бра́том**, *Vado al cinema con [mio] fratello*.
Per i maschili in consonante molle e i neutri in **-е** la desinenza è **-ем**: **пробле́мы с пищеваре́нием**, *problemi di (*lett. con*) digestione*. Se la desinenza è accentata, al posto di **-ем** avremo **-ём**: **с дождём**, *con la pioggia*.
Per i femminili in **-а** la desinenza è **-ой** e per i femminili in **-я** è **-ей (-ёй** se la desinenza è accentata): **Де́ти сего́дня с ба́бушкой**, *Oggi i bambini stanno con la nonna*; **Здесь больши́е пробле́мы с корру́пцией**, *Qui ci sono gravi problemi di corruzione*.
Per i femminili in **-ь** la desinenza è **-ью**: **А что де́лать с ме́белью?**, *Ma che fare con i mobili?*

3 L'aggettivo dimostrativo

Nelle ultime lezioni abbiamo incontrato il dativo e il genitivo di **э́тот**:

	Maschile/ neutro	Femminile	Plurale
Nominativo	э́тот/э́то	э́та	э́ти
Genitivo	э́того	э́той	э́тих
Dativo	э́тому	э́той	э́тим

сто восемьдесят четы́ре • 184

4 Lo strumentale di *кто* e *что*

Nelle ultime lezioni abbiamo anche visto come si declinano allo strumentale **кто** e **что**: **кто**, *chi*, diventa **кем** mentre **что**, *che cosa*, diventa **чем**: **с кем?**, *con chi?*; **с чем?**, *con che cosa?*

5 Lo strumentale dei pronomi personali

Approfondiamo lo studio di questo caso con la tabella dei pronomi personali:

Nominativo	Strumentale		
я	мной	он со* мной	*è con me*
ты	тобóй	он с тобóй	*è con te*
он / онó	им	он с ним	*è con lui*
онá	éю	он с нéй/нéю	*è con lei*
мы	нáми	он с нáми	*è con noi*
вы	вáми	он с вáми	*è con voi / è con Lei*
они́	и́ми	он с ни́ми	*è con loro*

* L'aggiunta della **o** serve a facilitare la pronuncia

Ricordate che i pronomi personali di 3ª persona declinati allo strumentale prendono una **н** all'inizio quando sono preceduti da preposizione: **с ним**, *con lui*.

6 Il dativo degli aggettivi e dei pronomi possessivi

Maschile/neutro	Femminile	Plurale
моему́ *al mio*	мое́й *alla mia*	мои́м *ai miei/alle mie*
твоему́ *al tuo*	твое́й *alla tua*	твои́м *ai tuoi/alle tue*
своему́ *al proprio*	свое́й *alla propria*	свои́м *ai propri/alle proprie*
на́шему *al nostro*	на́шей *alla nostra*	на́шим *ai nostri/alle nostre*
ва́шему *al vostro, al Suo*	ва́шей *alla vostra, alla Sua*	ва́шим *ai vostri, ai Suoi/alle vostre, alle Sue*

Restano invece invariati **его́** (*suo, di lui*), **её** (*suo, di lei*) e **их** (*loro*).

7 Verbi perfettivi e imperfettivi

• Il futuro dei verbi perfettivi si forma seguendo le stesse norme del presente degli imperfettivi: infatti le desinenze sono le stesse. Confrontate la coniugazione dei verbi **есть**, *mangiare* (imperfettivo) / **съесть**, *mangiare* (perfettivo) e quella di **знако́миться**, *fare conoscenza* (imperfettivo) / **познако́миться**, *fare conoscenza* (perfettivo).
Presente di **есть**: **я ем, ты ешь… они едя́т**.
Futuro di **съесть**: **я съем, ты съешь… они съедя́т**.
Presente di **знако́миться**: **я знако́млюсь, ты знако́мишься… они знако́мятся**;
Futuro di **познако́миться**: **я познако́млюсь, ты познако́мишься… они познако́мятся**.
In genere i verbi che indicano un'azione durativa (per esempio **жить**, *vivere*) non hanno un vero e proprio perfettivo.

8 Verbi irregolari

Ripassiamo e vediamo la coniugazione completa di alcuni dei verbi irregolari incontrati:

жить (imperf.), 1ª coniugazione, *vivere* (cambia la radice del verbo):

я живу́, ты живёшь, он живёт, мы живём, вы живёте, они́ живу́т

пла́кать (imperf.), 1ª coniugazione, *piangere*:
я пла́чу (da non confondere con **плачу́**, *pago*), **ты пла́чешь, он пла́чет, мы пла́чем, вы пла́чете, они́ пла́чут**

иска́ть (imperf.), 1ª coniugazione, *cercare* (al presente compare la щ al posto del gruppo ск):
я ищу́, ты и́щешь, он и́щет, мы и́щем, вы и́щете, они́ и́щут

есть (imperf.), 2ª coniugazione, *mangiare* (verbo con forti irregolarità):
я ем, ты ешь, он ест, мы еди́м, вы еди́те, они́ едя́т

носи́ть (imperf.), 2ª coniugazione, *portare* (alla 1ª persona singolare la ш sostituisce la с):
я ношу́, ты но́сишь, он но́сит, мы но́сим, вы но́сите, они́ но́сят

ви́деть (imperf.), 2ª coniugazione, *vedere* (alla 1ª persona singolare la ж sostituisce la д):
я ви́жу, ты ви́дишь, он ви́дит, мы ви́дим, вы ви́дите, они́ ви́дят

9 Le preposizioni

Ricordate:
• Le preposizioni **в** e **на** reggono l'accusativo quando indicano il luogo verso il quale ci si muove e reggono il prepositivo quando indicano il luogo in cui ci si trova: **в Москву́** e **в Москве́** significano entrambi *a Mosca*, ma nel primo caso l'azione implica un movimento (*vado a Mosca, torno a Mosca,* ecc.), nel secondo

invece no (*sono a Mosca, mi trovo a Mosca,* ecc.); **на сто́л** е **на столе́** vogliono dire *sul tavolo,* ma nel primo caso, per esempio, si sta posando un oggetto sul tavolo (azione che richiede un movimento), nel secondo l'oggetto si trova sul tavolo (azione senza movimento).

• La preposizione **для** vuole il genitivo e indica la destinazione o lo scopo di un'azione: **для меня́**, *per me*; **для вечери́нки,** *per la festa.*

• **с** vuole di norma lo strumentale e introduce un complemento di compagnia: **со мно́й**, *con me*; **во́дка с икро́й**, *vodka con caviale.*

Заключи́тельный диало́г

1 – Как ты?
2 – Всё в порядке.
3 – Во сколько мы можем встретиться вечером?
4 – Боюсь, я не занят только до ужина.
5   Я ищу подарок для мамы.
6 – А где твой брат и почему он тебе не помогает?
7 – Он работает… даже по праздникам.
8 – Жаль! У меня болит голова и слабый желудок…
9 – Но чем я могу тебе помочь?
10 – Кем работает твой брат?
11 – Он врач… А! Теперь я понимаю!..
12   На твоём месте я бы тоже пошёл к врачу.

Traduzione

1 Come stai? **2** Tutto a posto. **3** A che ora possiamo vederci stasera? **4** Temo di essere libero *(io non sono impegnato)* solo fino all'ora di cena. **5** Sto cercando un regalo per mia madre. **6** E tuo fratello dov'è? Perché non ti aiuta? **7** Lui lavora… anche nei giorni festivi. **8** Peccato! Mi fa male la testa e ho lo stomaco debole… **9** *(Ma)* cosa posso fare per te? **10** Che mestiere fa tuo fratello? **11** Il medico *(Lui è medico)*… Ah! Ora capisco! **12** Al posto tuo andrei anch'io da un medico.

43 Со́рок тре́тий уро́к [soraktrjet⁽ⁱ⁾ urok]

Мечты́ ①

1 Же́нщина объясня́ет подру́ге ②,
2 како́го му́жа ей хоте́лось бы име́ть ③:
3 – Он до́лжен ④ быть ве́жливым ⑤,
4 име́ть разносторо́нние интере́сы,
5 люби́ть живо́тных,

Pronuncia
mičty **1** žensshina ab-jisnja⁽ʲᵉ⁾t padrugh⁽ʲᵉ⁾, **2** kakovᵃ muža jej Hatjelas' by imjet': **3** on dolžen byt' vježlivym, **4** imjet' raznastaronni⁽ʲᵉ⁾ intirjesy, **5** ljubit' žyvotnyH,

Osservazioni sulla pronuncia
1, 3, 5, 9 Dopo **ж**, come sapete, le vocali della 2ª serie (vedi lez. 7) si pronunciano come se fossero della 1ª: in **же́нщина, до́лжен, ну́жен**. Infatti, **же** si legge že: žensshina, dolžen, nužen; in **живо́тных, жи** si legge žy: žyvotnyH.

Note

① Il termine **мечта́** significa propriamente *desiderio*: in altre parole indica un *sogno* solo in senso figurato, e non un *sogno* inteso come visione onirica (che come sapete si dice **сон**).

② Qui **подру́га** (nominativo femminile), *amica* è declinato al dativo (**подру́ге**, *a un'amica, all'amica*). Per ripassare le desinenze del dativo tornate alla lezione 35, § 1.

③ Il verbo **име́ть** è meno usato e più formale del nostro verbo *avere*. Poiché qui il complemento oggetto è animato (**муж**, *marito*), l'accusativo coincide col genitivo (**име́ть му́жа**, *avere un marito*). L'aggettivo **како́й, -а́я, -о́е**, *quale*, si declina come tutti gli altri aggettivi e va pertanto anch'esso declinato all'accusativo-genitivo: **како́й – ой → как + ого → како́го му́жа**, *quale marito* (complemento oggetto). Notate infine la ▶

Quarantatreesima lezione 43

Sogni

1. Una donna spiega a un'amica
2. come vorrebbe che fosse suo marito *(quale marito vorrebbe avere)*:
3. – Dev'essere gentile,
4. avere svariati interessi,
5. amare gli animali,

1, 7 Ritroviamo il segno duro già incontrato nella 24ª lezione. Qui la consonante che lo precede si mantiene dura: in **объясня́ет** *ab-jisnja^jet* e **разъясня́ть** *raz-jisnjat'* la **б** e la **з** non vengono influenzate dalla **я** e si pronunciano dure per via della presenza del segno **ъ**. Inoltre notate che la **я** non accentata, quando precede la sillaba tonica, si pronuncia *ji* o *je*.

▶ costruzione **ей хоте́лось бы** (lett. *a lei si vorrebbe*), *lei vorrebbe, avrebbe voglia*.

④ **до́лжен** è un aggettivo breve che rende il verbo *dovere*, concordando nel genere e nel numero col nome o col pronome cui fa riferimento: **он до́лжен** *on dolžon*, lui deve; **она́ должна́** *ana dalžna*, lei deve; **они́ должны́** *ani dalžny*, loro devono.

⑤ Quando il verbo **быть** è espresso, l'aggettivo si declina in genere allo strumentale se indica una qualità transitoria. La desinenza dello strumentale per i maschili in **-ый** e in **-ой** (declinazione dura) è **-ым**: **ве́жлив – ый → ве́жлив + ым → быть ве́жливым**, *essere gentile*. Un altro esempio: **Когда́ де́душка был молоды́м, он был о́чень краси́вым**, *Quando era giovane, il nonno era molto bello*.

43
6 рассказывать мне забавные истории,
7 разъяснять международную обстановку
8 и никогда меня не перебивать.
9 – В таком ⑥ случае, тебе нужен не муж, а телевизор!

---

6 raskazyvat' mnje zabavnyje istorii, 7 raz-jisnjat' miždunarodnuju apstanofku 8 i nikagda minja nipiribivat'. 9 ftakom slučii, tibje nužen nimush, a tilivizar!

Osservazioni sulla pronuncia
9 Nella parola **случае** la **а** subisce l'influsso palatalizzante della **ч** e si pronuncia *i*, così come si pronuncia *i* (un po' più breve) la **e** finale.

Note
⑥ **такóй**, *tale*, si declina come **какóй**, *quale*. Dopo **в** ci vuole il prepositivo e la desinenza degli aggettivi per questo caso è **-ом**: так – ой → так + ом → в таком случае, *in tal caso, in questo caso*. Il termine **случай** vuol dire *caso, occasione*.

***

Упражнение 1 – Читайте и переводите
❶ Мы очень любим животных. ❷ Мне бы хотелось иметь телевизор. ❸ – Знакомьтесь, это мой муж! – А я думал, что это ваш сын… ❹ Они совершенно не понимают международную обстановку. ❺ Всё это только мечты!

6 raccontarmi storie divertenti,
7 spiegare la situazione internazionale
8 e non interrompermi mai.
9 – Allora *(in tal caso)* non hai bisogno di un marito, ma di un televisore!

***

Soluzione dell'esercizio 1

❶ Noi amiamo molto gli animali. ❷ Vorrei avere un televisore. ❸ – Permetta che Le presenti mio marito *(conoscetevi, questo è mio marito)*! – E io che pensavo che fosse Suo figlio… ❹ Non capiscono affatto la situazione internazionale. ❺ Tutto questo è solo un sogno!

44 Упражнение 2 – Восстановите текст

❶ *(Lui)* racconta storie divertenti sugli animali.
Он .... забавные .... о животных.

❷ In questo caso *(tu)* devi essere gentile.
В таком ......, ты ...... быть вежливым.

❸ *(Tu)* devi spiegargli la situazione.
Ты должен .... ему ....

---

44 Со́рок четвёртый уро́к
[sorakčitvjort^{yi} urok]

Евге́ний Оне́гин

1 – Отку́да ты так**а**я счастл**и**вая ①?
2 – Из **о**перного те**а**тра.
3 – **О**пера была́ ② – про́сто чу́до!

Pronuncia
^{je}vghjenij anjeghin **1** atkuda ty takaja sshislivaja?
2 izopirnava tiatra. **3** opira byla prosta čud^a!

Osservazioni sulla pronuncia
1 счастл**и**вая *sshislivaja*: il gruppo consonantico **сч** si pronuncia come una **щ**.

Note
① счастл**и́**вый significa letteralmente *felice* o *fortunato*.
② Il verbo *essere* si sottintende al presente, ma va espresso al passato e al futuro concordando nel genere e nel numero col soggetto:
Вчера́ па́па был в о́пере. *Ieri papà è stato all'opera.*
О́пера была́ – про́сто чу́до. *L'opera era semplicemente stupenda.*
Бы́ло о́чень ве́село. *È stato molto divertente.*

❹ *(Lei)* ha svariati interessi.

У неё разносторонние ....

❺ Non ho mai voluto [andare] a Mosca.

...никогда не .... в Москву.

Soluzione dell'esercizio 2
❶ – рассказывает – истории – ❷ – случае – должен – ❸ – объяснить – обстановку ❹ – интересы ❺ Мне – хотелось –

Quarantaquattresima lezione 44

Evghenij Oneghin

1 – Da dove [arrivi] così contenta?
2 – Dal teatro dell'opera.
3 L'opera era semplicemente stupenda *(un miracolo)*!

44
4 – И на какую оперу ты ходила ③?
5 – «Евгений Онегин».
6 – Я читала книгу; она хорошая, но скорее грустная…
7 Помню, я плакала, когда Татьяна отказала ④ Онегину.
8 – Мне так понравился муж Татьяны,
9 что я чуть не ⑤ зааплодировала,
10 хотя все в зале плакали!

4 inakakuju opiru ty Hadila? 5 ^{je}vghjenij anjeghin. 6 ja čitala knigu, ana Harosha^{ja}, no skarje^{je} grusnaja… 7 pomnju, ja plakala, kagda tatj'ana atkazala anjeghinu. 8 mnje tak panravilsja mush tatj'any, 9 shto ja čut' nizaapladiravala, 10 Hatja fsje vzalje plakali!

Note

③ Vi è già noto il verbo imperfettivo **идти́**, *andare a piedi*. Sappiate ora che si usa quando descrive un movimento *in una direzione precisa* (unidirezionale). Anche il verbo **ходи́ть**, pure imperfettivo, vuol dire *andare a piedi*, ma *senza una direzione precisa* oppure *abitualmente*, o ancora, come in questo caso, *andare e tornare a piedi* (pluridirezionale). Straordinaria la precisione del russo, vero? Ci sono ben 14 coppie di verbi di moto sul modello di **идти́ - ходи́ть**, ciascuna delle quali indica il mezzo (a piedi, in auto, in aereo, ecc.) o il tipo di movimento (strisciando, nuotando, portando, accompagnando, ecc.).

***

Упражнение 1 – Читайте и переводите

❶ Ты такой счастливый: она тебя любит! ❷ Помнишь, мне хотелось иметь собаку? ❸ – Мне так понравился фильм! – А на какой фильм ты ходил? ❹ Я чуть не заснула в первом акте. ❺ После концерта все в зале зааплодировали.

4 –	E qual era *(E a quale opera tu sei andata)*?
5 –	"Evghenij Oneghin".
6 –	Ho letto il libro; è bello, ma piuttosto triste…
7	Ricordo di aver pianto *(Ricordo, io ho pianto)* quando Tat'jana ha respinto *(ha rifiutato a)* Oneghin.
8 –	Il marito di Tat'jana mi è piaciuto così tanto,
9	che per poco *(io appena)* non mi sono messa ad applaudire
10	anche se in sala tutti *(tutti in sala)* piangevano!

Osservazioni sulla pronuncia
6 гру́стная *grusnaja*: la **т** non si pronuncia.
8 La consonante sonora **ж** si assorda in fine di parola: **муж** *mush*.

▸ Il primo verbo è detto unidirezionale, il secondo pluridirezionale: per esempio **я иду́ в парк**, vado nel parco, indica una direzione precisa e determinata (*sto andando nel parco in questo momento*), mentre **я хожу́ в парк** significa che *vado abitualmente nel parco*. Nella frase del dialogo il soggetto usa **ходи́ть** perché è andato all'opera, ma ne è già tornato.

④ Qui il verbo **отказа́ть** significa *respingere, rifiutare*. Notate che qui **Онéгин** è al dativo.

⑤ La costruzione **чуть не** + verbo perfettivo al passato indica che l'azione non è avvenuta per poco o era sul punto di accadere: **Я чуть не взял э́ту кни́гу**, *Stavo per prendere quel libro*.

***

Soluzione dell'esercizio 1
❶ Sei così felice: lei ti ama! ❷ Ti ricordi che volevo avere un cane? ❸ – Mi è piaciuto così tanto il film! – E che film sei andato a vedere? ❹ Per poco non mi sono addormentata durante il primo atto. ❺ Dopo il concerto tutto il pubblico in sala si mise ad applaudire.

44 Упражнение 2 – Восстановите текст

❶ – Da dove vieni? – Dal cinema.
   – Ты . . . . . . ? – Я . . кино.

❷ Beh, è una storia piuttosto triste…
   Ну, это . . . . . . грустная история…

❸ Ci piace, anche se non è educato *(gentile)*.
   Он нам нравится, ... он и не . . . .

❹ Per poco non si sono ammalati con *(dopo)* questo freddo.
   Они . . . . . . заболели после этого холода.

❺ Sei proprio *(semplicémente)* un tesoro: mi aiuti sempre *(tutto il tempo mi aiuti)*.
   Ты просто . . . . : всё время мне . . . .

Evghenij Oneghin è un romanzo in versi di Aleksandr Pushkin (1799-1837), poeta russo, padre della letteratura russa e del russo moderno. Questo capolavoro, cominciato nel 1823 e terminato nel 1831, è un ritratto fedele della vita aristocratica russa. Il protagonista, Evghenij, è un uomo disincantato, frivolo e perennemente annoiato che si ritira in campagna e fa amicizia col giovane e romantico Lenskij, fidanzato con Olga e fratello di Tat'jana. Quest'ultima si innamora di Oneghin e gli manda una

Soluzione dell'esercizio 2

❶ – откуда – из – ❷ – скорее – ❸ – хотя – вежливый
❹ – чуть не – ❺ – чудо – помогаешь

celebre lettera d'amore, ma Oneghin respinge Tat'jana e fa la corte a Olga, suscitando la gelosia di Lenskij. Nel duello che segue Evghenij uccide il suo migliore amico ed è costretto a fuggire. Al suo ritorno ritrova Tat'jana, che nel frattempo è molto cambiata, se ne innamora e le invia a sua volta una lettera, ma Tat'jana (considerata dai Russi una sorta di eroina nazionale) è ora una donna sposata e, pur ammettendo di amarlo, lo respinge a sua volta con estrema dignità.

45 Сорок пятый урок

[sorakpjat*yi* urok]

Жа́дина

1 – Не понима́ю, почему́ все ду́мают, что я жа́дный…
2 – Наве́рное ①, потому́ что ты никому́ ② ничего́ не даёшь?
3 – Это непра́вда!
4 – Дава́й прове́рим.
5 – Дай ③ мне твой слова́рь!
6 – У меня́ сейча́с нет словаря́.
7 – Тогда́ дай сигаре́ты и спи́чки ④.
8 – Нет ни сигаре́т ни спи́чек ⑤…

Pronuncia
žadina **1** *nipanimaju, pačimu fsje dumajut, shto ja žadnyi...*
2 *navjernaje patamu, shto ty nikamu ničivo nidajosh?*
3 *eta nipravda!* **4** *davaj pravjerim.* **5** *daj mnje tvoj slavar'!*
6 *uminja sičas njet slavarja.* **7** *tagda daj sigarjety i spitčki.*
8 *njet nisigarjet nispičjek...*

Osservazioni sulla pronuncia
6 Ricordate che la **й** in **сейча́с** non si pronuncia: *sičas.*

Note

① **наве́рное**, lett. *probabilmente, forse*, ha anche la variante **наве́рно** *navjerna*, di identico significato.

② **никому́** è il dativo del pronome **никто́** *nikto*, che deriva dal pronome interrogativo **кто**.

③ **дава́й** e **дай** sono imperativi di due verbi che significano entrambi *dare*. Avete già incontrato l'imperativo di **дава́ть** (lezioni 3 e 12) e potete rileggerne la coniugazione alla fine della lezione 35. **дай** è invece imperativo del verbo perfettivo **дать** *dat'*, che avete già incontrato nella 2ᵃ frase della 27ᵃ lezione. ▶

Quarantacinquesima lezione

Uno spilorcio

1 – Non capisco perché tutti pensano che io sia avaro...
2 – Forse perché non dai mai niente a nessuno?
3 – Non è vero *(Questo non verità)*!
4 – Vediamo *(Dai controlliamo)*.
5 – Dammi il tuo dizionario!
6 – Adesso non ce l'ho *(Presso di me ora non c'è di dizionario)*.
7 – Allora dammi delle sigarette e dei fiammiferi.
8 – Non ho *(Non c'è)* né sigarette né fiammiferi...

▶ ④ Sapete ormai che il plurale dei nomi in consonante dura si forma in **-ы**, per cui il plurale di **спичка** dovrebbe formarsi allo stesso modo: tuttavia, per ragioni di incompatibilità ortografica (non si può scrivere la **ы** dopo la **к**), il suo plurale è **спички**.

⑤ Ecco un altro esempio di vocale mobile dopo quello della lezione 40 (frase 7): **спичка** (nominativo singolare) → **спичек** (genitivo plurale). Questa vocale compare solo nei casi in cui la desinenza è composta da due o più consonanti di fila. Come ricorderete, **нет** può indicare assenza (*non c'è/non ci sono*).

45
9 – Ну, хорошо. У тебя есть апельсин.
10   Если бы у меня был ⑥ апельсин,
11   я бы с тобой поделился…
12 – Жаль, что у тебя нет апельсина!

Note
⑥ Osservate la struttura **у меня́ есть**, *ho* ("presso di me c'è"), al passato: **у меня́ был**, *avevo* ("presso di me c'era"). Il verbo *essere* concorda col soggetto della frase russa: **у меня́ был апельси́н** (maschile singolare), *avevo* ("presso di me c'era") *un'arancia*; **у меня́ была́ кни́га** (femminile singolare), *avevo* ("presso di me c'era") *un libro*; **у меня́ бы́ли пробле́мы** (plurale), *avevo* ("presso di me c'erano") *dei problemi*.

***

Упражнение 1 – Читайте и переводите

❶ – Ты жадина! – Это неправда! ❷ Жаль, что ты мне ничего не даёшь. ❸ – Где твой словарь? – У меня его нет. ❹ Это правда, что он любит апельсины? ❺ Давай проверим, кто здесь русский.

Упражнение 2 – Восстановите текст

❶ Che spilorcio! Non ha nemmeno fatto a metà con te!
Какая . . . . . . ! Даже . тобой не поделилась!

❷ Guarda, qui ci sono molte sigarette e fiammiferi.
Смотри, здесь много . . . . и . . . .

❸ Non racconta niente a nessuno.
Он . . . . не рассказывает.

❹ – Avrei fatto a metà con te. – Davvero?
– Я бы с тобой . . . . – . . . . . . ?

❺ Forse pensano che lui sia avaro.
. . . . (.) , они думают, что он . . . .

9	–	Ok *(Beh)*, va bene. [Però] hai un'arancia.
10		Se io avessi un'arancia,
11		la dividerei con te *(io con te dividerei)*…
12	–	Peccato che tu non abbia un'arancia!

9 nu Harasho. utibja jest' apil'sin. **10** jesliby uminja byl apil'sin, **11** jaby staboj padililsja… **12** žal', shto utibja njet apil'sina!

***

Soluzione dell'esercizio 1

❶ – Sei uno spilorcio! – Non è vero! ❷ – Peccato che non mi dai niente. ❸ – Dov'è il tuo dizionario? – Non ce l'ho. ❹ È vero che gli piacciono le arance? ❺ Vediamo un po' chi è russo qui.

Soluzione dell'esercizio 2

❶ – жадина – с – ❷ – сигарет – спичек ❸ – ничего никому – ❹ – поделился – Правда ❺ Наверно(е) – жадный

46 Со́рок шесто́й уро́к

[sorakshystoj urok]

Каки́е пла́ны?

1 — Куда́ ты идёшь?
2 — Не "куда́", а "отку́да": из библиоте́ки ①.
3 — А я с по́чты ②: отправля́ла письмо́ ма́ме.
4   Тепе́рь иду́ к подру́ге ③.
5 — А мне не́чем ④ заня́ться.

Pronuncia
kaki^{je} plany? **1** kuda ty idjosh? **2** ni kuda, a atkuda: izbibljatjeki. **3** a ja spočty: atpravljala pis'mo mamje. **4** tipjer' idu kpadrughje. **5** amnje nječem zanjatsa.

Osservazioni sulla pronuncia
5 Non dimenticate che il suffisso **-ться** si pronuncia tsa (come se il segno molle non ci fosse e sostituendo la **я** con una **a**): **заня́ться** zanjatsa.

Note

① Le domande **куда́** e **отку́да** riguardano entrambe azioni che comportano un movimento, ma nel primo caso si chiede la destinazione, nel secondo la provenienza: **Куда́ ты идёшь?**, *Dove vai?*; **Отку́да они́ иду́т?**, *Da dove vengono?* Notate che il verbo utilizzato è **идти́** in entrambi i casi.

② La preposizione **с** (come anche **из**), quando indica provenienza, vuole il <u>genitivo</u>: **Я с по́чты**, *Vengo dalla posta*.

③ La preposizione **к**, *verso* (in questo caso *da*), regge il <u>dativo</u> e indica destinazione nei casi in cui questa sia rappresentata da una persona e non da un luogo: **Они́ иду́т к подру́ге**, *Vanno da un'amica*.

④ Il verbo **заня́ться**, *occuparsi*, richiede lo strumentale: **не́чем** è infatti lo strumentale di **не́чего** *nječiva*, *niente*. Le parole ▶

Quarantaseiesima lezione   46

Che programmi [hai]?

1 – Dove vai?
2 – Non "dove vado", ma "da dove vengo": dalla biblioteca.
3 – E io dalla posta: ho spedito una lettera alla mamma.
4 Ora vado da un'amica.
5 – Io invece non ho niente da fare *(E a me con nulla occuparsi)*.

▸ negative si formano, come sapete, con le particelle **не** e **ни**: **когда́**, *quando*; **никогда́**, *mai*; **кто**, *chi*; **никто́**, *nessuno*. I pronomi formati con la particella **ни** si usano nelle frasi con il verbo preceduto da **не** per rafforzare la negazione: **Я ничего́ не зна́ю**, *Non so niente*; **не** si usa invece nelle costruzioni impersonali, ovvero quando il soggetto logico non è declinato al nominativo: **Мне не́чего боя́ться**, *Non ho niente da temere*.

46 6   Пойду ⑤ в парк, там сейчас красиво: фонтаны, цветы…
 7 – Если хочешь, пойдём со ⑥ мной ⑦.
 8   Я к подруге на минуту ⑧,
 9   а от ⑨ неё – вместе пойдём в парк.
 10 – Отличная идея!

---

6 pajdu fpark, tam sičas krasiv^a: fantany, tsvity… **7** jesli Hočish, pajdjom samnoj. **8** ja kpadrughje naminutu, **9** a atnijo – vmjestje pajdjom fpark. **10** atlična^{ja} idjeja!

Note

⑤ **пойду́** è la 1ᵃ persona singolare del futuro del verbo perfettivo **пойти́**, *andare*.

⑥ Davanti a parole che cominciano con due o più consonanti, alla preposizione **с** spesso si aggiunge una **о** per facilitare la pronuncia: **со мной**, *con me*; **со всéми**, *con tutti*. Qui **с** regge lo strumentale perché introduce un complemento di compagnia.

⑦ Fate attenzione all'uso del plurale in quest'esortazione: si tratta di un'altra voce del verbo **пойти́**, la 1ᵃ persona plurale del futuro.

***

Упражнение 1 – Читайте и переводите

❶ – Откуда у тебя эти книги? – Из библиотеки.
❷ – Привет, ты к нам? – Да, но только на минуту!
❸ От меня они к подруге, после – в библиотеку.
❹ Какие у вас планы после экзамена? ❺ Когда я отправлял письмо, я видел маму.

6 Vado *(andrò)* al parco, adesso là si sta bene *(là adesso bello)*: fontane, fiori…
7 – Se vuoi, vieni *(andiamo)* con me.
8 Passo un attimo dalla mia amica *(Io verso amica per un minuto)*,
9 e da casa sua *(da lei)* andiamo insieme al parco.
10 – Ottima idea!

▸ ⑧ Il termine **минýта** può significare, secondo il contesto, sia *minuto* sia *momento, attimo*.
 ⑨ Anche la preposizione **от** indica provenienza (dal domicilio di una persona) e richiede il genitivo:
  – **Откýда ты?** *Da dove vieni?*
  – **От подрýги.** *Dalla casa di un'amica.*

***

Soluzione dell'esercizio 1
❶ – Da dove provengono questi libri? – Dalla biblioteca. ❷ – Ciao, vieni da noi? – Sì, ma solo per un attimo! ❸ [Dopo essere stati] da me, vanno da un'amica e poi in biblioteca. ❹ Che programmi avete dopo l'esame? ❺ Quando ho spedito la lettera ho visto mia madre.

47 **Упражнение 2 – Восстановите текст**

❶ Si sta bene al parco adesso *(Al parco adesso bello).*
   В . . . . . сейчас . . . .

❷ Se vuoi andiamo da una mia amica.
   . . . . хочешь, пойдём . моей . . . .

❸ – Che programmi hai? – Vado al parco.
   – . . . . . у тебя . . . . . ? – Я в парк.

❹ – Torni già dalla posta? – Sì, e tu dove vai?
   – Ты уже с . . . . . ? – Да, а ты . . . . ?

❺ Vengo dal parco, dove *(io là)* ho fatto una passeggiata.
   Я . . парка, я там . . . . . .

---

47 Со́рок седьмо́й уро́к

[soraksid'moj urok]

Общежи́тие

1 – Отку́да ты?
2 – Из А́нглии: я англича́нин.
3 – И на ско́лько ты здесь?
4 – Я здесь на́ год ①.
5 – А я ду́мал, ты америка́нец…

Pronuncia
apsshižyti^je **1** *atkuda ty?* **2** *izanglii: ja angličanin.* **3** *i na skol'ka ty zdjes'?* **4** *ja zdjes' nagat.* **5** *a ja dumal, ty amirikanjets…*

Osservazioni sulla pronuncia
4 Talvolta le preposizioni possono recare l'accento tonico e tutte le vocali del sostantivo che segue sono pertanto atone: **на́ год** *nagat*, **за́ городом** *zagaradam*.

Soluzione dell'esercizio 2

❶ – парке – красиво ❷ Если – к – подруге ❸ Какие – планы – ❹ – почти – куда ❺ – из – гулял*

*oppure гуляла

Quarantasettesima lezione 47

Il convitto

1 – Da dove vieni *(Da dove tu)*?
2 – Dall'Inghilterra: sono inglese.
3 – E per quanto tempo stai qui?
4 – *(Io qui per)* un anno.
5 – E io [che] pensavo [che] tu [fossi] americano…

Note

① Per indicare quanto durerà un'azione si usa la preposizione **на**: **Он в Москву́ на неде́лю**, *Va a Mosca (per) una settimana*; **Тама́ра здесь на́ год**, *Tamara starà qui (per) un anno*.

47

6 – Ты случа́йно не из Герма́нии?
7 – Да, я не́мец из Берли́на.
8 – А моя́ подру́га – китая́нка.
9 – Её муж то́же кита́ец.
10 – Мои́ сосе́ди сле́ва – италья́нцы, а спра́ва – испа́нцы! ②
11 – А кто здесь япо́нец ③?
12 – Японцев ④ в э́том году́ нет…
13 – Бо́же ⑤ мой, как мно́го здесь иностра́нцев!
14 – Чему́ ⑥ ты удивля́ешься?
15 – Мы в междунаро́дном общежи́тии!

6 ty slučajnᵃ niizghirmanii? 7 da, ja njemjets izbirlina. 8 amaja padruga kitajanka. 9 jᵉjo mush tožᵉ kitajets. 10 mai sasjedi sljeva ital'jantsy, asprava – ispantsy! 11 akto zdjes' jiponjets? 12 jipontsef vetᵃm gadu njet… 13 bože moj, kak mnogᵃ zdjes' inastrantsef! 14 čimu ty udivljaʲᵉshsja? 15 my vmiždunarodnam apsshižytii!

Note

② Mentre **нале́во** e **напра́во** significano rispettivamente *a sinistra* e *a destra* <u>con movimento</u> (ricordate la 13ª lezione? **Иди́те пря́мо, пото́м – нале́во, а по́сле светофо́ра – напра́во**, *Vada dritto, poi a sinistra e, dopo il semaforo, a destra*), **сле́ва** e **спра́ва** hanno gli stessi significati (anche se qui il contesto suggerisce di tradurli con una preposizione diversa), ma <u>in assenza di movimento</u>: **Ба́бушка сле́ва, а де́душка спра́ва**, *La nonna è a sinistra e il nonno a destra*.

③ Delle parole che indicano nazionalità, solo **ру́сский**, *russo*, è sia sostantivo che aggettivo: **ру́сский язы́к**, *la lingua russa*; **ру́сские**, *i Russi*. In tutti gli altri casi il sostantivo è diverso dall'aggettivo: **францу́зская кни́га**, *un libro francese*; **францу́женка**, *una francese*; **она́ францу́женка**, *lei è francese*.

④ Confrontando il singolare e il plurale delle parole seguenti vi accorgerete che ci troviamo di fronte ad altrettanti esempi di ▶

6 – Per caso sei tedesco *(Tu casualmente non dalla Germania)*?
7 – Sì, sono tedesco, di Berlino.
8 *(E)* la mia amica [invece è] cinese.
9 Anche suo marito [è] cinese.
10 I miei vicini di *(a)* sinistra sono italiani, [quelli] di *(a)* destra sono spagnoli!
11 – E chi c'è qui di giapponese *(E chi qui giapponese)*?
12 – Di giapponesi *(in)* quest'anno non ce n'è…
13 – Mio Dio, quanti stranieri ci sono qui *(come molto qui di stranieri)*!
14 – Di che ti stupisci?
15 Siamo in un ostello internazionale!

Osservazioni sulla pronuncia

11 Ecco un altro esempio di **я** atona all'inizio di una parola (vedi le osservazioni sulla pronuncia della 10ª lezione): **японец** *jiponjets*.

12, 13 Dopo la **ц**, consonante sempre dura, la **е** si pronuncia *e* anche in posizione atona: **японцев** *jipontsef*, **иностранцев** *inastrantsef*.

▸ vocale mobile: **американец**, *un americano* (nominativo maschile singolare) → **американцы**, *americani* (nominativo maschile plurale); **итальянец**, *un italiano* → **итальянцы**, *italiani*; **испанец**, *uno spagnolo* → **испанцы**, *spagnoli*; **японец**, *un giapponese* → **нет японцев**, *non ci sono giapponesi* (genitivo maschile plurale).

⑤ **Боже мой!**, *Mio Dio!* **Боже** viene da **Бог**, *Dio*. Di norma, come sapete, la **г** in fine di parola si pronuncia *k*, ma in questa parola si pronuncia *н*: *boH*. Una curiosità: **Боже** è un vocativo, caso che nel russo è ormai scomparso e si ritrova più che altro nelle invocazioni religiose.

⑥ **чему?** è il dativo di **что?**, *che cosa*. Ne deduciamo che il verbo **удивляться** *udivljatsa*, *stupirsi*, regge il caso dativo: – **Чему ты удивляешься?** – *Di che ti stupisci?* – **Я удивляюсь твоему упрямству!** – *Mi stupisco della tua testardaggine!*

47 Упражнение 1 – Читайте и переводите

❶ В этом году мы переводим интересные тексты. ❷ – Где живут эти студенты? – В общежитии. ❸ Я удивляюсь: ты боишься экзамена, хотя всё знаешь. ❹ Я здесь на год. А вы? ❺ – Вы японец? – Нет, здесь нет японцев.

Упражнение 2 – Восстановите текст

❶ Per caso la sua amica è cinese *(E la sua amica per caso non cinese)*?

А его подруга .... не .... ?

❷ – Pensavo che foste spagnoli. – No, siamo italiani.

– Я думал, что вы .... – Нет, мы – ....

❸ Quest'anno tutti gli stranieri abitano nel convitto.

. этом .... все .... живут в общежитии.

❹ I miei vicini sono italiani.

Мои ...... итальянцы.

❺ Di che si stupisce? È un'idea sua!

.... он .... ? Это его идея!

Soluzione dell'esercizio 1

❶ Quest'anno traduciamo testi interessanti. ❷ – Dove abitano questi studenti? – All'ostello. ❸ Mi meraviglio: hai paura dell'esame anche se sai tutto. ❹ Starò qui un anno. E Lei? ❺ – Lei è giapponese? – No, qui non ci sono giapponesi.

Soluzione dell'esercizio 2

❶ – случайно – китаянка ❷ – испанцы – итальянцы ❸ В – году – иностранцы – ❹ – соседи – ❺ Чему – удивляется –

48   Сорок восьмой урок

[sorakvas'moj urok]

Новый год

1 – Скоро Новый год, а за ним ① и Рождество!
2 – Эх, не было печали ②!
3 – Почему ты так говоришь?
4 – Праздники – это прекрасно!
5 – Да уж ③... я ещё не купил подарки...
6 – На следующей неделе у тебя будет ④ много времени ⑤.

Pronuncia
novyj got **1** *skora novyj got, azanim raždistvo!* **2** *eH, njebyla pičali!* **3** *pačimu ty tak gavarish?* **4** *prazniki – eta prikrasna!* **5** *daush... ja issho nikupil padarki...* **6** *na sljedujusshej nidjelie utibja budit mnoga vrjemini.*

Note

① Leggete la nota alla fine della lezione per sapere come mai Natale segue Capodanno in Russia... Per il momento, sappiate che la preposizione **за** può significare *dietro* o *dopo* e, se l'azione non implica movimento, regge lo strumentale: **за ним**, *dietro di lui*.

② L'uso del genitivo è dovuto alla presenza della negazione: **печа́ль** (femminile) → **печа́ли**. Letteralmente **не́ было печа́ли!** suona "non c'era pena!".

③ **уж** è una particella rafforzativa che talvolta esprime ironia, come nella frase del dialogo.

▶

Quarantottesima lezione 48

Capodanno *(Nuovo anno)*

1 – Presto [sarà] Capodanno, e poi *(dopo di lui anche)* Natale!
2 – Ah, ci mancava anche questa!
3 – Perché dici così?
4 – Le feste sono bellissime!
5 – Come no? Non ho ancora comprato i regali…
6 – *(Sulla)* La prossima settimana avrai un sacco di tempo *(molto di tempo)*.

Osservazioni sulla pronuncia
2 In genere la particella negativa **не** non è accentata, tranne quando è seguita dal verbo *essere* al passato (maschile e neutro): **не́ было** *njebyl*[a].
4 In **пра́здник** la **д** non si pronuncia: *praznik*.

④ Conoscete già la struttura impersonale **у меня́ есть…**, *ho…* Qui la incontriamo al futuro: **у тебя́ бу́дет**, *avrai*. Notate che il verbo *essere* concorda nel numero con il soggetto grammaticale: **у тебя́ бу́дет друг** (singolare), *avrai un amico*; **у тебя́ бу́дут пробле́мы** (plurale), *avrai dei problemi*.

⑤ **вре́мени** è il genitivo singolare (necessario dopo l'avverbio **мно́го**, *molto*) di **вре́мя**, *tempo*. È una parola russa neutra che finisce in **-мя** e ce ne sono circa una decina d'altre che si declinano allo stesso modo (vedi la prossima lezione). Il nominativo plurale è **времена́**, *tempi*.

48
7 – Нет, не будет !
8   У меня три совещания и командировка.
9 – Какой ужас!
10 Когда же ⑥ ты будешь покупать подарки?
11 – А я напишу письмо Деду Морозу.
12 У Снегурочки хороший вкус,
13 она поможет ⑦ ему выбрать…

---

7 njet, nibudit! 8 uminja tri savisshani^ja i kamandirofka. 9 kakoj užas! 10 kagdaže ty budish pakupat' padarki? 11 aja napishu pis'mo djedu marozu. 12 usnigurački Harosh^yj fkus, 13 ana pamožet ^jemu vybrat'…

Note

⑥ La particella **же** può anche esprimere delusione, timore o disaccordo: **И когда́ же у тебя́ бу́дет вре́мя?**, *Ma allora quand'è che avrai tempo?*

⑦ Come sapete, i verbi perfettivi non hanno il presente: **я напишу́** (frase 11) e **она́ помо́жет** sono per l'appunto perfettivi e qui esprimono un'azione futura: *io scriverò, lei aiuterà*. Ecco un confronto tra i verbi che corrispondono ad *aiutare* ▶

***

Упражнение 1 – Читайте и переводите

❶ – Ты уже купила подарки? – Ещё нет. ❷ Какой ужас, я просто не могу выбрать! ❸ Новый год на следующей неделе… А где подарки? ❹ Не было печали! ❺ Три совещания, командировка… Какой у него напряжённый график!

7 – No, non l'avrò! **48**
8 Ho tre riunioni e una trasferta.
9 – È terribile *(Quale orrore)*!
10 Ma allora quando comprerai i regali?
11 – *(E io)* scriverò una lettera a Babbo Natale *(Nonno Gelo).*
12 Sneguročka ha buon gusto,
13 lo aiuterà a scegliere…

▸ che potrà esservi utile: **Помогáть** (che essendo imperfettivo ha il presente): **я помогáю, ты помогáешь, он помогáет, мы помогáем, вы помогáете, они помогáют** e **помóчь** (che essendo perfettivo non ha il presente ma ha il futuro): **я помогу́, ты помо́жешь, он помо́жет, мы помо́жем, вы помо́жете, они помо́гут**. Potete constatare che la coniugazione dei perfettivi non si differenzia da quella degli imperfettivi. Inoltre sia **помо́чь** che **помогáть** sono verbi della prima congiunzione (vedere lez. 21, punto 4).

***

Soluzione dell'esercizio 1

❶ – Hai già comprato i regali? – Ancora no. ❷ È terribile, non so proprio cosa scegliere *(semplicemente non posso scegliere)*! ❸ La settimana prossima è Capodanno… E dove sono i regali? ❹ Ci mancava anche questa! ❺ Tre riunioni, la trasferta … Che agenda piena di impegni che ha lui!

48   Упражнение 2 – Восстановите текст

❶ Presto sarà Capodanno; bisogna comprare dei regali.
   ..... Новый ... ; нужно покупать ....

❷ – Scriverai una lettera a [tuo] fratello? – Sì, la prossima settimana.
   – Ты .... письмо брату? – Да, на .... неделе.

❸ Hai buon gusto: tutto ciò che hai scelto è bellissimo!
   У тебя хороший .... : всё, что ты ...... (.) – прекрасно!

❹ – La settimana prossima è Natale. – Che bello!
   – .. следующей ...... Рождество. – .... !

❺ Quando avrai molto tempo, passa [a trovarmi]!
   ..... у тебя ..... много ...., приходи!

Un tempo, in Russia, l'anno nuovo cominciava il 1° marzo e, dal XV secolo fino al 1699, il 1° settembre. Fu Pietro il Grande, con un suo decreto, a imporre che si festeggiasse il 1° gennaio. Tuttavia, a quell'epoca, nel Paese vigeva il calendario giuliano e di conseguenza c'era uno sfasamento di tredici giorni rispetto al calendario gregoriano, in uso nei Paesi cattolici.
Nel 1919 anche la Russia adottò il calendario gregoriano, per cui il Capodanno si festeggia nello stesso giorno dei Paesi occidentali. Quanto all'albero di Natale, nel 1920 venne vietato dal potere sovietico, che lo considerava un simbolo religioso da eliminare. Fu di nuovo ammesso nel 1936, ma solo come "albero di Capodanno". Oggigiorno i bambini scartano sotto l'albero i regali portati da

Soluzione dell'esercizio 2

❶ Скоро – Год – подарки ❷ – напишешь – следующей – ❸ – вкус – выбрал(а) – ❹ На – неделе – Прекрасно ❺ Когда – будет – времени –

Nonno Gelo (l'equivalente del nostro Babbo Natale) e dalla sua nipotina Sneguročka (Nevina), una graziosa ragazza sempre vestita di blu.
*Poco prima di mezzanotte il Presidente russo rivolge al popolo il discorso di Capodanno e, a mezzanotte in punto, l'orologio a carillon (*куранты*) più famoso del Paese, installato nella più bella torre del Cremlino, suona per salutare l'anno nuovo.*
*Quanto al Natale, si festeggia il 7 gennaio. C'è da dire, inoltre, che i Russi non hanno dimenticato le loro tradizioni e celebrano anche il "vecchio anno nuovo" (***Старый Новый Год** *staryj novyj got) la notte fra il 13 e il 14 gennaio, che corrisponde, secondo il calendario giuliano, a quella fra il 31 dicembre e il 1° gennaio.*

49   Со́рок девя́тый уро́к

Повторе́ние – Ripasso

Riprendiamo i punti più importanti visti questa settimana: se avete un po' di tempo, rileggete o riascoltate i dialoghi delle lezioni 43-48 prima di affrontare questa lezione.

1 Fonetica

Come avete visto, alla preposizione **с** si aggiunge spesso una **о** davanti alle parole che cominciano per due o più consonanti, per esempio davanti al pronome **мной** e con le forme declinate di **весь**: **со мно́й**, *con me*; **со все́ми**, *con tutti*.

2 I nomi neutri in *-мя*

In russo una decina di sostantivi neutri presenta la curiosa desinenza **-мя** al nominativo singolare; **вре́мя**, *tempo*, è uno di questi nomi:

	Singolare	Plurale
Nom.	вре́мя	времена́
Gen.	вре́мени	времён
Dat.	вре́мени	времена́м
Acc.	вре́мя	времена́
Str.	вре́менем	времена́ми
Prep.	вре́мени	времена́х

3 La declinazione degli aggettivi

Avete già visto diversi esempi di declinazione degli aggettivi: è il momento di vederne lo schema completo dei casi per quanto riguarda il singolare. Naturalmente non dovete imparare a memoria tutte queste desinenze: le declinazioni si assimilano gradualmente con la pratica e questo paragrafo deve solo servirvi come punto di riferimento per le prossime lezioni e in caso di dubbi.

Quarantanovesima lezione 49

- **Nominativo**: nella 7ª lezione, cap. 7, abbiamo visto che gli aggettivi si dividono in declinazione dura (**-ый, -ое, -ая**) e molle (**-ий, -ее, -яя**). Esistono poi anche declinazioni miste (più che altro per motivi di incompatibilità ortografica) per gli aggettivi in **-г, -к, -х** (**-ий, -ое, -ая**) e in **-ж, -ч, -ш, -щ** (**-ий, -ее, -ая**). Anche quelle verranno assimilate con l'uso.
- **Genitivo**: i maschili e i neutri formano il genitivo in **-ого** (decl. dura) e in **-его** (molle). I femminili lo formano in **-ой** (decl. dura) e in **-ей** (molle).
- **Accusativo**: per gli aggettivi maschili inanimati e i neutri la declinazione è identica a quella del nominativo. I maschili animati, invece, prendono le stesse desinenze del genitivo. I femminili formano l'accusativo in **-ую** (decl. dura) e in **-юю** (molle).
- **Dativo**: gli aggettivi maschili e neutri prendono le desinenze **-ому** (decl. dura) e **-ему** (molle). Gli aggettivi femminili prendono invece le desinenze **-ой** (decl. dura) e **-ей** (molle).
- **Strumentale**: maschili e neutri di declinazione dura formano lo strumentale in **-ым**, mentre quelli di declinazione molle lo formano in **-им**. Gli aggettivi femminili prendono invece le desinenze **-ой** (decl. dura) e **-ей** (molle).
- **Prepositivo**: maschili e neutri di declinazione dura formano il prepositivo in **-ом**, quelli di declinazione molle lo formano in **-ем**. Gli aggettivi femminili prendono invece le desinenze **-ой** (decl. dura) e **-ей** (molle).

Vi sarete accorti che la declinazione degli aggettivi maschili è quasi identica a quella dei neutri e che molti casi del femminile condividono la stessa desinenza. Riassiumiamo il tutto con un paio di esempi:
- Modello di declinazione dura: **бéдный, -ое, -ая**, *povero*
- Modello di declinazione molle: **сúний, -ее, -яя**, *blu*

Singolare				
	Maschile, neutro	Femminile	Maschile, neutro	Femminile
Nom.	**бéдный, бéдное**	**бéдная**	**сúний, сúнее**	**сúняя**

Gen.	бе́дного	бе́дной	си́него	си́ней
Dat.	бе́дному	бе́дной	си́нему	си́ней
Acc.	come il Nom. o il Gen.*	бе́дную	come il Nom. o il Gen.*	си́нюю
Str.	бе́дным	бе́дной	си́ним	си́ней
Prep.	бе́дном	бе́дной	си́нем	си́ней

* Come il nominativo per i nomi inanimati, come il genitivo per quelli animati.

Gli aggettivi **тако́й** e **како́й**, che abbiamo incontrato nelle ultime lezioni, si declinano come tutti gli aggettivi che hanno l'accento tonico sulla desinenza (es. **большо́й**). La declinazione è di tipo duro, con le eccezioni dovute all'incompatibilità ortografica (es. allo strumentale la desinenza è **-им** e non **-ым**).

4 Il dativo dei pronomi *никто* e *что*

Abbiamo anche visto il dativo di **никто́** e **что**, rispettivamente **никому́** e **чему́**:
– Кому́ ты дал кни́гу? – Никому́.
A chi hai dato il libro? – A nessuno.

Чему́ ты удивля́ешься?
Di cosa ti stupisci? (lett. *A cosa ti stupisci?*)

5 Le preposizioni

Le varie preposizioni che abbiamo incontrato nelle ultime lezioni reggono casi ben precisi. Ripassiamole:
- **от** (per le persone) e **с** (per i luoghi) reggono il **genitivo** e indicano provenienza: **от бра́та**, *da parte di mio fratello* oppure *dalla casa di mio fratello*; **от меня́**, *da me, da parte mia*; **с по́чты**, *dalla posta*.
- **к** richiede il **dativo** e indica la destinazione verso cui si è diretti: **Мы идём к врачу́**, *Andiamo dal medico*.
- **за**, quando significa *dopo, dietro* (senza movimento), regge lo **strumentale**: **Возьми́ корзи́ну для му́сора за столо́м**. *Prendi il cestino della spazzatura dietro il tavolo.*

- Per indicare la durata di un'azione si può usare la preposizione **на** seguita dall'**accusativo**: **Он дал мне книгу на неделю**, *Mi ha prestato* (lett. *dato*) *il libro per una settimana*; **Вы в России на год**, *Lei starà in Russia (per) un anno*.
- La preposizione **у** seguita dal **genitivo** indica appartenenza o stato in luogo (nel senso di *presso*): **У меня (есть) хорошая идея**, *Ho una buona idea*; **У моего мужа есть брат**, *Mio marito ha un fratello*; **у подруги**, *da un'amica*.

6 Il futuro

Come abbiamo accennato, in russo ci sono due futuri: quello semplice e quello composto. Inoltre avete incontrato il futuro del verbo **быть**, *essere*. Eccone la coniugazione completa:

я буду *io sarò*	мы будем *noi saremo*
ты будешь *tu sarai*	вы будете *voi sarete/Lei sarà*
он будет *lui sarà*	они будут *loro saranno*

Le desinenze, come potete constatare, sono quelle della prima coniugazione.

- **Il futuro semplice è il futuro dei verbi perfettivi**: questo tempo sottolinea infatti l'esito dell'azione nel futuro, il suo compimento. Le desinenze sono le stesse di quelle dei verbi imperfettivi al presente: confrontate infatti la coniugazione del futuro di **пойти**, *andare a piedi* (perfettivo), con quella del presente di **идти**, *andare a piedi* (imperfettivo, vedi la 21ª lezione):

я пойду, *io andrò*	мы пойдём, *noi andremo*
ты пойдёшь, *tu andrai*	вы пойдёте, *voi andrete/Lei andrà*
он пойдёт, *lui andrà*	они пойдут, *loro andranno*

- **Il futuro composto è il futuro dei verbi imperfettivi** e si forma con **быть**, *essere*, al futuro seguito dall'infinito del verbo imperfettivo. Questo tempo descrive un'azione che si prolunga o si ripete nel futuro:

Я буду читать эту книгу на следующей неделе.
Leggerò questo libro la prossima settimana (non si sa se lo leggerò tutto, ovvero se l'azione porterà a un risultato o no).

49　7 La punteggiatura

Vediamo infine qualche regola di punteggiatura.
• La frase principale e quella subordinata sono separate da una virgola:
Я не зна́ю, где он. *Non so dove lui sia.*
• Come in italiano, i termini che fanno parte di un elenco vanno separati da una virgola; fa eccezione l'ultimo, che va preceduto dalla congiunzione и:
Ма́ма дала́ мне я́блоко, бана́н и анана́с.
Mia madre mi ha dato una mela, una banana e un ananas.

Заключи́тельный диало́г

1 – Скоро Новый год.
2 　Какие у тебя планы на следующей неделе?
3 – Ещё не знаю. У меня будет моя подруга китаянка.
4 　Может быть, мы пойдём на вечеринку в международное общежитие.
5 – А мне хотелось бы иметь друга из Англии!
6 – В таком случае, пойдём со мной:
7 　там будет много иностранцев.
8 – Наверное, я не могу: должен быть у сестры на Новый год.
9 　Хотя… я к ней на минуту, а потом – к вам!
10 　Дай мне адрес общежития.
11 　Какой ужас! Я не помню, где оно…

Traduzione

1 Presto sarà Capodanno. **2** Che programmi hai per la prossima settimana? **3** Ancora non so. Verrà a trovarmi *(Presso di me sarà)* la mia amica cinese. **4** Forse andremo a una festa nel convitto internazionale. **5** Io invece vorrei avere un amico inglese *(dall'Inghilterra)*! **6** Allora *(In tal caso)* vieni con me: **7** là ci saranno molti stranieri. **8** Probabilmente non posso: devo stare da mia sorella per Capodanno. **9** Però *(Anche se)*… Starò da lei un minuto e poi verrò da voi! **10** Dammi l'indirizzo del convitto. **11** Accidenti! Non mi ricordo dov'è…

La seconda ondata

Eccoci alle soglie di quella che chiamiamo "seconda ondata", ossia la fase più attiva del vostro apprendimento. A questo punto i vostri progressi sono già notevoli: ormai disponete di una base grammaticale consistente e di un lessico di tutto rispetto, siete in grado di usare un buon numero di modi di dire, avete raggiunto un certo livello di comprensione orale e scritta e potete già costruire frasi relativamente semplici. Siete dunque pronti per affrontare questa **seconda ondata** *che vi permetterà di prendere atto dei progressi compiuti e di consolidarli.*
Vi spiegheremo i particolari della nuova fase nel corso della prossima lezione. Congratulazioni!

Da oggi in poi non troverete più la trascrizione fonetica completa dei dialoghi: non ne avete più bisogno... Ormai il cirillico ha ben pochi segreti per voi e siete in grado di cavarvela da soli, ma in ogni caso vi aiuteremo con la rubrica "Osservazioni sulla

50 Пятидеся́тый уро́к

Хи́трость

1 – Дай мне, пожа́луйста, твою́ ру́чку!
2 – Почему́ ты хо́чешь и́менно ① мою́ ру́чку?
3 – Поду́май сам: ② па́па пи́шет карандашо́м ③,
4 ма́ма печа́тает ④ на компью́тере,
5 а мне нужна́ ру́чка!

Note

① La parola **и́менно**, *proprio, esattamente*, spesso si usa in combinazione con la congiunzione **и**, *e*, per dare una particolare enfasi alla frase:
И́менно э́ту кни́гу я и хочу́!
È proprio quel libro che voglio!
И́менно э́то он мне и сказа́л.
È proprio questo che mi ha detto.

② **Поду́май сам**, lett. *Pensaci da solo*, è un invito a riflettere che si può tradurre con l'espressione *Pensaci un attimo, Prova ad arrivarci da solo*. Il verbo **поду́мать** è perfettivo e significa *pensare un po', riflettere*. In molti verbi il prefisso **по-** indica che l'azione si protrae per un breve lasso di tempo.

pronuncia" quando incontrerete parole difficili o dalla pronuncia irregolare; inoltre continueremo a segnare l'accento tonico sia nei dialoghi che nelle note. Siete ora pronti per cominciare la seconda fase del corso?

Cinquantesima lezione 50

Furbizia

1 – Dammi la tua penna, per favore!
2 – Perché vuoi proprio la mia *(penna)*?
3 – Pensaci un attimo *(da solo)*: il papà scrive a matita,
4   la mamma scrive *(batte a macchina)* al computer,
5   e io ho bisogno di una penna!

Osservazioni sulla pronuncia
Per una buona pronuncia del russo occorre leggere le **o** atone come *a* e, in molti casi, le **e** atone come *i*. Ricordate inoltre che le consonanti sonore, davanti a una consonante sorda, si assordano a loro volta: **ошибки** *ashypki*.
Numero della lezione: Пятидеся́тый *pitidisja*[tyi].

▶ ③ Quando non è preceduto dalla preposizione **с**, il caso strumentale corrisponde al complemento di mezzo; in altre parole, il sostantivo declinato allo strumentale è il mezzo con si svolge l'azione: **Ты пи́шешь ру́чкой и́ли карандашо́м?**, *Scrivi a penna o a matita?*
La presenza della preposizione **с**, per contro, indica che il sostantivo seguente è un complemento di compagnia: **пойдём со мной**, vieni con me (46ª lezione, frase 7). Per rivedere come si forma lo strumentale singolare consultate la 42ª lezione.

④ Il verbo imperfettivo **печа́тать** è, per così dire, multiuso: può significare *battere a macchina*, ma anche *stampare* o *pubblicare*.

6   Таня и Рома ⑤ вообще не умеют писать ⑥:
7   значит ⑦ у них нет ручки…
8 – Так почему ты не пишешь ⑧ своей ручкой?
9 – Мне надо делать ⑨ домашнее ⑩ задание,
10 а моя ручка постоянно делает ошибки! □

Note

⑤ **Táня** e **Róмa** sono diminutivi di **Татья́на** e **Рома́н**.

⑥ In russo si distingue tra *sapere una cosa* e *saper fare qualcosa*: nel primo caso si usa **знать** seguito da un complemento oggetto, nel secondo **уметь** seguito da un verbo all'infinito. È un verbo regolare della prima coniugazione (per le desinenze vedi la 21ª lezione al capitolo 4). **Ты уме́ешь писа́ть?**, *Sai scrivere?*; **Да, уме́ю**, *Sì*.

⑦ **зна́чит** è letteralmente la 3ª persona singolare del verbo **зна́чить**, *significare*, ma vuole anche dire *allora*, *dunque*. Un paio di esempi:
Что это зна́чит?, *Cosa significa?*
Зна́чит, э́то был ты…, *Allora eri tu…*

⑧ Confrontate **пи́шешь** con l'infinito dello stesso verbo, ovvero **писа́ть**: il cambiamento di consonante è un'irregolarità che si ritrova in tutte le persone del presente, come avrete modo di verificare nella prossima lezione di ripasso (dove troverete altri esempi di queste alternanze consonantiche).

***

Упражнение 1 – Читайте и переводите

❶ Подумай сам: мне нужно новое платье. ❷ Они умеют печатать на компьютере? ❸ Это моя ручка, а где твоя? ❹ Вечером мне надо делать домашнее задание. ❺ Так почему мама не пишет письмо?

6 Tanja e Roma non sanno scrivere [affatto]:
7 dunque non hanno una penna…
8 – E allora *(Così)* perché non scrivi con la tua *(propria penna)*?
9 – Devo fare i compiti per casa
10 e la mia penna fa continuamente errori!

▶ ⑨ **на́до**, quando è seguito da un verbo all'infinito, vuol dire *bisogna, occorre, è necessario*. Se aggiungiamo un pronome o un nome al dativo, però, la costruzione impersonale diventa, per così dire, personale e traduce il verbo *dovere*:
Мне на́до идти́ домо́й, *Devo andare a casa.*
Ба́бушке на́до мыть посу́ду. *La nonna deve lavare i piatti.*

⑩ Oltre a costituire un bell'esempio di aggettivo di declinazione molle, **дома́шний, -яя, -ее**, può assumere diversi significati (tra cui *domestico, di casa, familiare*, ecc.):
У него́ есть дома́шняя библиоте́ка.
Ha una biblioteca in casa.
Она́ де́лает дома́шнее зада́ние.
Sta facendo i compiti per casa.
Вот мой дома́шний а́дрес.
Ecco il mio indirizzo di casa.
Э́то их дома́шние живо́тные.
Sono i suoi animali domestici.

***

Soluzione dell'esercizio 1

❶ Pensaci un attimo: ho bisogno di un abito nuovo. ❷ Sanno scrivere al computer? ❸ Questa è la mia penna, ma la tua dov'è? ❹ Stasera devo fare i compiti per casa. ❺ Ma perché la mamma non scrive la lettera?

Упражнение 2 – Восстановите текст

❶ Io scrivo a matita e tu a penna.
   Я пишу ...., а ты ....

❷ Allora deve andare al negozio.
   ...., ему надо в магазин.

❸ Fa continuamente degli errori.
   Он .... делает ....

❹ – Sai scrivere? – Non ancora.
   – Ты ...... писать? – Ещё нет.

❺ Rifletti: quale penna vuoi esattamente?
   ...., какую ...... ручку ты хочешь.

Soluzione dell'esercizio 2

❶ – карандашом – ручкой ❷ Значит – ❸ – постоянно – ошибки
❹ – умеешь – ❺ Подумай – именно –

Seconda ondata: come procedere
Oggi comincia la fase attiva del vostro apprendimento. Come procedere? È semplice: una volta studiata la lezione odierna, riprendete una delle lezioni già affrontate (vi indicheremo noi quale) e, dopo averla rivista brevemente, provate a tradurre in russo ad alta voce il testo italiano a fronte. Non siate timidi! Se avete dei dubbi sulla pronuncia, non esitate a sbirciare la trascrizione fonetica.
Questo lavoro costituisce per l'appunto la "seconda ondata" e, lungi dall'essere faticoso, vi permetterà di verificare le conoscenze acquisite e di consolidarle senza nemmeno rendervene conto.

Seconda ondata: prima lezione

51 Пятьдесят пе́рвый уро́к

На вкус и цве́т това́рищей нет!

1 – Како́е вре́мя го́да тебе́ нра́вится бо́льше всех ①?
2 – Мне нра́вится ле́то.
3   Ле́том ② мы е́здим ③ на мо́ре.
4 – А я предпочита́ю о́сень.
5   О́сенью ② всё так споко́йно и ти́хо…
6 – В Росси́и о́чень краси́вая зима́.
7   Зимо́й ② мо́жно ката́ться на лы́жах ④.

***

Note

① Abbiamo già incontrato un esempio di superlativo relativo: **са́мый до́брый и са́мый прия́тный из всех** (16ª lezione, frase 7), *il più buono e il più simpatico di tutti*: *più* si traduce con **са́мый** se l'aggettivo è per l'appunto al grado superlativo, mentre nella frase del dialogo di oggi corrisponde a **бо́льше**, essendo il comparativo irregolare di **мно́го**, *molto*; quanto a **всех**, si tratta del genitivo plurale di **весь**: **Он мне нра́вится бо́льше всех.** *Lui mi piace più di tutti.*

② **ле́том, о́сенью, зимо́й** e **весно́й** sono apparentemente quattro sostantivi (**ле́то, о́сень, зима́, весна́**) declinati al caso strumentale, ma in realtà sono avverbi.

③ Abbiamo già parlato nella 44ª lezione (nota 3) dei verbi di moto: **е́здить** è uno di questi. Si traduce *andare (con un mezzo)*, ovvero in auto, in treno, ecc. È un verbo irregolare e ne vedremo la coniugazione nella prossima lezione di ripasso. ▸

Cinquantunesima lezione 51

I gusti sono gusti!
(Per il gusto e il colore non ci sono compagni!)

1 – Quale stagione *(tempo dell'anno)* ti piace di più *(di tutte)*?
2 – A me piace l'estate.
3   In estate andiamo al mare.
4 – Io invece *(E io)* preferisco l'autunno.
5   In autunno tutto è così tranquillo e silenzioso…
6 – In Russia l'inverno è molto bello.
7   In inverno si può sciare.

***

▶ ④ Il verbo imperfettivo **кататься** (lett. *rotolare*) regge la preposizione **на** seguita dal prepositivo e si traduce diversamente a seconda del contesto: **кататься на лы́жах**, *sciare* (**лы́жах**, *sci*); **кататься на конька́х**, *pattinare* (**коньки́**, *pattini*), ecc.

51 **8** – Нет уж ⑤, позвольте ⑥!
9 Весна – самое красивое время года!
10 Именно весной ① природа просыпается,
11 и вся ⑦ жизнь возрождается.

Note

⑤ La particella **уж** si usa spesso dopo **да** e **нет**. **Нет уж!** *Ah no!* **Да уж!** *Eh già!, Come no!*

⑥ **позвольте** è l'imperativo di **позволить**, *permettere*. Ricordate che per formare l'imperativo di 2ª persona singolare basta togliere il suffisso finale **-те**: **позволь!**, *Permetti!*

⑦ **вся** è il femminile del pronome **весь**, *tutto*, del quale conoscete già il neutro e il plurale, ovvero **всё** e **все**.

***

Упражнение 1 – Читайте и переводите

❶ На вкус и цвет товарищей нет! ❷ – Ты любишь кататься на лыжах? – Очень! ❸ Зимой здесь так спокойно! ❹ Приходит весна и жизнь возрождается. ❺ Нет уж, позвольте! Вы не правы!

Упражнение 2 – Восстановите текст

❶ L'estate è la stagione che gli piace di più *(Più di tutto a loro piace l'estate)*.

. . . . . . всего им нравится . . . . .

❷ – Vuole un tè? – No, grazie, preferisco un caffè.

– Чай? – Нет, спасибо, я . . . . кофе.

❸ In estate noi andiamo al mare, e voi?

Летом мы . . . . . на море, а вы?

8 – Eh no, scusate *(permettete)*!
9 La stagione più bella è la primavera *(La primavera – più bel tempo dell'anno)*!
10 È in primavera che *(Proprio in primavera)* la natura si risveglia
11 e tutta la vita rinasce.

***

Soluzione dell'esercizio 1
❶ I gusti sono gusti! ❷ – Ti piace sciare? – Molto! ❸ In inverno, qui, si sta così tranquilli! ❹ Arriva la primavera e la vita rinasce. ❺ Eh no, scusi! Lei ha torto!

❹ La stagione più bella è l'inverno.
. . . . . красивое время года – это . . . . .

❺ In estate e in primavera da noi si sta bene.
. . . . . и . . . . . . у нас тепло.

Soluzione dell'esercizio 2
❶ Больше – лето ❷ – предпочитаю – ❸ – ездим – ❹ Самое – зима ❺ Летом – весной –

Seconda ondata: seconda lezione

52 Пятьдесят второй урок

Ле́тний рома́н ①

1 — Кому́ ты постоя́нно пи́шешь пи́сьма ②?
2 — Одному́ ми́лому ③ молодо́му челове́ку…
3 — Ой! А я его́ зна́ю?
4   Хоте́лось бы посмотре́ть,
5   кто понра́вился тако́й ми́лой молодо́й ④ де́вушке!
6 — Да, ду́маю, ты его́ ви́дела про́шлым ⑤ ле́том.
7 — Где?

Osservazioni sulla pronuncia
Numero della lezione: Пятьдеся́т второ́й pid'disjatftaroj
4 хоте́лось бы Hatjelas'by

Note

① Il significato principale di **рома́н** è *romanzo*, ma in questo caso corrisponde a *storia d'amore, relazione amorosa*.

② Ricordate che i nomi neutri in **-o** fanno il plurale in **-a**. Spesso l'accento tonico si sposta: **окно́**, *finestra* → **о́кна**, *finestre*; **письмо́**, *lettera* → **пи́сьма**, *lettere*.

③ L'aggettivo **ми́лый, -ая, -ое** ricorda un po' l'inglese "nice" per i diversi significati che può assumere (*carino, simpatico, gentile*).

④ Il dativo degli aggettivi ha la desinenza **-ому** per i maschili e i neutri e **-ой** per i femminili (declinazione dura):
Вы доверя́ете э́той молодо́й де́вушке?
Lei si fida di questa ragazza?

Cinquantaduesima lezione 52

Una storia d'amore estiva

1 – A chi [è che] scrivi continuamente delle lettere?
2 – A un ragazzo carino…
3 – Ah! E io lo conosco?
4 – Mi piacerebbe sapere *(vedere)*
5 chi [è che] è piaciuto a una ragazza così carina!
6 – Sì, penso [che] tu l'abbia visto l'estate scorsa.
7 – Dove?

Ему никогда не хотелось быть богатым.

▶ ⑤ **прошлым** è lo strumentale dell'aggettivo **прошлый**, *passato, scorso*. La desinenza **-ым** caratterizza gli aggettivi maschili e neutri, mentre quelli femminili vogliono la desinenza **-ой** (declinazione dura):
Я пишу́ краси́вым карандашо́м, а ты краси́вой ру́чкой.
Io scrivo con una bella matita e tu con una bella penna.

52
8 – На даче у Маши.
9 – Так вот о ком ты постоянно мечтаешь ⑥!
10 – Никогда нельзя ⑦ доверять мимолётному ⑧ впечатлению…
11 – Никогда не говори «никогда»!
12 – Мы встречаемся каждые выходные уже полгода ⑨!

Note

⑥ Il verbo **мечта́ть**, *desiderare*, *sognare* (nel senso di *vagheggiare*), è seguito dalla preposizione **о**, che richiede il prepositivo: **Он мечта́ет о пра́зднике.** *Sogna una festa.*

⑦ **нельзя́** può significare *non si può*, *non è possibile*, *è impossibile* o *è vietato*. È il contrario di **мо́жно**, *si può*, *è permesso*, parola che già conoscete.

***

Упражнение 1 – Читайте и переводите

❶ Мне так понравился этот фильм! ❷ Каждое лето они встречаются. ❸ Ничего не говори этой милой молодой девушке. ❹ Ему никогда не хотелось быть богатым. ❺ Они в Москве уже полгода.

Упражнение 2 – Восстановите текст

❶ Non ci si può fidare di quel ragazzo.
..... молодому .... нельзя ....
❷ Vorrei sapere chi [è che] le è piaciuto.
.... бы посмотреть, кто ей ....
❸ Ogni weekend andiamo nella dacia.
...... выходные мы ..... на дачу.

8 – Nella dacia di Masha *(da Masha)*.
9 – Ah, allora è a lui che pensi sempre *(Così ecco di chi tu sempre sogni)*!
10 Non bisogna mai fidarsi di un'impressione fugace …
11 – Mai dire "mai"!
12 Ci vediamo *(incontriamo)* tutti i week-end già da sei mesi!

⑧ Il verbo **доверять**, *fidarsi*, regge il dativo: di conseguenza **мимолётному** è il dativo dell'aggettivo **мимолётный, -ая, -ое**, *fugace, passeggero, effimero*.

⑨ **полгóда** significa letteralmente *mezzo anno*: **пол**, nelle parole composte, vuol dire metà.

***

Soluzione dell'esercizio 1
❶ Mi è piaciuto così tanto questo film! ❷ Ogni estate si incontrano. ❸ Non dire nulla a quella ragazza carina. ❹ Non ha mai voluto essere ricco. ❺ Sono a Mosca già da sei mesi.

❹ L'estate scorsa i bambini sono stati nella dacia della nonna.
. . . . летом дети были . . даче . бабушки.

❺ A chi [è che] pensi sempre?
О . . . ты постоянно . . . . ?

Soluzione dell'esercizio 2
❶ Этому – человеку – доверять ❷ Хотелось – понравился ❸ Каждые – ездим – ❹ Прошлым – на – у – ❺ – ком – мечтаешь

двести тридцать восемь • 238

53 *La dácha è una casa di campagna. Molti Russi ne hanno una e ci passano il week-end e le vacanze per riposare, ma a dir la verità nelle dacie l'ozio è raro, perché si passa la maggior parte del tempo a curare l'orto. Solo i benestanti possono permettersi la vera dacia (quella descritta dai romanzieri russi di fine '800) dove la nobiltà si trasferiva in estate per fuggire al caldo asfissiante delle grandi città. Oggi le dacie si sono moltiplicate: piuttosto modeste e molto semplici (talvolta rozze), in genere sono costruite secondo lo stesso modello e sono più che altro un posto dove passare la notte prima di ripartire per la città dopo aver duramente lavorato per sistemare il proprio minuscolo appezzamento di terra.*

---

53 Пятьдеся́т тре́тий уро́к

Желе́зная ло́гика

1 – Ты куда́-то ① спеши́шь?
2 – Да нет ②, я до́лжен был быть в о́фисе в че́тверть ③ пе́рвого.

Note

① L'avverbio **куда́-то** indica direzione verso un luogo indefinito (*da qualche parte*) con movimento.

② Con l'espressione **да нет**, *ma no*, si nega l'ultima affermazione fatta dall'interlocutore, ma in questo dialogo il tono di chi la usa non è brusco, perciò corrisponde di più alla traduzione data.

③ **че́тверть** (attenzione: è un femminile) significa *quarto* oppure *trimestre*:

В шко́ле начала́сь пе́рвая че́тверть.
A scuola è cominciato il primo trimestre.
Come avevamo già accennato nella 42ª lezione, in russo per dire l'ora in modo informale si fa riferimento a quella successiva: **пять мину́т второ́го** (lett. *cinque minuti del secondo*), *l'una e cinque*; **полови́на девя́того** (lett. *metà del nono*), *le otto e mezza*; **без десяти́ во́семь** (lett. *senza di dieci otto*), *le otto meno dieci*. Notate che, nell'ultima espressione, **де́сять** è declinato al genitivo.

Molto spesso queste case si trovano nelle immediate vicinanze delle città (più di rado in un paese vero e proprio) e rappresentano in genere una fonte supplementare di reddito se non un mezzo di sopravvivenza: la frutta e la verdura che vi si coltivano possono fornire un buon sostentamento all'alimentazione di una famiglia media. Naturalmente esistono anche dacie più lussuose: quelle dei nuovi ricchi, per esempio, somigliano a dei piccoli castelli o a delle belle isbe (case tradizionali in legno) con piscina, banja (la tipica sauna russa) e campo da tennis. Evidentemente si tratta di case fatte apposta per riposare o festeggiare una ricorrenza...

Seconda ondata: terza lezione

Cinquantatreesima lezione 53

Una logica ferrea

1 – Sei di fretta *(Tu da-qualche-parte ti affretti)*?
2 – Beh, no, dovevo essere in ufficio alle dodici e un quarto *(quarto del primo)*.

53

3   У нас совещание.
4 – А говоришь, не спешишь!
5   Ты уже опоздал на полчаса!
6 – Минута, две минуты, двадцать минут ④ или час…
7   Теперь это уже не имеет никакого ⑤ значения ⑥.
8   Совещание началось;
9   закончится ⑦ оно только часа через полтора ⑧.
10 Так что если хочешь, можем попить кофе!

Osservazioni sulla pronuncia
5 **полчаса́** *polčisa*
7 **никако́го** *nikakova*
9 **часа́** *čisa*

Note
④ Attenti ai diversi casi ai quali è declinato il sostantivo **мину́та** in questa frase: **мину́та** è un nominativo singolare, **мину́ты** un genitivo singolare (necessario dopo 2, 3, 4 e dopo i composti che terminano con queste cifre, con l'eccezione di 12, 13 e 14) e infine **мину́т** è un genitivo plurale (necessario dopo i numeri dal 5 al 20 e tutti quelli successivi che non terminano con le cifre da 1, 2, 3 o 4) che, come ricorderete, fa perdere la vocale finale ai femminili in -**a**.

***

Упражнение 1 – Читайте и переводите
❶ Да уж, у вас железная логика! ❷ Совещание уже началось, а его ещё нет. ❸ Скорее! Ты ещё не опоздала. ❹ Урок закончится только через полчаса. ❺ – Ты где? – В офисе. У нас совещание.

3 Abbiamo una riunione.
4 – E dici [che] non sei di fretta!
5 Sei già in ritardo *(già hai ritardato)* di mezzora!
6 – Un minuto, due minuti, venti minuti o un'ora…
7 Ormai non ha più *(Ora questo già non ha)* nessuna importanza.
8 La riunione è cominciata;
9 finirà *(esso)* solo fra un'ora e mezza circa.
10 Perciò *(Così che)*, se vuoi, possiamo bere un caffè!

▶ ⑤ Spesso, nelle frasi negative, i verbi transitivi reggono il genitivo anziché l'accusativo. Qui **никакого** è per l'appunto il genitivo maschile di **никакой, -áя, -óе**, *nessuno*. Notate che la desinenza del nominativo maschile è accentata e pertanto è **-ой** (e non **-ый**, che è invece sempre atona).

⑥ **значéния** è il genitivo di **значéние**, *significato, senso, importanza*.

⑦ **закóнчится** è la 3ª persona singolare del futuro perfettivo di **закóнчиться**, *finire* (si tratta di un verbo pronominale). La pronuncia delle due forme è identica: *zakon̆čitsa*.

⑧ La preposizione **через**, *fra*, non vi è nuova. Richiede l'accusativo e indica il tempo che deve trascorrere prima che l'azione avvenga: **через час**, *fra un'ora*; **через четы́ре недéли**, *fra quattro settimane*. Per esprimere approssimativamente l'ora si mette l'unità di misura del tempo (**минýта, час, недéля, год**, ecc.) prima del numero: **через два часá**, *fra due ore* → <u>часá</u> **через двá**, *fra due orette*; **через дéсять минýт**, *fra dieci minuti* → <u>минýт</u> **через дéсять**, *fra una decina di minuti*; **через три недéли**, *fra tre settimane* → <u>недéли</u> **через три́**, *fra tre settimane circa*.

***

Soluzione dell'esercizio 1
❶ Come no, Lei ha una logica ferrea! ❷ La riunione è già cominciata e lui non c'è ancora. ❸ Presto! Sei ancora in tempo *(Ancora non hai ritardato)*. ❹ La lezione finirà solo fra mezzora. ❺ – Dove sei? – In ufficio. Abbiamo una riunione.

54 **Упражнение 2 – Восстановите текст**

❶ Vieni fra un'oretta e mezza.
   Приходи .... через ....

❷ È sempre di fretta *(da-qualche-parte si affretta)*.
   Он постоянно ....-.. спешит.

❸ Questo non ha importanza.
   Это .. имеет .... !

❹ Che disastro *(Quale orrore)*, sono arrivato tardi all'esame!
   Какой ...., я .... (.) на экзамен!

❺ Devo essere da te fra una ventina di minuti.
   Я ...... быть у тебя ..... через двадцать.

---

54 Пятьдесят четвёртый уро́к

Закорене́лый холостя́к

1 – Почему ты развёлся с жен**ой** ①?
2 – Из-за ② еды ③…
3   Он**а** никогд**а** не замеч**а**ла, что все рец**е**пты в кулин**а**рной кн**и**ге

Osservazioni sulla pronuncia
pid'disjatčitvjort^{yj} urok
2 из-за еды *izza^{je}dy*

Note

① **развести́сь**, *divorziare*. Questo verbo regge la preposizione **c** seguita dal caso strumentale:
Он развёлся с жено́й. *Ha divorziato dalla moglie.*

243 • две́сти со́рок три

Soluzione dell'esercizio 2

❶ – часа – полтора ❷ – куда-то – ❸ – не – значения ❹ – ужас – опоздал(а) – ❺ – должен – минут –

Seconda ondata: quarta lezione

Cinquantaquattresima lezione   54

Uno scapolo incallito *(radicato)*

1 – Perché *(tu)* hai divorziato da [tua] moglie?
2 – Per via del cibo…
3   Non si accorgeva mai *(Lei mai non notava)* che tutte le ricette del *(nel)* libro di cucina

▸ ② La preposizione **из-за**, che richiede il genitivo, indica una causa con effetti negativi e pertanto si può tradurre con *per, a causa di*, *per via di*, *per colpa di*:
Всё это из-за меня. *Tutto questo [è avvenuto] per colpa mia.*

③ Il termine **еда́**, *cibo*, si usa sempre al singolare e può significare anche *pasto*.

двести со́рок четы́ре • 244

4   бы́ли рассчи́таны ④ на двена́дцать челове́к ⑤.
5   Поэ́тому всю неде́лю мы е́ли одно́ и то же ⑥ блю́до!
6 – Тепе́рь ты гото́вишь сам?
7 – Нет, тепе́рь я ем ⑦ в столо́вой ⑧…
8 – Почему́?
9 – Я взял её кулина́рную кни́гу ⑨,
10 но, о го́ре ⑩! все реце́пты начина́ются одина́ково:
11 "Возьми́те чи́стую таре́лку…"

---

4 рассчи́таны *rasshitany*

Note

④ **рассчи́таны** è un aggettivo di forma breve al plurale derivato dal verbo perfettivo **рассчита́ть**, *calcolare, prevedere, contare su qualcuno* (es. **рассчи́тывай на меня́**, *conta su di me*): **Кни́ги бы́ли рассчи́таны на де́сять ученико́в.** *I libri erano previsti per dieci studenti.*

⑤ **челове́к**, *persona, uomo*, ha un plurale irregolare che incontrerete più avanti. La forma antica del plurale, **челове́ки**, viene impiegata in contesto umoristico, ma vi sconsigliamo di usarla. Ricordate soltanto, per ora, che questa parola ha due genitivi plurali. Per il momento ci soffermeremo solo sul primo, che si usa soltanto in combinazione coi numeri: diremo quindi **оди́н челове́к** (nominativo), *una persona*; **два челове́ка** (genitivo singolare), *due persone*; **пять челове́к**, *cinque persone* (genitivo plurale, necessario per i numeri dal 5 al 20).

⑥ Ecco un'espressione utile: **оди́н и тот же**, *lo stesso*; **оди́н** e **тот** sono qui declinati all'accusativo singolare neutro, concordando con **блю́до**.

⑦ **ем** è la 1ª persona singolare del verbo imperfettivo **есть**, *mangiare*, che coincide con la 3ª persona singolare del verbo **быть**, *essere*. Non confondete le due forme! Troverete la coniugazione del verbo **есть** nella prossima lezione di ripasso.

4 erano per *(calcolate su)* dodici persone.
5 Perciò [per] tutta la settimana mangiavamo lo stesso piatto!
6 – [E] adesso *(tu)* cucini da solo?
7 – No, ora *(io)* mangio in mensa…
8 – Perché?
9 – Ho preso il suo *(di lei)* libro di cucina, ma,
10 ahimè, tutte le ricette cominciano allo stesso modo:
11 "Prendete un piatto pulito…"

⑧ La preposizione **в** può indicare il luogo dove ci si trova (e in tal caso regge il prepositivo); **столо́вая**, *mensa*, ma anche *sala da pranzo*, è un aggettivo sostantivato che si declina come un qualsiasi altro aggettivo: **в столо́вой**, *in mensa*. Per rivedere la declinazione degli aggettivi consultate la 49ª lezione.

⑨ Il verbo **взять**, *prendere*, regge logicamente l'accusativo. Pertanto, nella frase **я взял её кулина́рную кни́гу**, *Ho preso il suo libro di cucina*, l'aggettivo e il nome sono declinati all'accusativo. Conoscete già il funzionamento di questo caso per quanto riguarda i sostantivi: solo i maschili animati e i femminili cambiano desinenza, mentre gli altri mantengono la forma del nominativo. Con gli aggettivi è lo stesso: quelli maschili (se fanno riferimento a cose) e quelli neutri restano invariati all'accusativo; quelli maschili che si riferiscono a essere animati prendono la desinenza **-ого** e quelli femminili la desinenza **-ую** :
Он взял мой но́вый (forma identica a quella del nominativo) **каранда́ш и мою́ но́вую ру́чку**, *Ha preso la mia matita nuova e la mia penna nuova*.

⑩ Il termine **го́ре** è neutro e significa *disgrazia*, *dolore* (non in senso fisico): **У него́ большо́е го́ре**. *È molto addolorato* (lett. *Ha un grande dolore*).
Како́е го́ре! *Che disgrazia!*

Упражнение 1 – Читайте и переводите

❶ Таня, дай мне, пожалуйста, чистую тарелку. ❷ У нас всё рассчитано на неделю. ❸ В столовой постоянно готовят одно и то же блюдо. ❹ По-моему, все летние романы начинаются одинаково. ❺ Если хочешь, возьми её кулинарную книгу.

Упражнение 2 – Восстановите текст

❶ Ma se lo conosci: è uno scapolo incallito!
Да ты его . . . . . . : он закоренелый . . . .

❷ [Per] tutta la settimana hanno mangiato banane.
Всю . . . . . . они . . . бананы.

❸ – Tamara, ma chi cucina da voi *(chi presso di voi cucina)*? – Io *(stessa)*.
– Тамара, а кто у вас . . . . ? – Я . . . . .

❹ Dicono che abbia divorziato dalla moglie.
Говорят, он . . . . с . . . .

❺ Hanno mal di pancia per via del cibo *(a causa del cibo presso di loro duole la pancia)*.
. . - . . . . . у них болит живот.

Soluzione dell'esercizio 1

❶ Tanja, dammi un piatto pulito, per favore. ❷ Abbiamo tutto il necessario *(previsto)* per una settimana. ❸ In mensa preparano sempre lo stesso piatto. ❹ Secondo me tutte le storie d'amore estive cominciano allo stesso modo. ❺ Se vuoi, prendi il suo libro di cucina.

Закоренелый холостяк.

Soluzione dell'esercizio 2

❶ – знаешь – холостяк ❷ – неделю – ели – ❸ – готовит – сама ❹ – развёлся – женой ❺ Из-за еды –

Seconda ondata: quinta lezione

55 Пятьдесят пя́тый уро́к

Солида́рность

1 В шко́ле учи́тель говори́т ученика́м ①:
2 – У меня́ никогда́ ещё не́ было тако́го плохо́го кла́сса ②!
3 Вы ничего́ не ③ понима́ете!
4 Я объясни́л теоре́му три ра́за.
5 Да́же я сам ④ её по́нял!
6 Кто из вас счита́ет себя́ по́лным тупи́цей ⑤?
7 Вста́ньте!
8 – По́сле до́лгой па́узы поднима́ется ⑥ оди́н учени́к:

Osservazioni sulla pronuncia
2 не было *njebyl*ᵃ

Note

① Il dativo plurale dei nomi con l'ultima consonante dura si forma con la desinenza **-ам**, mentre per quelli con l'ultima consonante molle la desinenza è **-ям**:
Я дал кни́гу его́ ро́дственникам. *Ho dato il libro ai suoi parenti.*
Челове́к до́лго объясня́л де́тям (nominativo plurale: **де́ти**) **и их се́мьям** (nominativo plurale: **се́мьи**), **кто он**, *L'uomo ha spiegato a lungo chi fosse ai bambini e alle loro famiglie.*

② Per indicare l'assenza di qualcuno o qualcosa al passato si ricorre alla costruzione impersonale "**не́ было** (neutro) + genitivo": **У неё никогда́ не́ было бра́та**, *Lei non ha mai avuto un fratello*. Ecco perché il sostantivo maschile in consonante dura **класс**, *classe*, è qui declinato al genitivo.

③ Ricordate che con parole come "niente", "mai", "nessuno" in russo si usa sempre la doppia negazione. In genere l'avverbio **не** si mette dopo di loro e prima del verbo: **Я никогда́ не ви́дел э́того до́ма**, *Non ho mai visto questa casa*.

Cinquantacinquesima lezione 55

Solidarietà

1 A scuola un insegnante dice ai [suoi] allievi:
2 – Non ho mai avuto una classe peggiore di questa *(così cattiva)*!
3 Non capite niente *(Voi niente non capite)*!
4 Ho spiegato il teorema tre volte.
5 L'ho capito persino io *(Persino io stesso l'ho capito)*!
6 Chi di voi si ritiene un perfetto idiota *(considera se stesso un perfetto idiota)*?
7 si alzi in piedi *(alzatevi)*!
8 – Dopo un lungo silenzio *(pausa)* uno studente si alza:

▶ ④ L'aggettivo **сам** significa *stesso* e concorda nel genere e nel numero col nome cui fa riferimento: **он сам**, *lui stesso*; **она́ сама́**, *lei stessa*; **оно́ само́** (neutro), *esso stesso*; **они́ са́ми**, *loro stessi*.

⑤ Quando il verbo **счита́ть**, *considerare, contare,* è usato nel senso di *giudicare, ritenere, reputare*, gli aggettivi e i nomi che ne costituiscono il complemento vanno declinati allo strumentale: **я его́ счита́ю свои́м лу́чшим дру́гом**, *Lo considero il mio migliore amico*.

⑥ Ripassiamo la coniugazione dei verbi pronominali (vedi la 38ª lezione) con l'aiuto del verbo **поднима́ться**, *alzarsi* (ma può significare anche *salire*): **я поднима́юсь, ты поднима́ешься, он поднима́ется, мы поднима́емся, вы поднима́етесь, они́ поднима́ются**.

55 **9** – Значит, ты считаешь себя тупицей?
10 – Ну, не совсем…
11 но как-то ⑦ неловко ⑧, что вы один стоите.

Note

⑦ **ка́к-то** significa *in qualche modo, chissà come* oppure *un po'*. L'uso della particella **-то** indica che chi parla non è in grado di essere più preciso: **кто́-то**, *qualcuno* (non si sa però chi); **что́-то**, *qualcosa* (non si sa però esattamente cosa), ecc.

⑧ L'avverbio **нело́вко**, lett. *goffamente, in modo goffo*, è qui una struttura impersonale (ne conoscete già altre di questo tipo): **мне так нело́вко**, *mi sento così in imbarazzo*. Come vedete, ▶

***

Упражнение 1 – Читайте и переводите

❶ Учитель объясняет ученикам международную обстановку. ❷ Кто из вас считает себя красивым? ❸ Я никогда не видел такого плохого класса. ❹ Он такой тупица: никогда ничего не понимает! ❺ Из-за тебя я не поняла теорему.

Упражнение 2 – Восстановите текст

❶ Mi sono sentito in imbarazzo perché ci ha messo molto a riconoscermi *(lui me a lungo non ha riconosciuto).*
Мне было ...., так как он меня ..... не узнавал.

❷ – Chi di voi ha visto questo film? – Noi l'abbiamo visto tutto.
– Кто .. вас ..... этот фильм? – Мы ... его видели.

❸ Si alzi, questo non è il Suo posto!
........, это не .... место!

9 – Ah *(quindi)*, tu ti ritieni un idiota?
10 – Beh, non proprio…
11 ma [trovo] un po' imbarazzante che Lei sia l'unico in piedi *(ma in-qualche-modo imbarazzante che voi solo state-in-piedi)*.

▸ il soggetto effettivo della frase è indicato da un pronome o da un nome al dativo. Nelle frasi impersonali (con il dativo) che indicano lo stato interiore questo avverbio esprime sempre disagio o imbarazzo. Nell'esempio seguente, invece, **нело́вко** è utilizzato nel suo senso letterale: **она́ де́лает всё о́чень нело́вко**, *lei fa tutto in modo molto goffo, è molto maldestra in tutto*.

***

Soluzione dell'esercizio 1
❶ L'insegnante spiega agli studenti la situazione internazionale. ❷ Chi di voi si ritiene bello? ❸ Non ho mai visto una classe peggiore di questa. ❹ È proprio un idiota: non capisce mai niente! ❺ Per colpa tua non ho capito il teorema.

❹ Non abbiamo mai avuto un professore così bravo.
У нас никогда ещё не .... такого ..... учителя.

❺ Ti ho già spiegato tutto, hai capito?
Я уже всё тебе .... (.) , ты ..... ?

Soluzione dell'esercizio 2
❶ – неловко – долго – ❷ – из – видел – все – ❸ Встаньте – ваше – ❹ – было – хорошего – ❺ – объяснил(а) – понял

Seconda ondata: sesta lezione

56   Пятьдеся́т шесто́й уро́к

Повторе́ние – Ripasso

1 La declinazione dei sostantivi

Avete già compiuto notevoli progressi nell'apprendimento delle declinazioni in russo. Vediamo di completare alcuni punti che in parte già conoscete:

• **L'accusativo**
Ormai l'accusativo, caso del complemento oggetto, non ha quasi più segreti per voi: concludiamo l'argomento aggiungendo che i nomi in **-ь** (maschili o femminili, animati o inanimati) mantengono la stessa forma del nominativo: **жизнь** (femminile) → **на всю жизнь**, *per tutta la vita*.
Inoltre la desinenza dell'accusativo per i femminili in **-я** è **-ю**: **неде́ля** → **Я здесь на неде́лю.** *Starò qui per una settimana.*

• **Il dativo plurale**
È facile da formare: se l'ultima consonante del sostantivo è dura la desinenza è **-ам**, se è molle la desinenza è **-ям** (tranne nei casi di incompatibilità ortografica):
По-мо́ему, он о́чень нра́вится свои́м подру́гам. *Secondo me, lui piace molto alle sue amiche.*
Учи́тель вели́т де́тям де́лать дома́шнее зада́ние. *L'insegnante dice ai bambini di fare i compiti per casa.*
Ma attenzione: **ночь** → **ноча́м** (incompatibilità ortografica).

• **Lo strumentale plurale**
La formazione dello strumentale singolare vi è già nota. Anche lo strumentale plurale è semplice: se l'ultima consonante del sostantivo è dura la desinenza è **-ами**, se è molle la desinenza è **-ями** (tranne nei casi di incompatibilità ortografica):
Они́ до́лго говори́ли с ученика́ми и учителя́ми.
Hanno parlato a lungo con gli allievi e con gli insegnanti.
Ma attenzione: **ночь** → **ноча́ми** (incompatibilità ortografica).
Ci sono poi alcuni sostantivi che fanno eccezione e richiedono la desinenza **-ьми**: **Я в кино́ с детьми́.** *Vado al cinema con i bambini.*

Cinquantaseiesima lezione   56

2 La declinazione degli aggettivi al plurale

Abbiamo già esposto nella 49ª lezione lo schema generale della declinazione degli aggettivi al singolare. Vediamo ora gli aggettivi al plurale:
- **Il genitivo** degli aggettivi di declinazione dura si forma con la desinenza **-ых** e di quelli di declinazione molle con la desinenza **-их**.
- **L'accusativo** degli aggettivi che si riferiscono a nomi animati al plurale è identico al genitivo, mentre l'accusativo degli aggettivi che si riferiscono a nomi inanimati è identico al nominativo.
- Le desinenze del **dativo** plurale sono **-ым** per gli aggettivi di declinazione dura e **-им** per gli aggettivi di declinazione molle.
- Per quanto riguarda lo **strumentale**, le desinenze sono **-ыми** e **-ими** per gli aggettivi di declinazione dura e molle rispettivamente.
- Infine, per il **prepositivo**, abbiamo la desinenza **-ых** per gli aggettivi di declinazione dura e **-их** per quelli di declinazione molle.

Ecco lo schema riassuntivo. Prendiamo come esempi gli aggettivi seguenti:
- <u>aggettivo di declinazione dura</u>: **бéдный, -ая, -ое**, *povero*
- <u>aggettivo di declinazione molle</u>: **синий, -яя, -ее**, *blu*

Plurale (per tutti i generi)		
Nominativo	бéдные	синие
Genitivo	бéдных	синих
Dativo	бéдным	синим
Accusativo	N o G *	
Strumentale	бéдными	синими
Prepositivo	бéдных	синих

* Identico al nominativo se si riferisce a nomi inanimati (oggetti), identico al genitivo se si riferisce a nomi animati.

Come potete constatare, le desinenze degli aggettivi di declinazione dura e molle sono quasi identiche (cambia solo la vocale: ы/и).

3 La declinazione degli aggettivi e dei pronomi dimostrativi

Completiamo anche il quadro della declinazione per gli aggettivi e i pronomi dimostrativi:

• All'**accusativo** il maschile singolare e il plurale di tutti i generi hanno una forma identica a quella del nominativo se si riferiscono a nomi inanimati, mentre se si riferiscono a nomi animati hanno la stessa forma del genitivo:
Я вижу э́тот стол, э́того учи́теля и э́тих ученико́в.
Vedo questa tavola, quest'insegnante e questi allievi.
L'accusativo neutro è identico al nominativo, mentre l'accusativo femminile prende la desinenza **-у**:
Учи́тель объясня́ет э́то пра́вило и э́ту теоре́му.
L'insegnante spiega questa regola e questo teorema.

• Quanto allo **strumentale**, somiglia molto a quello degli altri aggettivi: la desinenza del maschile, del neutro e del plurale di tutti i generi è identica a quella degli aggettivi di declinazione molle, mentre la desinenza del femminile è identica a quella degli aggettivi di declinazione dura:
Она́ пи́шет э́тим карандашо́м, а я э́той ру́чкой.
Lei scrive con questa matita e io con questa penna.
Они́ пи́шут э́тими карандаша́ми.
Loro scrivono con queste matite.

	Maschile, neutro	femminile	plurale
Nominativo	э́тот, э́то	э́та	э́ти
Genitivo	э́того	э́той	э́тих
Dativo	э́тому	э́той	э́тим
Accusativo	N o G	э́ту	N o G
Strumentale	э́тим	э́той	э́тими
Prepositivo	э́том	э́той	э́тих

4 La particella *-то*

È arrivato il momento di ripassare la particella **-то** che, aggiunta ad alcuni pronomi e avverbi, permette di ottenere dei pronomi indefiniti o locuzioni da usare per "restare sul vago" quando chi parla non ne sa di più:

когда́, *quando* → **когда́-то**, *un tempo*, *una volta* (al passato);
где, *dove* (senza movimento) → **где́-то**, *da qualche parte* (senza movimento);
куда́, *dove* (con movimento) → **куда́-то**, *da qualche parte* (con movimento);
кто, *chi* → **кто́-то**, *qualcuno*;
что, *che cosa* → **что́-то**, *qualcosa*, ecc.

5 Il concetto di assenza al presente e al passato

Per esprimere l'assenza di una persona o di un oggetto si usa:
• **al presente**, l'avverbio **нет** seguito da un genitivo:
Его́ нет. *Lui non c'è.*
Нет воды́. *Non c'è acqua.*
• **al passato**, la particella **не** seguito dal passato neutro del verbo *essere*, **быть**:
Его́ не́ было. *Lui non c'era.*
У неё не́ было воды́. *Lei non aveva acqua.*
Не́ было воды́. *Non c'era acqua.*
Notate che in **не́ было** l'accento cade sempre sulla particella **не**.

6 Verbi di moto

Abbiamo cominciato a parlare dei verbi di moto nella 3ª nota della 44ª lezione (che vi invitiamo a rileggere), in cui abbiamo accennato all'esistenza di ben 14 coppie di verbi di questo tipo. Ciascuna di queste coppie indica un mezzo di trasporto (auto, aereo, a piedi, ecc.) o una modalità di movimento (strisciando, nuotando, ecc.) e tutti questi verbi sono imperfettivi, ma dispongono comunque di un loro perfettivo. Avete già incontrato **идти́** (imperfettivo), **пойти́** (perfettivo), *andare a piedi*; **е́здить** (imperfettivo), *andare con un mezzo*; **приходи́ть** (imperfettivo), **прийти́** (perfettivo), *arrivare a piedi* e altri. Per il momento ci fermiamo qui e ci limiteremo a fornirvi la coniugazione di **е́здить** nella prossima pagina.

7 *стоя́ть*, stare in piedi

Il verbo **стоя́ть**, *stare in piedi*, *stare fermo*, si coniuga come i verbi regolari della seconda coniugazione: **я стою́, ты стои́шь, он стои́т, мы стои́м, вы стои́те, они́ стоя́т**. Fate attenzione all'accento tonico, perché c'è un altro verbo che ha la stessa forma al presente: si tratta del verbo **сто́ить**, *costare* (30ª lezione): **сто́ит** (3ª persona singolare).

8 Verbi imperfettivi e perfettivi

Conoscete già la distinzione tra verbi imperfettivi e perfettivi. In alcuni casi, il perfettivo si distingue dall'imperfettivo solo per la presenza di un prefisso; in altri il perfettivo è totalmente differente dall'imperfettivo. Osservate gli esempi riportati qui di seguito e leggeteli due o tre volte ad alta voce per assimilarli:

- *bere*: **пить** (imperfettivo): **я пью, ты пьёшь, он пьёт, мы пьём, вы пьёте, они́ пьют** (presente); **вы́пить** (perfettivo): **я вы́пью, ты вы́пьешь, он вы́пьет, мы вы́пьем, вы вы́пьете, они́ вы́пьют** (futuro);
- *mangiare*: **есть** (imperfettivo): **я ем, ты ешь, он ест, мы еди́м, вы еди́те, они́ едя́т** (presente); **съесть** (perfettivo): **я съем, ты съешь, он съест, мы съеди́м, вы съеди́те, они́ съедя́т** (futuro);
- *parlare/dire*: **говори́ть** (imperfettivo): **я говорю́, ты говори́шь, он говори́т, мы говори́м, вы говори́те, они́ говоря́т** (presente); **сказа́ть** (perfettivo): **я скажу́, ты ска́жешь, он ска́жет, мы ска́жем, вы ска́жете, они́ ска́жут** (futuro).

9 Alternanze consonantiche

Avete già visto diversi verbi in cui una consonante si alterna con un'altra nell'ambito della propria coniugazione. Questo fenomeno si chiama alternanza consonantica e può riguardare, come vedremo, solo la 1ª persona singolare, la 1ª singolare e la 3ª plurale oppure tutte le voci del presente (e in tal caso si avrà alternanza consonantica rispetto all'infinito del verbo). Vi sembra difficile? Qualche esempio chiarirà il concetto: nel verbo **е́здить** (imperfettivo), *andare con un mezzo di trasporto.*, la **д** diventa **ж** solo alla 1ª persona singolare: **я е́зжу, ты е́здишь, он е́здит, мы е́здим, вы е́здите, они́ е́здят**.

Per i verbi in **-чь**, **чь** diventa **г** alla 1ª persona singolare e alla 3ª plurale, mentre nelle altre voci del presente diventa **ж** (talvolta si ha invece l'alternanza **к/ч**):
- **бере́чь**, *conservare*: **я берегу́, ты бережёшь, он бережёт, мы бережём, вы бережёте, они́ берегу́т**.
- **мочь**, *potere*: **я могу́, ты мо́жешь, он мо́жет, мы мо́жем, вы мо́жете, они́ мо́гут**. Fate inoltre attenzione allo spostamento dell'accento tonico.

Nel verbo **писа́ть**, *scrivere*, la consonante **с** diventa **ш** in tutte le persone del presente: **я пишу́, ты пи́шешь, он пи́шет, мы пи́шем, вы пи́шете, они́ пи́шут**. Notate anche in questo caso lo spostamento dell'accento.

10 Il verbo *есть*

Ripassiamo il verbo **есть**, *mangiare*, che è irregolare: **я ем, ты ешь, он ест, мы еди́м, вы еди́те, они́ едя́т** (fate anche qui particolare attenzione alla posizione dell'accento). Imparate a memoria la coniugazione di questo verbo, perché somiglia a un altro molto comune che incontrerete più avanti.

56 Заключительный диалог

1 – Прошлым летом мы были у бабушки на даче.
2   Было так хорошо. Она отлично готовит !
3 – А ты умеешь готовить?
4 – Да, конечно!
5 – Ты готовишь вкусные блюда?
6 – Ну, не знаю… На вкус и цвет товарищей нет!
7 – А мы ездим к бабушке не летом, а зимой, кататься на лыжах.
8 – Мне хотелось бы ездить к ней всё время: зимой, весной, летом и осенью!
9 – Ой! Извини, мне надо в офис: совещание уже началось!
10 – Ты всегда куда-то спешишь…
11 – Что делать? Работа есть работа!

Traduzione

1 L'estate scorsa siamo stati nella dacia della nonna. **2** Si stava così bene. Lei cucina splendidamente! **3** E tu sai cucinare? **4** Sì, certo! **5** Cucini piatti gustosi? **6** Beh, non so… I gusti sono gusti! **7** Noi invece andiamo dalla nonna non d'estate, ma d'inverno, [per] sciare. **8** Mi piacerebbe andare sempre da lei: d'inverno, in primavera, d'estate e in autunno! **9** Oh! Scusa, devo andare in ufficio: la riunione è già cominciata! **10** Sei sempre di fretta… **11** Che [ci posso] fare? Il lavoro è lavoro!

Seconda ondata: settima lezione

57 Пятьдеся́т седьмо́й уро́к

Сбо́ры

1 По́сле двух ① часо́в сбо́ров
2 же́нщина спра́шивает своего́ му́жа ②:
3 – Дорого́й, како́е пла́тье мне наде́ть?
4 Э́то и́ли то ③?
5 – Да они́ вро́де ④ о́ба ⑤ ничего́.

Osservazioni sulla pronuncia
Titolo: сбо́ры *zbory*
1 часо́в *čisof* 2 своего́ *sva^{je}vo* 4 и́ли то́ *ilito*

Note

① **двух** è il genitivo di **два**. Nel capitolo 3 della 21ª lezione abbiamo visto che dopo i numeri cardinali **два**, **три**, **четы́ре** bisogna usare il genitivo singolare, ma questa norma va applicata quando questi numeri sono al nominativo o all'accusativo. Se sono declinati a un altro caso, i sostantivi cui si riferiscono saranno anch'essi declinati allo stesso caso:
я съел два (accusativo) **бана́на** (genitivo singolare), *ho mangiato due banane*, ma **по́сле двух** (genitivo; *due* è naturalmente un plurale) **часо́в** (genitivo plurale) **сбо́ров**, *dopo due ore di preparativi*. Per una spiegazione esaustiva sui numeri cardinali si veda alla 69ª lezione.

② **спра́шивать**, *chiedere (per sapere)*, *domandare*, regge l'accusativo, mentre in italiano i verbi *chiedere* e *domandare* richiedono un complemento di termine (che corrisponderebbe in russo al caso dativo). Confrontate:
Учи́тель спра́шивает ученико́в, где А́нглия.
L'insegnante chiede agli allievi dov'è l'Inghilterra.

Cinquantasettesima lezione 57

Preparativi

1 Dopo due ore di preparativi
2 una donna chiede al *(proprio)* marito:
3 – caro, quale vestito mi metto?
4 Questo o quello?
5 – Mmm… mi sembra che tutti e due non siano niente male…

▶ ③ **это** e **то** sono forme neutre all'accusativo degli aggettivi dimostrativi **этот**, *questo* e **тот**, *quello*. La loro declinazione è pressoché identica:
– **Какого платья у тебя нет? – Ни этого ни того!**
– *Qual è l'abito che non hai? – Né questo né quello!*
Troverete la declinazione completa dei dimostrativi nella prossima lezione di ripasso.

④ **вроде**, lett. *come, simile* è un termine tipico della lingua parlata, talvolta seguito dalla particella **бы**. Fate attenzione al suo significato perché non ha un equivalente italiano univoco:
Она вроде тебя, очень хорошая подруга.
È un'ottima amica, come te (Lei come te, molto buona amica).
Он вроде (бы) не богатый.
Non sembra che sia ricco.
Вы вроде в Москве живёте?
Mi sembra che Lei abiti a Mosca, vero?

⑤ **оба**, *entrambi, tutti e due*, si usa sia coi nomi animati che con quelli inanimati. Si declina e ha una forma al femminile come in italiano (**обе**, *entrambe, tutte e due*). Il nome cui si riferisce va al genitivo singolare:
Не могу выбрать, поэтому куплю оба свитера.
Non so quale scegliere, perciò comprerò tutti e due i maglioni.

57
6 – Ничего ⑥?
7 Я не хочу вы́глядеть "вроде ничего".
8 Я хочу вы́глядеть потряса́юще ⑦!
9 – Тогда́ наде́нь ⑧ сра́зу о́ба.
10 Бу́дет потряса́юще ⑨!

Note

⑥ Come sapete, il primo significato di **ничего́** è *niente*, ma si usa anche per dire *non male, niente male*, nel linguaggio colloquiale.
– **Как дела́? – Ничего́.** – *Come va? – Non male.*

⑦ **вы́глядеть потряса́юще**, *sembrare (avere un aspetto) straordinario*: **потряса́юще** è un aggettivo neutro di forma breve che è divenuto un avverbio. Nella lingua parlata significa *straordinario, splendido, sbalorditivo*.

⑧ **наде́нь** è l'imperativo del verbo perfettivo **наде́ть**, *mettere, indossare*.

⑨ Qui abbiamo una struttura impersonale al futuro composta da **бу́дет**, 3ª persona singolare del futuro di **быть**, *essere*, e da un aggettivo neutro di forma breve. Questo tipo di strutture, ricordiamolo, possono reggere il dativo:
Там нам бу́дет хорошо́. *Lì staremo bene.*

***

Упражнение 1 – Чита́йте и переводи́те

❶ – Наде́нь э́тот костю́м и си́ний галстук. – Э́тот и́ли тот? ❷ Я иду́ в теа́тр и хочу́ вы́глядеть потряса́юще. ❸ Наде́нь бе́лую ку́ртку и си́ние джи́нсы! ❹ Она́ постоя́нно спра́шивает своего́ му́жа, что ей наде́ть. ❺ – Кто из них ваш сын? – О́ба!

6 – Niente male?
7 Io non voglio sembrare [solo] "niente male"!
8 Io voglio essere *(apparire)* straordinaria!
9 – Allora mettili tutti e due insieme.
10 Sarà straordinario!

***

Soluzione dell'esercizio 1
❶ – Metti questo completo e la cravatta blu. – Questa o quella? ❷ Vado a teatro e voglio avere un aspetto straordinario. ❸ Metti il giubbotto bianco e i jeans blu! ❹ Chiede continuamente a suo marito cosa deve mettersi. ❺ – Chi di loro è Suo figlio? – Tutti e due!

Упражнение 2 – Восстановите текст

❶ – Quale ragazzo ti piace di più? – Sono tutti e due niente male…
– ..... парень нравится .... больше?
– Они ... ничего…

❷ Caro, andiamo a questa festa, *(là)* sarà davvero *(semplicemente)* meraviglioso!
......., пойдём на эту вечеринку, там ..... просто ....!

❸ Dopo due ore di preparativi non sai quale abito metterti?
После двух ..... сборов ты не ......, какое платье ......?

---

58   Пятьдеся́т восьмо́й уро́к

Вор

1   В суде́:
2 – Вы утвержда́ете, что вы не зна́ете,
3   как э́тот кошелёк оказа́лся ① в ва́шем карма́не?
4 – Соверше́нно ве́рно.

Note

① Oggi vedremo come si forma il passato dei verbi pronominali e di quelli riflessivi: al posto del suffisso dell'infinito **-ться** si mette **-лся** per il maschile, **-лась** per il femminile, **-лось** per il neutro e **-лись** per il plurale: in altre parole si prendono le comuni desinenze del passato e a quella del maschile si aggiunge **-ся**, mentre a quelle del femminile, del neutro e del plurale si aggiunge **-сь**. Ricordate che alcuni verbi pronominali russi corrispondono a ▶

❹ – Ciao, [oggi] sei splendida! – Grazie.
 – Привет, ты .... потрясающе!
 – Спасибо.

❺ Tutti e due gli abiti sono molto belli.
 ... . очень красивые.

Soluzione dell'esercizio 2
❶ Какой – тебе – оба – ❷ Дорогой – будет – потрясающе ❸ – часов – знаешь – надеть ❹ – выглядишь – ❺ Оба платья –

Seconda ondata: ottava lezione

Cinquantottesima lezione 58

Un ladro

1 In tribunale:
2 – Lei afferma di non sapere *(Voi affermate che voi non sapete)*
3 come questo portafoglio sia potuto finire *(capitò)* nella Sua tasca?
4 – Esattamente *(Completamente giusto)*.

▸ verbi italiani intransitivi: **смея́ться** (imperfettivo), *ridere*; **нра́виться** (imperfettivo), *piacere*, ecc.
Он оказа́лся здесь случа́йно.
È capitato qui per caso.
Так мы оказа́лись в э́той ситуа́ции.
Così siamo finiti in questa situazione.

58

5 – Как вам не сты́дно ②?
6   Здесь сидя́т ③ шесть свиде́телей ④,
7   кото́рые ⑤ ви́дели, как вы укра́ли
8   у э́того господи́на кошелёк.
9 – Ну, и что?
10 Я могу́ привести́ ⑥ ещё сто челове́к,
11 кото́рые э́того ⑦ не ви́дели!

Note

② Ecco un'altra costruzione impersonale formata da un dativo che indica il soggetto logico della frase e da un aggettivo neutro di forma breve:
– **Мне о́чень сты́дно.** – **А мне хорошо́.**
– *Mi vergogno un sacco.* – *Io no.*

③ **сидя́т** è la 3ᵃ persona plurale del verbo imperfettivo **сиде́ть**, *sedere*. Vedremo come si coniuga nella lezione di ripasso.

④ Abbiamo visto che, quando sono declinati al nominativo o all'accusativo, **два**, *due*, **три**, *tre* e **четы́ре**, *quattro* sono seguiti da nomi al genitivo singolare, mentre dopo i numeri da cinque a venti (nella frase in questione abbiamo **шесть**, *sei*), i nomi vanno declinati al genitivo plurale. Il maschile in consonante molle **свиде́тель** fa il genitivo plurale in **-ей**: **шесть свиде́телей**, *sei testimoni*.

⑤ Il pronome relativo **кото́рый** si riferisce a un elemento della frase principale che è anche soggetto o complemento di una frase subordinata che la segue:

***

Упражне́ние 1 – Чита́йте и переводи́те

❶ – Вы журнали́ст? – Соверше́нно ве́рно. ❷ Вы утвержда́ете, что зна́ете э́ту же́нщину. ❸ – Я уве́рен, что вы уже́ ви́дели э́того господи́на. – Ну, и что? ❹ – Како́й краси́вый кошелёк! – Э́то пода́рок па́пы. ❺ Я могу́ привести́ к вам мои́х друзе́й.

5	–	Non si vergogna *(Come a voi non vergognoso)*?
6		Qui ci sono *(siedono)* sei testimoni
7		che L'hanno vista mentre rubava *(hanno visto come voi rubaste)*
8		il portafoglio a questo signore.
9	–	E con questo *(Beh, e cosa)*?
10		Io posso portare altri cento testimoni *(ancora cento persone)*
11		che non [mi] hanno visto *(di questo non videro)*!

▸ **Стол, кото́рый я купи́ла**…, *Il tavolo che ho comprato…* (qui **кото́рый** è complemento oggetto);
Стол, кото́рый стои́т в ко́мнате…, *Il tavolo che si trova nella stanza …* (qui **кото́рый** è soggetto).
Conoscete già altri pronomi relativi:
Я не зна́ю, кто они́.
Non so chi siano.
Па́па сказа́л, что ку́пит на Но́вый год.
Papà ha detto cosa comprerà per capodanno.

⑥ Ai verbi di moto appartiene anche il verbo perfettivo **привести́**, *arrivare portando, portare (a destinazione)*, composto dal verbo imperfettivo **вести́**, *condurre (a piedi)* e dal prefisso **при**, che generalmente indica arrivo da parte del soggetto:
Они́ привели́ всех друзе́й. *Hanno portato tutti i loro amici.*

⑦ Nelle frasi negative il complemento oggetto è declinato al genitivo quando indica una cosa astratta: **Я э́того не знал**, *Questo non lo sapevo.*

***

Soluzione dell'esercizio 1

❶ – Lei è un giornalista? – Esattamente. ❷ Lei afferma di conoscere questa donna. ❸ – Sono sicuro che Lei ha già visto questo signore. – E con questo? ❹ – Che bel portafoglio! – È un regalo di papà. ❺ Posso portare da voi i miei amici.

59   Упражнение 2 – Восстановите текст

❶ Questi sono i bambini che hanno visto il ladro.
   Это дети, ... видели . . . . .

❷ Ma come è capitato qui?
   Но как он . . . . здесь?

❸ – Hai una tasca? – Sì, [ne ho] due.
   – У тебя есть . . . . . . ? – Да, ...

❹ – Tu affermi di aver visto *(là)* cento persone? – Esattamente.
   – Ты . . . . , что видел там . . . человек? – Совершенно . . . . . .

❺ – Non si vergogna? – Io no e Lei?
   – . . . не стыдно? – Мне не . . . . . . , а вам?

---

59   Пятьдеся́т девя́тый уро́к

Разу́мное реше́ние

1   Разгова́ривают две ① подру́ги.
2   Одна́ не́рвно ку́рит одну́ сигаре́ту за ② друго́й.

Note

① Il numero cardinale **два**, *due*, ha una forma al femminile (**две**), mentre il neutro è identico al maschile: **два за́втрака**, *due colazioni*; **два окна́**, *due finestre*; **две но́чи**, *due notti*.

② La preposizione **за**, quando è usata nel senso di *dopo*, vuole lo strumentale:
Сра́зу за бра́том пришла́ ба́бушка.
Subito dopo [mio] fratello è arrivata la nonna.

Soluzione dell'esercizio 2   59

❶ – которые – вора ❷ – оказался – ❸ – карман – два
❹ – утверждаешь – сто – верно ❺ Вам – стыдно –

Я могу привести к вам моих друзей.

Seconda ondata: nona lezione

Cinquantanovesima lezione   59

Una decisione sensata *(ragionevole)*

1 Due amiche stanno chiacchierando
  (Conversano due amiche).
2 Una fuma nervosamente una sigaretta dopo
  l'altra.

Разумное решение.

3 Её подруга спрашивает:
4 – Надя, почему ты так часто куришь ?
5 – Да вот ③, волнуюсь, переживаю ④…
6 – За что?
7 – Да за здоровье своё ⑤ переживаю…
8 – Если ты так переживаешь за ⑥ своё здоровье,
9 сначала брось ⑦ курить !

Note

③ Avete già visto l'espressione **да нет**, *ma no*, tipica della lingua parlata. Eccone un'altra: **да вот** (*ecco, il fatto è che…* oppure *vedi*).

④ **волнуюсь** è la 1ª persona singolare del verbo imperfettivo **волноваться**, *agitarsi*, e **переживаю** è la 1ª persona singolare del verbo imperfettivo **переживать**, *preoccuparsi, stare in pena*.

⑤ Nel 3° punto della 35ª lezione abbiamo già accennato all'aggettivo possessivo **свой**, che si utilizza per indicare che il possessore è il soggetto della frase (sia esso di 1ª, 2ª o 3ª persona): **своё** è l'accusativo neutro. Al nominativo, normalmente, non si usa perché il possessore non può coincidere con l'oggetto del possesso:
Виктор очень любит <u>своего</u> брата. *Viktor vuole molto bene al proprio fratello* (qui si parla del fratello di Viktor).

***

Упражнение 1 – Читайте и переводите

❶ За что ты так переживаешь? ❷ Это очень разумное решение. ❸ – Ты их знаешь? – Да, они – подруги моей сестры. ❹ Сначала брось курить, а потом будем разговаривать! ❺ – А он курит? – Да, очень много!

3   La sua amica [le] domanda:
4 – Nadja, perché fumi così tanto *(spesso)*?
5 – Ecco, il fatto è che *(Sì ecco)* sono agitata, in pena…
6 – Per cosa?
7 – Beh, mi preoccupo per la mia salute *(per salute propria)*…
8 – Se ti preoccupi così per la tua salute,
9   comincia innanzitutto a smettere *(prima di tutto smetti)* di fumare!

▸ **Ви́ктор о́чень лю́бит <u>его́</u> бра́та.** *Viktor vuole molto bene a suo fratello* (qui si parla del fratello di un altro).
Его́ брат мно́го ест. *Suo fratello mangia molto* (qui il soggetto è il fratello).
L'aggettivo **свой** si declina come **твой**, *tuo*. Ne vedremo la declinazione più avanti.

⑥ Dopo **пережива́ть за**, *preoccuparsi per, stare in pena per*, ci vuole l'accusativo:
Они́ так пережива́ют за свои́х друзе́й.
Si preoccupano tanto per i propri amici.

⑦ **брось** è l'imperativo del verbo perfettivo **бро́сить**, *gettare*. La costruzione **бро́сить** + verbo imperfettivo all'infinito corrisponde all'italiano *smettere di* + verbo:
Он совсе́м бро́сил пить во́дку.
Ha smesso completamente di bere vodka.

***

Soluzione dell'esercizio 1

❶ Perché ti preoccupi tanto? ❷ È una decisione molto sensata. ❸ – Le conosci? – Sì, sono amiche di mia sorella. ❹ Prima di tutto smetti di fumare, poi parleremo! ❺ – Ma lui fuma? – Sì, moltissimo!

Упражнение 2 – Восстановите текст

❶ Mi domandano spesso come sta Lei.
Они часто . . . . меня, как вы.

❷ Mi preoccupo per la salute della nonna.
Я . . . . за . . . . бабушки.

❸ – Perché fuma così tanto? – È preoccupato per il suo esame.
– Почему он так много . . . . . ? – Он переживает . . свой экзамен.

❹ Non agitarti: non sei ancora in ritardo!
Не . . . . . . : ты ещё не . . . . !

❺ Legge un libro dopo l'altro.
Он . . . . книгу за другой.

---

60 Шестидеся́тый уро́к

Диле́мма

1 У одного́ ① челове́ка бессо́нница.
2 Он лежи́т ② и ду́мает:

Osservazioni sulla pronuncia
1 одного́ *adnavo*

Note

① La preposizione **у**, come sapete, richiede l'uso del genitivo: dunque **одного́** è il genitivo di **оди́н**, *uno*.

② Avete già visto i verbi di posizione **стоя́ть**, *stare in piedi* e **сиде́ть**, *sedere*, cui aggiungiamo adesso anche **лежа́ть** (imperfettivo), *giacere, essere sdraiato* (**лежи́т** è la 3ª persona singolare). Questi verbi sono importanti perché in russo oc- ▸

Soluzione dell'esercizio 2

❶ – спрашивают – ❷ – переживаю – здоровье – ❸ – курит – за – ❹ – волнуйся – опоздал ❺ – читает одну –

Seconda ondata: decima lezione

Sessantesima lezione 60

Il dilemma

1 Un uomo soffre d'insonnia *(Presso di una persona insonnia)*.
2 È a letto *(Lui giace)* e pensa:

▸ corre precisare se chi occupa uno spazio si trova in posizione verticale (diritto, in piedi), in posizione orizzontale (sdraiato, disteso), sospeso, ecc. Qualche esempio:
Книга лежит на столе.
Il libro è sul tavolo (si trova in posizione orizzontale).
Книга стоит на полке.
Il libro è sullo scaffale (si trova in posizione verticale).

двести семьдесят четыре • 274

3 – Есть Бог **и**ли нет?
4 Как бы л**ю**ди ③ ж**и**ли без ④ Б**о**га?
5 Хот**я** я л**и**чно в нег**о** не в**е**рю ⑤…
6 **И**ли всё-таки есть?
7 К**а**ждому челов**е**ку нужн**а** в**е**ра ⑥!
8 **И**ли всё-таки нет?
9 **И**ли есть?
…
10 Вдруг сл**ы**шит св**е**рху раздражённый г**о**лос:
11 – Нет мен**я**, нет!
12 Сп**и** и не меш**а**й ⑦ друг**и**м!!!

3 Бог *boH*
6, 8 всё-таки *fsjotaki*

Note

③ **л**ю́**ди**, *gente*, è il plurale irregolare di **челов**е́**к**, che può significare sia *persona* che *uomo*. Troverete la declinazione completa di questo sostantivo nella prossima lezione di ripasso.

④ Ricordate che la preposizione **без**, *senza*, vuole il genitivo: **Мы идём в кино́ без ни́х.** *Andiamo al cinema senza di loro.*

⑤ **в**е́**рить в**, *credere in*, va seguito dal caso accusativo:
Я ве́**рю в теб**я́**!** *Io credo in te!*
Они́ не ве́**рят в Б**о́**га.** *Loro non credono in Dio.*
Quando è seguito dal dativo (in tal caso non c'è la preposizione **в**), invece, questo verbo significa *credere a qualcuno*:
– **Ты в**е́**ришь мне? – Коне́чно, я теб**е́ **в**е́**рю. – Спаси́бо, друг!**
– *Mi credi? – Certo che ti credo. – Grazie, amico mio!*

⑥ Costruzioni impersonali molto frequenti come **Челов**е́**ку нужн**а́ **в**е́**ра**, *L'uomo ha bisogno di credere*, non vi sono certamente nuove, ormai: il nome al dativo (**челов**е́**ку**, *all'uomo*) corrisponde al soggetto della frase italiana, mentre l'aggettivo di forma breve **н**у́**жно**, che concorda nel genere e nel numero ▸

3 – Dio esiste *(C'è Dio)* oppure no?
4 Come potrebbe vivere la gente senza Dio *(Come la gente vivrebbe senza Dio)*?
5 Anche se, personalmente, non ci credo…
6 E se invece esistesse *(O tuttavia c'è)*?
7 Ogni uomo ha bisogno di credere *(A ogni uomo necessaria fede)*!
8 E se invece non esistesse?
9 E se esistesse?
…
10 All'improvviso si sente dall'alto una voce irata:
11 – No, io non esisto *(Non c'è di me, no)*!
12 Dormi e non disturbare gli altri!!!

▸ col sostantivo al nominativo, corrisponde al verbo *avere bisogno*. Il soggetto della frase russa (**ве́ра**, letteralmente *fede*), infine, è il complemento del verbo nella frase italiana:
Моему́ бра́ту ну́жен телеви́зор.
Mio fratello ha bisogno di un televisore.
Его́ друзья́м ну́жно значе́ние э́того сло́ва.
I suoi amici hanno bisogno di sapere il significato di questa parola.
Мне нужны́ но́вые брю́ки. *Ho bisogno di un paio di pantaloni nuovi.*
Notate che, al posto del soggetto, in russo si può usare un verbo, e in tal caso l'aggettivo di forma breve sarà al neutro singolare:
Мне на́до бо́льше спать. *Ho bisogno di dormire di più.*

⑦ Il verbo imperfettivo **меша́ть**, quando è seguito dal caso dativo, può significare *impedire* o *disturbare, dare fastidio*:
Он меша́ет вам? *Vi dà fastidio?*
Де́ти меша́ют па́пе чита́ть.
I bambini non lasciano leggere papà (lett. *impediscono a papà di leggere*).

60 Упражнение 1 – Читайте и переводите

❶ Папа, скажи, есть Бог или нет? ❷ Почему у тебя такой раздражённый голос? ❸ Каждому человеку хочется хорошо жить. ❹ – Алло, Таня? – Нет, это не Таня. Её нет. А кто говорит? ❺ Как можно жить без веры?

Упражнение 2 – Восстановите текст

❶ Credi in Dio? Personalmente io no.
Ты . . . . . . в Бога? . . . . . я – нет.

❷ – [Anche se] non vuoi dormire, non disturbare gli altri!
– Не хочешь . . . . . , не мешай . . . . . . !

❸ Come farebbe questa gente a capirlo senza di lui?
Как бы эти . . . . поняли это без него?

❹ Sono arrivati lo stesso in ritardo alla riunione.
Они . . . - . . . . опоздали на . . . .

❺ – Voglio uscire, ma non so dove [andare]: a teatro o al cinema...
– Questo è *(Ecco)* il dilemma!
– . . . . пойти, но не знаю, ... : в театр или в кино... – Вот . . . . !

Vi sembra di trovarvi in difficoltà con le declinazioni? Non preoccupatevi: il segreto del successo è sempre la pratica, che vi permetterà di assimilarle con la massima naturalezza. Un piccolo consiglio: rifate di tanto in tanto gli esercizi che vi sono parsi meno facili; vedrete che certi meccanismi si metteranno in moto senza che nemmeno ve ne accorgiate...

Soluzione dell'esercizio 1

❶ Dimmi, papà: Dio esiste oppure no? ❷ Perché hai una voce così irritata? ❸ Tutti vogliono vivere bene. ❹ – Pronto, Tanja? – No, non sono Tanja. Non è in casa. Chi parla? ❺ Come si fa a vivere senza fede?

Soluzione dell'esercizio 2

❶ – веришь – Лично – ❷ – спать – другим ❸ – люди – ❹ – всё-таки – собрание ❺ Хочу – куда – дилемма

Seconda ondata: undicesima lezione

61 Шестьдеся́т пе́рвый уро́к

Совпаде́ние

1 Мужчи́на ло́вит такси́ ①, устра́ивается на за́днем сиде́нии
2 и начина́ет дрема́ть под ② ти́хую прия́тную му́зыку.
3 Через не́которое ③ вре́мя он хо́чет что-то спроси́ть у води́теля ④
4 и хло́пает его́ по плечу́.
5 Води́тель с ди́ким кри́ком ⑤ па́дает в о́бморок;

Osservazioni sulla pronuncia
1 мужчи́на *musshin*[a]
3 через не́которое *čiriznjekat*[a]*ra*[je]

Note

① Il verbo imperfettivo **лови́ть**, *afferrare, acchiappare*, è della 2ª coniugazione. Qui ha naturalmente il senso di *prendere*.

② Notate l'uso della preposizione **под**, letteralmente *sotto*, che può indicare la presenza di un elemento musicale: in tal caso regge l'accusativo e può tradursi *al suono di, al ritmo di, a tempo di* o semplicemente *con*:
Мы танцу́ем под му́зыку. *Balliamo a tempo di musica.*

③ L'aggettivo indefinito **не́который**, *certo, qualche, un po' di*, è qui al neutro. Al plurale (**не́которые**) significa anche *alcuni*.

④ **спра́шивать** (imperfettivo) e **спроси́ть** (perfettivo) appartengono a una classe di verbi che possono reggere più di un caso. Entrambi reggono l'<u>accusativo</u> e il <u>genitivo</u> (con la preposizione **у**):
Он спра́шивает <u>меня́</u>, куда́ я иду́. *Mi chiede dove vado.* ▶

Sessantunesima lezione 61

Una coincidenza

1 Un uomo prende un taxi, si accomoda sul sedile posteriore
2 e comincia a sonnecchiare al suono di *(sotto)* una musica tranquilla e piacevole.
3 Dopo un po' di tempo vuole chiedere qualcosa al conducente
4 e gli dà una piccola pacca *(lo batte)* sulla spalla.
5 Il conducente lancia un grido terribile e sviene *(con un grido selvaggio cade in deliquio)*;

▶ **Спроси́ у него́, куда́ он идёт.** *Chiedigli dove va.*
Il significato è lo stesso, ma per evitare possibili confusioni è bene usare la seconda reggenza quando nella frase è presente anche il complemento oggetto del verbo *chiedere*:
Я спроси́л у него́ а́дрес, *Gli ho chiesto l'indirizzo.*

⑤ Il caso strumentale, quando è preceduto dalla preposizione **с**, corrisponde a un complemento di compagnia:
Хоти́те с на́ми? *Vuole [venire] con noi?*
Там дождь с ве́тром. *Piove e c'è vento* (lett. "Là pioggia con vento").
Lo strumentale si può usare anche in senso figurato per indicare lo stato d'animo o un'azione che accompagna quella principale:
Я де́лаю э́то с удово́льствием! *Lo faccio con piacere!*
С кри́ком он бро́сил свой га́лстук. *Buttò via la sua cravatta con un grido.*

две́сти во́семьдесят • 280

6 машина выезжает ⑥ на обочину.
7 Водитель приходит в себя ⑦,
8 а пассажир в недоумении спрашивает у него:
9 – Что с вами?
10 – Простите, пожалуйста!
11 Последние десять лет я водил ⑧ катафалк…

6 выезжа́ет *vyizžaⁱet*

Note

⑥ **выезжа́ет** è la 3ᵃ persona singolare del verbo imperfettivo **выезжа́ть**, *partire, uscire* (con un mezzo di trasporto).

⑦ **приходи́ть в себя**, *tornare in sé, riaversi, riprendersi*. Mentre in italiano si dice "tornare in sé", in russo si dice letteralmente "arrivare (a piedi) in sé".

⑧ **води́ть** è un verbo di moto pluridirezionale (ricordate questo termine? L'abbiamo incontrato nella 44ᵃ lezione e indica un movimento che avviene più volte, senza una direzione precisa, oppure un movimento abituale). Significa *portare, condurre (per mano)* oppure *guidare* (un'auto, un tram, ecc.). Come altri verbi che abbiamo già incontrato (**е́здить, ходи́ть**), la radice **вод-** è soggetta ad alternanza consonantica solo alla 1ᵃ persona singolare (**вожу́**). Tutte le altre persone sono regolari (il verbo è della seconda coniugazione) e hanno l'accento sulla prima sillaba.

***

Упражнение 1 – Читайте и переводите

❶ Она очень часто падает в обморок. ❷ Я всегда начинаю дремать под такую тихую музыку. ❸ Водитель хочет что-то у вас спросить. ❹ Когда мы встречаемся, он хлопает меня по плечу. ❺ Этот мужчина всегда ловит здесь такси.

6	l'auto esce di strada *(sul ciglio della strada)*.	**61**
7	Il conducente torna *(arriva)* in sé	
8	e il passeggero, perplesso *(in perplessità)*, gli chiede:	
9	– Che cosa Le è successo *(Cosa con voi)*?	
10	– [Mi] scusi *(per favore)*!	
11	Negli ultimi dieci anni ho guidato un carro funebre…	

***

Soluzione dell'esercizio 1

❶ Lei sviene molto spesso. ❷ Comincio sempre a sonnecchiare con una musica così tranquilla. ❸ Il conducente vuole chiederLe qualcosa. ❹ Quando ci incontriamo mi dà una pacca sulla spalla. ❺ Quest'uomo prende sempre il taxi qui.

Упражнение 2 – Восстановите текст

❶ Che cosa Le è successo? Ha una voce così irritata!
Что с . . . . ? У . . . такой раздражённый . . . . . !

❷ Che coincidenza: anche Lei parte domani!
Какое . . . . : вы тоже . . . . завтра!

❸ Negli ultimi dieci anni abbiamo vissuto a Mosca.
Последние десять . . . мы . . . . в Москве.

❹ – Da dove vengono queste grida selvagge? – Io non sento niente…
– . . . . . . эти дикие . . . . . ? – Я ничего не . . . .

❺ Sono perplesso: non so nemmeno come lui sia capitato qui!
Я в . . . . : даже не . . . . , . . . он здесь оказался!

---

62 Шестьдеся́т второ́й уро́к

Це́нная по́мощь

1 Но́вый ру́сский ви́дит на доро́ге маши́ну ①,

Note

① Di solito il complemento oggetto segue immediatamente il verbo che lo regge, ma se vogliamo conferirgli maggiore enfasi possiamo allontanarlo dal verbo collocandolo alla fine della proposizione, perché l'ultima parola di una frase è quella messa maggiormente in rilievo. Osservate gli esempi:
Он ви́дел на доро́ге маши́ну. *Ha visto in mezzo alla strada un'auto* (e non una moto).
Мы ви́дели маши́ну на доро́ге. *Abbiamo visto un'auto in mezzo alla strada* (e non nel garage).

Soluzione dell'esercizio 2

❶ – вами – вас – голос ❷ – совпадение – выезжаете – ❸ – лет – жили – ❹ Откуда – крики – слышу ❺ – недоумении – знаю – как –

Ricordate che in russo i verbi regolari sono suddivisi in due coniugazioni, compresi quelli la cui radice è soggetta ad alternanza consonantica. Consultate l'appendice grammaticale per vedere come si coniugano: le regole vi diverranno presto familiari. Solo un consiglio: fate molta attenzione fin da subito alla posizione dell'accento tonico!

Seconda ondata: dodicesima lezione

Sessantaduesima lezione 62

Un aiuto prezioso

1   Un nuovo russo vede in mezzo alla *(sulla)* strada un'auto

▸ Tuttavia questo discorso vale per la lingua scritta. Nel parlato il complemento oggetto può anche trovarsi all'inizio della frase, fenomeno che avviene anche in italiano:
– **Где ты видела машину? – Машину я видела на дороге.**
– *Dove hai visto l'auto? – (L'auto,) l'ho vista in mezzo alla strada.*
Almeno per il momento, però, potete tranquillamente attenervi all'ordine di parole consueto.

62

2 а рядом человека в панике.
3 — Что случилось ②?
4 — Да вот, везу́ пингви́нов ③ в зоопа́рк,
5 а у меня́, как назло́ ④, холоди́льник в маши́не слома́лся.
6 — Дава́й я тебе́ помогу́ их довезти́ ⑤,
7 у меня́ в джи́пе тако́й кондиционе́р!
8 — Ну, спаси́бо! Вы́ручил ⑥!
9 Но́вый ру́сский уе́хал.
10 Че́рез не́которое вре́мя мужчи́на в у́жасе ⑦ ви́дит,

Note

② Nella domanda **что случи́лось?** il verbo concorda con **что** ed è pertanto al neutro.

③ Notate che **пингви́нов** è un nome animato, perciò il suo accusativo coincide col genitivo.

④ L'avverbio **назло́**, *apposta, per dispetto*, può essere seguito dal dativo:
Ты э́то де́лаешь назло́ мне. *Me l'hai fatto apposta?*
Как назло́, они́ всё по́няли. *Neanche a farlo apposta, hanno capito tutto* (il fatto è negativo per chi parla).

⑤ **везу́** (frase 4) è la 1ª persona singolare del verbo imperfettivo **везти́**, *trasportare, accompagnare* (con un veicolo, ma non a piedi), mentre **довезти́** è un perfettivo e significa *portare a destinazione* (sempre con un veicolo). La loro coniugazione è identica; l'unica differenza è costituita dal prefisso **до-** del perfettivo (vedi la prossima lezione di ripasso).

⑥ **вы́ручил** è la 3ª persona singolare del passato del verbo perfettivo **вы́ручить**, *dare una mano, aiutare, togliere dai guai*. Questo verbo regge l'accusativo:
Вчера́ наш сосе́д вы́ручил па́пу.
Ieri il nostro vicino ha aiutato papà.

2 e, a fianco, un uomo in preda al panico.
3 – Cos'è successo?
4 – Beh, ecco, sto portando dei pinguini allo zoo
5 e neanche a farlo apposta *(come per dispetto)*, mi si è rotto l'impianto refrigerante *(frigorifero)* in macchina.
6 – Forza, ce li porto io *(Dai io ti aiuto a portarli)*,
7 sulla jeep ho un *(tale)* climatizzatore [che è una meraviglia]!
8 – Oh, grazie! Mi hai tolto dai guai!
9 Il nuovo russo parte *(è partito)*.
10 Dopo un po' *(Fra qualche tempo)* l'uomo vede esterrefatto *(nell'orrore vede)*

▶ ⑦ Abbiamo già incontrato la struttura composta dalla preposizione **с** + strumentale che può esprimere lo stato d'animo che accompagna un'azione: **Я де́лаю э́то с удово́льствием!** *Lo faccio con piacere!* Eccone un'altra: **в** + prepositivo.
Per esempio:
Э́тот челове́к в па́нике / в у́жасе.
Quest'uomo è in preda al panico / terrorizzato.

11 что Новый русский едет обратно ⑧,
12 а из окон ⑨ торчат пингвины с шариками.
13 – Ты что, не отвёз ⑩ их в зоопарк?
14 – Конечно отвёз!
15 Мы были в зоопарке, в Макдональдсе,
16 а сейчас едем в кино!

Note

⑧ **едет** è la 3ª persona singolare del verbo imperfettivo (unidirezionale) **ехать**, *andare* (con un veicolo, non a piedi). Vi ricordate del biglietto di andata e ritorno della 17ª lezione, che si diceva **туда-обратно**? Dunque **ехать обратно** significa *tornare*. Nella lezione di ripasso troverete anche la coniugazione di **ехать**.

⑨ La preposizione **из** è seguita dal genitivo e indica in genere provenienza:
Ты из Москвы?
Sei di Mosca?
Эта книга из библиотеки.
Questo libro [viene] dalla biblioteca.

* * *

Упражнение 1 – Читайте и переводите

❶ Как жарко! А у меня в машине, как назло, сломался кондиционер. ❷ Мы были в зоопарке, а теперь едем к бабушке. ❸ Ты только уехал, а уже едешь обратно! ❹ Смотри, у меня есть шарик с пингвином. ❺ Какая ценная помощь: он отвёз их детей на море!

11 che il nuovo russo sta tornando *(va indietro),*
12 e dai finestrini si sporgono i pinguini con dei palloncini.
13 – Ma come *(Tu cosa)*, non li hai portati allo zoo?
14 – Certo che [ce] li ho portati!
15 Siamo stati allo zoo, [poi] al McDonald's
16 e adesso andiamo al cinema!

▶ ⑩ **отвёз** è il passato al maschile del verbo perfettivo **отвезти́**, *trasportare lontano* (con un veicolo) e appartiene allo stesso tipo di verbi che abbiamo analizzato nella nota 4; avete visto quanti prefissi hanno i verbi russi? Sono molto importanti nella formazione dei verbi di moto e dei verbi in generale e avremo modo di studiarli in seguito. Per il momento ci limiteremo a qualche parola sulla differenza tra **везти́**, **довезти́** e **отвезти́**, che si traducono tutti con *trasportare*, ma ciascuno ha una sfumatura diversa. Il primo, **везти́**, è imperfettivo e descrive l'azione nel suo svolgimento (l'abbiamo infatti tradotto con un gerundio). Gli altri due sono perfettivi e caratterizzati da un prefisso, che di norma ha un significato proprio e perciò modifica quello del verbo. Il prefisso **до-** esprime infatti il completamento di un'azione, il raggiungimento di un limite, mentre il prefisso **от-** indica allontanamento.

***

Soluzione dell'esercizio 1

❶ Che caldo! E in macchina, neanche a farlo apposta, mi si è rotto il climatizzatore. ❷ Siamo stati allo zoo e ora andiamo dalla nonna. ❸ Sei appena partito e sei già di ritorno! ❹ Guarda, ho un palloncino con un pinguino. ❺ Che aiuto prezioso: ha portato i loro bambini al mare!

Упражнение 2 – Восстановите текст

❶ Ma come, non vai all'università?

Ты что, не ..... в университет?

❷ Vede in mezzo alla strada una persona in preda al panico *(su strada persona in panico).*

Она ..... на ..... человека в ....

❸ Un po' di tempo dopo lei ha capito tutto.

..... некоторое ..... она всё ....

❹ Ho comprato del gelato e, neanche a farlo apposta, mi si è rotto il frigorifero.

Я ..... (.) мороженого, а у меня, как ....., сломался ....

❺ Se vuoi, posso portare i bambini a scuola.

.... хочешь, я .... довести ..... до школы.

---

63 Шестьдеся́т тре́тий уро́к

Повторе́ние – Ripasso

1 Le declinazioni

• Il genitivo plurale

Completiamo il quadro del genitivo plurale: abbiamo già visto nella 42ª lezione come si declinano i neutri in **-o** e i femminili, e fin dalla 28ª sapete che i maschili in consonante dura vogliono la desinenza **-ов**, mentre i maschili in **-ь**, **-ж**, **-ч**, **-ш** e **-щ** prendono la desinenza **-ей** al pari di quelli in consonante molle e dei neutri in **-e**. Infine, i maschili in **-й** fanno il genitivo plurale in **-ев**.
Alcuni esempi:

– музе́**й**, *museo* → Здесь нет музе́**ев**. *Qui non ci sono musei.*

– свиде́тел**ь**, *testimone* → шесть свиде́тел**ей**, *sei testimoni.*

– писа́тел**ь**, *scrittore* → Я не зна́ю ру́сских писа́тел**ей**. *Non conosco gli scrittori russi.*

289 • две́сти во́семьдесят де́вять

Soluzione dell'esercizio 2

❶ – идёшь – ❷ – видит – дороге – панике ❸ Через – время – поняла ❹ – купил(а) – назло – холодильник ❺ Если – могу – детей –

*I **нóвые рýсские**, nuovi russi, sono di fatto dei nuovi ricchi. Costituiscono l'oggetto di tante barzellette e, nell'immaginario collettivo, sono piuttosto ottusi, spesso vestiti in maniera vistosa e grossolana e a bordo di un macchinone. Tra le loro caratteristiche immancabili figurano una grossa catena d'oro al collo e voluminosi anelli con diamanti.*

Seconda ondata: tredicesima lezione

Sessantatreesima lezione

– **врач**, *medico* → **Там нет врачéй.** *Là non ci sono medici.*
– **муж**, *marito* → **У неё бы́ло мнóго мужéй.** *Ha avuto molti mariti.*
– **мóре**, *mare* → **Семь морéй**, *sette mari.*
Alcuni nomi maschili hanno un genitivo plurale irregolare: **брат**, *fratello* → **брáтьев**; **вóлос**, *capello* → **волóс**; **друг**, *amico* → **друзéй**.

• Inoltre **человéк** *uomo, persona*, ha un plurale irregolare: **человéк → лю́ди**. Gli altri casi del plurale seguono la declinazione dei nomi in consonante molle: G **людéй**; D **лю́дям**; A **людéй**; S **людьми́**; P **лю́дях**.

2 Gli aggettivi dimostrativi

La declinazione dell'aggettivo dimostrativo э́тот vi è ormai familiare (fatta eccezione per il caso prepositivo). Inoltre, nella 57ª lezione avete fatto conoscenza con l'aggettivo dimostrativo di lontananza тот. Osservate attentamente la tabella:

	Maschile, neutro	Femminile	Plurale
Nominativo	э́тот, э́то / тот, то	э́та / та	э́ти / те
Genitivo	э́того / того́	э́той / той	э́тих / тех
Dativo	э́тому / тому́	э́той / той	э́тим / тем
Accusativo	N o G	э́ту / ту	N o G
Strumentale	э́тим / тем	э́той / той	э́тими / те́ми
Prepositivo	э́том / том	э́той / той	э́тих / тех

Questi due dimostrativi hanno una declinazione molto simile, vero? C'è infatti un'unica differenza: alla и presente nelle desinenze di э́тот si sostituisce la е in quelle di тот.

3 La declinazione dei numeri cardinali *оди́н* e *два*

• Il numero cardinale **оди́н**, già incontrato al genitivo (60ª lezione, frase 1) e al dativo (52ª lezione, frase 2), si declina come il dimostrativo э́тот, alle cui desinenze basta quindi aggiungere la radice **одн-**, facendo naturalmente concordare il numero col sostantivo al quale fa riferimento:

	Maschile, neutro	Femminile	Plurale
Nominativo	оди́н, одно́	одна́	одни́
Genitivo	одного́	одно́й	одни́х
Dativo	одному́	одно́й	одни́м

Accusativo	N o G	одну́	N o G
Strumentale	одни́м	одно́й	одни́ми
Prepositivo	одно́м	одно́й	одни́х

Leggete tutta la declinazione a voce alta, prestando particolare attenzione alla posizione dell'accento tonico.

• Per ora vi diamo solo il nominativo e il genitivo del numero cardinale **два** (dal momento che non avete ancora visto gli altri casi) oltre all'accusativo, che si ricava facilmente conoscendo i due casi precedenti. Tra l'altro notate che l'accusativo corrisponde al nominativo (per i sostantivi inanimati) o al genitivo (per i sostantivi animati) anche quando il nome è femminile: **Я ви́жу двух де́вушек** (sostantivo femminile animato). *Vedo due ragazze.* Questo cardinale concorda nel genere col nome cui si riferisce al nominativo e all'accusativo.

	Maschile, neutro	Femminile
Nominativo	два	две
Genitivo	двух	двух
Accusativo	N o G*	N o G*

* Si usa il nominativo se il sostantivo è inanimato, mentre si usa il genitivo se il sostantivo è animato.
Attenzione: dopo **два** e **две** i nomi vanno al genitivo singolare, ma dopo **двух** il nome va declinato allo stesso caso del numero, come abbiamo visto nell'esempio prima della tabella.

4 Le preposizioni

• La preposizione **без**, *senza*, è seguita dal genitivo:
Я не хочу́ де́лать э́ту рабо́ту без тебя́.
Non voglio fare questo lavoro senza di te.

• La preposizione **в** seguita dal prepositivo per indicare il luogo in cui avviene l'azione (in assenza di movimento) non è certamente una novità per voi; sappiate che può esprimere anche lo stato d'animo di una persona, l'agitazione o la paura, per esempio:
Мы ви́дели Тама́ру сего́дня; она́ была́ в па́нике.
Oggi abbiamo visto Tamara: era in preda al panico.

63 • La preposizione **из**, *da*, seguita dal genitivo, indica provenienza:
Этот человék из Москвы́. *Questa persona viene da Mosca.*
Что ты взял из моего́ кошелька́?
Che cosa hai preso dal mio portafoglio?
• **с**, *con*, seguita dallo strumentale, può esprimere lo stato d'animo con cui si svolge un'azione:
С удивле́нием он по́нял, что хоте́л его́ брат.
Capì con stupore cosa volesse suo fratello.
• **под**, *al suono di, a tempo di*, seguita dall'accusativo, "segnala" la presenza di un elemento musicale che accompagna l'azione:
Под каку́ю му́зыку ты лю́бишь танцева́ть?
(Al suono di) quale musica ti piace ballare?
In altri contesti, invece, questa preposizione significa semplicemente *sotto*, come vedremo più avanti.
• La preposizione **за**, *per*, è seguita dall'accusativo:
Я волну́юсь за дете́й. *Mi preoccupo per i bambini.*

5 Verbi

D'ora in poi, anziché fornire la coniugazione completa dei verbi, ci limiteremo a quella di tre persone:
– la 1ª singolare, che serve a stabilire se c'è un'alternanza consonantica nella radice del verbo o altre irregolarità;
– la 2ª singolare, per sapere se il verbo appartiene alla prima o alla seconda coniugazione e se riprende la sua forma "normale" o mantiene l'eventuale irregolarità riscontrata alla 1ª persona singolare;
– la 3ª plurale, ovvero l'ultima della coniugazione.

• I verbi di moto

Rivediamo le coppie dei verbi di moto che già conoscete: **ходи́ть – идти́, е́здить – е́хать**. Il primo verbo di ogni coppia è pluridirezionale (moto indeterminato), il secondo invece è unidirezionale (moto in una direzione precisa). Nelle ultime lezioni avete incontrato **води́ть** e **везти́**. Fate attenzione, però, perché questi due verbi non formano una coppia: **води́ть** significa *guidare (un'auto)* o *portare, condurre (per mano*, quindi *a piedi)*, mentre **везти́** vuol dire *trasportare (con un veicolo)*. Eccone la coniugazione:
– **води́ть** (imperf.), *guidare (un'auto)* o *condurre a piedi*: **я вожу́, ты во́дишь, они́ во́дят**.
– **везти́** (imperf.), *trasportare (con un veicolo)*: **я везу́, ты везёшь, они́ везу́т**.

Vediamo anche la coniugazione di **éхать** :
– **éхать** (imperf.), *andare (con un veicolo)*: **я éду, ты éдешь, они éдут**.

приходи́ть, прийти́, пойти́, довезти́, отвезти́ sono tutti derivati da verbi che già conoscete grazie all'aggiunta di prefissi che modificano il senso generale del verbo.
– **приходи́ть** (imperf.), *venire/arrivare a piedi*: **я прихожу́, ты прихо́дишь, они прихо́дят**.
– I verbi **отвезти́** (perf.), *trasportare*, **привезти́** (perf.), *portare con un mezzo* e **довезти́** (perf.), *portare (a destinazione)* si coniugano tutti come **везти́** (imperf.), *trasportare*.

Ricordate che l'accento cade sempre sull'ultima sillaba. Alcuni di questi verbi hanno un significato molto simile, spesso ricavabile anche dalla loro struttura (prefisso + radice): inoltre si può intuire il senso generale di un verbo di moto anche senza conoscere il prefisso, chiarendone l'apporto semantico in seguito con la pratica della lingua.
L'uso dei prefissi arricchirà considerevolmente il vostro lessico, perché si possono impiegare con molti verbi: per esempio abbiamo visto **довезти́** *portare a destinazione*. Lo stesso prefisso **до-** si può usare con **идти́ → дойти́**, *arrivare (fino a), raggiungere a piedi*. Come avrete notato, quando si aggiunge un prefisso al verbo **идти́** la **и** iniziale diventa **й** per questioni d'ortografia e la **д** cade: **дойти́, пойти́**

• **I verbi di posizione**
Vediamo come si coniugano i tre verbi di posizione incontrati nelle ultime lezioni:
– **сиде́ть** (imperf.), *sedere*: **я сижу́, ты сиди́шь, они сидя́т**.
– **стоя́ть** (imperf.), *stare in piedi*: **я стою́, ты стои́шь, они стоя́т**.
– **лежа́ть** (imperf.), *giacere, essere sdraiato*: **я лежу́, ты лежи́шь, они лежа́т**.

• **Altri verbi**
1ª coniugazione
– **пережива́ть** (imperf.), *preoccuparsi, stare in pena*: **я пережива́ю, ты пережива́ешь, они пережива́ют**.
– **меша́ть** (imperf.), *impedire, disturbare*: **я меша́ю, ты меша́ешь, они меша́ют**.
– **па́дать** (imperf.), *cadere*: **я па́даю, ты па́даешь, они па́дают**.

63   2ª coniugazione

– **вы́ручить** (perf.), *dare una mano, togliere dai guai*: **я вы́ручу, ты вы́ручишь, они́ вы́ручат.**

– **ве́рить** (imperf.), *credere*: **я ве́рю, ты ве́ришь, они́ ве́рят.**

– **спроси́ть** (perf.), *chiedere*: **я спрошу́, ты спро́сишь, они́ спро́сят.**

– **бро́сить** (perf.), *gettare, smettere*: **я бро́шу, ты бро́сишь, они́ бро́сят.**

– **лови́ть** (imperf.), *afferrare, prendere*: **я ловлю́, ты ло́вишь, они́ ло́вят.**

– **вы́глядеть** (imperf.), *sembrare, avere l'aspetto, apparire*: **я вы́гляжу, ты вы́глядишь, они́ вы́глядят.**

• **Verbi irregolari**

Conoscete ormai da un pezzo il verbo irregolare **хоте́ть** (imperf.), *volere*. È ora di vedere come si coniuga: **я хочу́, ты хо́чешь, он хо́чет, мы хоти́м, вы хоти́те, они́ хотя́т.** Strano, vero? Al singolare prende le desinenze della prima coniugazione, al plurale quelle della seconda. Inoltre cambia anche la radice.

О, э́ти дие́ты! Я ли́чно в них не ве́рю.

Заключительный диалог

1 – Дорогая, выглядишь потрясающе!
2 – Я бросила курить и теперь на диете.
3 – О, эти диеты! Я лично в них не верю.
4 – Я тоже раньше не верила,
5 но через некоторое время поняла, что если хочешь выглядеть хорошо,
6 не надо волноваться и переживать, а надо просто взять себя в руки.
7 – Да, но я курю одну сигарету за другой,
8 а когда я на диете, я падаю в обморок.
9 – Как тебе не стыдно?
10 Ты просто говоришь всё это мне назло!

Traduzione

1 Cara, sei splendida *(appari sbalorditiva)*! **2** Ho smesso di fumare e ora sono a dieta. **3** Oh, queste diete! Personalmente non credo che funzionino *(non ci credo)*. **4** Anch'io prima non ci credevo, **5** ma dopo un po' di tempo ho capito che, se vuoi essere in forma *(apparire bene)*, **6** non devi agitarti né star male, ma semplicemente trattenerti. **7** Sì, ma io fumo una sigaretta dopo l'altra **8** e quando sono a dieta svengo. **9** Non ti vergogni? **10** Mi dici tutto questo solo per farmi dispetto!

Seconda ondata: quattordicesima lezione

64 Шестьдесят четвёртый урок

Спортсмéн

1 – Я **о**чень люб**лю** спорт.
2 Это мой нарк**о**тик!
3 Мне всё нр**а**вится: пл**а**вание, фиг**у**рное кат**а**ние, л**ы**жный спорт,
4 гимн**а**стика, хокк**е**й и футб**о**л…
5 – Ты насто**я**щий спортсм**е**н!
6 Как же ты успев**а**ешь всем этим заним**а**ться ①?
7 Ход**и**ть на стади**о**н, в басс**е**йн и на кат**о**к ②…
8 На всё это н**у**жно ③ ст**о**лько вр**е**мени!

Osservazioni sulla pronuncia
4 хокк**е**й *Hakjej*
5 спортсм**е**н *spartsmjen*

Note

① Il verbo imperfettivo **занима́ться**, *occuparsi di, praticare* (ma anche *studiare*), regge il caso strumentale:
   Он занима́ется хокке́ем, *Pratica l'hockey.*
   Я занима́юсь спо́ртом, *Faccio sport.*
   Они́ занима́ются детьми́, *Si occupano dei bambini.*
   Pertanto **всем** e **э́тим** sono rispettivamente **всё** e **э́то** declinati allo strumentale (potete rileggere nella 63ª lezione la declinazione completa di **э́то**).

② In questa frase usiamo il verbo pluridirezionale **ходи́ть**, *andare a piedi*, perché si parla di un'azione abituale.

③ **на всё э́то**: qui la preposizione **на** è seguita dall'accusativo e significa *per*:
   У меня́ нет на вас вре́мени, *Non ho tempo per [occuparmi di] Lei/voi.*

Sessantaquattresima lezione 64

Uno sportivo

1 – Mi piace *(Io amo)* tanto lo sport.
2   È la mia droga!
3   Mi piace tutto *(A me tutto piace)*: il nuoto, il pattinaggio artistico, lo sci,
4   la ginnastica, l'hockey e il calcio…
5 – *(Tu)* sei un vero sportivo!
6   Ma come fai a praticare tutti questi sport *(come tu fai in tempo di tutto questo occuparti)*?
7   Andare allo stadio, in piscina e al campo di pattinaggio…
8   Per [fare] tutto questo ci vuole tanto [di quel] tempo!

9 – Да нет, ты меня не правильно поняла ④!
10 Всё это показывают по телевизору ⑤,
11 а я просто беру ⑥ пульт ⑦ и переключаю ⑧ каналы!

Note

④ **поняла́** è il passato femminile singolare del verbo perfettivo **поня́ть**, *capire, comprendere*:
Они́ о́чень хорошо́ по́няли ма́му, *Hanno capito benissimo la mamma.*
Извини́те, я не по́нял после́днее сло́во, *Mi scusi, non ho capito l'ultima parola.*

⑤ **по телеви́зору**: avete riconosciuto questa struttura, già incontrata nella 20ª lezione? Ricordate che la preposizione **по** regge il dativo. **Пока́зывают** è la 3ª persona plurale del verbo imperfettivo **пока́зывать**, *mostrare*.

***

Упражнение 1 – Читайте и переводите

❶ – Что сегодня вечером по телевизору ? – Даже не знаю. ❷ Мой брат – настоящий спортсмен. ❸ Для меня спорт – как наркотик! ❹ Я хожу в бассейн каждую неделю. ❺ На спорт нужно столько времени!

9 – Ma no, non mi hai capito bene *(tu me non correttamente hai capito)*!
10 Tutte queste cose le danno in televisione *(Tutto questo mostrano per televisore)*,
11 *(e)* io prendo solo *(semplicemente)* il telecomando e cambio i canali!

▸ ⑥ **беру́** è la 1ª persona singolare del verbo imperfettivo **брать**, *prendere* (vedi la prossima lezione di ripasso per consultare la sua coniugazione). Notate l'alternanza **бер/бр** cui è soggetta la radice di questo verbo.

⑦ **пульт** è letteralmente il *leggio* o il *pannello* (di comando), ma in questo caso, come suggerisce il contesto, può solo essere il *telecomando*.

⑧ **переключа́ть**, verbo imperfettivo, significa principalmente *cambiare* o *sintonizzare* ed è usato spesso in ambito tecnologico: **переключа́ть разреше́ние монито́ра**, *cambiare la risoluzione del monitor*. L'espressione **переключа́ть кана́лы** significa *cambiare i canali, fare zapping*.

***

Soluzione dell'esercizio 1

❶ – Cosa c'è stasera alla tele? – Non ne ho idea *(Nemmeno lo so)*. ❷ Mio fratello è un vero sportivo. ❸ Per me lo sport è come una droga! ❹ Vado in piscina tutte le settimane *(ogni settimana)*. ❺ Per [fare] sport ci vuole tanto di quel tempo!

65   Упражнение 2 – Восстановите текст

❶ Mia figlia pratica il pattinaggio artistico allo stadio.
Моя дочь занимается .... на ....

❷ Dov'è il telecomando? In televisione c'è *(danno)* il mio film preferito!
Где ..... ? По .... показывают мой любимый фильм!

❸ – Lei non è uno sportivo? – No, mi ha capito male.
– Вы не .... ? – Нет, вы .... неправильно ....

❹ Non guarda la tivù, fa solo zapping *(e solo cambia canali)*.
Он не .... телевизор, а только .... каналы.

❺ – Che sport pratichi? – Il nuoto.
– Каким ...... ты занимаешься? – ....

---

65   **Шестьдеся́т пя́тый уро́к**

Подозре́ние

1   Малы́ш говори́т ① свое́й ма́ленькой сестре́:
2 – Послу́шай, после́днее ② вре́мя

Note

① **говори́т** è la 3ᵃ persona singolare del verbo imperfettivo **говори́ть**, *parlare, dire*, che vi è già noto.

Soluzione dell'esercizio 2

❶ – фигурным катанием – стадионе ❷ – пульт – телевизору – ❸ – спортсмен – меня – поняли ❹ – смотрит – переключает – ❺ – спортом – Плаванием

Seconda ondata: quindicesima lezione

Sessantacinquesima lezione 65

Un sospetto

1 Un bimbo dice alla sorellina *(propria piccola sorella)*:
2 – Senti, ultimamente *(ultimo tempo)*,

▶ ② **последний** è un aggettivo di declinazione molle. Confrontate: **красивое окно** (declinazione dura), *bella finestra*; **последнее слово** (declinazione molle), *ultima parola*.

65

3 меня сильно волнует состояние нашего ③ папы...
4 – Почему ты так говоришь?
5 – Тебе не кажется ④, что с ним не всё в порядке?
6 – А что? ⑤ Ты заметил что-то подозрительное ⑥?
7 – Да... Мне кажется, что он не в своём уме ⑦.
8 То он изображает из себя ⑦ волшебника, то Деда Мороза...
9 Надо рассказать ⑧ об этом маме!

Osservazioni sulla pronuncia
8 из себя *issibja*

Note

③ **нашего** è il genitivo dell'aggettivo possessivo **наш**, *nostro*, e ci permette di ripassare nuovamente gli aggettivi di declinazione molle perché ha le loro stesse desinenze.

④ **кажется** è la 3ᵃ persona singolare del presente di **казаться**, *sembrare*. Anche questo è un verbo imperfettivo e, come il suo equivalente italiano, richiede il dativo.

⑤ **А что?** si potrebbe anche tradurre con *perché?*

⑥ **что-то подозрительное**, *qualcosa di sospetto*. Dopo **что-то** l'eventuale aggettivo va declinato al nominativo (e non, come ci si potrebbe aspettare, al genitivo).

3 sono molto preoccupato per la situazione *(me fortemente agita lo stato)* di *(nostro)* papà…
4 – Perché dici questo *(tu così parli)*?
5 – Non ti sembra che abbia qualcosa che non va *(con lui non tutto in ordine)*?
6 – E cosa? Hai notato qualcosa di sospetto?
7 – Sì… Mi sembra che sia impazzito *(lui non nel proprio cervello)*.
8 Ora si crede di essere *(raffigura da sé)* un mago, ora Babbo Natale…
9 Bisogna dirlo *(raccontare di questo)* alla mamma!

▸ ⑦ Le espressioni **быть не в своём умé** e **изображáть из себя** sono naturalmente modi di dire.

⑧ Il verbo perfettivo **рассказáть**, *raccontare* (ma anche *dire* o *parlare*), può reggere diversi casi:
 • accusativo + dativo: **Её подрýга рассказáла ей э́ту истóрию**, *La sua amica le ha raccontato questa storia*;
 • prepositivo preceduto dalla preposizione **о** (**об** se la parola seguente comincia per le seguenti vocali: **а, и, о, у**): **Её подрýга рассказáла ей об урóках рýсского**, *La sua amica le ha parlato delle lezioni di russo*.

65 Упражнение 1 – Читайте и переводите

❶ Я заметила, что они постоянно нервно переключают каналы. ❷ – Как у него дела? – С ним всё в порядке. ❸ Мне кажется, что здесь есть что-то подозрительное. ❹ Почему ты так волнуешься, когда видишь его? ❺ Расскажи об этом её сестре.

Упражнение 2 – Восстановите текст

❶ Sei impazzito? Questo giubbotto è troppo caro!
Ты в .... ? Эта куртка слишком ....!

❷ Ora ti lamenti, ora sei contento... Ma stai bene *(Con te tutto in ordine)*?
То ты ...., то доволен... С ..... всё в ....?

❸ – Tamara, lui è un tipo molto sospetto. – Sì, l'ho notato anch'io.
– Тамара, он очень .... тип. – Да, я тоже ....

❹ La sua sorellina ama il pattinaggio artistico.
Его .... сестра любит фигурное катание.

❺ Finge di essere un insegnante, ma non sa nemmeno leggere!
Он .... из .... учителя, а сам даже читать не .....!

***

Soluzione dell'esercizio 1

❶ Ho notato che continuano a fare nervosamente zapping. ❷ – Lui come sta? – Tutto a posto. ❸ Mi sembra che qui ci sia qualcosa di sospetto. ❹ Perché ti agiti tanto quando lo vedi? ❺ Raccontalo a sua sorella.

Soluzione dell'esercizio 2

❶ – своём уме – дорогая ❷ – жалуешься – тобой – порядке ❸ – подозрительный – заметила ❹ – маленькая ❺ – изображает – себя – умеет

Ora che conoscete un bel po' di verbi, se volete potrete fare ogni tanto un piccolo esercizio per allenarvi: durante le lezioni, quando incontrate un nuovo verbo, provate a coniugarlo. Se avete dei dubbi, consultate l'appendice grammaticale e l'indice. Dite ad alta voce l'infinito, le prime due persone singolari e la 3ª plurale del presente; ricordate che sono voci verbali molto importanti.

Seconda ondata: sedicesima lezione

***

66 Шестьдеся́т шесто́й уро́к

Хитре́ц

1 – Скажи́, малы́ш, ты лю́бишь чита́ть ① стихи́?
2 – Терпе́ть не могу́ ②,
3 но ма́ма заставля́ет меня́ э́то де́лать ка́ждый раз,
4 когда́ хо́чет, что́бы го́сти поскоре́е разбежа́лись ③.
5 И де́лаю я э́то про́сто профессиона́льно!
6 Спроси́те ④ дя́дю Ва́ню, он меня́ мно́го раз ⑤ слы́шал.

Osservazioni sulla pronuncia
Titolo: **Хитре́ц** *Hitrjets* **5 профессиона́льно** *prafissianal'n[a]*

Note

① Come sapete, il verbo imperfettivo **чита́ть**, *leggere*, è della prima coniugazione. L'espressione **чита́ть стихи́** (letteralmente *leggere versi*) significa *recitare poesie*.

② Anche **терпе́ть**, *sopportare*, è un verbo imperfettivo; **терпе́ть не могу́**, *non sopporto, odio*.

③ La congiunzione **что́бы**, *che, per, affinché,* introduce una proposizione finale e si usa per esprimere una volontà o un augurio. Il verbo che segue va all'infinito (se il soggetto è lo stesso della frase principale) o al passato:
Я хочу́, что́бы ты позвони́л мне за́втра, *Voglio che tu mi telefoni domani.*

④ Il verbo imperfettivo **спра́шивать**, *chiedere*, ha un perfettivo, **спроси́ть**, che avete già visto nella 13[a] lezione. Ecco le possibili reggenze:

• accusativo + **у** + genitivo (*chiedere qualcosa a qualcuno*): **Я спроси́л что́-то у ма́мы,** *Ho chiesto qualcosa alla mamma.* ▶

Sessantaseiesima lezione 66

Un furbacchione

1 – Dimmi, piccolo *(bambino)*, ti piace recitare *(leggere)* le poesie?
2 – Non lo sopporto *(Sopportare non posso)*,
3 ma la mamma mi costringe a farlo tutte le volte *(questo fare ogni volta)*
4 che *(quando)* vuole che gli ospiti se ne vadano via prima *(affinché ospiti alla svelta sono corsi via)*.
5 E in questo sono proprio un professionista *(faccio io questo semplicemente professionalmente)*!
6 Chieda allo zio Vanja, lui mi ha sentito molte volte.

▸ • accusativo *(chiedere a qualcuno)*: **Спроси́ его́ сам (=спроси́ у него́ сам)**, *Chiediglielo tu stesso*; **Де́ти спроси́ли (у) до́ктора, где он живёт**, *I bambini hanno chiesto al dottore dove abita*.
Nella lingua colloquiale si tende a confondere le due formule:
Спроси́ его́ / спроси́ у него́, где лежи́т кни́га по фи́зике, *Chiedigli dove sta il libro di fisica*.
Спроси́те их / спроси́те у них, хотя́т ли они́ ко́фе, *Chieda loro se vogliono un caffè*.
Attenti infine alla **н** che compare all'inizio dei pronomi di 3ª persona dopo le preposizioni: **у них**.

⑤ Il termine **раз**, *volta*, è un nome maschile in consonante dura. Appartiene a un gruppo di nomi maschili il cui genitivo plurale è identico al nominativo singolare:
Ты сказа́л э́то уже́ сто раз!, *L'hai già detto mille* (lett. *cento*) *volte!*
Il genitivo singolare è invece **ра́за** o **ра́зу**. Quest'ultima forma si trova nell'espressione **ни ра́зу**, *nemmeno una volta, mai*:
Я ни ра́зу не ви́дел э́тот фильм, *Non ho mai visto questo film*.

7 — Эй, дядя ⑥ Ваня! Скоро я буду читать ⑦ стихи.
8 — А скажи, пожалуйста, малыш, который час ⑧?
9 — Ещё только шесть часов...
10 — Уже шесть? Ну всё, мне пора!
11 В гостях хорошо, а дома лучше!

9 часо́в *čisof*
11 лу́чше *lučsh*ᵉ

Note

⑥ дя́дя, *zio*. Anche se, dal momento che finisce per **-я**, si declina come un femminile, ricordate che questo sostantivo è di genere maschile e i verbi e gli aggettivi con cui concorda vanno pertanto al maschile.

⑦ **Я бу́ду чита́ть** è un futuro composto: qui ci si sofferma sul processo dell'azione, che non è istantanea e richiede pertanto un certo tempo per compiersi. Più o meno il senso è "*starò leggendo/recitando una poesia o delle poesie*".

⑧ **Кото́рый час?** oppure **Ско́лько вре́мени?** (lett. *Quanto di tempo?*), *Che ore sono?*

***

Упражнение 1 – Читайте и переводите

❶ У нас скоро экзамен по математике. ❷ Мы занимаемся спортом, чтобы быть здоровыми. ❸ Всё! Пора спать. ❹ Ещё только три часа, а я хочу есть. ❺ Спросите маму, хочет она чай или нет.

7 Ehi, zio Vanja! Fra un po' *(Presto)* reciterò *(leggerò)* una poesia.
8 – E dimmi, piccolo, per favore: che ore sono?
9 – Sono *(ancora)* solo le sei…
10 – Già le sei? Allora ciao, devo andare *(Beh tutto, a me è ora)*!
11 Casa mia, casa mia, per piccina che tu sia… *(In ospiti bene, ma a casa meglio)*!

***

Soluzione dell'esercizio 1

❶ Presto avremo l'esame di matematica. ❷ Pratichiamo sport per stare in salute. ❸ Basta! È ora di dormire. ❹ Sono solo le tre e ho fame. ❺ Chiedete alla mamma se vuole del tè o no.

Упражнение 2 – Восстановите текст

❶ Non costringermi a fare quello che non voglio.
Не .... меня делать то, что я не .....

❷ Ogni volta, cinque minuti prima dell'esame, s'innervosisce anche se sa tutto.
.... за пять минут до экзамена он ...., хотя всё знает!

❸ – Per cortesia, mi può dire che ore sono? – Le quattro e mezza.
– Скажите, пожалуйста, ... час?
– .... пятого.

❹ Non sopporto quando scherza così.
...... не ...., когда он так ......

❺ Casa mia, casa mia, per piccina che tu sia…
.... хорошо, а .... лучше.

---

67 Шестьдесят седьмой урок

Отпуск ①

1 – Ура! Наконец-то ② мы едем на каникулы!
2 – А куда вы едете ③?

Note

① **отпуск**, *ferie*, si usa in contesto lavorativo, mentre **каникулы**, *vacanza, vacanze*, fa riferimento all'ambito scolastico. Attenzione alle preposizioni: si dice **быть в отпуске**, essere in ferie, ma **быть на каникулах**, *essere in vacanza*.

② *Finalmente* si dice **наконец-то** oppure **наконец**. Il primo è in genere utilizzato all'interno di una frase, il secondo può essere ▶

Soluzione dell'esercizio 2

❶ – заставляй – хочу ❷ Каждый раз – нервничает – ❸ – который – Половина ❹ Терпеть – могу – шутит ❺ В гостях – дома –

Seconda ondata: diciassettesima lezione

Sessantasettesima lezione 67

Ferie

1 – Evviva! Finalmente andiamo in vacanza!
2 – E dove *(voi)* andate?

▸ impiegato da solo per esprimere soddisfazione o sollievo. Inoltre **наконéц-то** sottolinea enfaticamente la contentezza per un evento atteso da tempo, mentre **наконéц** è più neutro.

③ **éдете** è la 2ª persona plurale del verbo imperfettivo **éхать**, *andare (con un mezzo di trasporto terrestre)*. È un verbo unidirezionale, dunque indica una direzione precisa:
Мы éдем в Москвý, *Noi andiamo a Mosca*.

67

3 – У нас будет длинное путешествие.
4 Сначала поедем ④ на поезде до Самары,
5 потом мы полетим ⑤ на самолёте до Москвы,
6 а оттуда поплывём ⑥ на пароходе до Санкт-Петербурга.
7 – А мы предпочитаем более скромные путешествия.
8 Мы любим ездить ⑦ по окрестностям на велосипеде или на мотоцикле,
9 а когда отправляемся далеко, то едем на ⑧ машине.
10 Ещё мы любим кататься на лодке по реке ⑨.
11 – Ну, каждому своё.

---

3 **путешествие** *putishestvi/e*
8 **по окрестностям** *paakrjesnastjam*

Note

④ **поедем** è la 1ª persona plurale del verbo perfettivo **поехать**, *andare (con un mezzo di trasporto terrestre)*, che si coniuga come **ехать** (vedi la 63ª lezione) :
Скоро я поеду в Россию, *Presto andrò in Russia*.

⑤ **полетим** è la 1ª persona plurale di **полететь**, *andare in aereo, volare*. È un perfettivo e il suo verbo imperfettivo corrispondente è **лететь**. Spesso un verbo imperfettivo si può ottenere togliendo il prefisso dal suo perfettivo: **полететь** → **по - лететь** → **лететь**; spesso ma non sempre, perché a volte il perfettivo è totalmente diverso dall'imperfettivo: **купить** (perfettivo), *comprare* → **покупать** (imperfettivo).

3 — Faremo *(Avremo)* un lungo viaggio. **67**
4 Prima andremo in treno fino a Samara,
5 poi *(voleremo)* in aereo fino a Mosca
6 e da lì *(navigheremo)* in nave fino a San Pietroburgo.
7 — Noi invece *(E noi)* preferiamo viaggi più modesti.
8 Ci piace andare nei dintorni *(Noi amiamo andare per i dintorni)* in bici o in moto,
9 e quando facciamo un lungo viaggio *(partiamo lontano)*, andiamo in macchina.
10 Ci piace anche *(Ancora noi amiamo)* andare in barca sul *(per)* fiume.
11 — Beh, ciascuno a suo modo *(a ciascuno il suo)*.

▸ ⑥ **поплывём** è la 1ª persona plurale del verbo perfettivo **поплы́ть**, *nuotare, navigare*. L'imperfettivo è **плыть** (поплы́ть → по - плыть → плыть).

⑦ Il verbo **е́здить**, *andare (con un mezzo di trasporto terrestre)* non vi è nuovo: ci limitiamo dunque a ricordarvi che è imperfettivo e pluridirezionale.

⑧ **е́хать, е́здить, лете́ть, плыть** sono seguiti da **на** + il caso prepositivo quando si precisa il mezzo di trasporto: **е́хать на маши́не**, *andare in macchina*; **е́здить на по́езде**, *andare in treno*; **лете́ть на самолёте**, *andare in aereo*; **плыть на ло́дке**, *andare in barca*, ecc.

⑨ La preposizione **по** seguita dal dativo può anche indicare un movimento su una superficie:
Я иду́ по у́лице, *Cammino per la strada.*
Они́ ката́ются на ло́дке по реке́, *Vanno in barca sul fiume.*

67 Упражнение 1 – Читайте и переводите

❶ На мотоцикле или велосипеде – мне всё равно. ❷ Вы едете на каникулы на поезде? ❸ Завтра они будут кататься по реке на лодке. ❹ – Когда отправляется поезд? – Ровно в четыре часа. ❺ – Когда у вас отпуск? – Очень скоро: через неделю.

Упражнение 2 – Восстановите текст

❶ Finalmente ci ha detto la verità!

. . . . -то он . . . . . . нам правду!

❷ Ciascuno a suo modo (A ciascuno il suo): a Lei piacciono i treni e a me gli aerei.

. . . . своё: вам нравятся поезда, а мне – . . . .

❸ Preferisco andare in bici.

Я предпочитаю . . . . . . на . . . .

❹ Se vuole vedere il paesaggio (i dintorni), (là) è meglio andare in treno.

Если . . . . . . посмотреть . . . ., туда лучше ехать на . . . .

❺ Prima andremo in aereo fino a Samara e da lì andremo in treno dalla nonna.

Сначала мы . . . . до Самары, а оттуда . . . . . . на поезде . бабушке.

Soluzione dell'esercizio 1

❶ In moto o in bici, per me fa lo stesso. ❷ Andate in vacanza in treno? ❸ Domani andranno in barca sul fiume. ❹ – Quando parte il treno? – Alle quattro in punto. ❺ – Quando va in ferie? – Molto presto: fra una settimana.

Soluzione dell'esercizio 2

❶ Наконец – сказал – ❷ Каждому – самолёты ❸ – ездить – велосипеде ❹ – хотите – окрестности – поезде ❺ – полетим – поедем – к –

Ricordate che lo scopo delle note è quello di aiutarvi ad assimilare gradualmente nozioni a volte ostiche, ed è per questo che non trattano sempre un argomento grammaticale in maniera esaustiva. Se qualcosa non vi sembra del tutto chiaro, non esitate a cercare ulteriori spiegazioni nell'indice o nell'appendice grammaticale alla fine del libro.

Seconda ondata: diciottesima lezione

68 Шестьдеся́т восьмо́й уро́к

Сли́шком ни́зко

1 – Скажи́те, пожа́луйста, ско́лько сто́ит но́мер ① в ва́шем оте́ле?
2 – У нас са́мые ни́зкие тари́фы в го́роде!
3 – Како́й вам ну́жен но́мер: одноме́стный и́ли двухме́стный?
4 – Одноме́стный, пожа́луйста.
5 – С ду́шем и́ли ва́нной ②?
6 – Мне всё равно́.
7 – Так… посмо́трим, что у нас есть…
8 Мы мо́жем предложи́ть вам четы́ре но́мера.
9 На пе́рвом этаже́ ③ но́мер сто́ит девятьсо́т рубле́й,
10 на второ́м – шестьсо́т пятьдеся́т пять рубле́й,
11 на тре́тьем – четы́реста три́дцать два рубля́,

Osservazioni sulla pronuncia
Titolo: ни́зко *nisk^a*
3 одноме́стный *adnamjesn^{yj}* / **двухме́стный** *dvuHmjesn^{yj}* (ma a volte la "t" si pronuncia).

Note

① **но́мер**, *numero*, può anche significare *camera* nei posti in cui le stanze sono numerate.

② **ва́нной** è lo strumentale di **ва́нна**, *bagno, vasca*.

③ **На пе́рвом этаже́**: la preposizione **на** è seguita dal prepositivo perché si parla del luogo in cui ci si trova e non c'è dunque movimento. Notate che **пе́рвый эта́ж**, letteralmente *primo piano*, corrisponde al nostro *pianterreno*.

Sessantottesima lezione 68

Troppo basso

1 – Mi scusi *(Dite, per favore)*, quanto costa una camera nel vostro albergo?
2 – Abbiamo le tariffe più basse della *(nella)* città!
3 Che camera desidera *(vi serve)*: singola o doppia?
4 – Singola, grazie *(per favore)*.
5 – Con doccia o bagno?
6 – Per me fa lo stesso *(A me tutto uguale)*.
7 – Dunque *(Così)*… vediamo cosa c'è *(abbiamo)*…
8 Possiamo proporLe quattro camere.
9 Al pianterreno *(primo piano)* la camera costa novecento rubli,
10 al primo piano *(secondo)* seicentocinquantacinque rubli,
11 al secondo *(terzo)* quattrocentotrentadue rubli,

68 12   а на четвёртом ④ – триста двадцать один рубль ⑤.

13 – Да… мне это не подходит ⑥.

14 – Вы считаете, что у нас слишком высокие цены?

15 – Нет, у вас слишком низкая ⑦ гостиница!

Note

④ **пе́рвом**, **второ́м**, **тре́тьем** e **четвёртом** sono rispettivamente i numeri ordinali *primo, secondo, terzo* e *quarto* al caso prepositivo.

⑤ Ricapitoliamo l'impiego dei casi per i sostantivi che sono preceduti da un numero cardinale. Dopo 1 e i numeri composti che finiscono con 1 (tranne 11) ci vuole il nominativo singolare: **оди́н стол**, *un tavolo*; **два́дцать оди́н эта́ж**, *ventuno piani*; **две́сти два́дцать одна́ ночь**, *duecentoventuno notti*. Dopo 2, 3, 4 e i numeri composti che finiscono con queste cifre (tranne 12, 13 e 14) ci vuole il genitivo singolare: **два стола́**, *due tavoli*; **пятьдеся́т два́ этажа́**, *cinquantadue piani*. Dopo i numeri da 5 a 20 e dopo tutti gli altri che non rientrano nei casi precedenti, ci vuole il genitivo plurale: **пять столо́в**, *cinque tavoli*; **девятьсо́т пять этаже́й**, *novecentocinque piani*; **две́сти два́дцать дней**, *duecentoventi giorni*. Anche dopo le decine, le centinaia, le migliaia ecc. va usato il genitivo plurale: **три́дцать столо́в**, *trenta tavoli*; **шестьсо́т этаже́й**, *seicento piani*.

***

Упражнение 1 – Читайте и переводите

❶ Здесь слишком высокие цены. ❷ Сколько стоит эта водка в вашем магазине? ❸ – Вы будете жить в гостинице? – Нет, у друзей. ❹ В нашей гостинице самые низкие тарифы! ❺ Что вы можете мне предложить?

12 e al terzo *(quarto)* trecentoventuno rubli.
13 – Uhm *(Sì)*… Non mi conviene.
14 – Pensa che i nostri prezzi siano *(ritenete che abbiamo prezzi)* troppo alti?
15 – No, è il vostro albergo che è troppo basso *(presso di voi troppo basso albergo)*!

⑥ Il verbo imperfettivo **подходи́ть**, *convenire*, si usa molto di frequente. **Мне** (dativo) **э́то не подхо́дит** (la voce verbale concorda con **э́то** ed è quindi alla 3ª persona singolare). Ma: **Э́тот тари́ф нам не подхо́дит**, *Questa tariffa non ci conviene* e **Э́ти тари́фы нам не подхо́дят**, *Queste tariffe non ci convengono*.

⑦ **ни́зко**, *basso*, è un avverbio, mentre **ни́зкая** è il femminile dell'aggettivo **ни́зкий**, *basso* (ma anche *vile*). Spesso è possibile formare l'avverbio partendo dall'aggettivo e utilizzandone la forma breve al neutro (per ripassare gli aggettivi di forma breve, consultate il 2° punto della 35ª lezione). Abbiamo detto "spesso": infatti la regola non vale per tutti gli aggettivi, tuttavia la formazione è ammessa in molti casi: **ти́хий**, *tranquillo* → **ти́хо**, *tranquillamente*. A volte l'accento cambia di posto: **хоро́ший**, *buono* → **хорошо́**, *bene*; **тёплый**, *caldo* → **тепло́**, *calorosamente*.

***

Soluzione dell'esercizio 1

❶ Qui i prezzi sono troppo alti. ❷ Quanto costa questa vodka nel vostro negozio? ❸ – Starà *(Vivrete)* in albergo? – No, da amici. ❹ Le tariffe del nostro albergo sono le più basse! ❺ Cosa mi può proporre?

69 Упражнение 2 – Восстановите текст

① Abito al primo piano.
Я . . . . на . . . . этаже.

② Questo aereo vola troppo basso.
Этот . . . . . . летит слишком . . . . . .

③ Novecento rubli per una camera singola senza doccia? Sta scherzando?
Девятьсот . . . . . за . . . . номер без . . . . ? Вы шутите?

---

69   Шестьдесят девя́тый уро́к

Questa lezione, in cui troverete pochissime parole nuove, vi fornirà la possibilità di esercitarvi nella declinazione di tutti i tipi di sostantivi, in particolare di quelli che seguono un numero cardinale.

Мы уме́ем счита́ть

1 Один секрет. Одна интересная книга. Одно окно.
2 Два маленьких мальчика. Две милые девочки. Два окна.
3 Три книги. Три мальчика.
4 Четыре блюда.
5 Пять книг.
6 Шесть времён.
7 Семь врачей.
8 Восемь лет.

❹ – Posso offrirLe del tè e del caffè.
– Un caffè, grazie *(per favore)*.
– Могу .... вам чай и кофе.
– Кофе, ...

❺ Dunque, vediamo quali sono *(qui)* i prezzi.
Так, ..., какие здесь .....

Soluzione dell'esercizio 2
❶ – живу – третьем – ❷ – самолёт – низко ❸ – рублей – одноместный – душа – ❹ – предложить – пожалуйста ❺ – посмотрим – цены

Seconda ondata: diciannovesima lezione

Sessantanovesima lezione   69

Se avete delle difficoltà con le coniugazioni e le declinazioni, ripassate le lezioni precedenti o consultate l'appendice grammaticale, dove troverete le tabelle che vi servono.

Noi sappiamo contare

1   Un segreto. Un libro interessante. Una finestra.
2   Due ragazzini. Due simpatiche ragazze. Due finestre.
3   Tre libri. Tre ragazzi.
4   Quattro piatti.
5   Cinque libri.
6   Sei tempi.
7   Sette medici.
8   Otto anni.

Osservazioni sulla pronuncia
Titolo: считáть *sshitat'*

69
- **9** Де́вять докторо́в.
- **10** Де́сять хоро́ших ① музе́ев.
- **11** Оди́ннадцать ноче́й.
- **12** Двена́дцать море́й.
- **13** Трина́дцать дете́й.
- **14** Четы́рнадцать дней.
- **15** Пятна́дцать челове́к ②.
- **16** Шестна́дцать значе́ний.
- **17** Семна́дцать иде́й.
- **18** Восемна́дцать госте́й.
- **19** Девятна́дцать неде́ль.
- **20** Два́дцать паспорто́в.
- **21** Два́дцать оди́н ребёнок. Два́дцать одна́ подру́га. Два́дцать одно́ пла́тье.
- **22** Два́дцать два де́ла. Два́дцать две руба́шки.
- **23** Два́дцать три экземпля́ра.
- **24** Ма́ло дожде́й. Мно́го воло́с ③.

Note

① Dopo i numeri al nominativo o all'accusativo, quando il nome è al genitivo plurale, anche l'aggettivo si declina al genitivo plurale (prendendo la desinenza **-ых** se è di declinazione dura, **-их** se è di declinazione molle o in caso d'incompatibilità ortografica).

② **челове́к**, *persona, uomo*, ha in comune con il termine **раз**, *volta*, il fatto di essere un maschile in consonante dura il cui genitivo plurale coincide col nominativo singolare quando è preceduto da un numero. Negli altri casi il genitivo plurale è **люде́й** (derivato dal plurale irregolare **лю́ди**). Confrontate: **оди́н челове́к**, *una persona*; **два челове́ка**, *due persone*; **пять челове́к**, *cinque persone*; **мно́го люде́й**, *molta gente*.

③ Rivediamo ancora una volta come si declinano i sostantivi dopo i numeri cardinali, ampliando il discorso:
 • 1 e tutti i numeri composti che finiscono con 1 (tranne 11) sono seguiti dal nominativo singolare; 1 concorda nel genere col sostantivo che segue (vedi frasi 1 e 21).

9	Nove dottori.
10	Dieci bei musei.
11	Undici notti.
12	Dodici mari.
13	Tredici bambini.
14	Quattordici giorni.
15	Quindici persone.
16	Sedici significati.
17	Diciassette idee.
18	Diciotto ospiti.
19	Diciannove settimane.
20	Venti passaporti.
21	Ventuno bambini. Ventuno amiche. Ventuno abiti.
22	Ventidue fatti. Ventidue camicie.
23	Ventitré copie.
24	Poca pioggia. Molti capelli.

▸ • 2, 3, 4 e tutti i composti che finiscono con 2, 3 e 4 (tranne 12, 13 e 14) sono seguiti dal genitivo singolare. Attenzione: 2, два, ha una forma specifica per il femminile che è две (vedi frasi 2, 3, 4, 22 e 23).

• I numeri da 5 a 20 (compreso) e tutti gli altri che non rientrano nei casi precedenti sono seguiti dal genitivo plurale (v. frasi 5 - 20):

Пять (nominativo) **девочек** (genitivo plurale) **гуляют в парке.** *Cinque bambine passeggiano nel parco.*

Я вижу пять (accusativo) **девочек** (genitivo plurale).
Vedo cinque bambine.

• Gli avverbi come **мало** *poco*, **много** *molto* ecc. sono seguiti da un sostantivo al genitivo singolare se tale sostantivo è astratto o non numerabile, mentre sono seguiti da un nome al genitivo plurale se questo indica un'entità concreta e numerabile. Questa regola si applica quando il numero cardinale è al nominativo o all'accusativo. In tutti gli altri casi il nome e il numero cardinale si declinano allo stesso caso: **у тебя мало терпения**, *hai poca pazienza*.

Я даю книгу пяти (dativo) **девочкам** (dativo plurale).
Do il libro alle cinque bambine.

Al nominativo e all'accusativo, se il nome è inanimato, la forma dei numeri cardinali non cambia al maschile e al neutro (fa eccezione **один**).

69 **Упражнение 1 – Читайте и переводите**

❶ У этого текста столько значений! ❷ Мы пригласили двух девочек из класса Виктора. ❸ У Серёжи всегда много хороших идей. ❹ В Москве мы видели пять интересных музеев. ❺ У меня есть два паспорта: русский и французский.

Упражнение 2 – Восстановите текст

❶ Ieri ha comprato cinque libri, due abiti, una camicia; ora non ha più soldi.
Вчера она купила пять . . . . , два . . . . . . , одну . . . . ; теперь у неё . . . денег.

❷ L'estate scorsa ha piovuto poco *(era poco di piogge)*.
. . . . летом было мало . . . .

❸ Ancora tre settimane e saremo in ferie.
Ещё три . . . . . . , и мы будем в . . . .

❹ Quando avevo sei anni, vivevo a Pietroburgo.
Когда мне . . . . шесть . . . , я жил в Петербурге.

❺ – Quanti figli ha? – Ne ho uno, un maschio.
– . . . . у вас . . . . . ? – У меня один . . . . , мальчик.

Soluzione dell'esercizio 1

❶ Questo testo ha così tanti significati! ❷ Abbiamo invitato due bambine della classe di Viktor. ❸ Serjoža ha sempre molte buone idee. ❹ A Mosca abbiamo visto cinque musei interessanti. ❺ Ho due passaporti: uno russo e uno francese.

Soluzione dell'esercizio 2

❶ – книг – платья – рубашку – нет – ❷ Прошлым – дождей ❸ – недели – отпуске ❹ – было – лет – ❺ Сколько – детей – ребёнок –

Seconda ondata: ventesima lezione

70 Семидеся́тый уро́к

Повторе́ние – Ripasso

1 Un genitivo plurale anomalo

Abbiamo visto che ci sono alcuni nomi maschili che non formano il **genitivo plurale** regolarmente: tra questi avete incontrato (nella 63ª lezione) **челове́к**, *persona, uomo*, che ha oltretutto un plurale irregolare al nominativo (**челове́к → лю́ди**) e ben due forme al genitivo plurale, ovvero **люде́й** e **челове́к** (quest'ultimo si usa solo dopo un numero). Confrontate gli esempi:
– **Кто э́ти лю́ди?**, *Chi sono queste persone?*
– **Э́ти пять челове́к? Не зна́ю**, *Queste cinque persone? Non so.*

Il termine **раз**, *volta*, non prende alcuna desinenza al genitivo plurale: **раз** (nominativo singolare) → **разы́** (nominativo plurale) → **раз** (genitivo plurale). Un esempio:
Я ей уже́ пять раз позвони́л!, *Le ho già telefonato cinque volte!*
Allo stesso gruppo appartiene anche **во́лос**, *capello*: **во́лос** (nominativo singolare) → **во́лосы** (nominativo plurale) → **воло́с** (genitivo plurale). Attenti allo spostamento dell'accento tonico:
– **У неё таки́е краси́вые во́лосы!**, *Ha dei capelli così belli!*
– **А у меня́ ма́ло воло́с, но они́ то́же о́чень краси́вые…**
Io invece ne ho pochi (di capelli), ma sono molto belli anch'essi…

2 Declinazione di aggettivi e pronomi possessivi

Nel corso delle lezioni abbiamo visto diversi casi della declinazione di aggettivi e pronomi possessivi, coi quali ormai state prendendo a poco a poco dimestichezza. Se volete, potete rivederne tutte le forme del nominativo nella 35ª lezione al punto 3.
Ricapitolando, possiamo innanzitutto dire che **мой**, *mio*, **твой**, *tuo* e **свой**, *proprio*, si declinano allo stesso modo:

Settantesima lezione 70

	Maschile, neutro	Femminile	Plurale
Nominativo	мой, моё	моя́	мои́
Genitivo	моего́	мое́й	мои́х
Dativo	моему́	мое́й	мои́м
Accusativo	N o G	мою́	N o G
Strumentale	мои́м	мое́й	мои́ми
Prepositivo	моём	мое́й	мои́х

La loro declinazione somiglia un po' a quella del numero cardinale **оди́н**. Anche i possessivi della 1ª e della 2ª plurale **наш**, *nostro*, e **ваш**, *vostro (Suo)*, si declinano allo stesso modo:

	Maschile, neutro	Femminile	Plurale
Nominativo	наш, на́ше	на́ша	на́ши
Genitivo	на́шего	на́шей	на́ших
Dativo	на́шему	на́шей	на́шим
Accusativo	N o G	на́шу	N o G
Strumentale	на́шим	на́шей	на́шими
Prepositivo	на́шем	на́шей	на́ших

I possessivi di 3ª persona singolare e plurale sono invariabili per tutti i generi e per tutti i casi: **его́, её, их**.
Э́то его́ маши́на, *È la sua auto*.
L'aggettivo possessivo **его́** (*suo, di lui*) indica che il possessore è un uomo, anche se il nome che indica l'oggetto posseduto è femminile.
Я взял её кни́ги, *Ho preso i suoi libri*.
L'aggettivo possessivo **её** (*suo, di lei*) indica che i libri sono di una donna.

Я их дочь, *Io sono la loro figlia*.
Qui si usa l'aggettivo possessivo plurale **их** perché i "possessori" (in questo caso i genitori) sono più d'uno.

3 La declinazione di *всё*, *tutto*

L'aggettivo indefinito **всё**, *tutto*, concorda col nome cui fa riferimento nel genere e nel numero: **весь**, *tutto*; **всё**, *tutto*; **вся**, *tutta*; **все**, *tutti*, *tutte*.
Ha una declinazione molle, simile per il resto a quella dell'aggettivo dimostrativo **тот** (che abbiamo visto nella 63ª lezione):

	Maschile, neutro	Femminile	Plurale
Nominativo	**тот, то/весь, всё**	**та/вся**	**те/все**
Genitivo	**того́/всего́**	**той/всей**	**тех/всех**
Dativo	**тому́ /всему́**	**той/всей**	**тем/всем**
Accusativo	N o G	**ту/всю**	N o G
Strumentale	**тем/всем**	**той/всей**	**те́ми/все́ми**
Prepositivo	**том/всём**	**той/всей**	**тех/всех**

4 I numeri ordinali

I numeri ordinali (primo, secondo, terzo, ecc.) vi sono ben noti grazie alla numerazione delle lezioni di questo manuale. Li potete trovare elencati nell'appendice grammaticale, alle pag. 525-527. Non riservano molte sorprese perché, concordando nel genere e nel numero con il nome cui fanno riferimento e prendendo le stesse desinenze degli aggettivi, si declinano proprio come questi ultimi:
Я смотрю́ э́тот но́вый (accusativo) **фильм в пе́рвый** (accusativo) **раз**, *Sto guardando questo nuovo film per la prima volta*.
Я живу́ на четвёртом (prepositivo) **этаже́**, *Abito al terzo* (lett. *quarto*) *piano*.
Я лечу́ на большо́м (prepositivo) **самолёте**, *Viaggio su un grande aereo*.

5 L'accordo dei numeri cardinali con gli aggettivi

Prima di affrontare questo capitolo, rileggete la nota 3 della 69ª lezione per ripassare le norme dell'accordo dei numeri cardinali (uno, due, tre, quattro, ecc.) con i nomi. È necessario conoscere bene il "meccanismo" di quest'accordo, che è piuttosto complesso e non è affatto logico. Anche la concordanza degli aggettivi con i numeri cardinali segue delle regole particolari, che riportiamo qui di seguito:

• **Dopo i numeri cardinali один, одна, одно, одни**, il nome e l'aggettivo concordano nel numero, nel genere e nel caso con il numero cardinale che li precede:

Я иду от одной хорошей подруги, *Torno da una cara* (lett. *buona*) *amica*.

Они смотрят один хороший фильм, *Stanno guardando un bel film.*

• **Dopo 2, 3 e 4 al nominativo e all'accusativo, i nomi maschili e neutri inanimati** sono al genitivo singolare e l'aggettivo al genitivo plurale:

(Я вижу) два синих стола и три больших окна, *(Vedo) due tavoli blu e tre finestre grandi.*

• Anche i **nomi femminili inanimati dopo 2, 3 e 4** al nominativo e all'accusativo, sono al genitivo singolare, ma l'aggettivo è al nominativo plurale (anche se si incontra pure al genitivo plurale):

(Я вижу) две большие книги, *(Vedo) due grandi libri.*

• I **nomi animati (maschili e femminili)** e i relativi aggettivi, **dopo 2, 3 e 4** al nominativo e all'accusativo, vanno tutti al genitivo plurale:

Они видят двух маленьких мальчиков и двух больших девочек, *Vedono due bambini e due ragazzine.*

• Per casi diversi dal nominativo e dall'accusativo, i nomi e gli aggettivi concordano logicamente col numero cardinale:

Я даю книгу двум красивым девочкам, *Do il libro a due belle bambine.*

• **Per i numeri cardinali dal 5 in poi**, al nominativo e all'accusativo, i nomi e gli aggettivi vanno declinati al genitivo plurale:

Я вижу пять маленьких мальчиков, *Vedo cinque ragazzini.*

• Per casi diversi dal nominativo e dall'accusativo, i nomi e gli aggettivi concordano logicamente col numero cardinale **anche dopo un numero cardinale dal 5 in poi**. Un esempio con il dativo:

Я даю книгу пяти маленьким мальчикам, *Do il libro a cinque ragazzini.*

6 Verbi

- **рассказа́ть** (perf.), *raccontare*: **расскажу́, расска́жешь, расска́жут**.
- **поня́ть** (perf.), *capire*: **пойму́, поймёшь, пойму́т**.
- **брать** (imperf.), *prendere*: **беру́, берёшь, беру́т**.
- **терпе́ть** (imperf.), *sopportare*: **терплю́, те́рпишь, те́рпят** (questo verbo si coniuga come **люби́ть**).

7 Verbi di moto

- **е́здить** (imperf., pluridirezionale), *andare con un mezzo di trasporto terrestre*: **е́зжу, е́здишь, е́здят**.
- **плыть** (imperf., unidirezionale), *nuotare, navigare*: **плыву́, плывёшь, плыву́т**.
- **поплы́ть** (perf., unidirezionale), *nuotare, navigare*: **поплыву́, поплывёшь, поплыву́т** (si coniuga come l'imperfettivo).
- **лете́ть** (imperf., unidirezionale), *andare in aereo, volare*: **лечу́, лети́шь, летя́т**.
- **полете́ть** (perf., unidirezionale), *andare in aereo, volare*: **полечу́, полети́шь, полетя́т** (si coniuga come l'imperfettivo).

8 Preposizioni

- **по**, quando descrive il movimento su una qualche superficie, è seguita dal <u>dativo</u>: **идти́ по у́лице**, *andare / camminare per la strada*;
- **по** seguita dal <u>dativo</u> si usa anche nelle seguenti espressioni: **говори́ть по телефо́ну**, *parlare al telefono*; **смотре́ть по телеви́зору**, *guardare [un programma] alla televisione*.
- **на** (in senso temporale) seguita dall'<u>accusativo</u> indica la durata di un'azione:

Они́ к нам на неде́лю, *Stanno da noi (per) una settimana*.

- Seguita dal <u>prepositivo</u>, invece, **на** può indicare il mezzo di locomozione con cui ci si sposta, oltre che uno stato in luogo:

Мы е́дем в Москву́ на маши́не, *Andiamo a Mosca in macchina*.

Заключительный диалог

1 – С тобой всё в порядке?
2   Ты уже два часа переключаешь каналы…
3 – Терпеть не могу, когда по телевизору показывают так много всего.
4   Я не могу выбрать!
5 – Ну, я могу предложить тебе интересный фильм.
6   Или один фильм тебе не подходит?
7 – Ни один, ни десять интересных фильмов!
8   Я больше не хочу смотреть телевизор.
9   Я предпочитаю пойти заняться спортом.
10 – Главное, чтобы ты точно знал, чем хочешь заниматься!
11   Знаешь, лучше, чтобы ты выбрал сразу…

Traduzione

1 Stai bene *(con te tutto in ordine)*? **2** Sono già due ore che fai zapping… **3** Non sopporto quando in televisione danno così tanti programmi *(così molto di tutto)*! **4** Non so cosa *(posso)* scegliere! **5** Beh, posso proporti un film interessante. **6** O un film non ti va bene? **7** Uno o dieci, che importa? *(Né uno, né dieci film interessanti!)* **8** Non voglio più guardare la televisione. **9** Preferisco andare a fare sport. **10** L'importante è che tu sappia bene cosa vuoi fare! **11** Sai, è meglio che tu scelga subito…

Seconda ondata: ventunesima lezione

71 Се́мьдесят пе́рвый уро́к

В гости́нице

1 – Послу́шайте, я не хочу́ ① сканда́ла,
2 но всё-таки ду́маю, что э́то недопусти́мо!
3 – Успоко́йтесь ②, пожа́луйста, и объясни́те то́лком ③, что случи́лось.
4 – Ещё вчера́ я попроси́л ④ навести́ поря́док в моём но́мере.
5 Увы́, сего́дня всё по-пре́жнему.
6 И э́то называ́ется «се́рвис на высоте́»?
7 – Как же так? Ничего́ не понима́ю ⑤.

Note

① Vi siete accorti che **сканда́л**, *scandalo, scenata* è declinato al genitivo dopo il verbo **хоте́ть**, *volere*? Questo perché il complemento oggetto di questo verbo va al genitivo se indica un concetto astratto (come per l'appunto **сканда́л**), mentre va normalmente all'accusativo se indica una cosa concreta. Ci vuole il genitivo anche quando il complemento oggetto di **хоте́ть** esprime un partitivo:
Она́ хо́чет твою́ ку́ртку. *Lei vuole il tuo giubbotto* (cosa concreta).
Как я хочу́ хоро́шей пого́ды! *Quanto vorrei che facesse bel tempo!* (cosa astratta)
Они́ хотя́т пи́ва. *Loro vogliono della birra* (partitivo).

② **успоко́йтесь** è l'imperativo alla 2ª persona plurale del verbo perfettivo **успоко́иться**, *calmarsi*. L'imperativo di questo verbo si forma regolarmente aggiungendo **-сь** dopo una vocale e **-ся** dopo una consonante: **успоко́й** + **ся**, *calmati*; **успоко́йте** + **сь**, *calmatevi, si calmi*.

③ **то́лком** è un avverbio che vuol dire *per bene, come si deve* oppure *chiaramente*.

Settantunesima lezione 71

In albergo

1 – Senta, non voglio fare scandali *(dello scandalo)*,
2 ma ad ogni modo penso che questo sia inaccettabile!
3 – Si calmi, La prego, e [mi] spieghi per bene cos'è successo.
4 – Solo *(Ancora)* ieri avevo chiesto di mettere [in] ordine la *(nella)* mia camera.
5 Purtroppo *(Ahimé)* oggi è tutto come prima.
6 E questo sarebbe *(si chiama)* un "servizio all'altezza"?
7 – Come sarebbe *(Come così)*? *(Niente)* Non capisco.

▶ ④ **попроси́л** è il passato al maschile del perfettivo **попроси́ть**, *chiedere*, verbo di cui troverete la coniugazione nella prossima lezione di ripasso.

⑤ Ricordate che l'uso della negazione **не** è sempre obbligatorio in combinazione con **никогда́**, **ничего́** o **никто́**:
Никто́ не хо́чет чита́ть э́ту кни́гу, *Nessuno vuol leggere questo libro.*
Я никогда́ э́того не де́лал, *Non l'ho mai fatto.*

71

8 После вашей жалобы я лично занялась вашим ⑥ номером.
9 Вам поменяли полотенца, простыни, одеяло...
10 я даже принесла вам новую подушку, мыло и зубную пасту...
11 – Перестаньте ⑦ водить меня за нос!
12 Я ещё не сошёл с ума ⑧!
13 У меня в номере ничего не изменилось ⑨!
14 – Постойте-постойте ⑩... а вы в каком номере?
15 – Я был во втором ⑪, а потом меня переселили в пятый ⑪ номер.
16 – Простите ради ⑫ Бога!
17 Я-то занималась вторым ⑬ номером! ☐

Osservazioni sulla pronuncia
8 занялась *zanilas'*
17 я-то *jat^a*

Note

⑥ **вашим** è lo strumentale di **ваш**, *vostro, Suo*, come potete constatare rileggendo la tabella riassuntiva nella 70ª lezione.

⑦ **перестаньте** è l'imperativo (2ª persona plurale) del verbo perfettivo **перестать**, *smettere*.

⑧ **Сойти с ума** è un'espressione idiomatica e vuol dire *impazzire*. **Сошёл** è il passato irregolare, al maschile singolare, del verbo perfettivo **сойти**, *scendere*. Si forma come il passato dei verbi **идти-пойти**, *andare a piedi*: **шёл-пошёл**. Il femminile è **сошла**, il neutro **сошло** e il plurale **сошли**.

⑨ **изменилось** è il passato al neutro singolare del verbo perfettivo **измениться**, *cambiare*. Come noterete, in russo questo verbo è pronominale.

▶

8   Dopo il Suo reclamo mi sono occupata personalmente della Sua camera.

9   Le hanno cambiato gli asciugamani, le lenzuola, la coperta…

10   Le ho anche portato *(io persino ho portato a voi)* un nuovo cuscino, il sapone e il dentifricio…

11 – La smetta di prendermi in giro *(portarmi per naso)*!

12   Non sono ancora impazzito *(Io ancora non scesi dal cervello)*!

13   Nella mia camera *(Presso di me in camera)* non è cambiato nulla!

14 – Aspetti, aspetti… ma Lei in che camera è?

15 – Ero nella due *(seconda)* ma poi mi hanno trasferito nella cinque *(in quinta camera)*.

16 – Per l'amor del Cielo, mi scusi *(Scusate, per amor di Dio)*!

17   Io invece mi sono occupata della camera due!

---

⑩ **постойте** o **постойте-постойте** è un'espressione che vuol dire *Aspetti!* È l'imperativo del verbo perfettivo **постоять**, *stare in piedi/fermo per un po'* (ne conoscete già l'imperfettivo **стоять**, *stare in piedi/fermo*): il prefisso **по-** limita nel tempo l'azione (*per un po'*).

⑪ **втором** è il prepositivo (azione senza movimento) del numero ordinale **второй**, *secondo*, mentre **пятый** è in questo caso l'accusativo (azione con movimento) del numero ordinale **пятый**.

⑫ **ради**, *per, a favore di, per amore di*, è seguita dal genitivo: **Пожалуйста, сделай это ради меня!** *Per favore, fallo per me!* L'espressione **Ради Бога!** corrisponde a *Per carità!*

⑬ Ricordate che il verbo **заниматься**, *occuparsi*, richiede lo strumentale. Perciò **вторым** è lo strumentale del numero ordinale maschile **второй**, *secondo*. I numeri ordinali, come sapete, si declinano come gli altri aggettivi.

Упражнение 1 – Читайте и переводите

❶ Успокойтесь, вам нельзя волноваться!
❷ Вчера нам поменяли график работы. Теперь выходные у меня в понедельник и во вторник.
❸ Ради Бога, займитесь своими делами! ❹ Это очень хорошая гостиница: цены низкие и сервис на высоте. ❺ Они не были в этом городе двадцать лет, и там ничего не изменилось.

Упражнение 2 – Восстановите текст

❶ Trecentocinquanta rubli per il sapone e il dentifricio! E questo sarebbe *(si chiama)* conveniente?
Триста пятьдесят рублей за . . . . и зубную . . . . . ! И это называется . . . . . . ?

❷ Ma se lei l'ha preso in giro per tutta la *(propria)* vita!
Да она всю свою жизнь . . . . . . его за . . . !

❸ Non è cambiato nulla: fanno ogni giorno delle scenate.
Ничего не . . . . : у них каждый день скандалы.

❹ I cuscini, le coperte e le lenzuola sono nell'armadio.
Подушки, ... и . . . . в шкафу.

❺ Li ho chiamati ieri: da loro va tutto come prima.
Я звонил . . вчера: у них всё . . - - - - - . .

Soluzione dell'esercizio 1

❶ Si calmi, non si deve agitare! ❷ Ieri ci hanno cambiato il piano di lavoro. Ora i miei giorni di riposo sono lunedì e martedì. ❸ Per carità, si occupi degli affari Suoi! ❹ Questo è un ottimo albergo: i prezzi sono bassi e il servizio è all'altezza. ❺ Mancano da questa città da vent'anni *(Loro non erano in questa città vent'anni)* e qui non è cambiato niente.

Soluzione dell'esercizio 2

❶ – мыло – пасту – дёшево ❷ – водила – нос ❸ – изменилось – ❹ – одеяла – простыни – ❺ – им – по-прежнему

Seconda ondata: ventiduesima lezione

72 Семьдесят второй урок

Все цвета радуги

1 Каждый охотник
2 желает ① знать,
3 где сидит фазан.
4 Красный, оранжевый,
5 жёлтый, зелёный,
6 голубой, синий, фиолетовый.
7 И другие цвета ② :
8 серый: серое небо;
9 чёрный: чёрные глаза ② ;
10 золотой: золотые руки.
11 серебряный : серебряная ложка ③ ;
12 цветной: цветной телевизор;
13 чёрно-белый: чёрно-белая фотография.
14 Мои любимые цвета: бежевый, розовый и коричневый,
15 светло-зелёный, тёмно-синий ④ .

Osservazioni sulla pronuncia
4 оранжевый *aranžyv^{yj}*

Note

① Ormai siete in grado di ricavare l'infinito di un verbo dalle sue voci verbali. Cercate sempre la radice! Come avrete intuito, **желает** è la 3ª persona singolare del verbo **желать**, *desiderare*.

② Alcuni nomi maschili formano il plurale con l'aggiunta della desinenza **-a** accentata: **адрес**, *indirizzo* → **адреса**; **доктор**, *dottore* → **доктора**; **цвет**, *colore* → **цвета**; **глаз**, *occhio* → **глаза**.

Settantaduesima lezione 72

Per ricordare meglio i colori dell'arcobaleno, provate a memorizzare questo piccolo testo (le prime tre righe): la prima lettera di ogni parola è l'iniziale di un colore.

Tutti i colori dell'arcobaleno

1 Ogni cacciatore
2 vuole *(desidera)* sapere
3 dov'è *(siede)* il fagiano.
4 Rosso, arancione,
5 giallo, verde,
6 azzurro, blu, viola.
7 *(E)* altri colori:
8 grigio: un cielo grigio;
9 nero: occhi neri;
10 oro *(dorato)*: mani d'oro.
11 argenteo: un cucchiaio d'argento;
12 colorato: un televisore a colori;
13 bianco e nero: una foto in bianco e nero.
14 I miei colori preferiti [sono]: beige, rosa e marrone,
15 verde chiaro, blu scuro.

▶ ③ Attenzione: nel genitivo plurale di **ложка**, *cucchiaio*, come in altri sostantivi femminili, compare la vocale mobile **е**: **ложек**.

④ Notate l'uso del trattino dopo **светло**, *chiaro*; **тёмно**, *scuro* (forme brevi degli aggettivi **светлый** e **тёмный**) quando si riferiscono a un colore:
У меня есть красивый тёмно-коричневый свитер.
Ho un bel maglione marrone chiaro.
У Тамары светло-серые глаза.
Tamara ha gli occhi grigio chiaro.

Упражнение 1 – Читайте и переводите

❶ Он целый день сидит рядом со своим чёрно-белым телевизором. ❷ Море сегодня очень красивое – тёмно-синее. ❸ – Какие цвета тебе нравятся? – Все цвета радуги! ❹ Какое серое небо! Наверное, опять будет дождь. ❺ У неё вся одежда оранжевого и красного цветов!

Упражнение 2 – Восстановите текст

❶ – Mi piacciono molto le foto in bianco e nero. – A me invece piacciono di più quelle a colori *(colorate)*.
  – Я очень люблю . . . . . - . . . . . фотографии. – А мне больше нравятся . . . .

❷ Nella mia camera tutti i cuscini sono verde chiaro, mentre le lenzuola sono gialle.
  В моём номере все . . . . светло-зелёные, а простыни жёлтые .

❸ Fa tutto da solo, ha le mani d'oro.
  Он всё делает . . . , у него . . . . руки.

❹ Tu hai gli occhi grigi mentre tua sorella li ha neri.
  У тебя . . . . . глаза, а у твоей сестры . . . .

❺ È talmente emozionato che ha la faccia tutta rossa.
  Он так волнуется, что у него всё . . . .

E ora un piccolo scioglilingua: leggete lentamente e pronunciando bene ogni singola parola, poi cercate di aumentare via via la velocità.

Soluzione dell'esercizio 1

❶ Sta tutto il giorno davanti *(accanto)* al suo televisore in bianco e nero. ❷ Oggi il mare è molto bello, è blu scuro. ❸ – Quali colori ti piacciono? – Tutti i colori dell'arcobaleno! ❹ Che cielo grigio! Forse pioverà di nuovo. ❺ Tutti i suoi vestiti sono di colore arancione e rosso!

Soluzione dell'esercizio 2

❶ – чёрно-белые – цветные ❷ – подушки – ❸ – сам – золотые – ❹ – серые – чёрные ❺ – лицо красное

Скороговóрка
Четы́ре чёрненьких чумáзеньких* чертёнка
Черти́ли чёрными черни́лами чертёж
Чрезвычáйно чи́сто.
Scioglilingua
Quattro diavoletti bruni e sporchini
Tracciavano un disegno con l'inchiostro nero
Straordinariamente bene *(pulito)*.

*-**еньк**- *è un suffisso diminutivo che si inserisce tra la radice e la desinenza.*
Gli aggettivi originari sono **чёрный**, *nero e* **чумáзый**, *sporco.*

Seconda ondata: ventitreesima lezione

73 Се́мьдесят тре́тий уро́к

Как с ва́ми связа́ться?

1 – Прости́те, вы не могли́ бы ① мне помо́чь?
2 – Да, коне́чно, чем ② могу́ быть поле́зен ③?
3 – Мне на́до сро́чно связа́ться ④ с мое́й семьёй.
4 Я хоте́ла позвони́ть домо́й ⑤, но по́чта закры́та ⑥,
5 а из каби́ны телефо́на-автома́та мо́жно позвони́ть
6 то́лько с телефо́нной ка́ртой.
7 – Вы мо́жете купи́ть таку́ю ка́рту в любо́м газе́тном кио́ске.

Note

① **вы не могли́ бы** (lett. *potreste*), *potrebbe*, è una formula di cortesia composta dalla forma negativa del verbo **мочь**, *potere*, al passato e dalla particella **бы**, che serve a esprimere il condizionale (vedi lezione 32, nota 4):
Тама́ра, ты не могла́ бы дать мне твой но́вый а́дрес?
Tamara, potresti darmi il tuo nuovo indirizzo?
Серге́й, ты не мог бы подари́ть мне э́ту кни́гу?
Serghjej, non potresti regalarmi quel libro?

② **чем** è lo strumentale di **что**, *che cosa*.

③ **поле́зен**, *utile*, è un aggettivo di forma breve al maschile. Il femminile è **поле́зна**, il neutro **поле́зно** e il plurale **поле́зны**.

④ **связа́ться**, *legarsi, collegarsi*, è un verbo perfettivo; **связа́ться с** + caso strumentale significa *contattare, mettersi in contatto* (*chiamare* nel caso specifico del nostro dialogo). Nella prossima lezione di ripasso ve ne forniremo la coniugazione. ▶

Settantatreesima lezione 73

Come contattarvi
(Come con voi collegarsi)?

1 – Mi scusi, mi potrebbe aiutare *(voi non potreste aiutarmi)*?
2 – Sì, certamente, in che cosa posso esserLe utile?
3 – Devo chiamare urgentemente la mia famiglia *(A me occorre d'urgenza collegarsi con mia famiglia)*.
4   Volevo telefonare a casa, ma la Posta è chiusa
5   e dalla cabina *(del telefono automatico)* si può telefonare
6   solo con la scheda telefonica.
7 – Può comprare la *(tale)* scheda in qualsiasi edicola.

▶ ⑤ Nella 66ª lezione avete fatto conoscenza con l'espressione **до́ма**, *a casa, in casa* (senza movimento); **домо́й** vuol dire *a casa*, con movimento:
За́втра я бу́ду до́ма це́лый день.
Domani sarò a casa tutto il giorno.
Снача́ла мы идём домо́й, а пото́м к ро́дственникам.
Prima andiamo a casa e poi dai genitori.

⑥ **закры́та** è un altro aggettivo di forma breve. Spesso gli aggettivi di forma breve indicano una caratteristica transitoria del sostantivo cui fanno riferimento:
Э́то ну́жная кни́га, *È un libro indispensabile* (in generale, dunque si tratta di una caratteristica costante).
Э́та кни́га вам нужна́. *Questo libro Le è indispensabile* (si parla di una situazione specifica, dunque non si tratta di una caratteristica permanente).

8 – Пра́вда? Как здо́рово!
9 А где я могу́ воспо́льзоваться Интерне́том?
10 – На почта́мте и́ли в интерне́т-кафе́.
11 – А где нахо́дится ближа́йшее, не подска́жете ⑦?
12 – Рад ⑧ бы, да сам не зна́ю.
13 Я не ме́стный.
14 Попро́буйте ⑨ пройти́ вдоль проспе́кта,
15 наверняка́ хоть одно́ бу́дет.
16 – Так и ⑩ сде́лаю. Спаси́бо!
17 – Не́ за что. Уда́чи!
18 – Всего́ до́брого ⑪! ☐

Osservazioni sulla pronuncia
17 Не́ за что *njezasht*ᵃ
18 Всего́ до́брого *fsivo dobrav*ᵃ

Note

⑦ **подска́жете** è la 2ª persona plurale del verbo perfettivo **подсказа́ть**, *suggerire* (o, a seconda del contesto, *consigliare, indicare*), che si coniuga come **сказа́ть**, *dire*, da cui deriva.

⑧ **рад**, *lieto*, è anch'esso un aggettivo di forma breve al maschile (il femminile è **ра́да**, il neutro **ра́до**, il plurale **ра́ды**).

⑨ **попро́буйте** è la 2ª persona plurale dell'imperativo del verbo **попро́бовать**, *provare*, che è perfettivo (di norma l'imperativo perfettivo suona più educato di quello imperfettivo). È un verbo in **-овать** e ha pertanto una coniugazione particolare, che vedrete nella prossima lezione di ripasso.

⑩ In questo caso **и** non è una congiunzione, bensì una particella rafforzativa.

⑪ Nell'espressione **Всего́ до́брого** entrambe le parole sono al genitivo: la formula completa è infatti **Я жела́ю вам всего́ до́брого**, *Le auguro tante belle cose* (*ogni bene*), e il verbo **жела́ть** regge il genitivo.

73

8 – Davvero? Che bellezza!
9 E dove posso connettermi a *(servirmi)* Internet?
10 – Alla Posta Centrale o in un Internet Point.
11 – Non mi può indicare dove si trova quello più vicino *(E dove si trova il più vicino, non suggerirete)*?
12 – Lo farei volentieri *(lieto sarei)*, ma non lo so neanch'io *(stesso non so)*.
13 Non sono di qui *(locale)*.
14 Provi a cercare *(passare)* lungo il corso,
15 ce ne sarà sicuramente almeno uno *(sicuramente almeno uno sarà)*.
16 – Farò proprio così. Grazie!
17 – Di niente *(Non per che cosa)* Buona fortuna *(Del successo)*!
18 – Buona giornata *(Di tutto buono)*!

У Сергея нет интернета, но есть телефон.

Упражнение 1 – Читайте и переводите

❶ У Сергея нет Интернета, но есть телефон. Позвони ему! **❷** Почта уже закрыта, а я так и не купила телефонную карту. **❸** – А как с тобой можно связаться? – Позвони мне домой завтра вечером. **❹** Я прошёл вдоль реки, а потом пошёл в парк. **❺** Рада бы тебе помочь, но сейчас мне некогда.

Упражнение 2 – Восстановите текст

❶ – Dov'eri? – In un Internet point. Dovevo contattare mio fratello.

– Где ты был? – В ....-кафе. Мне надо было .... с братом.

❷ Devo comprare dello zucchero. Dov'è il negozio più vicino?

Мне надо купить сахара. Где .... магазин?

❸ – Potrebbe indicarmi *(Non suggerirete)* dove si trova la Posta? – A sinistra della farmacia.

– Не ...., где находится почта? – Слева .. аптеки.

❹ – Dove ha comprato la scheda telefonica? – In quell'edicola.

– Где вы купили .... карту? – В этом газетном ....

❺ – Posso usare il Suo telefono? – Sì, prego.

– Могу я .... вашим ....? – Да, пожалуйста.

Soluzione dell'esercizio 1

❶ Serghjej non ha Internet, ma ha il telefono. Chiamalo! ❷ La Posta è già chiusa e io non ho ancora comprato la scheda telefonica. ❸ – E come ti posso contattare? – Telefonami a casa domani sera. ❹ Ho fatto un giro lungo il fiume e poi sono andato al parco. ❺ Ti aiuterei volentieri, ma ora non ho tempo.

Soluzione dell'esercizio 2

❶ – интернет – связаться – ❷ – находится ближайший – ❸ – подскажете – от – ❹ – телефонную – киоске ❺ – воспользоваться – телефоном –

In Russia il mezzo più semplice per telefonare è il cellulare. Molti ce l'hanno ed è possibile acquistarne uno un po' dappertutto. Ovviamente si può anche telefonare da una cabina, con una scheda acquistabile in metropolitana, alla Posta o in un'edicola. Sappiate inoltre che le cabine telefoniche non hanno un numero, dunque non si possono chiamare, ma in compenso è possibile telefonare all'estero da una cabina o da un ufficio postale. Gli uffici postali sono aperti tutta la settimana, in genere dalle 8 alle 20, tranne la domenica, in cui è aperta solo la Posta Centrale. Quanto a Internet, è possibile connettersi in alcuni uffici postali e negli Internet Point, che si stanno diffondendo molto rapidamente.

Seconda ondata: ventiquattresima lezione

74 Се́мьдесят четвёртый уро́к

Все профе́ссии важны́!

1 — Я рабо́таю преподава́телем ①.
2 — А я рабо́таю продавцо́м ② в апте́ке,
3   а моя́ жена́ – продавщи́ца в о́чень мо́дном бути́ке.
4 — Ой, а я то́же продаве́ц… то́лько продаю́ ③ о́вощи.
5   Да, сего́дня нам не хвата́ет ④ и́менно таки́х поле́зных профе́ссий!
6   Тако́е ощуще́ние, что сейча́с все мечта́ют стать парикма́херами и́ли модельера́ми.

Osservazioni sulla pronuncia
2 продавцо́м *pradaftsom*

Note

① Dopo il verbo **быть**, *essere*, all'infinito, al passato e al futuro, e dopo alcuni verbi come **рабо́тать**, *lavorare*, o **стать**, *diventare*, i termini che esprimono una professione o uno stato temporaneo si mettono allo strumentale: **Я хочу́ быть актёром, когда́ бу́ду больши́м**, *Da grande voglio fare l'attore*.

② **продавцо́м** è lo strumentale di **продаве́ц**, *commesso*. Ecco di nuovo la vocale mobile che compare nelle desinenze di parole che sarebbero altrimenti difficili da pronunciare e scompare quando interviene una desinenza che contiene una vocale. Fate attenzione: **продаве́ц** ha l'accento tonico sull'ultima sillaba. La scomparsa della vocale mobile **e** fa spostare l'accento sulla vocale che la "sostituisce" (**o**): **продавцо́м**.

③ **продаю́** è la 1ª persona singolare del verbo imperfettivo **продава́ть**, *vendere*. Si tratta di un verbo in **-вать** (vedi la prossima lezione di ripasso).

Settantaquattresima lezione 74

Tutte le professioni sono importanti!

1 – Io faccio *(lavoro come)* il professore.
2 – Io invece *(E io)* faccio il commesso in una farmacia,
3   mentre mia moglie è commessa in una boutique molto alla moda.
4 – Oh, anch'io [faccio il] commesso… solo che vendo ortaggi.
5   [Eh] sì, oggi sono proprio le professioni utili che mancano *(a noi non basta di tali utili professioni)*!
6   Ho l'impressione *(Tale sensazione)* che adesso tutti sognino di diventare parrucchieri o stilisti.

▶ ④ **хватáет** è la 3ª persona singolare del verbo imperfettivo **хватáть**, *bastare* (un altro significato è *afferrare*). Notate che, nelle frasi negative, questo verbo si traduce normalmente col verbo *mancare*.

7 Это какая-то ⑤ новая мода.
8 Или вот ещё: кто не хочет стать депутатом или юристом?
9 – Да не говорите глупостей!
10 Мода всегда была ⑥ на актёров и певцов!
11 – А вы имеете что-то против них ⑦?
12 У меня, например, сестра певица, а двоюродная сестра актриса...
13 – Прекратите спорить!
14 Главное – делать свою работу хорошо.
15 – Ну, где же официант?
16 – Сколько можно ждать?
17 – А он, наверное, решил поменять профессию на другую.
18 – Хорошо бы сделал...
19 Всё равно официант из него никакой ⑧! □

19 официа́нт из него *afitsʸant iznivo*

Note

⑤ **кака́я-то**, *una, una qualche, una certa*, ecc. è un aggettivo indefinito che concorda regolarmente nel genere e nel numero col nome cui si riferisce. Si declina come un normale aggettivo e si usa per indicare che non si sa come definire meglio il sostantivo che segue:
В коридо́ре стоя́т каки́е-то лю́ди.
In corridoio c'è della gente (non si sa di preciso chi).
Он подари́л мне каку́ю-то кни́гу.
Mi ha regalato un (certo) libro (non ricordo più quale). ▸

7 È una nuova moda.

8 E poi *(o ecco ancora)*: chi non vorrebbe fare *(vuole diventare)* il deputato o l'avvocato?

9 – Ma non dica sciocchezze!

10 Sono sempre andati di moda gli attori e i cantanti *(La moda sempre è stata su attori e cantanti)*!

11 – Perché, Lei ha *(E voi avete)* qualcosa contro di loro?

12 Io, per esempio, ho una sorella che fa la cantante e mia cugina fa l'attrice…

13 – Smettetela di *(smettete)* discutere!

14 L'importante è fare bene il proprio lavoro.

15 – Beh, ma dov'è il cameriere?

16 – Quanto tempo bisogna *(si può)* aspettare?

17 – Avrà probabilmente deciso di cambiare lavoro *(professione su altra)*.

18 – [E] farebbe bene…

19 In ogni caso, come cameriere è una frana *(Tutto uguale, cameriere da lui nessuno)*!

▶ ⑥ Osservate questa curiosa espressione: per dire *andare di moda, essere di moda*, oltre a **быть в мо́де** si può dire **мо́да на** (letteralmente *moda su*) + accusativo. **Сейча́с мо́да на ру́сскую ку́хню**, *Adesso va di moda la cucina russa*.

⑦ Attenti: **про́тив** + genitivo è una preposizione, perciò bisogna aggiungere una **н** davanti al pronome **их**.

⑧ Un altro modo di dire: … (nome di una professione) **из него́ никако́й** significa *Come… è una frana, È un pessimo…*

Упражнение 1 – Читайте и переводите

❶ – Кем вы работаете? – Официантом в очень модном ресторане. ❷ Мода на синие джинсы прошла. ❸ – Кем ты хочешь стать, когда будешь большим? – Парикмахером. ❹ Наш класс играл в футбол против университета! ❺ – У вас же была синяя машина! – Да, но мы её поменяли.

Упражнение 2 – Восстановите текст

❶ Ma non dica sciocchezze: nessuno conosce questo cantante.

Да не говорите .... : никто .. знает этого певца.

❷ Ha fatto *(Lui tutta la vita ha lavorato)* il professore per tutta la vita e ora è diventato commesso.

Он всю ..... работал .... , а теперь .... продавцом.

❸ Quanto tempo bisogna aspettarlo? Lo sapevo, è in ritardo come sempre *(Io sapevo, che lui, come sempre, ritarderà)*!

Сколько можно его ..... ? Я знала, что он, как всегда, ... !

❹ – Oh! È tua sorella? – Quasi. È mia cugina.

– О! Это твоя сестра? – ...... Это моя .... сестра.

❺ Bene, come preferisce *(volete)*. Non amo le discussioni *(discutere)*.

Хорошо, как .... Я не люблю ....

Soluzione dell'esercizio 1

❶ – Cosa fa di mestiere? – Il cameriere in un ristorante molto alla moda. ❷ I blue jeans sono passati di moda. ❸ – Cosa vuoi fare da grande *(Con-chi vuoi diventare, quando sarai grande)*? – Il parrucchiere. ❹ La nostra classe ha giocato a calcio contro l'università! ❺ – Ma se avete già un'auto blu! – Sì, ma l'abbiamo cambiata.

Soluzione dell'esercizio 2

❶ – глупостей – не – ❷ – жизнь – преподавателем – стал – ❸ – ждать – опоздает ❹ – Почти – двоюродная – ❺ – хотите – спорить

Affinché possiate assimilare bene la lingua, è bene che il vostro studio mantenga un ritmo regolare. Non fate lunghe pause e, se un giorno non avete tempo, riascoltate almeno il dialogo del giorno prima o rileggetelo. L'importante è mantenere un contatto costante con la lingua russa.
Se invece avete tempo a sufficienza, ascoltate o rileggete sempre ad alta voce i dialoghi in diversi momenti della giornata.

Seconda ondata: venticinquesima lezione

75 Се́мьдесят пя́тый уро́к

Суеве́рный челове́к

1 — Говоря́т, что ру́сские ве́рят в ра́зные приме́ты.
2 — Ну, э́то, коне́чно, пожилы́е лю́ди, не молодёжь.
3 — А каки́е у вас есть приме́ты?
4 — Их мно́го. Наприме́р, разби́ть зе́ркало – к несча́стью ①.
5 Е́сли вам перешли́ доро́гу с пусты́м ведро́м – быть неуда́че.
6 Соль просы́пать неча́янно – к ссо́ре ①.
7 Пусту́ю буты́лку на стол ста́вить нельзя́…
8 — А куда́ же её ста́вить?
9 — Под стол ②!
10 Ну и ещё мно́го ра́зной ерунды́ ③ есть.

Osservazioni sulla pronuncia
Titolo: суеве́рный *suivjernyj*
4 к несча́стью *knisshast'ju* 9 под сто́л *patstol*

Note

① La preposizione **к** seguita dal dativo indica destinazione. Notate il suo uso un po' particolare in espressioni come **к несча́стью** e **к ссо́ре**, dove il fatto di compiere l'azione porta "verso" una disgrazia o un litigio.

② **под сто́л**, *sotto il tavolo*. La preposizione **под** seguita dall'accusativo indica che l'azione implica un movimento (in questo caso per posare la bottiglia):
Не ста́вь, пожа́луйста, о́бувь под шка́ф!
Per favore, non mettere le scarpe sotto l'armadio!

③ Il termine **ерунда́**, *stupidaggini*, si usa di norma al singolare ed è un termine caratteristico della lingua parlata.

Settantacinquesima lezione 75

Una persona superstiziosa

1 – Si dice *(dicono)* che i Russi credano in tanti *(vari)* segni premonitori.
2 – Beh, [ci crederanno] certamente le persone anziane, non i giovani *(la gioventù)*.
3 – E quali segni premonitori avete?
4 – Ce ne sono parecchi *(Di loro molto)*. Per esempio, rompere uno specchio [porta] sfortuna *(verso disgrazia)*.
5 Se ti attraversano *(a voi hanno attraversato)* la strada con un secchio vuoto, ti capiterà una disgrazia *(essere alla disgrazia)*.
6 Spargere involontariamente del sale preannuncia un litigio *(al litigio)*.
7 Non si deve mettere una bottiglia vuota sul tavolo…
8 – E dove va messa *(E dove metterla)*?
9 – Sotto il tavolo!
10 E ci sono ancora tante altre *(varie)* stupidaggini.

Суеверный человек.

11 — Да, всё это **о**чень интер**е**сно, но мне пор**а**.
12 Уж**е** п**о**здно, тр**а**нспорт б**о**льше не х**о**дит ④...
13 У мен**я** не хв**а**тит на ⑤ такс**и**.
14 М**о**жешь одолж**и**ть мне д**е**нег?
15 — Ни в к**о**ем сл**у**чае:
16 д**е**ньги на ⑤ ночь в долг дав**а**ть – плох**а**я прим**е**та...

---

12 п**о**здно *pozna* 16 н**а́** ночь *папač*

Note

④ Quest'uso del verbo **ход**и**ть**, *andare a piedi*, vi stupirà dal momento che si parla di un mezzo di trasporto, ma in realtà qui il senso vero e proprio del termine è *funzionare*:
В э́том го́роде тра́нспорт хо́дит о́чень пло́хо.
In questa città i mezzi pubblici funzionano malissimo.

⑤ Ormai state prendendo dimestichezza con i vari usi della preposizione **на**: nella frase 13 significa *per*, nella frase 16 compare nell'espressione **на́ ночь**, che significa sia *al calar del buio* che *all'ora di andare a dormire*.

***

Упражнение 1 – Читайте и переводите

❶ Осторожно! Не просыпь соль: это к ссоре. ❷ Я не знал, что твой отец такой суеверный человек. ❸ Им нельзя столько работать: они уже пожилые люди. ❹ Я не люблю этого молодого человека. Он всегда рассказывает всякую ерунду. ❺ Папа одолжил мне денег на новый телевизор.

11 – Sì, tutto ciò è molto interessante, ma ora devo andare *(a me è ora)*.
12 È già tardi, i mezzi pubblici non passano più *(trasporto più non va)*…
13 Non ho abbastanza soldi per *(Presso di me non basta per)* un taxi.
14 Puoi prestarmene *(Puoi prestarmi dei soldi)*?
15 – Assolutamente no *(Né in alcun caso)*:
16 dare in prestito dei soldi al calar del buio porta sfortuna *(soldi su notte in prestito dare - cattivo segno)*…

***

Soluzione dell'esercizio 1
❶ Attento! Non spargere il sale perché preannuncia un litigio. ❷ Non sapevo che tuo padre fosse un uomo così superstizioso. ❸ Non devono lavorare così tanto: sono persone già anziane. ❹ Non mi piace quel giovanotto. Racconta sempre un sacco di stupidaggini. ❺ Mio padre mi ha prestato i soldi per il televisore nuovo.

75   Упражнение 2 – Восстановите текст

❶ Ho l'impressione che tutti i giovani sognino di diventare cantanti o stilisti.

Такое ...., что вся .... мечтает ..... певцами или модельерами.

❷ – Credi nei segni premonitori *(vari segni)*? – Sì *(Credo)*, ma non in tutti.

– Ты веришь . разные .... ? – ...., но не во все.

❸ Puoi prestarmi il tuo specchio? Ho rotto il mio.

Можешь .... мне твоё .... ? Я своё ...... (.) .

❹ – Per favore, non posare tutte le bottiglie vuote sul tavolo. – E dove le metto?

– Не ставь, пожалуйста, все ...... бутылки на стол. – А .... же их .... ?

❺ Devo andare, presto i mezzi pubblici non passeranno più *(trasporto presto smetterà andare)*.

Мне ...., а то .... скоро перестанет ....

I Russi, nel complesso, sono piuttosto superstiziosi. Le loro superstizioni variano spesso da una regione all'altra e talvolta si contraddicono a vicenda: per esempio, alcuni credono che inciampare col piede sinistro porti fortuna, mentre altri sono convinti del contrario. Sul metodo per scongiurare la malasorte, in compenso, sono tutti d'accordo: si sputa sopra la spalla sinistra e ci si fa per tre volte il segno della croce.

Quanto ai soldi, c'è chi dice che non si debba prestarne a notte fonda e chi afferma che non si debba soprattutto restituirli sul tardi. Altri ancora pensano che, se si tratta proprio di una questione urgente, occorra posare il denaro per terra affinché la persona che lo prende in prestito possa raccoglierlo.

Soluzione dell'esercizio 2

❶ – ощущение – молодёжь – стать – ❷ – в – приметы – Верю – ❸ – одолжить – зеркало – разбил(а) ❹ – пустые – куда – ставить ❺ – пора – транспорт – ходить

Un gatto nero che vi attraversa la strada porta sfortuna; se l'occhio sinistro vi prude, vuol dire che verserete delle lacrime o avrete delle preoccupazioni.

Un oggetto che cade per terra, se è di genere maschile, annuncia la visita di un ragazzo; se è di genere femminile, sarà una ragazza a farvi visita; se vi fischiano le orecchie, qualcuno sta parlando di voi; il 13, contrariamente a quanto avviene in Italia, porta sfortuna, e gli occhi neri di una persona possono essere pericolosi; se vi prude la punta del naso, vi diranno che "un buon naso sente un pugno con una settimana di anticipo", il che significa che presto qualcuno vi sgriderà, ma può anche preannunciare una serata di bagordi…

Tuttavia, qualunque cosa succeda, non posate mai una bottiglia vuota sul tavolo (è sempre un cattivo auguro), e non lavatevi i capelli prima di un esame, perché vi dimentichereste tutto!

Non fischiettate in casa vostra, perché perderete del denaro. Non accendete una sigaretta con una candela (è segno che un marinaio morirà) e non posate il vostro bicchiere dopo aver brindato, bevetene almeno un sorso!

Riassumendo, fate attenzione al gatto nero che vi attraversa la strada, soprattutto se avete l'occhio sinistro che vi prude; in questo caso sputate subito sopra la vostra spalla sinistra e bevete in fretta un sorso di vodka dalla bottiglia…

Seconda ondata: ventiseiesima lezione

76   Се́мьдесят шесто́й уро́к

Ре́вность

1 – Како́й же твой прия́тель ску́чный!
2   Всё вре́мя расска́зывает о дере́вьях, ли́стьях ①, цвета́х…
3 – Ну, что ты хо́чешь? Он – бота́ник.
4   Ме́жду про́чим, ты не лу́чше.
5   Ты постоя́нно говори́шь о ② ба́бочках, пти́цах,
6   об их кры́льях и пе́рьях ①…
7   Он, кста́ти, о́чень спосо́бный.
8   Е́сли его́ оста́вить на день в ботани́ческом саду́ ③,
9   за день ④ он то́чно откро́ет ⑤ како́е-нибудь но́вое расте́ние!

Osservazioni sulla pronuncia
1 ску́чный *skushnyi* 8 на́ день *nadjen'* 9 за́ день *zadjen'*

Note

① **дере́вьях, ли́стьях, кры́льях** е **пе́рьях** sono rispettivamente i prepositivi plurali (irregolari) di **де́рево**, *albero*, **лист**, *foglia*, **крыло́**, *ala* e **перо́**, *penna*. Ne troverete la declinazione completa nella prossima lezione.

② Sia il verbo **расска́зывать**, *raccontare* che **говори́ть**, *parlare* possono essere seguiti dalla preposizione **о** + prepositivo, che corrisponde alla nostra preposizione *di* seguita da un complemento di argomento. Confrontate:
Что ты говори́шь? *Cosa dici?*
Он о́чень ча́сто говори́т о друзья́х.
Parla molto spesso degli amici.

Settantaseiesima lezione 76

Gelosia

1 – Com'è noioso il tuo amico *(Quale tuo amico noioso)*!
2   Parla continuamente *(Tutto il tempo racconta)* di alberi, foglie, fiori…
3 – Beh, cosa vuoi? È un botanico.
4   E poi *(tra l'altro)* tu non sei meglio [di lui].
5   Parli continuamente (Tu continuamente parli) di farfalle, uccelli,
6   delle loro ali e [delle loro] penne…
7   Lui, inoltre *(a proposito)*, è molto bravo *(capace)*.
8   Se lo lasci (Lasciarlo) per un giorno in un giardino botanico,
9   *(per giorno lui precisamente)* in quel giorno scoprirà una nuova pianta!

▸ **Моя́ ба́бушка лю́бит расска́зывать интере́сные исто́рии.** *A mia nonna piace raccontare storie interessanti.*
Де́душка расска́зывает ученика́м о войне́.
Il nonno parla della guerra agli allievi.

③ Alcuni sostantivi di genere maschile (**лес**, **сад**) formano il prepositivo in **-у** (desinenza sempre accentata) quando corrispondono a un complemento di stato in luogo, mentre seguono la regola generale (ovvero formano il prepositivo in **-е**) quando corrispondono a un complemento d'argomento. Esempi:
Когда́ мы бы́ли в лесу́, Серге́й говори́л мне о друго́м ле́се.
Mentre eravamo nel bosco (stato in luogo), *Serghjej mi ha parlato di un altro bosco* (argomento).

④ **за** seguito dall'accusativo esprime il tempo in cui l'azione è avvenuta o avverrà:
Они́ сде́лали всю рабо́ту за неде́лю.
Hanno svolto tutto il lavoro in una settimana.

⑤ **откро́ет** è la 3ª persona singolare del verbo perfettivo **откры́ть**, *aprire, scoprire.*

76

10 – Да уж! А если ты его там закроешь ⑥ без очков,
11 он даже то, что знает не узнает!
12 – Ты смеёшься над ⑦ тем, что он носит очки ⑧…
13 Да ты просто ему завидуешь ⑨
14 потому что я влюблена ⑩ в него, а не в тебя!
15 Смешно ⑪ на тебя смотреть ⑫:
16 взрослый, а ведёшь себя, как маленький ребёнок.

10 без очков *bizačkof*

Note

⑥ **закроешь** è la 2ª persona singolare del verbo perfettivo **закрыть**, *chiudere*.

⑦ **смеяться над** (lett. *ridere su*), *ridere di, deridere*. La preposizione **над** regge lo strumentale.

⑧ Il termine **очки**, *occhiali*, è sempre al plurale.

⑨ **завидуешь** è la 2ª persona singolare del verbo imperfettivo **завидовать**, *invidiare*. Essendo un verbo in **-овать**, al presente va coniugato sostituendo il suffisso **-ова** con **-у**, al quale vanno aggiunte le desinenze consuete: **завидую, завидуешь, завидует, завидуем, завидуете, завидуют**. A differenza dell'italiano, questo verbo regge il dativo:
Я завидую моей подруге: у неё такие красивые волосы!
Invidio la mia amica: ha dei capelli così belli!

⑩ **влюблена** è un aggettivo di forma breve al femminile. Il maschile è leggermente diverso: **влюблён**, il neutro è **влюблено** e il plurale **влюблены**. È seguito dalla preposizione **в** + caso accusativo:
В нашем классе все мальчики влюблены в мою сестру.
Nella nostra classe tutti i ragazzi sono innamorati di mia sorella. ▸

10 – Come no! E se lo chiudi lì [dentro] senza gli occhiali, **76**
11 non distingue neppure quello che conosce *(lui persino quello che conosce non riconoscerà)*!
12 – Ridi di lui perché *(sul fatto che)* porta gli occhiali…
13 Ma tu sei solo invidioso *(semplicemente a lui invidi)*
14 perché sono innamorata di lui e non di te!
15 Mi fai ridere *(È ridicolo su te guardare)*:
16 [sei] un adulto e ti comporti come un bambino piccolo.

▶ ⑪ **смешно́**, lett. *in modo ridicolo, è ridicolo*, è un termine che, combinato col dativo, diventa una costruzione impersonale: **мне смешно́**, *mi fa ridere*.

⑫ Il verbo imperfettivo **смотре́ть**, *guardare*, non vi è nuovo. Sappiate, però, che quando è seguito dalla preposizione **на** + caso accusativo, ha una sfumatura di significato leggermente diversa *(fissare, guardare intensamente)*. A volte, però, se il contesto lo permette, si può tradurre semplicemente con *guardare*:
Не смотри́ на меня́ так! *Non guardarmi così!*
На что он смо́трит? *Che cosa sta fissando?*
Osservate, nella frase 15, l'inversione di verbo e complemento, un fenomeno della lingua parlata che serve a rendere più espressivo il discorso. Di norma, infatti, il complemento oggetto segue il verbo: **смотре́ть на тебя́**.

76 **Упражнение 1 – Читайте и переводите**

❶ Какой же этот фильм скучный! Давай посмотрим что-нибудь другое. ❷ Он влюблён в неё уже пятнадцать лет, а она этого даже не знает. ❸ Представляешь, он оставил кота одного на целых три дня! ❹ Не смейтесь над её ревностью, это не смешно. ❺ Он – красивый и способный, а ты ему просто завидуешь!

Упражнение 2 – Восстановите текст

❶ – Non sapevo che tu portassi gli occhiali. – Sì, li ho sempre portati.
– Я не знала, что ты . . . . – Да, я всегда их . . . . . (.) .

❷ Suo figlio è così bravo *(capace)*! Sa tante di quelle cose *(può raccontare così tanto)* sugli alberi e sui fiori!
Ваш сын такой . . . . ! Он может . . . . так много о . . . . и цветах.

❸ Smettetela di litigare! Vi comportate come dei bambini piccoli.
Прекратите . . . . ! Вы . . . . . себя, как . . . . дети.

❹ – Oh ! Hai una nuova pianta in giardino. – Sì, è il regalo di un amico.
– О! У тебя новое . . . . в саду. – Да, это . . . . одного . . . .

❺ Inoltre *(Tra l'altro)* abbiamo svolto tutto il lavoro in cinque giorni!
. . . . . прочим, мы . . . . всю работу . . пять . . . . !

Soluzione dell'esercizio 1

❶ Ma com'è noioso questo film! Guardiamo qualcos'altro. ❷ Sono già quindici anni che ne è innamorato e lei non lo sa nemmeno. ❸ Pensa che ha lasciato il gatto da solo per tre giorni interi! ❹ Non ridete della sua gelosia, non c'è niente da ridere. ❺ Lui è bello e bravo, e tu sei solo invidioso di lui!

Soluzione dell'esercizio 2

❶ – носишь очки – носил(а) ❷ – способный – рассказать – деревьях – ❸ – спорить – ведёте – маленькие – ❹ – растение – подарок – приятеля ❺ Между – сделали – за – дней

Seconda ondata: ventisettesima lezione

77 Сéмьдесят седьмóй урóк

Повторéние – Ripasso

1 Sostantivi dal plurale irregolare

Alcuni sostantivi (**лист**, *foglia*; **брат**, *fratello*) e neutri (**дéрево**, *albero*; **крылó**, *ala*; **перó**, *penna*) formano il nominativo plurale in **-ья** e il genitivo plurale in **-ьев**. Il segno molle si mantiene anche negli altri casi al plurale:

	Singolare	Plurale
N	брат	брáтья
G	брáта	брáтьев
D	брáту	брáтьям
A	брáта (= G perché è animato)	брáтьев
S	брáтом	брáтьями
P	брáте	брáтьях

Alcuni nomi che già conoscete (**друг**, *amico*; **муж**, *marito*) formano il nominativo plurale con l'aggiunta della desinenza **-ья** (talvolta si modifica anche la radice del nome) e il genitivo plurale con la desinenza **-éй**. Questi nomi, a differenza di **брат**, hanno le desinenze del plurale accentate e non conservano il segno molle in tutta la declinazione del plurale:

	Singolare	Plurale
N	друг, муж	друзья́, мужья́
G	дру́га, му́жа	друзéй, мужéй
D	дру́гу, му́жу	друзья́м, мужья́м

Settantasettesima lezione 77

A	дру́га, му́жа (= G perché è animato)	друзе́й, муже́й
S	дру́гом, му́жем*	друзья́ми, мужья́ми
P	дру́ге, му́же	друзья́х, мужья́х

* **-ем** dopo **ж, ц, ч, ш** e **щ** se la desinenza non è accentata: **му́жем**; altrimenti **-óм**: **карандашо́м**.

2 Il prepositivo in *-у*

Alcuni sostantivi maschili formano il prepositivo in **-у** (desinenza sempre accentata) quando corrispondono a un complemento di stato in luogo dopo le preposizioni **в** e **на**. Se invece sono preceduti dalla preposizione **о**, indicano un complemento d'argomento e formano normalmente il prepositivo in **-е**:
– **Где вы гуля́ли? – В саду́.**
– *Dove avete passeggiato? – In giardino.*
– **В како́м саду́? – Я уже́ пять раз говори́л тебе́ об э́том са́де!**
– *In quale giardino? – Te ne ho già parlato cinque volte!*

3 La declinazione dei pronomi *что* e *кто*

Abbiamo incontrato diverse volte questi pronomi. Vediamone ora la declinazione:

N	кто	что
G	кого́	чего́
D	кому́	чему́
A	G	N
S	кем	чем
P	ком	чём

4 Verbi

Ecco la coniugazione di alcuni dei verbi incontrati nelle ultime lezioni. Rileggeteli, sempre a voce alta, senza cercare di impararli a memoria: li assimilerete a poco a poco.

- **вести́ себя́** (imperf.), *comportarsi*: **веду́ себя́, ведёшь себя́, веду́т себя́**
- **ждать** (imperf.), *aspettare, attendere*: **жду, ждёшь, ждут**
- **жела́ть** (imperf.), *desiderare*: **жела́ю, жела́ешь, жела́ют**
- **закры́ть** (perf.), *chiudere*: **закро́ю, закро́ешь, закро́ют**
- **занима́ться** (imperf.), *occuparsi*: **занима́юсь, занима́ешься, занима́ются**
- **откры́ть** (perf.), *aprire, scoprire*: **откро́ю, откро́ешь, откро́ют**
- **пересели́ть** (perf.), *spostare, trasferire*: **переселю́, пересе́лишь, пересе́лят**
- **переста́ть** (perf.), *smettere*: **переста́ну, переста́нешь, переста́нут**
- **поменя́ть (на)** (perf.), *cambiare*: **поменя́ю, поменя́ешь, поменя́ют**
- **попроси́ть** (perf.), *chiedere*: **попрошу́, попро́сишь, попро́сят**
- **связа́ться** (perf.), *collegarsi, contattare*: **свяжу́сь, свя́жешься, свя́жутся**
- **смея́ться (над)** (imperf.), *ridere di, deridere*: **смею́сь, смеёшься, смею́тся**
- **стать** (perf.), *diventare*: **ста́ну, ста́нешь, ста́нут** (si coniuga come **переста́ть**)
- **хвати́ть** (perf.), *bastare*: **хва́тит** (si usa soprattutto alla 3ª persona)

Ricordiamo il passato dei verbi **мочь** (imperf.) e **смочь** (perf.), *potere*: **мог, могла́, могло́, могли́** e **смог, смогла́, смогло́, смогли́**.

5 I verbi in *-овать, -евать* e *-авать*

- I verbi in **-овать** (o in **-евать** se preceduti da ж, ч, ш, щ o da ц) presentano una coniugazione particolare: al presente si sostituisce il suffisso **-овать** (o **-евать**) con **-у** e poi si aggiungono le desinenze della prima coniugazione: **попро́бовать** (perf.), *provare*: **попро́бую, попро́буешь, попро́буют**.

I verbi seguenti si coniugano secondo lo stesso modello: **паникова́ть** (imperf.), *agitarsi, farsi prendere dal panico*; **зави́довать** (imperf.), *invidiare*; **волнова́ть** (imperf.), *agitare, preoccupare*; **воспо́льзоваться** (perf.), *servirsi*; **зааплоди́ровать** (perf.), *mettersi ad applaudire*; **танцева́ть** (imperf.), *ballare*.

Attenti, inoltre, ad alcuni verbi che sembrano appartenere a questo gruppo, ma in realtà si coniugano diversamente: si tratta di verbi in cui il suffisso **-евать** non è preceduto da sibilante (salvo eccezioni): per esempio: **успева́ть** (imperf.), *fare in tempo*: **успева́ю, успева́ешь, успева́ют**.

• I verbi in **-авать**, invece, perdono solo il suffisso **-ва-** al presente. Di conseguenza si coniugano come **продава́ть** (imperf.), *vendere*: **продаю́, продаёшь, продаю́т**.

Lo stesso vale per **дава́ть** (imperf.), *dare*; **сдава́ть** (imperf.), *sostenere (un esame)*; **узнава́ть** (imperf.), *riconoscere*; **встава́ть** (imperf.), *alzarsi*.

6 Uso dello strumentale dopo alcuni verbi

• Il verbo **быть**, *essere*, regge lo strumentale all'infinito, al passato e al futuro quando il sostantivo o l'aggettivo che seguono indicano una professione, una caratteristica temporanea o uno stato d'animo:
Когда́ она́ была́ ма́ленькой, она́ люби́ла гуля́ть в па́рке.
Quando era piccola amava passeggiare nel parco.
Ра́ньше он был продавцо́м. *Prima faceva il commesso.*

• Lo strumentale si usa inoltre dopo il verbo **стать**, *diventare*:
Если я ста́ну бога́тым, я куплю́ краси́вую маши́ну. *Se divento ricco, comprerò una bella macchina.*

• Anche i nomi che indicano professioni, dopo il verbo **рабо́тать**, *lavorare*, vanno allo strumentale:
– Кем ты рабо́таешь ? – (Я рабо́таю) врачо́м.
– Cosa fai di mestiere? – (Faccio) il medico.

7 Le preposizioni

• **под** seguita dall'accusativo significa *sotto* con movimento:
Они́ иду́т под мо́ст. *Loro camminano* (lett. *vanno*) *sotto il ponte.*

77 • **за**, quando è seguita da un'espressione di tempo all'accusativo, esprime il tempo in cui un'azione è avvenuta o avverrà:
Она́ вы́брала но́вую маши́ну за два дня.
Lei ci ha messo due giorni per scegliere l'auto nuova (lett. *lei ha scelto l'auto nuova in due giorni*).
• **на** seguita dall'accusativo può indicare il periodo di tempo o la durata necessaria o prevista di un'azione:
Я одолжи́ла мой компью́тер Тама́ре на ме́сяц.
Ho prestato il mio computer a Tamara per un mese.
• **про́тив**, *contro*, regge il genitivo:
Я не понима́ю: ты игра́ешь про́тив нас?
Non capisco: giochi contro di noi?
• Anche **ра́ди**, *per, a favore di, per amore di*, regge il genitivo:
Если тебе́ всё равно́, сде́лай э́то ра́ди меня́!
Se per te è indifferente, fallo per me!

Заключи́тельный диало́г

1 – Кста́ти, я жила́ в отли́чной гости́нице: се́рвис на высоте́,
2 мо́жно бы́ло воспо́льзоваться телефо́ном и интерне́том.
3 Одна́ пробле́ма – мои́м но́мером занима́лся о́чень суеве́рный челове́к.
4 Он постоя́нно говори́л о приме́тах и ра́зной ерунде́.
5 За три дня он объясни́л мне, почему́ лу́чше име́ть се́рые глаза́;
6 почему́ он бои́тся чёрных кото́в; и́ли вот ещё:
7 почему́ в моём но́мере все полоте́нца и одея́ла чёрно-бе́лые.
8 А когда́ мне да́ли трина́дцатый но́мер,
9 он сде́лал всё, что́бы пересели́ть меня́ в друго́й…
10 – Но ведь э́то глу́пости!
11 – Тако́е ощуще́ние, что он сошёл с ума́!

Traduzione

1 A proposito, sono capitata *(ho vissuto)* in un ottimo albergo: servizio all'altezza, **2** si poteva usare il telefono e Internet. **3** L'unico problema era che della mia stanza si occupava un uomo molto superstizioso. **4** Parlava in continuazione di segni premonitori e varie assurdità. **5** In tre giorni mi ha spiegato perché è meglio avere gli occhi grigi; **6** perché ha paura dei gatti neri; e ancora (*o ecco ancora*) **7** perché nella mia stanza tutti gli asciugamani e le lenzuola erano bianchi e neri. **8** E quando mi hanno assegnato (*dato*) la stanza numero tredici **9** ha fatto di tutto perché mi trasferissero in un'altra stanza… **10** Ma pensa che *(eppure questo)* sciocchezze! **11** Avevo l'impressione che fosse pazzo *(impazzito)*!

Seconda ondata: ventottesima lezione

78   Сéмьдесят восьмóй урóк

Прóще простóго ①

1 — Вы прекрáсно говорúте по-рýсски!
2 — Это нормáльно, мой отéц – рýсский.
3 — А, тогдá понятно ②!
4 — А вы говорúте на какóм-нибудь ещё языкé?
5 — Да, я хорошó говорю́ по-англúйски,
6   ещё лýчше по-испáнски и немнóго хýже по-арáбски. ③
7 — Ничегó себé ④! Да вы настоя́щий полиглóт!
8 — Да нет, на сáмом дéле, всё легкó объясня́ется.

Osservazioni sulla pronuncia
Titolo: **Прóще простóго** *prossh^e prastov^a*
6 лýчше *lučsh^e*
7 Ничегó себé *ničivosib^{je}*. Queste due parole si pronunciano come se fossero attaccate, per cui si deve percepire solo un accento tonico sulla **o**.
8 легкó *liHko*

Note

① L'espressione **прóще простóго**, *un gioco da ragazzi, facile come bere un bicchiere d'acqua*, significa letteralmente "più semplice del semplice": abbiamo qui sia l'aggettivo **простóй**, *semplice*, che il suo comparativo di maggioranza, **прóще** (che è anche il comparativo di maggioranza dell'avverbio **прóсто**, *semplicemente*). Il comparativo di aggettivi e avverbi si ottiene di norma aggiungendo alla loro radice il suffisso **-e** o **-ee** (troverete le regole di formazione nella prossima lezione di ripasso). Quando la radice dell'aggettivo finisce per **ст-**, si ▸

Settantottesima lezione 78

Un gioco da ragazzi
(Più semplice del semplice)

1 – Lei parla russo benissimo!
2 – È normale, mio padre è russo.
3 – Ah, allora è chiaro!
4   E parla anche qualche altra lingua *(E voi parlate su qualche altra lingua)*?
5 – Sì, parlo bene l'inglese,
6   ancora meglio lo spagnolo e un po' meno *(peggio)* l'arabo.
7 – Accidenti! Ma lei è un vero poliglotta!
8 – Ma no, in realtà la cosa è molto semplice *(tutto si spiega facilmente)*.

▶   ha alternanza consonantica con la **щ**: **прост - ой**, *semplice*; **прост – о**, *semplicemente*; **прощ** + **е**, *più semplice(mente)*.

② Abbiamo già incontrato strutture impersonali di questo tipo. Tenete presente che si formano con un aggettivo breve neutro (che coincide col relativo avverbio) accompagnato da un dativo: **тебе́ поня́тно**, *ti è chiaro*; **вам жа́рко**, *Lei ha caldo*; **Ви́ктору хорошо́**, *Viktor sta bene*.

③ L'espressione **говори́ть по-ру́сски**, *parlare russo*, vi è già nota: **по-ру́сски** significa *in russo, alla russa*; **ру́сский язы́к**, *lingua russa*; **по-италья́нски**, *in italiano, all'italiana*; **италья́нский язы́к**, *lingua italiana*; **по-англи́йски**, *in inglese, all'inglese*; **англи́йский язы́к**, *lingua inglese*; **по-испа́нски**, *in spagnolo, alla spagnola*; **испа́нский язы́к**, *lingua spagnola*; **по-ара́бски**, *in arabo, all'araba*; **ара́бский язы́к**, *lingua araba*.

④ L'espressione **Ничего́ себе́!**, *Però!, Accidenti!*, è tipica della lingua parlata. Esprime stupore o ammirazione: **Ты сам э́то сде́лал? Ничего́ себе́! Молоде́ц!**, *L'hai fatto da solo? Però! Bravo!*

78 9   Родился я в Испании, моя мать англичанка,
10 отец ⑤, как вы уже знаете, русский.
11 Родители ⑥ работали в Тунисе почти десять лет.
12 Видите, так учить языки легче и приятнее ⑦…
13 Да и путешествовать в Европе проще, чем в России, ведь она меньше.
14 Учиться более ⑧ доступно ⑨ в разных странах.
15 Например, я учился в Англии, а потом ещё в Италии.
16 – Значит, и итальянский вы знаете?
17 – Совсем чуть-чуть, но хорошо понимаю… ☐

Note

⑤ Ricordate che in russo si omettono i possessivi davanti ai nomi dei familiari o quando si deduce chiaramente dal contesto chi è il possessore. Nel dialogo è evidente che il soggetto sta parlando del proprio padre.

⑥ Il singolare di **родители**, *genitori*, è **родитель** (maschile).

⑦ **легче** e **приятнее** sono comparativi di **легко**, *facilmente, semplicemente, leggermente* / **лёгкий**, *facile, semplice, leggero* e di **приятно**, *piacevolmente* / **приятный**, *piacevole*. Come potete constatare, gli aggettivi e gli avverbi hanno lo stesso comparativo di maggioranza; **приятнее** è un comparativo regolare formato col suffisso **-ее**: приятн – о o приятн – ый + ее → **приятнее** *più piacevole / più piacevolmente*, mentre in **легче** abbiamo un esempio di alternanza consonantica **к / ч**: легк – о o лёгк – ий + е → **лёгче**.

⑧ Oltre alla formazione del comparativo, che abbiamo appena visto, ce n'è un'altra più semplice: basta impiegare **более**, *più*, ▶

9   Io sono nato in Spagna, mia madre è inglese, **78**
10 [mio] padre, come Lei già sa, è russo.
11 I [miei] genitori hanno lavorato in Tunisia [per] quasi dieci anni.
12 Vede, imparare *(così studiare)* le lingue così è più facile e piacevole…
13 E anche viaggiare in Europa è più semplice che in Russia, perché l'Europa è più piccola.
14 È più facile *(accessibile)* studiare in Paesi diversi.
15 [Io], per esempio, ho studiato in Inghilterra e poi ancora in Italia.
16 – Dunque sa anche l'italiano?
17 – Solo un pochettino *(Davvero appena-appena)*, ma lo capisco bene…

▸ davanti a un avverbio o a un aggettivo (per esempio **досту́пно** diventa **бо́лее досту́пно**), ma avremmo potuto anche formare il comparativo con il suffisso **-ее**: **досту́пн – о**, *accessibile* → **досту́пн – ее** *più accessibile*. Altri esempi: **прия́тн – ый + ее** → **прия́тнее**, *più piacevole / più piacevolmente* oppure **бо́лее прия́тный**; **лёгк – ий + е** → **ле́гче** o **бо́лее лёгкий**.

⑨ L'avverbio **досту́пно**, *in modo accessibile* (qui usato in funzione predicativa), ha la stessa forma dell'aggettivo breve neutro:
Я не ду́маю, что учи́ться в э́том университе́те досту́пно (avverbio) **всем.** *Non penso che tutti possano accedere a quest'università.*
Я не ду́маю, что э́тот университе́т всем досту́пен (aggettivo breve maschile). *Non penso che quest'università sia accessibile a tutti.*
Э́та де́вушка для тебя́ недосту́пна (aggettivo breve femminile). *Questa ragazza per te è inaccessibile.*

Упражнение 1 – Читайте и переводите

❶ Ты говоришь, что здесь всё легко объясняется, а я ничего не понимаю! ❷ Моя двоюродная сестра чуть-чуть говорит по-арабски, но почти всё понимает. ❸ После итальянского языка вам будет легче учить испанский. ❹ Я был в разных странах, но больше всего мне нравится Тунис. ❺ Учиться в этом университете доступно для всех.

Упражнение 2 – Восстановите текст

❶ – Dove vivono i Suoi genitori? – Mia madre vive in Inghilterra e mio padre in Spagna.
– Где ..... ваши .... ? – Мать ..... в Англии, а отец в ....

❷ Accidenti, ma Lei parla anche l'arabo!
Ничего ...., да вы и по- .... говорите!

❸ Conosco i suoi genitori. Parlano benissimo l'inglese.
Я .... его .... Они прекрасно говорят по- ....

❹ – Lei parla bene italiano. – Ho studiato in Italia per due anni.
– Вы хорошо говорите .. - .... – Я учился в ...... два ..... .

❺ In effetti, qui è più facile trovare lavoro.
На ...., здесь ..... найти работу.

Soluzione dell'esercizio 1

❶ Tu dici che qui tutto si spiega con facilità, ma io non [ci] capisco niente! ❷ Mia cugina parla solo un pochino l'arabo, ma capisce quasi tutto. ❸ Dopo l'italiano, per Lei sarà più facile studiare lo spagnolo. ❹ Sono stato in vari Paesi, ma quello che mi piace di più è la Tunisia. ❺ Studiare in quest'università è accessibile a tutti.

Soluzione dell'esercizio 2

❶ – живут – родители – живёт – Испании ❷ – себе – арабски – ❸ – знаю – родителей – английски ❹ – по-итальянски – Италии – года ❺ – самом деле – проще* –
*(оппуре легче)

Seconda ondata: ventinovesima lezione

79 Се́мьдесят девя́тый уро́к

Поговори́м о путеше́ствиях

1 – Ты настоя́щий домосе́д, я тебе́ да́же зави́дую ①…
2 – Тебе́ легко́ говори́ть!
3   Я рабо́таю, как ло́шадь,
4   да́же не по́мню, когда́ в после́дний раз был в о́тпуске.
5   А ты у нас ② то́лько и де́лаешь, что е́здишь везде́…
6 – Ты зна́ешь, как э́то ни стра́нно, но мне надое́ло ③.
7   Я уже́ был в А́фрике, в Евро́пе, в А́зии, в Аме́рике и да́же в Австра́лии;

Osservazioni sulla pronuncia
3 ло́шадь /losʰatʼ/

Note

① Ricordate che il verbo **зави́довать**, *invidiare*, regge il dativo: **Я никогда́ не зави́довал твоему́ бра́ту**, *Non ho mai invidiato tuo fratello*.
② Qui **у нас** non esprime tanto possesso, quanto un'opposizione già marcata da **а ты**. In altre parole, con quest'espressione (piuttosto frequente nella lingua parlata) si insiste sulla differenza tra chi parla e il suo interlocutore.

Settantanovesima lezione 79

Parliamo di viaggi

1 — Sei proprio un tipo sedentario, ti invidio persino…
2 — La fai facile tu *(A te leggero parlare)*!
3   Io lavoro come un mulo *(cavallo)*,
4   *(persino)* non ricordo [nemmeno] qual è stata l'ultima volta in cui sono andato *(quando in ultima volta ero)* in ferie,
5   e tu invece non fai altro che viaggiare ovunque *(e tu presso di noi solo e fai, che vai dappertutto)*…
6 — Sai, potrà sembrarti strano, ma mi sono stufato *(come questo né strano, ma mi ha stufato)*.
7   Sono già stato in Africa, in Europa, in Asia, in America e persino in Australia;

▶ ③ **Мне надоéло**, *mi ha stufato, sono stufo (di)*. L'infinito di questo verbo è **надоéсть** (perfettivo), *annoiare, stufare, stancare*, che si coniuga come il verbo irregolare **есть**, *mangiare*. Notate che, in questa struttura impersonale, **надоéсть** regge il dativo:
Мне кáжется, емý надоéло с тобóй разговáривать.
Mi sembra che sia stufo di parlare con te.
Я не хочý тудá éхать: мне там срáзу надоéст, *Non ci voglio andare: là mi stancherò subito.*
Как вы мне все надоéли! *Mi avete stufato tutti!* (lett. *Come voi a me tutti avete stufato!*)

79
8 был на мно́гих острова́х
9 а вот свое́й со́бственной ④ страны́ то́лком не зна́ю.
10 – Да, это ве́рно: Росси́я – краси́вая и огро́мная страна́,
11 её про́сто так ⑤ не объе́дешь ⑥...
12 – Вот я и реши́л: пое́ду-ка ⑦ я в путеше́ствие по Росси́и.
13 – А куда́ и́менно пое́дешь? Далеко́?
14 – Ещё не зна́ю.
15 Да и не всё ли ⑧ равно́?
16 Куда́-нибудь ⑨.

> 11 объе́дешь *ab-jedish*

Note

④ **со́бственный**, *proprio, personale*. In questa frase serve a rafforzare l'idea di possesso già espressa da **свой**.

⑤ **про́сто так**, *così*, è un'espressione molto frequente. Osservate gli esempi:
– **Почему́ ты подари́л ей ро́зы? – Про́сто так.**
– *Perché le hai regalato delle rose? – Così...*
– **Я не сдал экза́мен по исто́рии... – А ты ду́мал, что мо́жно совсе́м не учи́ться и про́сто так легко́ сдать?**
– *Non ho passato l'esame di storia... – E tu pensavi di passarlo così, senza studiare affatto?*

⑥ **объе́дешь** è la 2ª persona singolare del verbo perfettivo **объе́хать**, *girare, percorrere, aggirare*, e si coniuga come **е́хать**. Notate la presenza del segno duro **ъ** tra il prefisso **об-** e **е́хать**: il segno duro s'incontra in genere tra i prefissi e i verbi che cominciano per vocale.

⑦ La particella **-ка**, quando segue un verbo alla 1ª persona del futuro, esprime un'intenzione o serve ad attenuare una richiesta:

8	ho visto *(sono stato su)* tante isole,
9	eppure *(ed ecco)* non conosco bene il mio proprio *(proprio personale)* Paese.
10 –	Sì, è vero: la Russia è bella e immensa *(bello e enorme Paese)*,
11	non è facile girarla tutta *(semplicemente così non girerai)*…
12 –	Beh, *(Ecco io e)* ho deciso: voglio fare un viaggio attraverso la Russia.
13 –	E dove andrai di preciso *(proprio andrai)*? Lontano?
14 –	Ancora non so.
15	E poi che importanza ha *(e non tutto uguale)*?
16	[Andrò] in un posto qualunque.

▸ **Попью́-ка я ча́я!**, *Quasi quasi mi bevo un tè!*
Помоги́-ка мне!, *Aiutami un po', per favore!*

⑧ Qui la particella interrogativa **ли** è usata in senso rafforzativo per dare maggiore enfasi alla domanda, ma si impiega anche per introdurre una domanda nel discorso indiretto, come vedremo nella prossima lezione di ripasso.

⑨ Mentre **куда́-то** significa *da qualche parte* (con movimento), **куда́-нибудь** può significare anche *in un posto qualunque* (sempre con movimento). Nel primo caso si fa riferimento a un luogo preciso (ma chi parla non è in grado di specificarlo con esattezza), mentre nel secondo il luogo in questione non è definito:
Са́ша сказа́л, что куда́-то уе́дет, *Sasha ha detto che sarebbe andato da qualche parte* (non so dove: l'ha detto ma non me lo ricordo più).
Са́ша сказа́л, что куда́-нибудь уе́дет, *Sasha ha detto che sarebbe andato da qualche parte, in un posto qualunque* (non ha importanza quale).

79   **17**   Буду любоваться на ⑩ природу, старинные церкви ⑪ и монастыри.
    18 – Здорово! Ну, до скорого ⑫!

18 до скорого *daskoravª*

Note

⑩ Il verbo imperfettivo **любоваться**, *contemplare, ammirare*, può essere seguito direttamente dallo strumentale o dalla preposizione **на** seguita dall'accusativo: **они любуются нами** o **они любуются на нас**, *ci ammirano*. Se si parla di cose astratte, però, si usa soltanto la prima costruzione: **я просто любуюсь вашей логикой**, *ammiro semplicemente la Sua logica*.

⑪ **церкви** è il plurale di **церковь** (femminile), *chiesa*. Notate la vocale mobile al singolare.

⑫ L'espressione completa è: **до скорого свидания!** Di fatto è un ampliamento del celebre **до свидания**, *arrivederci*, grazie all'inserimento dell'aggettivo **скорый**, *rapido, veloce*.

***

Упражнение 1 – Читайте и переводите

❶ Мне надоело, что ты постоянно говоришь мне, что именно я должен делать. ❷ Ты только и делаешь, что помогаешь нашей семье. Спасибо тебе большое! ❸ – Я еду в Италию совсем на чуть-чуть. – Здорово! Ну, до скорого! ❹ Как это ни странно, они мне не понравились. ❺ – Куда ты едешь в отпуск? – Поеду в путешествие по Азии.

17 Contemplerò la natura, le chiese antiche e i monasteri.
18 – Che bello! Allora, a presto!

***

Soluzione dell'esercizio 1

❶ Sono stufo che tu mi dica continuamente cosa devo fare. ❷ Aiuti sempre la nostra famiglia. Grazie di cuore! ❸ – Vado in Italia per pochissimo tempo. – Che bello! Allora, a presto! ❹ Per quanto possa sembrare strano, non mi sono piaciuti. ❺ – Dove vai in ferie? – Farò un viaggio attraverso l'Asia.

Упражнение 2 – Восстановите текст

❶ – Vieni con noi da qualche parte per il week-end? – No, non me la sento.
– Поехали с . . . . на выходные куда- . . . . . .
– Нет, что-то не хочется.

❷ La fai facile tu: i tuoi genitori ti aiutano sempre.
Тебе . . . . . говорить: тебе всё . . . . .
. . . . родители.

❸ Senti, tu lavori come un mulo! Quand'è l'ultima volta che sei andato in ferie?
. . . . . ., ты . . . ., как . . . . . . ! Когда ты в последний раз был в . . . . ?

❹ – Sei già stato in Africa? – No, prima voglio fare il giro del mio Paese.
– Ты уже был в . . . . . . ? – Нет, сначала хочу . . . . свою собственную . . . .

❺ – Cosa guardi? – Beh, sto contemplando una chiesa antica.
– На что ты . . . . ? – Да вот, ... старинной . . . .

---

80   Восьмидеся́тый уро́к

Мы идём за поку́пками

1 – Я на ры́нок ① . Хо́чешь со мно́й?
2 – Да, мне на́до купи́ть овоще́й и фру́ктов.

Note

① Per sapere quando si usa **в** o **на** nei complementi di stato e di moto a luogo vale di norma la seguente regola: **в** fa riferimento a luoghi chiusi, **на** a luoghi all'aperto: **на ры́нок** (con movi- ▸

Soluzione dell'esercizio 2

❶ – нами – нибудь – ❷ – легко – время помогают – ❸ Слушай – работаешь – лошадь – отпуске ❹ – Африке – объехать – страну ❺ – смотришь – любуюсь – церковью

Alcune cifre: la Federazione Russa confina con ben 14 Paesi e comprende 11 fusi orari. Quest'immenso territorio è grande più di 50 volte l'Italia ed è bagnato complessivamente da 11 mari, talvolta dalle acque freddissime (come quello di Bering, per esempio).
La Federazione Russa, che con i suoi 88 "soggetti federali" presenta una divisione piuttosto complessa (repubbliche, province, territori, distretti regionali, due città-entità federali – ovvero Mosca e San Pietroburgo – e una provincia autonoma), è membro del Consiglio di Sicurezza dell'ONU, del Consiglio d'Europa e del G8. La popolazione conta più di 146 milioni di abitanti e più di cento nazionalità. Gli abitanti di alcune repubbliche sono bilingui, come per esempio quelli del Tatarstan, che parlano sia il russo che il tartaro. Le due religioni più rappresentate sono quella cristiana ortodossa e quella islamica.

Seconda ondata: trentesima lezione

Ottantesima lezione

Andиамо a fare spese

1 – Vado al mercato. Vuoi venire con me?
2 – Sì, devo comprare la frutta e la verdura.

▸ mento) → **на рынке** (senza movimento), *al mercato*. Tuttavia non mancano le eccezioni (per esempio **в** va davanti alla stragrande maggioranza dei toponimi: **в Москве́, в Москву́**).

80

3 Виноград, киви и абрикосы сейчас дорогие,
4 поэтому ограничусь ② грушами и лимонами.
5 – А мне нужно купить баранины, свинины и говядины.
6 – Для пельменей?
7 Не забудь ③ купить лука и муки.
8 – А ещё мне надо пару килограммов ④ огурцов и картошки ⑤.
9 Помидоры у меня есть, чеснок тоже.
10 Ой, чуть не забыла: рис, яйца и морковь.

Note

② **ограничусь** è la 1ª persona singolare del verbo perfettivo **ограничиться**, *limitarsi (a), accontentarsi (di)*, che è seguito dallo strumentale. Il verbo è della seconda coniugazione e, alla 3ª persona plurale, presenta la desinenza **-ат** anziché **-ят** per motivi di incompatibilità ortografica (non si può mettere la **я** dopo la **ч**): **они ограничатся**, *si limiteranno*.

③ **не забудь** è l'imperativo negativo (2ª persona singolare) del verbo perfettivo **забыть**, *dimenticare*, mentre **взвесьте** (frase 12) è l'imperativo (2ª persona plurale) del verbo perfettivo **взвесить**, *pesare*. Conoscete già molto bene la formazione di questo tempo e ormai siete pronti per imparare anche le poche regole che vi mancano per completare l'argomento e che, nella prossima lezione di ripasso, vi spiegheranno per quale motivo questi due imperativi hanno la desinenza in segno molle e non in **-и** o in **-й** come di consueto.

3   L'uva, i kiwi e le albicocche adesso sono cari,
4   perciò prenderò solo *(mi limiterò alle)* le pere e i limoni.
5 –   Io invece devo comprare carne di montone, di maiale e di manzo.
6 –   Per fare i pel'meni?
7   Non dimenticarti di comprare delle cipolle e della farina.
8 –   E mi servono anche *(ancora)* un paio di chili di cetrioli e di patate.
9   I pomodori li ho, l'aglio anche.
10   Oh, quasi mi dimenticavo: riso, uova e carote.

▸ ④ Il termine **па́ра**, *paio*, a differenza di **два**, è seguito dal genitivo plurale. Notiamo, tra l'altro, che nella lingua parlata si tende a semplificare il genitivo plurale di alcune parole: sentirete spesso dire **килогра́мм** invece di **килогра́ммов.**

⑤ **карто́шка** è la variante "colloquiale" di **карто́фель** (maschile), *patata*. Fate attenzione ai termini **карто́шка**, *patata* e **морко́вь**, *carota*, perché si usano al singolare anche quando in italiano indicano un plurale, come nel caso della frase 10.

80
11 Хочу приготовить какой-нибудь салат.
12 Взвесьте ③, пожалуйста, килограмм рыбы и полкило ⑥ колбасы.
13 – А мне курицу ⑦ и сосисок ⑧.
14 У вас есть масло?
15 – Масло, молоко и сыр – в молочном отделе.

15 в молочном отделе *vmaločnam addjel^{je}*

Note
⑥ Il prefisso **пол-**, *mezzo*, deriva da **половина**, *metà*, e può essere utile per formare parole composte declinando al genitivo il termine che lo segue: **год**, *anno* → **полгода**, *sei mesi*; **день**, *giorno* → **полдня**, *mezza giornata*; **ложка**, *cucchiaio* → **полложки**, *una mezza cucchiaiata*.

⑦ **курица** vuol dire sia *pollo* che *gallina*.

***

Упражнение 1 – Читайте и переводите

❶ – Куда ты идёшь? – На рынок за покупками.
❷ Взвесьте, пожалуйста, килограмм абрикосов и полкило яблок. ❸ – Будешь чай с лимоном? – Мне без лимона, если можно… ❹ Мои любимые фрукты – виноград и груши. ❺ – Мама, давай приготовим какой-нибудь салат. – С удовольствием!

11 Voglio preparare un'insalata.
12 Per favore, mi dia *(Pesate, per favore,)* un chilo di pesce e mezzo chilo di salame.
13 – Per me *(E a me)* un pollo e delle salsicce.
14 Ha del burro?
15 – Il burro, il latte e il formaggio sono nel reparto latticini.

▶ ⑧ Abbiamo già visto che nel genitivo plurale di alcuni nomi femminili e neutri compare una vocale mobile: **ло́жка**, *cucchiaio* → **ло́жек**; **соси́ска**, *salsiccia* → **соси́сок**; **окно́**, *finestra* → **о́кон**. La vocale mobile può comparire anche nella declinazione di nomi maschili, sempre per facilitare la pronuncia: **оте́ц**, *padre* → **отца́, отцо́в**.

***

Soluzione dell'esercizio 1

❶ – Dove vai? – Al mercato a fare la spesa. ❷ Per favore, mi pesi un chilo di albicocche e mezzo chilo di mele. ❸ – Vuoi un tè con limone? – Per me senza limone, se è possibile… ❹ I miei frutti preferiti sono l'uva e le pere. ❺ – Mamma, prepariamo un'insalata. – Con piacere!

80   Упражнение 2 – Восстановите текст

❶ – E con cosa sono fatti i pel'meni? – Con carne di manzo e di maiale.
– А с ... пельмени? – С .... и со ....

❷ – Ho deciso che il nostro gatto mangerà solo del salame e del pesce.
– Я решил, что наш кот будет .... только .... и ..... .

❸ L'insalata sarà senz'aglio. Ci metterò solo le *(Mi limiterò alle)* cipolle.
..... будет без .... Ограничусь ....

❹ – Ho dimenticato di comprare il riso e le uova. – Non ti preoccupare, ho tutto.
– Я забыла купить ... и ..... – Не волнуйся, у .... всё это есть.

❺ – Non mangia mai *(affatto)* burro e non gli piace il latte. – Neanche noi mangiamo burro.
– Он совсем не ест ..... и не любит .... – Мы тоже не .... масло.

Soluzione dell'esercizio 2 — 80
❶ – чем – говядиной – свининой ❷ – есть – колбасу – рыбу ❸ Салат – чеснока – луком ❹ – рис – яйца – меня – ❺ – масло – молоко – едим –

I pel'meni, che sono simili ai nostri tortelli, sono un piatto molto apprezzato in Russia. Si preparano tradizionalmente con due o tre tipi di carne alla volta (di maiale, di manzo e di montone) e vengono serviti in brodo con burro e talvolta con ketchup, maionese o panna acida.

Non si può dire con esattezza quando questo piatto delizioso abbia visto la luce, perché le ipotesi sono numerose e di vario genere. È tuttavia probabile che i pel'meni siano nati negli Urali: sono semplici da preparare, molto nutrienti e pratici da conservare d'inverno.

Secondo alcune fonti, in tempi antichi i pel'meni avevano un valore simbolico per gli abitanti degli Urali, rappresentando il sacrificio di tutti i tipi di bestiame a disposizione dell'uomo. Per questo la ricetta tradizionale comprende le tre carni che abbiamo menzionato; oggi, però, gli ingredienti e le loro proporzioni variano da regione a regione secondo il clima e le abitudini culinarie.

Анекдо́т
- Официа́нт, почему́ пельме́ни холо́дные?
- Так ведь они́ сиби́рские !

Barzelletta
– Camerierc! Perché i pel'meni sono freddi?
– Ma perché sono siberiani!

Seconda ondata: trentunesima lezione

81 Восемьдесят первый урок

Не муж, а золото!

1 – У меня замечательный муж.
2   Он убирает ① в квартире, моет ② полы,
3   стирает свои ③ вещи ④, наши халаты и даже мои блузки и колготки.
4   Я занимаюсь только нижним бельём!
5   Он носит в химчистку ⑤ свои пиджаки, плащи и шляпы.
6   А иногда даже чистит туфли, себе и мне.
7 – А тапочки он тебе в постель не приносит?
8 – Не смейся ⑥, он действительно идеальный!
9 – А мой муж даже не знает, где находится кухня…

Note

① Il verbo **убира́ть**, che ha diversi significati, può voler dire *tenere in ordine, togliere, adornare*. Notate che il termine **кварти́ра** significa letteralmente *appartamento*.

② **мо́ет** è la 3ª persona singolare del verbo imperfettivo **мыть**, *lavare*, già incontrato nella 36ª lezione.

③ Per ripassare l'aggettivo possessivo **свой** tornate alla nota 5 della 59ª lezione. Ricordate che si declina come **мой** (vedi il punto 2 della 70ª lezione).

Ottantunesima lezione   81

Nel dialogo di oggi fate molta attenzione ai verbi: sono per la maggior parte imperfettivi. Ricordate che l'imperfettivo mette in evidenza lo svolgimento di un'azione, mentre il perfettivo ne mette in rilievo il risultato.

Un marito d'oro!
(Non un marito, ma oro!)

1 – Ho un marito meraviglioso.
2   Tiene la casa in ordine, pulisce i pavimenti,
3   lava i suoi vestiti *(le proprie cose)*, le nostre vestaglie e persino le mie camicette e i collant.
4   Io mi occupo solo della biancheria intima *(inferiore)*!
5   Lui porta in tintoria le sue giacche, [i suoi] impermeabili e [i suoi] cappelli
6   e a volte pulisce persino le scarpe: le sue e le mie *(a sé e a me)*.
7 – Per caso ti porta anche le pantofole a letto *(e le pantofole lui a te a letto non porta)*?
8 – Non scherzare *(ridere)*, lui è proprio [il marito] ideale!
9 – Il mio invece non sa nemmeno dove stia *(si trova)* la cucina…

▶ ④ **вéщи** è il plurale di **вещь** (femminile), *cosa*.
  ⑤ **химчи́стка**, *tintoria*, è un modo più rapido per dire **хими́ческая чи́стка**, *lavaggio a secco*.
  ⑥ All'imperativo si possono usare tanto i verbi imperfettivi quanto quelli perfettivi.

триста девяносто четы́ре • 394

81

10 Его любимое место в квартире – кресло перед ⑦ телевизором.

11 Почистить он может лишь свои кроссовки,

12 а то в футбол с друзьями неудобно ⑧ будет играть.

13 Хотя... вчера он впервые постирал свои носки ⑨...

14 – Ну, вот видишь!

15 – Да, он просто забыл их снять, когда принимал ⑩ ванну...

12 в футбо́л с друзья́ми *ffutbol zdruz'jami*

Note

⑦ La preposizione **перед**, *davanti, di fronte*, richiede lo strumentale: **Како́й-то челове́к стоя́л перед ним уже́ пять мину́т и ничего́ не говори́л.** *Una persona stava di fronte a lui già da cinque minuti e non diceva niente.*
Attenzione: **передо мной** (la presenza della **о** serve a facilitare la pronuncia; **мной** è lo strumentale del pronome personale **я**), *di fronte a me*.

⑧ **неудо́бно** significa *scomodo, imbarazzante*:
Под э́тим одея́лом неудо́бно спать, *Con questa coperta si dorme scomodi.*
Мне неудо́бно: вы всё вре́мя мне помога́ете, *Mi sento in imbarazzo: Lei mi aiuta sempre.*

⑨ Abbiamo già osservato che, per facilitare la pronuncia, in una desinenza può comparire una vocale mobile che è assente in tutto il resto della declinazione: in **носо́к**, *calzino*, la **о** compare tra la **с** e la **к** solo al nominativo singolare. Negli altri casi la **о** sparisce e l'accento resta sull'ultima sillaba (per esempio al genitivo plurale: **носко́в**).

10 Il suo posto preferito in casa *(in appartamento)* è la poltrona davanti al televisore.
11 Al massimo può pulire *(Pulire lui può solo)* le sue scarpe da ginnastica,
12 altrimenti si vergogna a giocare a pallone con gli amici *(a calcio con amici scomodo sarà giocare)*.
13 Anche se [a dire il vero]… ieri si è lavato per la prima volta i calzini…
14 – Beh, allora *(ecco)* vedi!
15 – Sì, non fosse che *(lui semplicemente)* si era scordato di toglierseli quando si è fatto il bagno…

▶ ⑩ Il verbo **приня́ть** è il perfettivo del verbo **принима́ть,** *ricevere, accettare, prendere, fare* (*la doccia* o *il bagno*):
Он принима́ет ва́нну, *Sta facendo il bagno.*
Ты уже́ при́нял лека́рство?, *Hai già preso la medicina?*
Здесь принима́ют с пяти́ до семи́, *Qui si riceve* (lett. *ricevono*) *dalle cinque alle sette.*

81 **Упражнение 1 – Читайте и переводите**

❶ – Вчера мой муж впервые ходил на рынок! – Ну, вот видишь, он у тебя золото. ❷ – Ты идёшь гулять? – Я иду с друзьями играть в футбол. ❸ – Сними пиджак, здесь жарко. – Это, может быть, тебе жарко, а мне нет! ❹ Вчера в десять вечера, когда я принимала ванну, мне кто-то позвонил. ❺ – Дорогая, ты не могла бы постирать мой пиджак? – На самом деле, его лучше чистить в химчистке.

Упражнение 2 – Восстановите текст

❶ – Dove ha comprato delle pantofole così belle? – Non sono pantofole, ma scarpe!

– Где вы . . . . . . такие красивые . . . . ?
– Это не тапочки, а . . . . . !

❷ Il nonno sta seduto tutto il giorno in poltrona davanti al televisore.

. . . . . день дедушка . . . . . в . . . . . . перед
. . . .

❸ Hai lavato il tuo impermeabile e tutti i calzini? Ma sei proprio un tesoro *(tu semplicemente oro)*!

Ты постирал свой . . . . и все . . . . . . ? Да ты просто . . . . . . !

Soluzione dell'esercizio 1

❶ – Ieri mio marito è andato per la prima volta al mercato! – Hai visto? Hai un marito d'oro. ❷ – Vai a fare una passeggiata? – Vado a giocare a pallone con gli amici. ❸ – Qui fa caldo, togliti la giacca. – Per te farà caldo, per me no! ❹ Ieri sera alle dieci, mentre facevo il bagno, qualcuno mi ha telefonato. ❺ – Cara, non potresti lavarmi la giacca? – Veramente [sarebbe] meglio farla lavare in tintoria.

❹ – Da voi chi è che di solito tiene in ordine la casa e lava i pavimenti? – Facciamo tutto insieme.

– Кто у вас . . . . в квартире и моет . . . (.) ? – Мы всё делаем . . . .

❺ Oh! Mi sono completamente dimenticato di ritirare il cappotto in tintoria.

Ой! Я совсем . . . . . (a) взять . . . . . . из . . . .

Soluzione dell'esercizio 2

❶ – купили – тапочки – туфли ❷ Целый – сидит – кресле – телевизором ❸ – плащ – носки – золото ❹ – обычно убирает – пол(ы) – вместе ❺ – забыл – пальто – химчистки

Seconda ondata: trentaduesima lezione

82 Во́семьдесят второ́й уро́к

На по́чте ①

1 – Я хотел бы ② отпра́вить заказно́е письмо́ и посы́лку в Гре́цию ③.
2 – Запо́лните э́тот бланк в двух экземпля́рах.
3 Е́сли хоти́те посла́ть письмо́ авиапо́чтой, то вам нужны́ други́е ма́рки.
4 – А кака́я ра́зница?
5 – А́виа дойдёт приме́рно за неде́лю ④;
6 а обы́чное письмо́ бу́дет идти́ где́-то о́коло ⑤ ме́сяца.

Note

① Ecco un altro sostantivo che, nei complementi di stato e di moto a luogo, va preceduto dalla preposizione **на** nonostante indichi un luogo chiuso: **на по́чте** (prepositivo) → **на по́чту** (accusativo), *alla Posta*.

② **я хоте́л бы**, *vorrei*, è una formula di cortesia, oltre che un condizionale; **я хоте́ла бы**, *vorrei* (se il soggetto è di sesso femminile); **мы хоте́ли бы**, *vorremmo*.

③ **отпра́вить** si comporta come un verbo di moto perché sottintende lo spostamento di un oggetto, perciò la preposizione **в** dev'essere seguita dal caso accusativo: **отпра́вить в Ита́лию**, *spedire in Italia*.

④ La preposizione **за** seguita dall'accusativo indica il tempo necessario o impiegato per compiere un'azione:
– **Я всё сде́лал за два ме́сяца**, *Ho fatto tutto in due mesi*.
– **А они́ – за две неде́ли**, *Loro, invece, in due settimane*.

⑤ **где́-то**, *da qualche parte*, *pressapoco* e **о́коло**, *circa*, *intorno a*, indicano una misura approssimata di quantità o di tempo: **о́коло** richiede il genitivo e talvolta si usa in combinazione con **где́-то**. Alcuni esempi:

Ottantaduesima lezione 82

Alla Posta

1 – Vorrei spedire una lettera raccomandata e un pacco in Grecia.
2 – Compili questo modulo in due copie.
3 Se vuole spedire una lettera per posta aerea, allora Le occorrono altri francobolli.
4 – E qual è la differenza?
5 – Con la posta aerea ci vuole circa *(arriverà circa in)* una settimana,
6 mentre la posta ordinaria ci mette circa un mese *(lettera comune andrà pressapoco circa un mese)*.

▸ **Она́ купи́ла о́коло пяти́ килогра́ммов я́блок**, *Ha comprato circa cinque chili di mele.*
Он уе́хал о́коло семи́, *È partito intorno alle sette.*
Я ви́дел их в теа́тре где́-то в во́семь (= о́коло восьми́), *Li ho visti a teatro verso le otto.*

7 Фамилию и адрес отправителя ⑥ надо писать печатными буквами.

8 – Скажите, а где можно послать телеграмму ⑦?

9 – В пятом ⑧ окне.

10 Там принимают все срочные заказы.

11 Всё, готово. Вот ваша квитанция.

12 – Дайте, пожалуйста, ещё пару марок ⑨ по России и два конверта.

13 – Возьмите вот эти ⑩ конверты, они дешевле ⑪.

14 – Давайте эти! Спасибо.

Note

⑥ **отправителя** è il genitivo del sostantivo maschile **отправитель**, *mittente*.

⑦ Attenzione: in russo **телеграмма**, *telegramma*, è femminile.

⑧ **пятом** è il prepositivo del numero ordinale **пятый**, *quinto*, che si declina come un aggettivo.

⑨ **пару** è l'accusativo di **пара**, *paio*, che regge il genitivo plurale: **пара недель**, *un paio di settimane*.

***

Упражнение 1 – Читайте и переводите

❶ – Скажите, где принимают срочные заказы. – В пятом окне. ❷ – Вы не написали адрес отправителя… – Ой, я забыл! ❸ – Обычное письмо будет идти где-то около месяца. – Это слишком долго! ❹ Вам нужно заполнить этот бланк в двух экземплярах. ❺ Если вы хотите послать письмо в Италию, вам нужны другие марки.

7   Il cognome e l'indirizzo del mittente vanno scritti in stampatello *(con lettere di stampa)*.
8 –   Mi scusi, dov'è che si può inviare un telegramma?
9 –   Allo sportello cinque *(quinto sportello)*.
10   È lo sportello per *(Là accettano)* tutti gli ordini urgenti.
11   Ok, fatto *(Tutto, pronto)*. EccoLe *(Ecco vostra)* la ricevuta.
12 –   Per favore, mi dia anche un paio di francobolli per la Russia e due buste.
13 –   Prenda queste buste qui, costano meno.
14 –   Perfetto, me le dia pure *(Date questi)*! Grazie.

▸ ⑩ L'uso di **вот это** davanti a un aggettivo o a un pronome dimostrativo serve a indicare con maggior precisione la persona o la cosa indicata: **вот эти** equivale dunque a *questi qui, queste qui* oppure a *quelli lì, quelle lì*, dal momento che **это** può indicare anche un oggetto non immediatamente vicino a chi parla.
Я знаю эту девушку очень хорошо! – Какую, ту? – Нет, вот эту.
– *Conosco molto bene questa ragazza. – Quale, quella lì? – No, questa qui.*

⑪ **дешевле** è il comparativo di maggioranza di **дешёвый, -ая, -ое**, *conveniente, che costa poco*.

***

Soluzione dell'esercizio 1

❶ – Scusi, dov'è che devo rivolgermi per *(Dite, dove accettano)* gli ordini urgenti? – Allo sportello cinque. ❷ – Lei non ha scritto l'indirizzo del mittente… – Oh, me ne sono dimenticato! ❸ – La posta ordinaria ci metterà pressappoco un mese. – È troppo *(lungo)*! ❹ Deve compilare questo modulo in due copie. ❺ Se vuole spedire una lettera in Italia, Le occorrono altri francobolli.

83 Упражнение 2 – Восстановите текст

❶ – Qual è lo sportello dove *(A quale sportello)* si possono comprare le buste? – Vanno bene tutti *(A qualunque)*.
– В каком .... можно купить .... ? – В ......

❷ Abbiamo spedito una lettera raccomandata ai vostri parenti.
Мы .... заказное ...... вашим родственникам.

❸ È meglio scrivere il cognome *(Cognome meglio scrivere)* in stampatello.
.... лучше ...... печатными ....

❹ Sono stata alla Posta, ho comprato sei francobolli e tre buste.
Я была на ....., купила шесть ..... и три конверта.

❺ – Vorrei spedire un pacco in Spagna. – Arriverà più o meno fra tre settimane.
– Я хотел(а) .. отправить .... в Испанию. – Она .... - ... , через три недели.

83 Восемьдесят тре́тий уро́к

Что пра́зднуете?

1 – О! Како́й шика́рный стол!
2 Ты ждёшь госте́й?

Osservazioni sulla pronuncia
Titolo: пра́зднуете *praznuitⁱe*

Soluzione dell'esercizio 2

❶ – окне – конверты – любом ❷ – отправили – письмо – ❸ Фамилию – писать – буквами ❹ – почте – марок – ❺ – бы – посылку – дойдёт где-то –

Seconda ondata: trentatreesima lezione

Ottantatreesima lezione   83

Cosa festeggiate?

1 – Oh! Che tavola meravigliosa!
2   Aspetti *(degli)* ospiti?

83

3 – Да, у нас с Антоном ① сегодня круглая дата:

4 Ровно год назад ② мы поженились.

5 – А я думала, что ваша свадьба была первого ③ октября …

6 – Совершенно верно, и сегодня первое октября ④!

7 – Боже мой! Я даже не знаю, какое сегодня число.

8 – Ну, проходи, раздевайся и чувствуй себя, как дома.

9 Скоро уже начнут приходить гости.

10 – А во сколько они должны прийти?

11 – Я всех позвала ⑤ к ⑥ половине восьмого.

12 Ну, люди, как всегда, будут опаздывать.

13 Сама знаешь: кто с работы, кто детей к бабушке отводил…

Note

① In russo *io e te* si dice letteralmente "noi con te" (**мы с тобой**). Dunque **мы с ней**, *io e lei*; **мы с ним**, *io e lui* ecc.

② Il termine **назад** corrisponde esattamente all'avverbio *fa*:
Папа уехал три часа назад, *Papà è partito tre ore fa.*
Они познакомились год назад в каком-то ресторане, *Si sono conosciuti un anno fa in un ristorante.*

③ Come sapete, i numeri ordinali si declinano come gli aggettivi: completeremo l'argomento nella prossima lezione di ripasso. Per quanto riguarda le date, per quelle passate e future il giorno (che è indicato sempre con un numero ordinale) e il mese vanno al genitivo:
Они пригласили нас в гости второго (второе: второго) или пятого (пятое: пятого) октября (октябрь: октября), *Ci hanno invitato da loro il due o il cinque ottobre.*

④ Per rispondere alla domanda **Какое сегодня (завтра) число?**, *Quanti ne abbiamo oggi (domani)?*, bisogna declinare al neu- ▶

3 – Sì, oggi io e Antonio festeggiamo l'anniversario di matrimonio *(presso di noi con Antonio oggi tonda data)*:
4   Ci siamo sposati esattamente un anno fa.
5 – E io [che] pensavo che vi foste sposati *(il vostro matrimonio era)* il primo ottobre…
6 – E infatti *(Completamente giusto, e)* oggi è il primo ottobre!
7 – Mio Dio! Non so nemmeno che giorno è oggi *(quale oggi numero)*.
8 – Su *(Beh)*, accomodati, togliti il soprabito e mettiti a tuo agio *(svestiti e sentiti, come a casa)*.
9   Presto *(già)* cominceranno ad arrivare gli ospiti.
10 – E a che ora devono arrivare?
11 – [Li] ho invitati tutti per le sette e mezza *(per metà dell'ottavo)*.
12   [Ma] arriveranno in ritardo come al solito *(beh, le persone, come sempre, ritarderanno)*.
13   D'altronde *(Tu stessa)* lo sai: c'è chi viene dal lavoro, chi ha portato i bambini dalla nonna…

▸ tro nominativo il numero ordinale corrispondente al giorno del mese (desinenza **-oe**). Il mese va invece al genitivo:
Сегодня первое октября, значит завтра будет второе октября, *Oggi è il primo ottobre, dunque domani sarà il due ottobre.*

первое e **второе** sono per l'appunto gli ordinali **первый** e **второй** al neutro nominativo, mentre **октября** è il genitivo singolare di **октябрь**, che come tutti i mesi è un sostantivo maschile.

⑤ Il verbo **позвать** può significare sia *chiamare* che *invitare*.

⑥ La preposizione **к**, quando è seguita da espressioni di tempo, indica una scadenza:
Приходите к шести!, *Venite per le sei!*
Они сделают это к понедельнику, *Lo faranno per lunedì.*

83 14   Короче, я думаю, придут часов ⑦ в восемь.
  15   А давай-ка по рюмочке ⑧, пока ещё никто не пришёл?
  16 – Желаю тебе больших успехов во всём! ☐

Note

⑦ Ricordate: per esprimere una cifra approssimativa, il numero va messo dopo l'unità di misura:

Я бу́ду у тебя́ мину́т че́рез де́сять, *Sarò da te fra una decina di minuti* (mentre **Я бу́ду у тебя́ че́рез де́сять мину́т** significa *Sarò da te fra dieci minuti*).
Мне на́до на э́то часа́ два, *Ne avrò bisogno per un paio d'ore*; **Мне на́до на э́то два часа́**, *Ne avrò bisogno per due ore*.
Там бы́ло челове́к пять, *Ci saranno state cinque persone*; **Там бы́ло пять челове́к**, *C'erano cinque persone*.

⑧ **рю́мочка**, *bicchierino, cicchetto*. Ritroveremo più avanti il suffisso diminutivo **-очка** assieme ad altri suffissi dello stesso tipo.

***

Упражнение 1 – Читайте и переводите

❶ – Что празднуете? – А ты не знаешь? Таня нашла новую работу. ❷ Проходите, раздевайтесь и чувствуйте себя, как дома. ❸ – Дорогая, кого ты позвала на свадьбу? – Ты никого из них не знаешь… ❹ Скоро уже начнут приходить гости, а моего мужа ещё нет! ❺ – Ты пришёл ко мне сразу с работы? – Нет, я ещё детей к бабушке отводил.

14 Insomma *(più breve)*, penso che verranno più o meno alle otto *(di ore alle otto)*..
15 Ci beviamo un bicchierino *(e dai per bicchierino)*, visto che non è ancora arrivato nessuno?
16 – Tanti auguri per tutto *(Auguro a te di grandi successi in tutto)*!

***

Soluzioni dell'esercizio 1

❶ – Cosa festeggiate? – Non lo sai? Tanja ha trovato un nuovo lavoro. ❷ Si accomodi, si tolga il soprabito e si metta a Suo agio. ❸ – Cara, chi hai invitato al matrimonio? – [Tanto] non li conosci *(tu nessuno di loro non conosci)*… ❹ Presto cominceranno ad arrivare gli ospiti e mio marito non c'è ancora! ❺ – Sei venuto da me direttamente dal lavoro? – No, prima ho portato i bambini dalla nonna.

84 Упражнение 2 – Восстановите текст

❶ – Quando hanno comprato l'auto nuova? – Mi sembra *(Per me,)* due anni fa.

– . . . . . они купили . . . . . машину? – По-моему, два года . . . . . .

❷ – A che ora devono arrivare? – Più o meno alle cinque.

– . . сколько должны . . . . . . гости? – Где-то . . . . . пяти.

❸ Caro Anton, tanti auguri per il lavoro!

Дорогой Антон, ... тебе больших . . . . в работе!

❹ – Quanti ne abbiamo oggi? – Mio Dio, non lo so nemmeno. Mi sembra che sia *(Per me)* il primo ottobre.

– . . . . . сегодня . . . . . ? – Боже мой, даже не знаю. По-моему, первое . . . .

❺ – Quando si sono sposati? – Il cinque ottobre sarà un anno esatto.

– Когда они . . . . ? – . . . . . . октября будет . . . . . год.

---

84 Во́семьдесят четвёртый уро́к

Повторе́ние – Ripasso

1 La declinazione dei numeri ordinali e cardinali

Vi è già noto che i numeri ordinali si declinano come degli aggettivi (vedi la 70ª lezione al punto 4). Tuttavia, la declinazione di **тре́тий** (**тре́тья**, **тре́тье**, **тре́тьи**), *terzo*, presenta una particolarità: si declina come un aggettivo molle e, per giunta, alcune delle sue desinenze sono simili a quelle di un aggettivo di forma breve.

Soluzioni dell'esercizio 2

❶ Когда – новую – назад ❷ Во – прийти – около – ❸ – желаю – успехов – ❹ Какое – число – октября ❺ – поженились – Пятого – ровно –

Sta per cominciare una nuova serie di lezioni: continuate a fare progressi nell'apprendimento del russo e non possiamo che congratularci con voi! Se alcuni punti vi sono parsi difficili all'inizio, ora cominciate a padroneggiarli molto meglio. Possiamo finalmente dire che **Вы уже́ говори́те по-ру́сски и хорошо́ понима́ете. Уда́чи и до ско́рого!**

Seconda ondata: trentaquattresima lezione

Ottantaquattresima lezione 84

	Maschile, neutro	Femminile	Plurale
Nominativo	тре́тий, тре́тье	тре́тья	тре́тьи
Genitivo	тре́тьего	тре́тьей	тре́тьих
Dativo	тре́тьему	тре́тьей	тре́тьим
Accusativo	N o G	тре́тью	N o G

Strumentale	тре́тьим	тре́тьей	тре́тьими
Prepositivo	тре́тьем	тре́тьей	тре́тьих

(N = nominativo; G = genitivo)

Nella 63ª lezione avete incontrato la declinazione dei numeri cardinali **оди́н**, *uno*, e **два**, *due*. Vi proponiamo di dare un'occhiata anche alla declinazione di **три**, *tre* e **четы́ре**, *quattro*:

Nominativo	три	четы́ре
Genitivo	трёх	четырёх
Dativo	трём	четырём
Accusativo	N o G	N o G
Strumentale	тремя́	четырьмя́
Prepositivo	трёх	четырёх

Come potete constatare, si declinano in modo simile, ma al nominativo e allo strumentale nella declinazione di **четы́ре** compare un segno molle che manca, invece, in quella di **три**.

2 Il comparativo di maggioranza

• Ci sono due metodi per formare il comparativo di maggioranza in russo: il primo consiste nell'aggiungere il suffisso **-ее** alla radice dell'aggettivo o dell'avverbio in questione: **дли́нный** (agg.), *lungo* → **длинне́е**, *più lungo*; **интере́сно** (avv.), *interessante* → **интере́снее**, *più interessante*; **но́вый**, *nuovo* → **нове́е**, *più nuovo*.

Il comparativo degli aggettivi o degli avverbi la cui radice finisce per **г**, **к**, **х**, **д**, **т** (e più di rado per **з** e **с**) si forma col suffisso **-е** che non è mai accentato e può dar luogo ai seguenti fenomeni di alternanza consonantica:

– Le consonanti **г**, **д** e **з** diventano **ж**: **моло**д**о́й**, *giovane* → **моло́**ж**е**, *più giovane*; **доро**г**о́й**, *caro* → **доро́**ж**е**, *più caro*.
– Le consonanti **х** e **с** diventano **ш**: (**говори́ть**) **ти́**х**о**, *(parlare) piano* → (**говори́ть**) **ти́**ш**е**, *(parlare) più piano*.
– Le consonanti **к** e **т** diventano **ч**: **бога́**т**ый**, *ricco* → **бога́**ч**е**,

più ricco (ma non sempre: **жёл_т_ый** (agg.), *giallo* → **жел_тее_**, *più giallo*); **легк_о́_** *facilmente* → **ле́г_че_**, *più facilmente*.
– Il gruppo consonantico **ст** diventa **щ**: **про́_ст_о**, *semplicemente* → **про́_ще_**, *più semplicemente*.
Ci sono alcune eccezioni: **дешёвый**, *conveniente* → **деше́вле**, *più conveniente*; **далеко́**, *lontano* → **да́льше**, *più lontano*; **до́лгий**, *lungo* → **до́льше**, *più lungo*; **большо́й**, *grande* → **бо́льше**, *più grande, maggiore*; **ма́ленький**, *piccolo* → **ме́ньше**, *più piccolo, minore*; **хоро́ший** *buono*, **хорошо́**, *bene* → **лу́чше**, *migliore, meglio*.

• Il secondo metodo per formare il comparativo di maggioranza è analogo a quello italiano: si ricorre all'avverbio **бо́лее**, *più*, seguito dall'aggettivo o dall'avverbio in questione: **бо́лее молодо́й**, *più giovane*; **бо́лее интере́сный**, *più interessante*; **бо́лее дорого́й**, *più caro*; **бо́лее интере́сно**, *in modo più interessante*.

3 L'accusativo e il prepositivo retti da *в* e *на*

Come sapete, per esprimere il luogo in cui ci si trova o verso cui ci si dirige si utilizzano questi due casi. Il problema è piuttosto la scelta tra le preposizioni **в** e **на**: di norma **в** si usa con i nomi che indicano spazi chiusi, mentre **на** si usa con i sostantivi che indicano uno spazio aperto (**ры́нок**, *mercato*) o una superficie e davanti a sostantivi astratti (**уро́к**, *lezione*), nonché davanti ad alcuni altri sostantivi come **по́чта**, *Posta, ufficio postale*; **фа́брика**, **заво́д**, *fabbrica*; ovviamente quest'elenco non è esaustivo e troverete altre eccezioni alla regola nelle prossime lezioni. Per il momento, limitatevi a ricordare queste.

4 La data

• Per rispondere alla domanda **Како́е сего́дня (за́втра) число́?**, *Quanti ne abbiamo oggi (domani)?*, il giorno del mese si indica col relativo numerale ordinale declinato al nominativo neutro (quindi la desinenza è **-ое**). Il mese si declina al genitivo:
– **Како́е сего́дня число́? – Сего́дня пя́т_ое_ октября́** – *Quanti ne abbiamo oggi? – Oggi è il cinque* (letteralmente "quinto di") *ottobre*.

– **Како́е за́втра число́? – За́втра (бу́дет) оди́ннадцат_ое_ октября́** – *Quanti ne avremo domani? – Domani sarà l'undici* ("undicesimo di") *ottobre*.

• Nel caso di una data passata o futura, invece, tutti i suoi elementi vanno declinati al genitivo:
На́дя уе́хала в Санкт-Петербу́рг пе́рв_ого_ октября́, а уже́ тре́ть_его_ она́ была́ в Москве́, *Nadja è partita per San Pietroburgo il primo ottobre, ma il tre era già a Mosca.*
Come vedete, non è poi così difficile: le desinenze sono sempre le stesse.

5 La formazione dell'imperativo con il segno molle

I verbi la cui radice finisce per consonante alla 1ª persona singolare del presente indicativo e con la desinenza non accentata formano l'imperativo con il segno molle. Prendiamo per esempio il verbo **взве́сить** (perfettivo), *pesare*, la cui 1ª persona singolare del futuro è **взве́шу**. La radice (ovvero la voce verbale priva della desinenza) finisce per **-ш** e la desinenza (**-у**) non è accentata, dunque la desinenza dell'imperativo per questo verbo sarà **-ь**. Si prende quindi la 3ª persona plurale, **взве́сишь** e, dopo aver tolto la desinenza **-ишь**, la si sostituisce con **ь** al singolare e con **ьте** al plurale: **взве́сь**, *pesa*; **взве́сьте**, *pesate*; facciamo lo stesso col verbo **забы́ть**, *dimenticare*: **забу́дешь** → **забу́дь, забу́дьте**.

6 L'imperativo imperfettivo e l'imperativo perfettivo

L'imperativo si può formare sia dai verbi imperfettivi che da quelli perfettivi. Ma quali sono i criteri in base ai quali si sceglie l'imperfettivo o il perfettivo? La risposta è semplice: sono gli stessi usati per gli altri modi e gli altri tempi. In altre parole, l'imperfettivo mette in rilievo il processo dell'azione ed esprime spesso un'azione abituale, mentre il perfettivo fa riferimento a un'azione unica, avvenuta una sola volta. Da questa distinzione possiamo dedurre che:

• **L'imperativo imperfettivo**
1) Alla forma affermativa può esprimere:
– Un ordine o un invito a fare qualcosa più volte:
Приходи́те (imperf.) **к нам по вечера́м!**, *Venite a trovarci di sera!*
– Un permesso:
– **Могу́ я посмотре́ть** (perf.) **эти брю́ки? – Пожа́луйста, смотри́те** (imperf.)**!**, – *Posso guardare questi pantaloni? – Prego, li guardi pure!*

– Il modo in cui svolgere l'azione:
Говори́те (imperf.), **пожа́луйста, не так ти́хо**, *Per favore, non parli così piano.*

2) Alla forma negativa può esprimere la richiesta di non fare qualcosa:
Не оставля́йте (imperf.) **дете́й одни́х до́ма!**, *Non lasci/lasciate i bambini soli in casa!*

• **L'imperativo perfettivo**
1) Alla forma affermativa può esprimere:
– Un ordine che va eseguito subito o una volta sola:
Откро́й (perf.), **пожа́луйста, окно́, мне жа́рко!**, *Per favore, apri la finestra che ho caldo!*
– Un'esigenza:
Сде́лайте (perf.) **всё к трём часа́м!**, *Fate tutto per le tre!*

2) Alla forma negativa può invece esprimere un ammonimento:
Не опозда́й на совеща́ние!, *Non fare tardi alla riunione!*

7 La particella interrogativa *ли*

La particella **ли** si usa per dare maggiore enfasi a una domanda, ma anche per introdurre una domanda nel discorso diretto: in quest'ultimo caso corrisponde di norma alla congiunzione *se*. Osservate gli esempi:
Не подска́жете ли, где нахо́дится ближа́йший телефо́н-автома́т?, *Sa mica dove si trova la cabina telefonica più vicina?*
Не зна́ю, пойму́ ли я его́ когда́-нибудь…, *Non so se riuscirò a capirlo un giorno…*
– Был ли он у вас вчера́? – Нет, его́ у нас не́ было. – *Ma è stato da voi ieri? – No, non è stato da noi.*
ли si mette subito dopo la parola che si vuol mettere in rilievo. Confrontate le frasi seguenti:
Был ли он у вас вчера́?, *Ma è stato da voi ieri?*
Он ли был у вас вчера́?, *Ma era lui che è stato da voi ieri?*
Вчера́ ли он был у вас?, *Ma è ieri che è stato da voi?*
У вас ли он был вчера́?, *Ma è da voi che è stato ieri?*

84   8 Verbi nuovi

- **взве́сить** (perf.), *pesare*: **взве́шу, взве́сишь, взве́сят**.
- **зави́довать** (imperf.), *invidiare*: **зави́дую, зави́дуешь, зави́дуют**.
- **любова́ться** (imperf.), *ammirare, contemplare*: **любу́юсь, любу́ешься, любу́ются**.
- **мыть** (imperf.), *lavare*: **мо́ю, мо́ешь, мо́ют**.
- **объе́хать** (perf.), *girare, percorrere, aggirare* (si coniuga come **е́хать**): **объе́ду, объе́дешь, объе́дут**.
- **ограни́читься** (perf.), *limitarsi (a), accontentarsi (di)*: **ограни́чусь, ограни́чишься, ограни́чатся**.
- **отпра́вить** (perf.), *spedire*: **отпра́влю, отпра́вишь, отпра́вят**.
- **позва́ть** (perf.), *chiamare, invitare*: **позову́, позовёшь, позову́т**.
- **принима́ть** (imperf.), *accettare, ricevere, prendere*: **принима́ю, принима́ешь, принима́ют**.

9 Le preposizioni

- **пе́ред**, *davanti*, regge lo strumentale e davanti al pronome personale **мной** diventa **передо**: **Вы передо мной** *(piridamnoj)*?, *C'è Lei prima di me?* (in una coda: lett. "Voi siete davanti a me?")
Пе́ред де́вочками лежа́ло мно́го книг, *Davanti alle bambine c'erano molti libri*.
- **к**, con le espressioni di tempo, indica una scadenza che può essere anche approssimativa:
Всё бу́дет гото́во к среде́, *Tutto sarà pronto per mercoledì*.
Она́ сказа́ла, что придёт на рабо́ту к трём, *Ha detto che verrà al lavoro verso le tre* (o *per le tre*).

Заключительный диалог

1 – Как мне надоело его слушать!
2 Он всем объясняет, как надо готовить,
3 а сам толком ничего не знает и не умеет.
4 Хотя… вчера он впервые сказал мне « спасибо » за помощь.
5 – Да, теперь он почти золото!
6 – Не смейся, я не шучу!
7 Вот я и решила: приглашу-ка я всех друзей
8 и одна приготовлю шикарный стол!
9 – А что ты хочешь приготовить?
11 – Какая разница? Разные вкусные блюда…
10 – Тогда ограничься каким-нибудь салатом и фруктами…

Traduzione

1 Mi sono proprio stufata di ascoltarlo! 2 Spiega a tutti come si deve cucinare *(bisogna cucinare)*, 3 ma lui stesso non sa niente e non sa fare niente come si deve. 4 Anche se [a dire il vero]… ieri per la prima volta mi ha detto "grazie" per l'aiuto. 5 Eh sì, adesso è quasi [diventato] un tesoro! 6 Non ridere, non sto scherzando! 7 E così ho deciso: quasi quasi invito tutti gli amici 8 e preparo una cena *(tavola)* meravigliosa tutta da sola! 9 E cosa vuoi cucinare? 10 Che importanza ha *(Quale differenza)*? Tanti piatti gustosi… 11 Allora limitati a un'insalatina e alla frutta…

Seconda ondata: trentacinquesima lezione

85 Восемьдесят пя́тый уро́к

С прие́здом!

1 — Вот это сюрпри́з! Добро́ пожа́ловать ①!
2   Знал бы я, что вы прилети́те так по́здно,
3   я бы обяза́тельно прие́хал ② за ва́ми ③ в аэропо́рт!
4   Во ско́лько вы приземли́лись?
5 — По расписа́нию ④ должны́ бы́ли прилете́ть ⑤ без че́тверти во́семь,
6   а самолёт приземли́лся лишь о́коло девяти́.
7   Мы и вы́летели ⑤ с больши́м опозда́нием.

Osservazioni sulla pronuncia
Titolo: С прие́здом *sprijezdam*
3 обяза́тельно *abizatil'n^a*

Note

① Come avrete notato, *benvenuto* si dice sia **с прие́здом** che **добро́ пожа́ловать** (lett. *bene venire*).
② Il condizionale e il congiuntivo italiani corrispondono a un solo modo in russo.
③ La preposizione **за** seguita dallo strumentale può voler dire *andare a prendere* qualcuno o qualcosa:
  – **Куда́ ты идёшь? – Я в магази́н за молоко́м.**
  – *Dove vai? – Vado al negozio a prendere il latte.*
  – **А где ма́ма? – Она́ пое́хала за детьми́ в шко́лу.**
  – *E dov'è la mamma? – È andata a prendere i bambini a scuola.* ▸

Ottantacinquesima lezione 85

Benvenuti *(Con l'arrivo)*!

1 – Ma che *(Ecco questo)* sorpresa! Benvenuti!
2 Se avessi saputo che sareste arrivati *(arriverete volando)* così tardi,
3 sarei venuto senz'altro a prendervi all'aeroporto!
4 A che ora siete atterrati?
5 – Secondo l'orario saremmo dovuti *(dovevamo)*, arrivare alle otto meno un quarto,
6 ma l'aereo è atterrato solo intorno alle nove.
7 Eravamo già partiti in forte ritardo *(Noi anche siamo usciti volando con grande ritardo)*.

▶ ④ Conoscete già le espressioni **говори́ть по телефо́ну**, *parlare al telefono*; **смотре́ть по телеви́зору**, *guardare* (qualcosa) *alla televisione*. La preposizione **по** + seguita dal dativo può esprimere anche un movimento su una superficie, ma in questo caso ha il significato di *secondo, in base a*.

⑤ Osservando i verbi **прилете́ть**, **вы́лететь** e **полете́ть** (frasi 5, 7 e 8), noterete che hanno la stessa radice (**лете́ть**, *volare*) e che differiscono solo per il prefisso, che ne modifica il senso. Nella prossima lezione di ripasso studieremo appunto i significati più importanti dei prefissi dei verbi di moto.

85 8 Больше ни за что на свете ⑥ не полечу ⑤ этой компанией!
  9 Вы уж извините за беспокойство ⑦;
 10 уже поздно, мы вас разбудили?
 11 – Да не извиняйтесь вы!
 12 Мы ещё и не думали ложиться!
 13 Мы так счастливы вас видеть!
 14 Завтра обязательно поедем на экскурсию по городу!
 15 – Ну, завтра посмотрим.
 16 Утро вечера мудренее ⑧.
 17 А сейчас мы хотели бы принять душ, если можно.

12 счастливы sshaslivy

Note

⑥ Il nome maschile **свет** significa sia *mondo* che *luce*:

На свете много разных стран, *Nel mondo ci sono tanti Paesi diversi.*

Я не могу читать: здесь слишком мало света, *Non riesco a leggere: qui c'è troppa poca luce.*

⑦ Il sostantivo neutro **беспокойство**, *disturbo, ansia*, si usa spesso nelle formule di cortesia:

Простите за беспокойство! Можно?, *Mi scusi per il disturbo! È permesso?*

Извини за беспокойство, я ищу Сашу, *Scusa il disturbo, cerco Sasha.* Ecco inoltre un esempio di **беспокойство** utilizzato col senso di *ansia*:

Почему ты сегодня такой нервный? Что это за беспокойство?, *Perché oggi sei così nervoso? Cos'è quest'ansia?*

8	Non volerò più con questa compagnia per niente al mondo!	
9	Ah, scusateci poi per il disturbo;	
10	è già tardi, vi abbiamo svegliato?	
11 –	Ma non c'è niente da scusare *(non scusatevi voi)*!	
12	Non stavamo neppure pensando *(ancora neppure non pensavamo)* di andare a letto!	
13	Siamo così felici di vedervi!	
14	Domani andiamo assolutamente a fare un giro *(su escursione)* per la città!	
15 –	Beh, domani vedremo.	
16	La notte porta consiglio *(il mattino della sera è più complicato)*.	
17	E ora vorremmo fare una doccia, se è possibile.	

▸ ⑧ **Утро ве́чера мудрене́е**, *La notte porta consiglio*. La traduzione letterale di questo proverbio, piuttosto curiosa, è "*il mattino è più complicato della sera*". Notate che **мудрене́е** è il comparativo di maggioranza di **мудрёный**, *complicato, astruso*, che è la forma popolare di **мудре́е**, a sua volta comparativo di **му́дрый**, *saggio*. In questo caso, l'espressione tradotta letteralmente è più comprensibile e potrebbe tranquillamente essere un proverbio italiano: *Il mattino è più saggio della sera*.

18 — Ну, что за ⑨ вопрос!
19 Я сейчас покажу вам ванную.
20 Вот шампунь, гель для душа и полотенца.
21 А мы пошли ⑩ ложиться спать. До завтра!

Note
⑨ **что за** è una forma idiomatica che corrisponde all'italiano *che tipo/che razza di…*

***

Упражнение 1 – Читайте и переводите
❶ Больше ни за что на свете не буду его слушать! ❷ Во сколько приземлится наш самолёт? ❸ Я так счастлива тебя видеть! Проходи и чувствуй себя, как дома. ❹ После обеда мы едем на экскурсию по городу. ❺ Покажите, пожалуйста, нашим гостям, где ванная и дайте им полотенца.

Упражнение 2 – Восстановите текст

❶ Bisogna comprare lo shampoo e un gel per la doccia.
Мне надо купить . . . . и . . . . для . . . . .

❷ Mi scusi per il disturbo, posso parlarLe un attimo *(si può voi* [accusativo] *per un minuto)* ?
Извините за . . . ., можно вас на минуту?

❸ Benvenuti! Siamo felici di vedervi!
С . . . . ! Мы . . . . вас видеть!

18 – Ma certo, che domande *(che tipo di domanda)*!
19 Vi mostro subito *(Io adesso mostrerò a voi)* il bagno.
20 Ecco lo shampoo, il gel per la doccia e gli asciugamani.
21 Noi invece andiamo *(siamo andati)* a dormire. A domani!

⑩ Qui **пошли́** suona come un'esortazione (*andiamo!*) e non esprime pertanto un'azione al passato.

***

Soluzione dell'esercizio 1
❶ Non lo starò più a sentire per niente al mondo! ❷ A che ora atterrerà il nostro aereo? ❸ Sono così felice di vederti! Accomodati e fai come se fossi a casa tua. ❹ Dopo pranzo facciamo un giro per la città. ❺ Per cortesia, mostri ai nostri ospiti dov'è il bagno e dia loro gli asciugamani.

❹ – È venuto alla riunione in forte ritardo. – Come sempre!
– Он . . . . . . на совещание с большим
. . . . – Как всегда!

❺ – Vuoi che venga a prenderti all'aeroporto? – No, grazie, mi verrà a prendere papà.
– . . . . за . . . . . в аэропорт? – Нет, спасибо, за . . . . приедет папа.

Soluzione dell'esercizio 2
❶ – шампу́нь – гель – душа ❷ – беспоко́йство – ❸ – прие́здом – сча́стливы – ❹ – пришёл – опозда́нием – ❺ Прие́хать – тобо́й – мной –

Seconda ondata: trentaseiesima lezione

86 Восемьдесят шестой урок

Без паники!

1 Турист, который путешествует на самолёте в первый раз,
2 спрашивает стюардессу:
3 – Вы не будете раздавать ① парашюты ②?
4 – Нет, конечно.
5 – А, может быть, один для меня найдётся?
6 – Бесполезно настаивать: вы не получите парашюта!
7 И вообще, вы начинаете действовать мне на нервы!

Osservazioni sulla pronuncia
3 парашю́ты *parashuty* (vedi nota 2)

Note

① Il futuro composto, che avete già incontrato in diverse occasioni, si forma con il futuro di **быть**, *essere*, seguito dall'infinito imperfettivo del verbo principale. Le differenze di significato e di sfumature tra il futuro perfettivo e il futuro imperfettivo sono grossomodo le stesse che troviamo negli altri tempi: il perfettivo esprime un'azione che avviene una volta sola o istantanea, mentre l'imperfettivo indica un'azione ripetuta, abituale o durativa:
– Хочешь кофе? – Нет, я лучше съем яблоко.
– Vuoi un caffè? – No, piuttosto mangerò una mela (una sola mela per una volta sola).
Тамара была у врача. Теперь она на диете: она будет есть яблоки каждое утро.
Tamara è stata dal medico. Adesso è a dieta: mangerà delle mele ogni mattina (si parla di un'azione che diverrà abituale e si ripeterà ogni giorno). ▸

Ottantaseiesima lezione 86

Niente panico!

1 Un turista che viaggia in aereo per la prima volta
2 domanda alla hostess:
3 – Non distribuite *(sarete distribuire)* dei paracadute?
4 – Certo che no *(No, certo)*.
5 – Non è che magari se ne può trovare uno per me *(E, forse, uno per me si troverà)*?
6 – È inutile che insista *(Inutile insistere)*: Lei non può avere *(voi non riceverete)* un paracadute!
7 E poi Lei comincia a darmi *(agire a me)* sui nervi!

▶ ② Può capitare, nelle parole di origine straniera come **парашю́т**, di trovare eccezioni alla regola dell'incompatibilità ortografica (di norma la **ю** non può seguire la **ш**, che rimane dura in ogni caso). Un altro esempio di eccezione è **жюри́**, *giuria*.

86 **8** Я уже десять лет ③ работаю стюардессой, а такого ещё не видела!
  9 – Но ведь на кораблях в море дают спасательные круги ④.
 10 – Мы же не в море!
 11 – Странно, ведь тех, кто умеет плавать ⑤, гораздо больше ⑥,
 12 чем тех, кто умеет летать ⑦…

Note

③ Ricordate che, quando si indica la durata di un'azione nel passato, l'espressione di tempo va all'accusativo e non ci vuole nessuna preposizione:
Они вместе уже три недели, *Stanno insieme già da tre settimane.*
Прошло уже десять лет, *Sono già passati dieci anni.*

④ **круг**, *cerchio, tondo*. Al plurale si aggiunge la **-и** per la regola dell'incompatibilità ortografica: **круги**.

⑤ **плавать**, *nuotare*, è un verbo di moto imperfettivo e pluridirezionale (per ripassare i verbi pluridirezionali e unidirezionali date un'occhiata alla 3ª nota della 44ª lezione).

***

Упражнение 1 – Читайте и переводите

❶ Пожалуйста, без паники: мы обязательно дадим вам спасательный круг. ❷ В этой гостинице нет ни шампуня, ни геля для душа. Я такого ещё не видел! ❸ – Вы уже раздавали парашюты? – Ещё нет. ❹ Тех, кто умеет плавать, больше, чем тех, кто умеет летать. ❺ Мне гораздо больше понравилось путешествовать на самолёте этой компании.

8 Sono dieci anni che faccio la hostess *(Io già dieci anni lavoro come hostess)* e non ho mai visto una cosa simile *(e del tale ancora non ho visto)*!

9 – *(Ma)* eppure sulle navi *(in mare)* danno i salvagente.

10 – Ma noi non siamo in mare!

11 – Strano, perché quelli che sanno nuotare sono molti di più

12 di quelli che sanno volare…

▸ ⑥ È possibile "rigirare" questa frase per individuare più facilmente il caso utilizzato: **бóльше тех, кто…**, *sono di più quelli che…* Si tratta dunque del genitivo (che va impiegato dopo **бóльше**, *più*) del pronome dimostrativo **тот**, *quello*, al plurale **те**, *quelli, quelle*. Per ripassare la declinazione di **тот** tornate al punto 2 della 63ª lezione. L'avverbio **горáздо** significa *di gran lunga, molto*.

⑦ **летáть**, *volare*, è un verbo di moto imperfettivo e pluridirezionale.

***

Soluzione dell'esercizio 1

❶ Per cortesia, non si lasci prendere dal panico: Le daremo senz'altro un salvagente. ❷ In questo albergo non c'è né shampoo né gel per la doccia. Non ho mai visto una cosa simile! ❸ – Avete già distribuito i paracadute? – Ancora no. ❹ Sono di più quelli che sanno nuotare di quelli che sanno volare. ❺ Mi è piaciuto molto di più viaggiare con l'aereo di questa compagnia.

87 Упражнение 2 – Восстановите текст

❶ – Non ha una sigaretta da offrirmi *(Presso di voi non si troverà per me di una sigaretta)*? – Sì, certo.
 – У вас не .... для .... сигареты?
 – Да, конечно.

❷ È inutile che insisti *(insistere)*: non ti aiuterò.
 .... настаивать: я не .... тебе помогать.

❸ Si calmi e vada a dormire: la notte porta consiglio.
 Успокойтесь и ложитесь ..... : .... вечера ....

❹ Non hanno neppure pensato di distribuire dei salvagente.
 Они и не думали .... спасательные ......

❺ I loro bambini mi danno sui nervi.
 Их дети .... мне на ......

87 Восемьдесят седьмой урок

Выход из положения

1 – Ты что такой кислый?
2 – У меня огромная проблема.
3 – Что такое?

Soluzione dell'esercizio 2

❶ – найдётся – меня – ❷ Бесполезно – буду – ❸ – спать – утро – мудренее ❹ – раздавать – круги ❺ – действуют – нервы

Seconda ondata: trentasettesima lezione

Ottantasettesima lezione 87

Una via d'uscita (*Uscita dalla situazione*)

1 – Perché sei così giù (*Tu cosa così acido*) ?
2 – Ho un problema enorme.
3 – Cos'è successo?

87

4 – Мои часы не работают, остановились ①…
5 – Это, конечно, неприятно, но проблемой не назовёшь.
6 Почему ты так переживаешь?
7 – Понимаешь, я встретил одну классную девчонку, Светку ② Иванову ③…
8 И завтра в девять утра у нас с ней встреча.
9 Сам я в девять никогда в жизни не проснусь.
10 Рассчитывал на мои часы, ведь ④ в них есть будильник.
11 А теперь мне что прикажешь делать?

Osservazioni sulla pronuncia
8 встреча *fstrječa*

Note

① **остановились** è il passato plurale del verbo perfettivo **остановиться**, *fermarsi*. La coniugazione dei verbi riflessivi al passato è semplice: si aggiunge **-сь** dopo una vocale (quindi al femminile, al neutro e al plurale) e **-ся** dopo una consonante, dunque al maschile (che finisce normalmente per **-л**): **остановился, остановилась, остановилось, остановились**.

② **Светку** è il diminutivo di **Светлана** all'accusativo. Il diminutivo usato qui appartiene alla lingua parlata, perché quello "normale" sarebbe **Света** (senza la **к**). Troverete una spiegazione più dettagliata sui nomi propri nella prossima lezione di ripasso.

③ **Иванову** è l'accusativo del cognome **Иванова**. In russo i cognomi non solo si declinano, ma la loro declinazione presenta anche delle curiose particolarità che vedremo nel 2° punto della prossima lezione di ripasso.

4 – Il mio orologio non funziona, si è fermato…
5 – È certamente una cosa spiacevole, ma non mi sembra un problema *(problema non chiamerai)*.
6 Perché sei così preoccupato?
7 – Sai *(Capisci)*, ho incontrato una ragazza niente male *(di classe)*, Svetka Ivanova…
8 E domani ho appuntamento con lei alle nove di mattina.
9 Non riuscirò mai a svegliarmi alle nove da solo *(Solo io a nove mai in vita non mi sveglierò)*.
10 Contavo sul mio orologio perché ha la sveglia.
11 E ora cosa vuoi che faccia *(a me cosa ordinerai fare)*?

▶ ④ La particella **ведь**, *perché, poiché* non vi è certamente nuova: la conoscete già dalla 16ª lezione, in cui l'abbiamo incontrata col significato di *eppure, ma, però*. Può anche esprimere una causa:
Ну и помогáй емý сам, ведь ты такóй дóбрый! *E allora aiutalo tu, visto che sei tanto bravo!*

87

12 – Не падай духом, что-нибудь придумаем ⑤…
13 Да ведь у тебя есть будильник на мобильном телефоне.
14 Используй его.
15 – На нём звонок совсем не слышно ⑥, я боюсь проспать ⑦…
16 – Ну, ладно, так и быть ⑧: уговорил.
17 Я буду тебе звонить на мобильник пока ⑨ не разбужу!

Note

⑤ **придýмаем** è la 1ª persona plurale del verbo perfettivo **придýмать** *inventare, escogitare, trovare*.

⑥ Tenete a mente la struttura **слы́шно** + caso accusativo, *si sente* + complemento oggetto:
Говори́те гро́мче, вас не слы́шно. *Parli più forte, non (La) si sente.*

⑦ Anche il prefisso **про-** non è una novità per voi: l'abbiamo già incontrato nella 83ª lezione nel verbo di moto **проходи́ть**, *entrare, accomodarsi*, dove **про-** suggerisce un movimento ▶

***

Упражнение 1 – Читайте и переводите

❶ – Во сколько тебя разбудить? – Без четверти восемь. ❷ Ладно, так и быть: дам тебе телефон Тани. Она классная девчонка. ❸ – Ой, у меня часы остановились! – Ничего, у тебя ведь есть будильник на мобильнике. ❹ Уговорила! Можешь на меня рассчитывать. ❺ Ну, что прикажешь делать? Он меня совсем не слушает.

12 – Non perderti d'animo, [ci] inventeremo qualcosa…
13 Ma tanto hai la sveglia sul cellulare.
14 Usa quella.
15 – *(In lui)* Non si sente affatto la suoneria, temo di svegliarmi tardi lo stesso *(dormire troppo)*…
16 – Beh, d'accordo, dai *(va bene)*: mi hai convinto.
17 Ti chiamerò sul cellulare finché non ti sveglierai *(finché non sveglierò)*!

▸ all'interno di un luogo o attraversamento. In **проспа́ть**, *dormire troppo*, invece, **про-** indica che l'azione ha sortito un effetto indesiderato.

⑧ **Так и быть** è un'espressione idiomatica che significa *va bene, va'*.

⑨ **пока́** ha più di un significato: *finché, prima che* o *per ora*:
Пока́ не сде́лаешь уро́ки, не пойдёшь гуля́ть! *Finché non avrai fatto i compiti non potrai uscire!*
– Ему́ нра́вится его́ но́вая рабо́та? – Пока́ нра́вится…
– Gli piace il suo nuovo lavoro? – Per ora sì…
Переста́нь смотре́ть телеви́зор, пока́ глаза́ не заболе́ли!
Smetti di guardare la tivù prima che ti facciano male gli occhi!

***

Soluzione dell'esercizio 1

❶ – A che ora ti devo svegliare? – Alle otto meno un quarto. ❷ Dai, va bene: ti darò il numero *(telefono)* di Tanja. È una ragazza niente male. ❸ – Oh, mi si è fermato l'orologio! – Non fa niente, tanto hai la sveglia sul cellulare. ❹ Mi hai convinto! Puoi contare sui di me. ❺ Beh, cosa vuoi che faccia? Non mi ascolta per niente.

Упражнение 2 – Восстановите текст

❶ – Perché sei così giù? – Ho perso il portafoglio. – Che peccato *(Come spiacevole)*!

– Ты что такая ...... ? – Я потеряла кошелёк. – Как .... !

❷ – Hai un nuovo cellulare? – Sì, quello vecchio si è rotto.

– У тебя новый .... телефон? – Да, старый ....

❸ – Mi sembra che Lei abbia dei problemi enormi! – Niente di grave, ci inventeremo qualcosa!

– Кажется, у вас .... проблемы! – Ничего страшного, что-нибудь .... !

---

88 Восемьдесят восьмой урок

Осторожно – проверка...

1 Милиционер стоит на перекрёстке ①.
2 Мимо едет новая «десятка» ②.
3 Неожиданно милиционер бросается останавливать машину,
4 машет водителю жезлом, оглушительно свистит
5 и даже выхватывает из кобуры пистолет.

Osservazioni sulla pronuncia
1 перекрёстке *pirikrjostkje*

❹ La tua sveglia non si sente affatto. Non hai paura di svegliarti tardi? **88**

Твой .... совсем не .... Ты не боишься .... ?

❺ – Non si perda d'animo! C'è sempre una via d'uscita.

Не .... духом! Всегда есть ..... из положения.

Soluzione dell'esercizio 2

❶ – кислая – неприятно ❷ – мобильный – сломался ❸ – огромные – придумаем ❹ – будильник – слышно – проспать ❺ – падайте – выход –

Seconda ondata: trentottesima lezione

Ottantottesima lezione 88

Attenzione: controllo…

1 Un vigile regola *(sta su)* un incrocio.
2 Gli passa vicino *(Vicino va)* una [Lada] "Dieci" nuova.
3 All'improvviso il vigile si affretta *(si getta)* a fermare l'auto,
4 fa segno con la paletta al conducente, fischia in modo assordante
5 ed estrae addirittura la pistola dalla fondina.

Note

① Attenti alla vocale mobile: **перекрёсток → перекрёстке**.
② È uno dei modelli della Lada, marca russa di auto.

88

6 Водитель резко нажимает на педаль ③ тормоза,
7 чуть не вылетает ④ через лобовое стекло,
8 выходит из машины весь бледный,
9 с ватными ногами и дрожащими коленями ⑤.
10 – Что такое? Я что-то нарушил?
11 Проехал на красный свет?
12 Или не заметил какого-нибудь дорожного знака?
13 Милиционер задумчиво смотрит на ⑥ машину:
14 – Да нет, ничего…
15 Я вот хочу себе такую же ⑦ машину купить,
16 а говорят, у неё тормоза ⑧ слабые.
17 Хотел проверить!

6 ре́зко *rjesk*ᵃ
7 через лобо́ое *čirizlᵃbavo*ʲᵉ

Note

③ Non è sempre possibile stabilire quale sia il genere dei sostantivi in segno molle **ь**, ragion per cui è bene controllarlo su un dizionario di volta in volta. La parola **педа́ль**, *pedale*, è femminile.

④ **вылета́ет** è la 3ᵃ persona singolare del verbo di moto imperfettivo **вылета́ть**, *volare via, partire (volando)*. Non vi siete accorti che questo verbo somiglia a quello imperfettivo pluridirezionale **лета́ть**? L'unica cosa che li distingue è il prefisso, che modifica il senso del verbo.

⑤ **коле́но**, *ginocchio*, forma irregolarmente il plurale in **-и**: **коле́ни**. La **н** al plurale resta generalmente molle anche negli altri casi: per esempio al prepositivo (**коле́нях**) o allo strumentale (**коле́нями**), come nella frase del dialogo.

6	Il conducente schiaccia bruscamente il *(su)* pedale del freno,	
7	per poco non vola attraverso il parabrezza *(il vetro frontale)*,	
8	esce dall'auto tutto pallido,	
9	con le gambe molli *(di cotone)* e le ginocchia tremanti.	
10	– Cosa c'è? Ho commesso qualche infrazione *(Io qualcosa ho violato)*?	
11	Sono passato col rosso *(a rossa luce)*?	
12	O non ho visto qualche segnale stradale?	
13	Il vigile fissa pensieroso *(pensosamente)* l'auto:	
14	– Ma no, niente…	
15	È che *(Io ecco)* voglio comprarmi un'auto uguale a questa,	
16	ma dicono che abbia i freni deboli.	
17	Volevo controllare!	

▶ ⑥ L'imperfettivo **смотре́ть**, *guardare*, quando è seguito dalla preposizione **на** + caso accusativo, si traduce con *fissare, guardare fisso*.

⑦ **таку́ю же** è l'accusativo femminile di **тако́й же**, *lo stesso, uguale*. Serve anche a formare il comparativo di uguaglianza, come potete vedere nel terzo esempio che segue. L'aggettivo **тако́й** concorda nel genere e nel numero col nome cui fa riferimento, ed è spesso accompagnato dalla particella **же** che lo enfatizza:

Како́й краси́вый пиджа́к! Я хочу́ тако́й же. *Che bel giubbotto! Ne voglio uno uguale.*
Э́то ва́ша маши́на? У меня́ есть така́я же. *È la Sua auto? Ne ho una uguale.*
– У нас больши́е пробле́мы. – Вы зна́ете, у нас таки́е же больши́е пробле́мы (, как у вас)! *– Abbiamo dei grandi problemi. – Sa, noi li abbiamo grandi quanto i vostri!*

⑧ Il nome maschile **то́рмоз**, *freno*, forma il plurale in **-а**: **тормоза́**. Attenti allo spostamento dell'accento.

88 Упражнение 1 – Читайте и переводите

❶ Не надо так резко нажимать на педали! ❷ Я видел Виктора. Он был весь такой бледный, с дрожащими коленями... ❸ Что такое? Почему вы останавливаете все новые «десятки»? ❹ Я звонил Наде: хотел проверить, дома она или нет. ❺ Почему ты так задумчиво смотришь на меня?

Упражнение 2 – Восстановите текст

❶ Perché il vigile mi fa segno con la paletta? Non ho visto qualche segnale stradale?

Почему милиционер ..... мне жезлом? Я не заметил какого-нибудь дорожного ..... ?

❷ Cosa fai? Sei passato col rosso all'incrocio!

Что ты делаешь? На .... ты проехал на красный .... !

❸ Non posso circolare *(andare)* con la mia auto: ha i freni deboli.

Я не .... ехать .. моей машине: у неё слабые ....

❹ Schiacci così bruscamente il pedale del freno che ogni volta rischio di volare attraverso il parabrezza.

Ты так ..... нажимаешь на ..... тормоза, что каждый раз я чуть не вылетаю ..... лобовое стекло.

❺ Voglio lo stesso cellulare, ma dicono che abbia una suoneria bassa *(debole)*.

Я хочу такой же .... , но говорят, у него ....

Soluzione dell'esercizio 1

❶ Non bisogna schiacciare così bruscamente i pedali! ❷ Ho visto Viktor. Era tutto *(così)* pallido, con le ginocchia trementi… ❸ Cosa c'è? Perché state fermando tutte le [Lada] "dieci" nuove? ❹ Ho telefonato a Nadja: volevo controllare se fosse a casa o no. ❺ Perché mi fissi così pensieroso?

Soluzione dell'esercizio 2

❶ – машет – знака ❷ – перекрёстке – свет ❸ – могу – на – тормоза ❹ – резко – педаль – через – ❺ – мобильник – слабый звонок

Chi non conosce le auto russe della Lada? Queste auto vengono prodotte nella fabbrica d'automobili più famosa della Russia, la **АвтоВАЗ**. *Costruita nel 1966, si trova in una bella regione sul Volga, a Togliattigrad, città dove molte cose ruotano intorno all'automobile. I modelli della Lada sono numerati e spesso indicati con le ultime due cifre: il primo modello, la 2101, è chiamato* **копе́йка**, *il Copeco; il secondo, la 2110, è chiamato* **деся́тка**, *la dieci, ecc. Oggi la Lada offre un notevole assortimento di automobili e anche se il russo medio sogna spesso una* **иномарка**, *auto straniera, rimane in genere fedele a questa marca.*
Le barzellette sulla Lada sono tante. Eccone una: una bella Ferrari viaggia a 200 all'ora quando all'improvviso viene superata

da una Lada… Che vergogna! Poco dopo, il conducente della Ferrari vede la Lada ferma sul ciglio della strada e l'autista che sta picchiando martellate sul motore.
Allora il conducente della Ferrari decide di andare a 250 all'ora per non farsi più superare, perché è una cosa davvero umiliante subire un sorpasso quando si è alla guida di una Ferrari. Cinque chilometri più tardi, però, viene superato di nuovo dalla stessa Lada di prima. Poco dopo la Lada è di nuovo ferma, con il cofano aperto e l'autista che prende ancora a martellate il motore…
Il conducente della Ferrari decide di aumentare la velocità fino a 300 all'ora, ma la Lada lo sorpassa ancora una volta!

89 Восемьдесят девятый урок

Какое счастье!

1 – Мы переезжаем!
2 – Вы будете снимать квартиру?
3 – Нет, мы покупаем дом ① нашей мечты!
4 – Ой, ну рассказывай скорее!
5 – Мне сейчас некогда ②:

Osservazioni sulla pronuncia
1 мы переезжа́ем *my piriižžaʲᵉm*

Note

① Della parola **дом**, *casa*, conoscete le forme avverbiali **до́ма**, *a casa, in casa* (senza movimento) e **домо́й**, *a casa* (con movimento).

② Non confondete **не́когда** *non c'è tempo, non avere tempo*, con **никогда́**, *mai*.

Un po' più avanti vede di nuovo il tipo della Lada fermo che sta smartellando sotto il cofano come un pazzo. Il conducente della Ferrari si ferma e, incuriosito, si dirige verso la Lada.
"Cosa sta facendo?" chiede all'autista della Lada. "La Sua auto va benissimo: per un modello simile, più di 300 all'ora sono una velocità favolosa! Io la tratterei come una regina, anziché smartellare sul motore!" A queste parole, il tipo della Lada solleva la testa da dietro il cofano e gli dice: "Quest'auto non funziona... Non ingrana neppure la seconda...".

Seconda ondata: trentanovesima lezione

Ottantanovesima lezione

Che fortuna!

1 – Noi traslochiamo!
2 – Prenderete in affitto un appartamento?
3 – No, compriamo la casa dei nostri sogni *(del nostro sogno)*!
4 – Oh, dai, raccontami un po' *(beh racconta più veloce)*!
5 – Ora non ho tempo *(a me ora non c'è tempo)*:

89 6   бегу ③ к нотариусу оформлять документы.
  7 – Ну, пожалуйста, хотя бы вкратце.
  8 – Ладно, слушай. Это двухэтажный особняк.
  9   Там есть терраса, два балкона, чердак и подвал.
 10   Владелец дома – бывший архитектор,
 11   поэтому планировка, сам понимаешь, просто восхитительная.
 12   Даже ступеньки на лестнице какие-то необычные.
 13   В доме ④ высокие потолки и белоснежные стены.
 14   У каждого из нас будет своя комната ⑤!
 15 – А я живу в нашей двухкомнатной квартире на седьмом этаже…
 16   В нашем доме постоянно ломается лифт,
 17   и приходится подниматься по лестнице ⑥ пешком!
 18 – Да, в таком случае лучше жить на первом этаже.

11 восхитительная *vasHititil'na^ja*
12 на лестнице *naljesnits^e*

Note

③ бегу́ è la 1ª persona singolare di **бежа́ть**, *correre*, verbo di moto imperfettivo e unidirezionale. Attenti all'alternanza consonantica nella radice del verbo (**ж → г**). Per la coniugazione consultate la prossima lezione di ripasso.

6	devo correre *(corro)* dal notaio a fare le pratiche *(legalizzare documenti)*.	
7 –	Su, per favore, almeno due parole *(in breve)*.	
8 –	Va bene, ascolta. È un palazzo signorile a due piani.	
9	Ha *(Là c'è)* una terrazza, due balconi, una soffitta e una cantina.	
10	Il proprietario *(della casa)* è un ex architetto,	
11	perciò la struttura, come puoi immaginare *(stesso capisci)*, è semplicemente splendida.	
12	Persino i gradini delle scale *(sulla scala)* sono un po' fuori dal comune *(inconsueti)*.	
13	La casa ha *(Nella casa)* i soffitti alti e le pareti bianchissime *(candide)*.	
14	Ciascuno di noi avrà la sua *(propria)* stanza!	
15 –	Io invece vivo in un *(nel nostro)* appartamento con due camere, al sesto *(settimo)* piano…	
16	Nella nostra casa si rompe continuamente l'ascensore	
17	e [ci] tocca salire le scale *(per la scala)* a piedi!	
18 –	Sì, in questo *(tal)* caso è meglio abitare al pianterreno.	

④ Attenti alla differenza fra **до́ма** e **в до́ме**: nel primo caso si intende *in casa* o *a casa* del soggetto, mentre nel secondo si mette in evidenza la casa in quanto luogo o spazio nel quale si svolge l'azione.

⑤ Il termine **ко́мната** significa sia *stanza* che *camera*:
Э́то моя́ ко́мната. *Questa è la mia camera.*
У нас в кварти́ре три ко́мнаты. *Il nostro appartamento ha tre stanze.*

⑥ Ecco di nuovo la preposizione **по** seguita dal dativo, che esprime l'idea del movimento sopra una superficie: **идти́ по у́лице**, *camminare per la strada*; **поднима́ться по ле́стнице**, *salire le scale*.

Упражнение 1 – Читайте и переводите

❶ Они переезжают. Думаю, они купили новую квартиру. ❷ Ему приходится подниматься по лестнице каждое утро. ❸ Они живут на пятом этаже в доме без лифта. ❹ – Я ищу Тамару. – В таком случае вам надо на седьмой этаж. ❺ Вы покупаете этот восхитительный особняк? Какое счастье!

Упражнение 2 – Восстановите текст

❶ Ora non ho tempo per ascoltarti: devo correre *(corro)* al lavoro.
Мне сейчас . . . . тебя слушать: я . . . . на работу.

❷ In questa casa si rompe continuamente l'ascensore, perciò tocca salire a piedi.
В этом доме постоянно ломается . . . . , поэтому . . . . подниматься пешком.

❸ Ciascuno di loro ha la propria stanza e il proprio bagno.
У каждого . . них есть своя комната и . . . .

❹ Bene, ti racconto in due parole *(in breve)* tutto quello che è successo la settimana scorsa.
Хорошо, расскажу . . . . всё, что . . . . на прошлой неделе.

Soluzione dell'esercizio 1

❶ Stanno traslocando. Penso che abbiano comprato un nuovo appartamento. ❷ Gli tocca salire le scale ogni mattina. ❸ Abitano al quarto *(quinto)* piano in una casa senza ascensore. ❹ – Cerco Tamara. – In questo caso deve andare al sesto *(settimo)* piano. ❺ Compra questo splendido palazzo signorile! Che fortuna!

❺ Prima mio fratello aveva preso in affitto un appartamento nella casa accanto a una splendida palazzina.
Раньше мой брат ...... квартиру в .... рядом с шикарным особняком.

Soluzione dell'esercizio 2

❶ – некогда – бегу – ❷ – лифт – приходится – ❸ – из – ванная ❹ – вкратце – случилось – ❺ – снимал – доме –

Seconda ondata: quarantesima lezione

90 Девяно́стый уро́к

Сва́дьба

1 — Го́споди! ① Как же бы́стро расту́т де́ти!
2 Представля́ешь, мой племя́нник ② реши́л жени́ться ③!
3 — А ра́зве ④ не племя́нница твоя́ за́муж выхо́дит ③?
4 — Да что ты! Она́ уже́ давно́ вы́шла.
5 Уже́ и шампа́нское пи́ли, и че́рез мосты́ её переноси́ли ⑤
6 и ту́флю её кра́ли…

Osservazioni sulla pronuncia
5 че́рез мосты́ *čirizmasty*

Note

① **Го́споди!**, *Signore!*, *Mio Dio!*, è la forma dell'antico vocativo del sostantivo maschile **Госпо́дь**, *Signore, Dio*. Esistono diverse varianti di quest'espressione: conoscete già **Бо́же мой!**, *Mio Dio!* che si può utilizzare assieme a **Го́споди** con lo stesso significato: **Го́споди, Бо́же мой!**

② **племя́нник** e **племя́нница** indicano rispettivamente *il nipote* e *la nipote* di uno zio o di una zia, mentre *nipote* di nonno o di nonna si dice **внук** (se è un maschio) o **вну́чка** (se è una femmina).

③ In russo il verbo *sposarsi* si traduce diversamente a seconda che il soggetto sia una donna o un uomo. Nel primo caso si userà **вы́йти за́муж** (che corrisponde quindi a *maritarsi*), nel secondo (o se il soggetto è la coppia) si userà **жени́ться**.

Novantesima lezione 90

Le nozze

1 — Mio Dio! Ma quanto crescono in fretta i bambini!
2   Pensa *(Immaginati)* [che] mio nipote ha deciso di sposarsi!
3 — Ma non è tua nipote che si sposa *(non nipote tua per marito esce)*?
4 — Macché! Lei si è già sposata da un pezzo *(già da tempo è uscita)*.
5   Hanno già bevuto lo champagne, l'hanno portata sui ponti *(e attraverso i ponti l'hanno portata)*
6   e le hanno rubato la scarpa…

④ **ра́зве** è una particella che esprime dubbio, incredulità o diffidenza:
Ра́зве ты не лю́бишь чесно́к? *Ma l'aglio non ti piaceva?* (si sottintende che chi parla era convinto del contrario)
Ра́зве он не в кино́? *Davvero non è al cinema?* (chi parla era sicuro che il soggetto fosse al cinema)

⑤ **переноси́ть через мосты́**, portare sui (lett. *attraverso*) ponti: si tratta dei ponti che lo sposo deve tradizionalmente attraversare tenendo la sposa in braccio. Quanto alla frase seguente, vedi la nota al termine della lezione.

90

7 Теперь ⑥ вот очередь племянника...
8 Только с его невестой будет сложнее ⑦...
9 Племянница-то моя была стройная, худенькая,
10 а эта дама намного полнее ⑦,
11 и я боюсь, он её уронит...
12 – А вы на мосты не ходите!
13 На памятники букеты возложите ⑧, да и в ресторан:
14 и дело в шляпе!
15 – А она не обидится?
16 – Главное – тактично ей это объяснить... □

Note

⑥ Avete già incontrato varie volte **сейчас** е **теперь**. Entrambi vogliono dire *ora, adesso*, ma con sfumature di significato leggermente diverse: **теперь** mette in rilievo il momento attuale rispetto al passato, marcando un contrasto. Osservate gli esempi:
– **Что сейчас делает папа? – Он курит.** – *Cosa fa papà adesso? – Fuma.*
Раньше папа много курил, потом бросил и теперь совсем не курит. *Prima papà fumava molto, poi ha smesso e ora non fuma più* (lett. *affatto*).

***

Упражнение 1 – Читайте и переводите

❶ – Моя племянница выходит замуж. – Как здорово! А когда у неё свадьба? ❷ Простите, по-моему, сейчас моя очередь. Вы стоите за мной. ❸ У них в городе есть река и очень много мостов. ❹ Держите, эти цветы для вас. Осторожно, не уроните. ❺ – А разве твой брат ещё не женился? – Конечно женился, уже давно.

7	Ora tocca a *(ecco turno di)* [mio] nipote…
8	Solo che con la sua fidanzata sarà più complicato…
9	Mia nipote era slanciata, snella *(magra)*,
10	mentre questa signora è molto più robusta *(piena)*,
11	e ho paura [che] lui non riesca a portarla in braccio *(la farà cadere)*…
12 –	E allora non andate sui ponti!
13	Deponete i mazzi di fiori davanti ai *(sui)* monumenti e [andate subito] al ristorante:
14	il gioco è fatto *(e cosa nel cappello)*!
15 –	Ma lei non si offenderà?
16 –	L'importante è spiegarglielo con delicatezza…

▸ ⑦ **сложне́е** e **полне́е** sono comparativi di maggioranza di **сло́жный**, *complicato* e **по́лный**, *pieno, grasso*. Si formano col suffisso **-ее**. Per ripassare la formazione del comparativo, rileggete il punto 2 dell'84ª lezione.

⑧ Attenti all'accento: il verbo perfettivo **возложи́ть**, *deporre*, alla 2ª persona plurale può avere l'accento su due sillabe diverse: **возложи́те!**, *deponga! deponete!*, è l'imperativo, mentre **возло́жите**, *deporrà, deporrete,* è il futuro.

***

Soluzione dell'esercizio 1

❶ – Mia nipote si sposa. – Che bello! E quando ci saranno le nozze? ❷ Mi scusi, mi sembra che adesso sia il mio turno. Lei viene *(sta)* dopo di me. ❸ Nella loro città c'è un fiume e tantissimi ponti. ❹ Tenga, questi fiori sono per Lei. Attenzione, non li faccia cadere. ❺ – Ma tuo fratello non si è ancora sposato? – Certo che si è sposato, e già da un pezzo.

90 Упражнение 2 – Восстановите текст

❶ Come crescono in fretta i bambini: mio figlio si sposa e mia figlia [pure] *(esce per marito)*.
Как ...... дети ...... : сын женится, а дочь выходит ....

❷ Penso che, se si spiega tutto con delicatezza *(se tutto con delicatezza spiegare)*, non si offenderà nessuno.
Я думаю, что если всё ...... объяснить, никто не ....

❸ Mio figlio ha deciso di sposarsi: basta *(bisogna)* trovare una fidanzata e il gioco è fatto!
Сын решил .... : надо найти ......, и дело в ..... !

❹ – È la tua fidanzata [quella ragazza] slanciata? – No, è la sua amica. La mia fidanzata [è quella] accanto: [è] quella robusta!
– Это твоя невеста: такая .... ? – Нет, это её подруга. Моя невеста рядом: такая ...... !

❺ Pensi che domani si sposa *(presso di lui domani nozze)* e non è pronto ancora nulla!
.............., у него завтра ...., а ... ничего не готово!

La celebrazione di un matrimonio russo è accompagnata da alcuni rituali, sempre rispettati, la cui origine si perde nella notte dei tempi. Anche se le usanze variano da regione a regione, ogni matrimonio russo tradizionale segue regole ben precise che riguardano soprattutto il periodo prematrimoniale, il matrimonio religioso e la festa, mentre la cerimonia in municipio (che viene indicata con l'acronimo **ЗАГС** *zaks –* **Отде́л за́писи а́ктов гражда́нского состоя́ния**, *Ufficio [di registrazione degli atti] di stato civile), è più simile al nostro matrimonio civile.*
Prima di andare al **ЗАГС** *si "compra" la sposa. Si tratta di una divertente tradizione secondo la quale lo sposo, il suo testimone e*

Soluzione dell'esercizio 2

❶ – быстро – растут – замуж – ❷ – тактично – обидится
❸ – жениться – невесту – шляпе ❹ – стройная – полная
❺ Представляете – свадьба – ещё –

alcuni amici devono andare a prendere la sposa dai suoi genitori per portarla alla cerimonia. Ogni gradino dell'entrata e ogni porta che si varca diventano un bastione da prendere d'assalto: il secondo testimone (spesso la migliore amica della fidanzata) annuncia le penitenze o il prezzo da pagare perché il fidanzato possa vedere finalmente la fidanzata. Successivamente i futuri sposi vanno al **ЗАГС** *dove esibiscono il passaporto e le fedi, indispensabili affinché il matrimonio si possa registrare.*

Dopo la cerimonia civile può aver luogo un matrimonio religioso in chiesa, che presso gli ortodossi si svolge in due fasi: per prima cosa si celebra il fidanzamento e poi si procede all'incoronazione degli sposi, il tutto accompagnato dai canti di una corale (rigorosamente dal vivo).

Se invece non si celebra il matrimonio religioso, dopo la cerimonia civile e prima delle festa i giovani sposi fanno un giro in macchina per la città, seguiti da un corteo di auto, si fermano di fronte ai monumenti importanti, in particolare davanti a quelli che rendono omaggio ai soldati caduti per la patria, e vi depongono dei fiori. Si fermano anche di fronte ai ponti, che lo sposo deve passare portando la sposa in braccio. La tradizione vuole che se ne attraversino sette.

La festa che segue può svolgersi in un ristorante. C'è sempre un animatore, il **тамадá** *che ha il compito di movimentarla. A un certo punto una scarpa della sposa viene rubata da un gruppo di bambini e deve essere riscattata dal testimone dello sposo. A volte viene rubata la sposa stessa! Per recuperarla, il* **тамадá** *propone delle penitenze. La parola che si sente dire più spesso è* **го́рько!**, *È amaro! Gli invitati la pronunciano levando i bicchieri e ogni volta che la declamano gli sposi devono baciarsi mentre i presenti contano: uno, due, tre, quattro... Come avrete intuito, il bacio deve durare il più a lungo possibile.*

Seconda ondata: quarantunesima lezione

91 Девяно́сто пе́рвый уро́к

Повторе́ние – Ripasso

1 I nomi propri

I nomi propri e i patronimici si declinano come i nomi comuni. La maggior parte di essi ha vari diminutivi: un diminutivo per così dire "neutro", senza connotazioni particolari, e diversi diminutivi di carattere affettivo. Per **Ви́ктор**, per esempio, il diminutivo neutro è **Ви́тя**, mentre quelli affettivi sono **Витёк**, **Ви́тенька** e **Витю́ша** (e ce ne sono anche altri).

Gran parte dei nomi propri ha anche un diminutivo che si usa nel parlato e si forma a partire dal diminutivo neutro, che finisce per **-а** o **-я**, inserendo una **к** davanti a questa desinenza: **Алекса́ндр → Са́ша → Са́шка**. Se il diminutivo neutro finisce per **-я**, è obbligatorio sostituire tale desinenza con una **-а** prima di inserire la **к** per l'ormai nota regola dell'incompatibilità ortografica (dopo la **к** non si può mettere la **я**). Inoltre, in tal caso, si deve anche aggiungere un segno molle davanti alla **к** : **Татья́на → Та́ня → Та́нька** ; **Ви́ктор → Ви́тя → Ви́тька**. Nei diminutivi bisillabici l'accento cade sulla prima sillaba. Il diminutivo in **-ка**, benché molto frequente, è meno elegante di quello neutro e ha spesso una connotazione negativa, ma non sempre: questa connotazione si perde, per esempio, quando è usato dai giovani, e in tal caso è soprattutto l'intonazione a rivelare le sfumature.

2 I cognomi

I cognomi che finiscono per **-ов**, **-ин**, **-ский**, **-ый**, **-ой** hanno il femminile in **-а** o **-ая**, mentre tutti gli altri (per esempio quelli che finiscono per **-ич** e **-о**) non ce l'hanno:
– **На вечери́нке бы́ло мно́го люде́й: Ви́ктор Гончаро́в и Тама́ра Гончаро́ва, Са́ша Купри́н и Та́ня Куприна́, Све́та Груши́нская и Оле́г Груши́нский.**
Alla festa c'era molta gente: Viktor Gončarov e Tamara Gončarova, Sasha Kuprin e Tanja Kuprina, Sveta Grushinskaja e Oleg Grushinskij.
– **А Петро́вы то́же бы́ли?** *E i Petrov c'erano?*

Novantunesima lezione   91

– **Нет, они́ не пришли́. А вот На́дя Засу́лич, И́горь Засу́лич и Ковале́нко пришли́.**
No, non sono venuti. Ma Nadja Zasulič, Igor' Zasulič e i Kovalenko c'erano.

I cognomi privi di forma al femminile, quando non vengono specificati i relativi nomi propri, possono far riferimento a una persona di sesso maschile, a una di sesso femminile o a più persone. I cognomi in **-ский**, **-ый** e **-ой** si declinano come degli aggettivi:
Я о́чень люблю́ чита́ть кни́ги Толсто́го.
Mi piace molto leggere i libri di Tolstoj.
I cognomi in **-ов** e **-ин** seguono una declinazione "mista" che ricorda tanto quella dei sostantivi quanto quella degli aggettivi:

	Maschile	Femminile	Plurale
Nominativo	Ивано́в	Ивано́ва	Ивано́вы
Genitivo	Ивано́ва	Ивано́вой	Ивано́вых
Dativo	Ивано́ву	Ивано́вой	Ивано́вым
Accusativo	Ивано́ва	Ивано́ву	Ивано́вых
Strumentale	Ивано́вым	Ивано́вой	Ивано́выми
Prepositivo	Ивано́ве	Ивано́вой	Ивано́вых

3 I mesi dell'anno

Conoscete già *ottobre* (**октя́брь**). Vediamo ora tutti i mesi dell'anno: **янва́рь**, *gennaio*; **февра́ль**, *febbraio*; **март**, *marzo*; **апре́ль**, *aprile*; **май**, *maggio*; **ию́нь**, *giugno*; **ию́ль**, *luglio*; **а́вгуст**, *agosto*; **сентя́брь**, *settembre*; **октя́брь**, *ottobre*; **ноя́брь**, *novembre*; **дека́брь**, *dicembre*.
Nelle lezioni 83 e 84 abbiamo visto come si specifica una data presente, passata o futura. Ricordate che il mese va al genitivo: perciò avremo sempre la stessa desinenza (**-я**), tranne che per **март**, *marzo* e **а́вгуст**, *agosto*, che sono maschili in consonante dura e di conseguenza vogliono la **-а** al genitivo.

четы́реста пятьдеся́т два • 452

91 Мы пожени́лись тре́тьего ма́я, а вы оди́ннадцатого а́вгуста.
Noi ci siamo sposati il tre maggio e voi l'undici agosto.

4 I prefissi verbali

Ne abbiamo parlato più volte e abbiamo incontrato verbi di moto con la stessa radice ma con prefissi diversi (**вы́лететь**, **полете́ть** e **прилете́ть** derivano tutti da **лете́ть**, *volare*). Ecco un elenco dei prefissi che cambiano il significato del verbo:

• **вы**, *uscita, partenza*: **выходи́ть**, **вы́йти**, *uscire (a piedi)*; **выезжа́ть**, *partire, uscire (con un mezzo di trasporto)*; **вылета́ть**, **вы́лететь**, *partire (volando), volare via*;
• **до**, *movimento che giunge a destinazione o raggiunge un limite*: **дойти́**, *arrivare, raggiungere (a piedi)*; **довезти́**, *portare a destinazione (con un mezzo di trasporto)*;
• **за**, *visita rapida*: **заходи́ть**, *passare a trovare, fare un salto da*.
• **об**, *movimento circolare* o *visita di tutti i luoghi o di tutte le persone*: **объе́хать**, *fare il giro, girare, aggirare*;
• **пере**, *attraversamento*: **перейти́**, *attraversare (a piedi)*; **переноси́ть**, *portare attraversando (a piedi)*; **переводи́ть**, *tradurre*; **переезжа́ть**, *traslocare*;
• **при** *arrivo*: **приходи́ть**, *arrivare, venire (a piedi)*; **приноси́ть**, **принести́**, *portare*;
• **про** *passaggio*: **проходи́ть**, *accomodarsi, entrare*; **пройти́**, *passare (a piedi)*; **прое́хать**, *passare (con un mezzo)*;
• **про** può anche indicare l'effetto indesiderato di un'azione: **проспа́ть**, *dormire troppo*.

È molto importante e utile imparare il significato di questi prefissi, perché permettono di comprendere il senso di un numero considerevole di parole. Guardate per prima cosa la radice del verbo, dopodiché il prefisso vi permetterà di precisarne il significato.

5 I verbi di questa settimana

• **бежа́ть** (imperf., unidirezionale), *correre*: **бегу́**, **бежи́шь**, **бегу́т**.
• **возложи́ть** (perf.), *deporre*: **возложу́**, **возло́жишь**, **возло́жат**.

- **вылета́ть** (imperf., pluridirezionale), *volare via, partire (volando)*: **вылета́ю, вылета́ешь, вылета́ют**.
- **лета́ть** (imperf., pluridirezionale), *volare*: **лета́ю, лета́ешь, лета́ют**.
- **останови́ться** (perf.), *fermarsi*: **остановлю́сь, остано́вишься, остано́вятся**.
- **пла́вать** (imperf., pluridirezionale), *nuotare*: **пла́ваю, пла́ваешь, пла́вают**.
- **приду́мать** (perf.), *inventare, escogitare, trovare*: **приду́маю, приду́маешь, приду́мают**.

6 Le preposizioni

- **за** seguita dal caso strumentale può significare *andare a prendere* qualcuno o qualcosa:
Ты ещё здесь? А кто пошёл за шампа́нским для вечери́нки?
Sei ancora qui? Allora chi è andato a prendere lo champagne per la festa?
- **по**, seguita dal caso dativo, significa *secondo, in base a*:
По расписа́нию, мы уезжа́ем ро́вно в пять.
Secondo l'orario partiremo alle cinque esatte.
Può anche indicare il movimento su una superficie, oppure lungo o attraverso una superficie: **поднима́ться по ле́стнице**, *salire le scale*; **плыть по мо́рю**, *nuotare nel mare*; **идти́ по́ лесу**, *camminare per il bosco*; **лете́ть по́ небу**, *volare nel cielo*.

92 Заключительный диалог

1 – Ты что такой кислый?
2 – Мне сейчас некогда рассказывать; я опаздываю.
3 – Ну, хотя бы вкратце, а то странно тебя видеть таким грустным.
4 – Ладно, слушай!
5 Представляешь, у меня была встреча с одной классной девчонкой,
6 такой стройной, худенькой.
7 Но я проспал, потому что мой будильник сломался.
8 – Ты хотел проверить, хорошо ли он работает?
9 – Это не смешно…
10 – Я такого ещё не видел!
11 Я бы ни за что на свете не заснул перед такой встречей!

---

92 Девяно́сто второ́й уро́к

Боле́знь

1 – Нева́жно ① вы́глядишь ②.

Osservazioni sulla pronuncia
1 вы́глядишь *vygl'dish*

Note

① In base al contesto, **нева́жно** può significare *male, maluccio, non bene, non importa, non ha importanza*. Attenti agli esempi: **Нева́жно, где ты бу́дешь, я тебя́ найду́!** *Non importa dove sarai, io ti troverò!*

Traduzione

1 Perché sei così giù? **2** Ora non ho tempo per dirtelo (*raccontartelo*); sono in ritardo. **3** Dai, almeno due parole, *(ma)* è strano vederti così triste. **4** D'accordo, ascolta! **5** Pensa che avevo un appuntamento con una ragazza niente male, **6** bella *(così)* slanciata e snella. **7** Ma mi sono svegliato tardi perché la mia sveglia si è rotta. **8** Volevi controllare se funzionasse bene o no? **9** Non c'è [niente] da ridere… **10** Non ho mai visto una cosa simile! **11** Io non mi sarei addormentato per niente al mondo prima di un appuntamento del genere!

Seconda ondata: quarantaduesima lezione

Novantaduesima lezione 92

Una malattia

1 – Hai una brutta cera *(Male appari)*.

▸ – Как дела? – Неважно. – *Come va? – Maluccio.*
– Ты хотела красный свитер? А я купила зелёный…
– Это неважно! Мне он очень нравится. – *Volevi un maglione rosso? Ne ho comprato uno verde… – Non fa niente! Mi piace molto.*

② **выглядишь** è la 2ª persona singolare del verbo imperfettivo **выглядеть**, *apparire, avere l'aspetto, sembrare*.

92 2 – Да, мне что́-то ③ пло́хо.
3   У меня́ ка́шель и о́чень о́страя боль в го́рле.
4 – А температу́ра ④ есть?
5 – Ду́маю, да, но не о́чень высо́кая.
6 – Скоре́е всего́, у тебя́ грипп.
7   Тебе́ на́до полежа́ть ⑤ в посте́ли хотя́ бы ⑥ три дня!
8   А ещё тебе́ на́до бо́льше пить,
9   наприме́р, чай с мали́ной или с мёдом.
10   Я сбе́гаю в апте́ку за аспири́ном.

***

Note

③ Conoscete già i pronomi indefiniti **что́-нибудь**, *qualcosa, qualsiasi cosa* e **что́-то**, *qualcosa* e le loro differenze: **что́-нибудь** indica una cosa qualunque o qualche cosa (non importa quale), mentre **что́-то** si riferisce a una cosa precisa, ma chi parla non la ricorda o non la conosce esattamente:
Она́ что́-то мне говори́ла о тебе́, но я не по́мню, что. *Mi ha detto qualcosa di te, ma non ricordo cosa.*
Скажи́ мне что́-нибудь хоро́шее. *Dimmi qualcosa di bello* (qualsiasi cosa, non ha importanza quale).
Tuttavia, nell'espressione **Мне что́-то пло́хо**, il pronome indefinito **что́-то** ha un significato diverso e conferisce alla frase una sfumatura del tipo "non so perché, non ne conosco il motivo" che abbiamo cercato di rendere con l'espressione "devo stare poco bene". Confrontate gli esempi:
Он дал мне что́-то. *Mi ha dato qualcosa.*
Что́-то он дал мне сли́шком мно́го де́нег. *Chissà perché mi ha dato tutti questi soldi.*

2 – Sì, devo stare poco bene *(a me qualcosa male)*. **92**
3 Ho la tosse e [mi fa] molto male la gola *(molto acuto male in gola)*.
4 – E febbre ne hai *(E febbre c'è)*?
5 – Penso di sì, ma non [dev'essere] molto alta.
6 – Probabilmente *(Più presto di tutto)* hai l'influenza.
7 Devi stare un po' a letto, almeno tre giorni!
8 E poi devi bere di più,
9 per esempio del tè con i lamponi o col miele.
10 Faccio un salto in farmacia a prenderti *(per)* un'aspirina.

***

④ **температу́ра** significa sia *temperatura* che *febbre*:
– **Кака́я у него́ температу́ра? – О́коло тридцати́ восьми́.** – *Quanto ha di febbre ("Quale temperatura ha")? – Circa trentotto gradi.*

⑤ Nella 60ª lezione abbiamo visto alla nota 2 il verbo di posizione **лежа́ть** (imperf.), *giacere, essere sdraiato*. Nel verbo perfettivo **полежа́ть**, *stare sdraiato per un po'*, avrete riconosciuto il prefisso **по-** che limita l'azione nella durata. Spesso i verbi con questo prefisso sono accompagnati da un'espressione di tempo:
У меня́ боле́ла голова́, но я полежа́ла немно́го, и тепе́рь она́ не боли́т. *Mi faceva male la testa, ma mi sono sdraiato un po' e ora non mi fa più male.*
– **Ты так до́лго спал! – Я не спал, я полежа́л часа́ два, но не смог засну́ть.** – *Quanto hai dormito! – Non ho dormito, mi sono sdraiato per un paio d'ore, ma non sono riuscito a addormentarmi.*

⑥ **хотя́ бы** oppure **хоть**, *almeno*: **Дай мне хотя́ бы (хоть) три рубля́.** *Dammi almeno tre rubli.*

11 Будешь принимать его по ⑦ одной таблетке до или во время еды.
12 Сегодня посидишь дома, а завтра сходишь к врачу.
13 Не расстраивайся!
14 С нашими русскими морозами простуда – самое обычное дело!
15 Выздоравливай!
16 – Ну, с такой заботой ⑧ я обязательно поправлюсь!

Note

⑦ Oltre ai significati che già conoscete (vedi la 70ª lezione), la preposizione **по** seguita dal dativo può anche avere valore distributivo:

Дайте каждому по корзине, мы идём в сад за яблоками и грушами. *Dia un cesto a ciascuno, andiamo nel giardino a prendere le mele e le pere.*

⑧ Il termine **забота** vuol dire *cura, attenzione, premura* e deriva dal verbo **заботиться**, *prendersi cura (di qualcuno)*.

***

Упражнение 1 – Читайте и переводите

❶ – Не люблю я русские морозы. – А мне они нравятся! ❷ Скорее всего, у него высокая температура. ❸ Не расстраивайся, всё будет хорошо! ❹ – Неважно выглядишь. – Просто сильно устал на работе. ❺ Врач сказал, что тебе надо полежать в постели дня два.

11 Prendine *(lo prenderai per)* una compressa prima o durante i pasti.
12 Oggi rimarrai a casa e domani andrai dal medico.
13 Non preoccuparti!
14 Col grande freddo russo *(Coi nostri russi geli)*, un raffreddore è una cosa normalissima *(la cosa più abituale)*!
15 Guarisci [presto]!
16 – Beh, con tutte queste attenzioni *(con tale cura)* mi rimetterò senz'altro!

***

Soluzione dell'esercizio 1

❶ – Non mi piace il grande freddo russo. – E a me invece sì! ❷ Probabilmente ha la febbre alta. ❸ Non preoccuparti, andrà tutto bene! ❹ – Hai una brutta cera. – Mi sono solo stancato molto al lavoro. ❺ Il medico ha detto che devi stare a letto per circa due giorni.

93 **Упражнение 2 – Восстановите текст**

❶ Queste compresse vanno prese durante i pasti.
Эти . . . . надо принимать . . . . еды.

❷ Ha l'influenza? Deve prendere del tè col miele.
У неё . . . . . ? Ей надо пить чай с . . . . . .

❸ Resta a casa almeno per una sera!
. . . . . . дома . . . . . . один вечер!

❹ Sto male. Puoi correre in farmacia a prendere delle compresse?
Мне плохо. Можешь . . . . в аптеку за . . . . ?

❺ – Guarisci [presto]! – E come potrei non rimettermi, con tutte queste attenzioni?
– . . . . ! – Да как с такой . . . . не поправиться?

---

93   Девяно́сто тре́тий уро́к

In questa lezione prestate particolare attenzione a come si forma il plurale: conoscete molto bene l'argomento, ma è sempre utile fare un piccolo ripasso. Se avete ancora qualche difficoltà, rileggete i

Кака́я краси́вая ку́хня!

1   У ба́бушки, как у любо́й хоро́шей хозя́йки, на ку́хне – поря́док и чистота́.

Soluzione dell'esercizio 2

❶ – таблетки – во время – ❷ – грипп – мёдом ❸ Посиди – хотя бы – ❹ – сбегать – таблетками ❺ Выздоравливай – заботой –

Un samovar, della marmellata e del miele, blini, piroshki, torte e limone: questi gli elementi tradizionalmente indispensabili per la cerimonia del tè. Purtroppo oggi il tè non si prende più così, pur occupando sempre un posto importante nella quotidianità russa: viene bevuto durante le pause di lavoro, quando si ricevono gli amici alla domenica e a volte anche a tavola per accompagnare i pasti.
Sapete come si fa un tè alla russa? Se ne prepara uno molto forte (**зава́рка**) *in una teiera, poi se ne versa un po' nelle tazzine, quindi si aggiunge dell'acqua bollente. Spesso la teiera si prepara al mattino e viene lasciata sulla tavola tutto il giorno. In questo modo è possibile servirsi il tè aggiungendo acqua bollente fino al mattino dopo.*

Seconda ondata: quarantatreesima lezione

Novantatreesima lezione

paragrafi sul plurale dei sostantivi nella 28ª e nella 35ª e quelli sul plurale degli aggettivi nella 56ª lezione.

Che bella cucina!

1   La nonna *(presso della nonna)*, come ogni buona padrona di casa, tiene la cucina pulita e in ordine *(in cucina ordine e pulizia)*.

93

2   Все кастрю́ли и сковоро́дки стоя́т на отде́льной по́лке в шкафу́ ①.
3   Таре́лки, ча́шки, блю́дца и про́чая посу́да – в навесно́м шка́фчике.
4   Бока́лы, рю́мки ② и обыкнове́нные стака́ны – за стекло́м в буфе́те,
5   а все столо́вые прибо́ры – столо́вые ло́жки, ви́лки, ножи́,
6   а та́кже кофе́йные и десе́ртные прибо́ры –
7   лежа́т в я́щике в специа́льной се́кции буфе́та.
8   Помога́ть ей гото́вить – одно́ удово́льствие:
9   всё лежи́т на своём ме́сте, не на́до тра́тить вре́мя на по́иски.
10 Я о́чень люблю́, когда́ ба́бушка достаёт из да́льнего ③ шка́фа стари́нный самова́р.
11 Э́то зна́чит, что она́ пригото́вила вку́сные пироги́ и бли́нчики ④ с варе́ньем,

Osservazioni sulla pronuncia
2 на отде́льной *naaddjel'nᵃʲ*
3 блю́дца *bljutsᵃ*

Note

① Alcuni nomi maschili, come sapete, quando svolgono la funzione di complemento di stato in luogo hanno il prepositivo in -у́: **в шкафу́**, *nell'armadio*. Per ripassare la formazione del prepositivo rileggete il punto 3 della 21ª lezione e il punto 2 della 77ª.

② Il termine **рю́мочка**, incontrato nell'83ª lezione, è il diminutivo di **рю́мка**, *bicchierino*, e si forma con l'aiuto del suffisso diminutivo per i nomi femminili **-очка**.

2	Tutte le pentole e le padelle si trovano *(stanno)* in un ripiano a parte dello scaffale *(su un separato scaffale)*.	
3	I piatti, le tazze, i piattini e le altre stoviglie sono nell'armadietto a muro.	
4	I calici, i bicchierini e i bicchieri comuni sono dietro il vetro della *(nella)* credenza,	
5	mentre tutte le posate *(apparecchi da tavola)* – i cucchiai, le forchette, i coltelli *(da tavola)*,	
6	compresi *(e anche)* i servizi da caffè e le posate da dessert –	
7	sono *(giacciono)* nel cassetto di uno sportello apposito *(sezione speciale)* della credenza.	
8	Aiutarla a cucinare è [davvero] un piacere:	
9	tutto è al suo *(giace al proprio)* posto, non bisogna perdere tempo a cercare *(in ricerche)*.	
10	Mi piace un sacco *(Io molto amo)* quando la nonna tira fuori il vecchio samovar da un armadio sperduto *(lontano)*.	
11	Questo significa che ha preparato delle torte deliziose *(gustose)* e delle frittelline con la marmellata,	

▶ ③ L'aggettivo **да́льний** (di declinazione molle), *lontano*, qui esprime piuttosto l'idea di *remoto, dimenticato, sperduto*.

④ Ecco altri diminutivi, stavolta maschili: **бли́нчик**, *frittellina*, diminutivo di **блин**, *bliny*, mentre **шка́фчик**, *armadietto*, è il diminutivo di **шкаф**, *armadio*. Come avrete notato, si formano con l'aiuto del suffisso **-чик**, tipico dei diminutivi maschili, che però non indica forzatamente che l'oggetto designato sia più piccolo. Talvolta, come avviene d'altronde in italiano, può avere una connotazione affettiva o vezzeggiativa.

12 а их я просто обожаю!
13 На праздники она угощает ⑤ нас блинами с икрой.
14 Но это, естественно ⑥, деликатес,
15 который русские не могут себе позволить каждый день.

Note

⑤ **угощает** è la 3ᵃ persona singolare del verbo imperfettivo **угощать**, *offrire* (da mangiare o da bere). Attenti ai casi da utilizzare: la persona alla quale si offre qualcosa va al caso accusativo, mentre ciò che è offerto va al caso strumentale: **Я всегда угощаю гостей блинами.** *Offro sempre dei bliny ai miei ospiti.*

⑥ Notate l'uso dell'avverbio **естественно**, *naturalmente, ovviamente*, ma anche *in modo naturale*:

***

Упражнение 1 – Читайте и переводите
❶ Приходи к нам в гости! Бабушка приготовила блинчики с вареньем. ❷ – Где мои джинсы? – Посмотри на нижней полке в шкафу. ❸ У меня на кухне порядок, чистота и всё на своём месте. ❹ Это слишком дорогое удовольствие, я не могу себе этого позволить. ❺ Дай, пожалуйста, две чашки и два блюдца. Будем пить чай.

12	e io *(semplicemente)* le adoro!
13	Quando è festa *(Alle feste)* lei ci fa *(offre)* i bliny al caviale.
14	Ma questa, naturalmente, è una leccornia
15	che i Russi non possono permettersi tutti i giorni *(ogni giorno)*.

▸ **Я стоя́л о́коло окна́, когда́ кто́-то че́м-то разби́л его́. Есте́ственно, все поду́мали, что э́то был я!** *Mi trovavo vicino alla finestra quando qualcuno l'ha rotta tirandovi contro qualche cosa. Naturalmente tutti hanno pensato che fossi stato io!*

С ним прия́тно име́ть де́ло: да́же когда́ он помога́ет вам, он э́то де́лает так есте́ственно. Тако́е ощуще́ние, что ему́ нра́вится помога́ть лю́дям! *È un piacere avere che fare con lui: anche quando vi dà una mano, lo fa in modo così naturale! È come se* (lett. *tale sensazione, che*) *gli piacesse aiutare la gente!*

***

Soluzione dell'esercizio 1

❶ Vieni a trovarci! La nonna ha preparato i blinčiki con la confettura. ❷ – Dove sono i miei jeans? – Guarda nel ripiano in basso dell'armadio. ❸ La mia cucina è pulita, in ordine e tutto è al suo posto. ❹ Questo è un piacere troppo costoso *(caro)*, non posso permettermelo. ❺ Per favore, dammi due tazze e due piattini. Beviamo un tè.

93 Упражнение 2 – Восстановите текст

❶ Adoro le frittelline, ma non le so preparare.

Я ..... блинчики, но не умею .. готовить.

❷ I cucchiai, le forchette e i coltelli sono *(giacciono)* nel cassetto superiore della credenza.

....., ... и ножи ..... в верхнем ..... в буфете.

❸ – Che cos'hai nell'armadio a muro? – *(Varie)* Stoviglie di ogni tipo.

– А что у тебя в навесном .... ? – Разная ....

❹ – Allora, quando ci offrirà del caviale russo? – Non ora, sotto le feste *(alle feste)*!

– Ну, когда будете .... нас русской ..... ? – Не сейчас; .. праздники!

❺ Nella tua cucina non faccio che perdere *(perdo tutto il)* tempo a cercare le pentole e le padelle. Che razza di padrona di casa!

На твоей кухне я ..... всё время на поиски .... и .... Ну и ....!

Soluzione dell'esercizio 2

❶ – обожаю – их – ❷ Ложки – вилки – лежат – ящике – ❸ – шкафчике – посуда ❹ – угощать – икрой – на – ❺ трачу – кастрюль – сковородок – хозяйка

I Russi sono molto orgogliosi di quello che considerano il loro piatto nazionale, ovvero le frittelle, che si preparano con frumento, avena, grano saraceno, orzo, con o senza lievito.
Non capiterà mai che una vera nonna, **ба́бушка**, *non vi faccia assaggiare i suoi* **блины́** (bliny, *frittelle sottili*), *i suoi* **бли́нчики** (*frittelline spesso arrotolate e farcite*) *oppure i suoi* **пироги́** (*in genere equivalenti alle nostre* torte). *Per i Russi è molto importante non solo nutrire gli ospiti, ma soprattutto nutrirli bene!*

Seconda ondata: quarantaquattresima lezione

94 Девяно́сто четвёртый уро́к

Всё я́сно, как два́жды два!

1 — Приве́т, Илья́ ①!
2   Я вот ② хочу́ подгото́вить маши́ну к езде́ зимо́й,
3   но не зна́ю, что для э́того ну́жно сде́лать.
4   Я ведь молодо́й води́тель!
5   А ты, е́сли мне не изменя́ет ③ па́мять,
6   рабо́таешь на ста́нции ④ техобслу́живания.
7   Так вот, мне ну́жен твой сове́т.
8 — Па́мять у тебя́ великоле́пная;
9   я, действи́тельно, рабо́таю меха́ником.

Osservazioni sulla pronuncia
6 техобслу́живания *tjeHapslužyvani^ja*

Note

① Alcuni nomi propri non hanno il diminutivo neutro: è il caso, per esempio, di **Илья́** (*Elia*) e **И́горь** (*Igor, Gregorio*).

② Qui **вот** è una particella espressiva, che si usa spesso nella lingua parlata e non cambia sostanzialmente il senso della frase.

③ **изменя́ет** è la 3ª persona singolare del verbo imperfettivo **изменя́ть**, che quando è seguito dal dativo significa *tradire*, mentre quando è seguito dall'accusativo vuol dire *cambiare*.
   – Я ду́маю, что её муж изменя́ет ей. – Како́й у́жас!
   – Penso che suo marito la tradisca. – Ma è terribile!

④ **ста́нция** può indicare anche una stazione ferroviaria o della metropolitana.

Novantaquattresima lezione 94

Tutto chiaro come il sole *(come due volte due)*!

1 – Ciao, Il'ja!
2   Sai, voglio *(Io ecco voglio)* preparare l'auto per l'inverno *(per viaggio d'inverno)*,
3   ma non so cosa *(per questo)* bisogna fare
4   perché sono un guidatore inesperto *(giovane)*!
5   Tu invece *(E tu)*, se la memoria non mi inganna,
6   lavori in una stazione di servizio *(servizio-tecnico)*.
7   Perciò *(Così ecco)* ho bisogno di un tuo consiglio.
8 – Hai un'ottima memoria;
9   in effetti io *(io, effettivamente)* faccio il meccanico.

94

10 В пе́рвую о́чередь, тебе́ необходи́мо пройти́ ⑤ техосмо́тр ⑥.
11 С зажига́нием, с тормоза́ми и со сцепле́нием всё норма́льно?
12 – А кто его́ зна́ет! По-мо́ему, да.
13 Все контро́льные ла́мпочки в но́рме.
14 Аккумуля́тор вро́де не барахли́т ⑦.
15 Маши́на всегда́ заво́дится без пробле́м.
16 – Не забу́дь, что зимо́й пе́ред тем, как е́хать,
17 на́до прогре́ть маши́ну, а то ⑧ она́ заглохнет.
18 И о́чень ва́жно доли́ть ⑨ антифри́за и поста́вить ⑩ на колёса зи́мние ши́ны.

---

14 Аккумуля́тор *akumuljatar (ma vi potrà capitare di sentire anche akamuljatar)*

Note

⑤ **необходи́мо пройти́**, *è indispensabile passare*. Qui **необходи́мо** è al neutro perché concorda col verbo all'infinito **пройти́**, ma può anche essere declinato al maschile, al femminile o al plurale:

Вам необходи́м (maschile) **о́тпуск, так как вы си́льно уста́ли.** *Ha bisogno delle ferie* (lett. "vi sono indispensabili ferie") *perché è molto stanco.*

Та́не про́сто необходи́ма (femminile) **встре́ча с э́тим челове́ком.** *Tanja ha proprio* (semplicemente) *bisogno di incontrare questa persona.*

В э́том де́ле нам необходи́мы (plurale) **ва́ши сове́ты.** *In questo affare abbiamo bisogno dei Suoi consigli.*

⑥ Ecco due nuove parole composte: **техобслу́живание** (**техни́ческое обслу́живание**), *servizio tecnico*, e **техосмо́тр** (**техни́ческий осмо́тр**), *controllo tecnico, revisione.*

10 Innanzi tutto *(In primo turno)* devi assolutamente *(ti è indispensabile)* passare la revisione.
11 *(Con)* l'accensione, *(con)* i freni e *(con)* la frizione sono a posto *(tutto normalmente)*?
12 – E chi lo sa! Mi sembra di *(Secondo me)* sì.
13 Tutte le spie *(lampadine)* di controllo funzionano *(nella norma)*.
14 Pare che la batteria sia abbastanza carica *(non funzioni male)*.
15 L'auto parte *(si avvia)* sempre senza problemi.
16 – Non dimenticare che d'inverno, prima di circolare *(andare)*,
17 bisogna fare scaldare il motore *(scaldare l'auto)*, altrimenti si spegne *(si spegnerà)*.
18 Ed è molto importante aggiungere l'antigelo e montare *(mettere sulle ruote)* i pneumatici invernali.

▶ ⑦ Il verbo **барахлить** (imperf.), *funzionare male*, appartiene al registro colloquiale.

⑧ **а то**, *altrimenti*, *sennò*, può esprimere una lieve minaccia, ma può anche significare *poiché*, *perché*:
Помоги мне на кухне, а то скоро уже придут гости! *Dammi una mano in cucina perché gli ospiti arriveranno tra poco!*

Надо долить бензина, а то машина заглохнет. *Bisogna fare benzina, sennò l'auto si ferma.*

⑨ Il prefisso **до-** suggerisce un'aggiunta o il raggiungimento di un risultato: **долить воды в стакан**, *aggiungere dell'acqua nel bicchiere*; **доделать упражнения**, *finire gli esercizi*.

⑩ In russo il verbo *mettere* corrisponde a più di un verbo perché si distingue tra *mettere in posizione orizzontale* e *mettere in posizione verticale*. Il verbo **поставить** ha il secondo significato.

94

19 А ещё нужно заправить полный бак,
20 а то зимой машина потребляет намного больше бензина.
21 – Ну, мог бы и не говорить ⑪ таких очевидных вещей !

Note
⑪ **не говори́ть**, come alcuni altri verbi nelle frasi negative, è seguito dal complemento oggetto al genitivo: ▶

***

Упражнение 1 – Читайте и переводите

❶ Где находится ближайшая станция техобслуживания? Мне надо проверить колёса. ❷ – У тебя хорошая память? – Думаю, да. ❸ Давай сразу заправим полный бак, чтобы потом этим не заниматься. ❹ Что ты опять не понял? Всё ясно, как дважды два! ❺ – У тебя хорошо заводится машина? – Да, вроде, хорошо.

Упражнение 2 – Восстановите текст

❶ Presto [verrà] l'inverno. Bisogna montare *(mettere sulle ruote)* i pneumatici invernali.
Скоро зима. Надо ставить на . . . . . . зимние . . . . .

❷ Se non scaldi il motore *(l'auto)*, si spegnerà.
Если ты не прогреешь . . . . . . , она . . . .

❸ Secondo me la mia auto non funziona bene: consuma troppa benzina.
По-моему, моя машина . . . . : потребляет слишком много . . . .

19 Inoltre *(E ancora)* bisogna fare il pieno *(rifornire di carburante il pieno serbatoio)*,
20 perché d'inverno l'auto consuma molta più benzina.
21 – Beh, potresti anche dire cose meno ovvie *(non dire così ovvie cose)*!

▸ **Не говори ерунды!** *Non dire sciocchezze (*lett. *"di sciocchezza")!*
Не делай глупостей. *Non fare stupidaggini.*

***

Soluzione dell'esercizio 1

❶ Dove si trova la più vicina stazione di servizio? Devo controllare le gomme *(le ruote)*. ❷ – Hai buona memoria? – Penso di sì. ❸ Facciamo subito il pieno per non dovercene occupare dopo. ❹ Cos'è che di nuovo non hai capito? È tutto chiaro come il sole! ❺ – La tua auto si mette in moto bene? – Sì, sembra di sì.

❹ Per prima cosa devi calmarti, *(e)* poi escogiteremo qualcosa.
Во- . . . . . . , тебе надо успокоиться, а потом что-нибудь . . . .

❺ Mi chiedi sempre dei consigli, ma non li ascolti mai!
Ты всегда просишь моих . . . . , но никогда их не . . . . !

Soluzione dell'esercizio 2

❶ – колёса – шины ❷ – машину – заглохнет ❸ – барахлит – бензина ❹ – первых – придумаем ❺ – советов – слушаешь

Seconda ondata: quarantacinquesima lezione

95 Девяно́сто пя́тый уро́к

Поте́ря

1 – Како́й у́жас: у меня́ укра́ли су́мку! ①
2 – Не кричи́те, э́то де́лу не помо́жет.
3 Лу́чше иди́те поскоре́е в ближа́йшее ②
отделе́ние мили́ции.
4 На́до заяви́ть о ③ кра́же.
5 – Да, действи́тельно. Вы ду́маете, су́мку
найду́т?
6 – Не зна́ю, э́то, коне́чно, тру́дно, но…
бу́дем наде́яться.
7 А при ④ каки́х обстоя́тельствах у вас её
укра́ли?
8 – Не могу́ сказа́ть то́чно, я ведь не сра́зу
заме́тила.
9 У меня́ ещё рюкза́к, паке́т и зонт в
рука́х.

Note

① Attenti a questo tipo di costruzione: **У меня́ укра́ли су́мку** (lett. "Presso di me hanno rubato la borsa), *Mi hanno rubato la borsa.*

② **ближа́йшее**, *il più vicino, il prossimo*, è un superlativo formato con l'aiuto del suffisso **-айший**, declinato ovviamente al neutro per concordare con **отделе́ние**. Troverete nella prossima lezione di ripasso le norme per formare questo tipo di superlativo.

③ **заяви́ть о**, *denunciare*, è seguito dal prepositivo: **заяви́ть о чём-нибудь кому́-нибудь**, *denunciare qualcosa a qualcuno*.

④ Anche la preposizione **при**, *in presenza di, sotto, all'epoca di, con*, vuole il prepositivo:
При мне он ведёт себя́ отли́чно. *In mia presenza si comporta benissimo.*

Novantacinquesima lezione 95

Una perdita

1 – Oh no *(Quale orrore)*: mi hanno rubato la borsa!
2 – Non gridi, questo non risolverà la situazione *(all'affare non aiuterà)*.
3   Piuttosto vada subito alla stazione di polizia più vicina.
4   Bisogna denunciare il furto.
5 – Sì, in effetti. Pensa che [ri]troveranno la mia borsa?
6 – Non so, è certamente difficile, ma... speriamo *(saremo sperare)*.
7   Ma come *(in quali circostanze)* gliel'hanno rubata?
8 – Non so dirglielo con certezza *(Non posso dire precisamente)* perché non me ne sono accorta subito.
9   Ho ancora uno zaino, un sacchetto e un ombrello in mano.

▸ **При каких обстоятельствах вы встретились?** *Come (lett. In quali circostanze) vi siete incontrati?*
  При царе́... *All'epoca dello zar...*

10	Скорее всего в метро:
11	в час пик столько людей, толкают со всех сторон.
12	– А что у вас было в сумке?
13	– Да страшно подумать!
14	В ней были и ключи от квартиры, и деньги, и перчатки ⑤…
15	а самое главное – документы!
16	– Да, паспорт восстанавливать придётся ⑥ долго,
17	а с водительским удостоверением сколько мороки будет!
18	Ну, поспешите же в милицию!

Note

⑤ Notate l'uso ripetuto della congiunzione **и** in questo elenco.

⑥ **придётся** è la 3ª persona singolare del verbo perfettivo **прийти́сь**, *toccare, essere necessario*, che indica un obbligo: **У меня́ слома́лась маши́на, а я опа́здываю. (Мне) придётся éхать на рабо́ту на такси́!** *La mia auto è in panne e sono in ritardo. Mi toccherà andare al lavoro in taxi!*

***

Упражнение 1 – Читайте и переводите

❶ Не плачь, это делу не поможет! ❷ В сумке у меня всегда лежат ключи от квартиры, кошелёк с деньгами и документы. ❸ – Хочу подарить жене на день рождения хорошие перчатки и зонт. – Отличная идея! ❹ – У Светы украли машину. – Будем надеяться, что её найдут. ❺ Зачем ты взял рюкзак? У тебя же есть сумка.

10 Probabilmente [è successo] in metropolitana:
11 all'ora [di] punta c'è così tanta gente [e ti] spintonano da tutte le parti.
12 – E che cos'aveva nella borsa?
13 – È meglio che non ci pensi *(Ma terribile pensarci)*!
14 C'erano *(e)* le chiavi di casa *(dell'appartamento)*, *(e)* i soldi, *(e)* i guanti…
15 e la cosa più importante: i documenti!
16 – Sì, ci vorrà molto per rifare il documento d'identità,
17 e chissà quante seccature dovrà sorbirsi per la patente di guida *(con patente di guida quante seccature saranno)*!
18 Su, corra subito *(affrettatevi in)* dalla polizia!

▸ **Чтóбы хорошó сдать экзáмены, тебé придётся мнóго рабóтать.** *Per superare bene gli esami dovrai (oppure ti toccherà) studiare (lett. lavorare) tanto.*
Я не знал э́ту де́вушку и мне пришло́сь спроси́ть у неё, как её зову́т, чтóбы начáть разговóр. *Non conoscevo quella ragazza e ho dovuto chiederle come si chiama per cominciare la conversazione.*

***

Soluzione dell'esercizio 1

❶ Non piangere, questo non risolverà la situazione! ❷ Nella mia borsa ci sono sempre le chiavi di casa, il portafoglio con i soldi e i documenti. ❸ – Voglio regalare a mia moglie dei bei guanti e un ombrello per il suo compleanno. – Ottima idea! ❹ – Hanno rubato l'auto a Sveta. – Speriamo che la ritrovino. ❺ Perché hai preso lo zaino? Hai già la borsa.

Упражнение 2 – Восстановите текст

❶ – Che cos'hai nello zaino? – Dei libri e un ombrello.
– Что у тебя в . . . . ? – Книги и . . . . .

❷ È meglio che non ci pensi: ho perso di tutto *(perdita dopo perdita)*. Prima il passaporto, poi il portafoglio e adesso anche le chiavi di casa!

. . . . . . подумать: . . . . . за потерей. Сначала паспорт, потом кошелёк, а теперь и . . . . . от квартиры!

❸ – La Sua patente di guida [, per cortesia]. – Eccola, prego.
– . . . . водительское . . . .
– Вот, пожалуйста.

---

96 Девяно́сто шесто́й уро́к

В аэропорту́ ①

1 – Ты не забы́ла биле́ты и паспорта́ ②?
2 – Нет, не волну́йся, я уже́ пять раз прове́рила.
3 – А где твой бага́ж ③? Его́ на́до взве́сить!
4   Вдруг твой чемода́н ве́сит сли́шком мно́го?

Note

① **В аэропорту́** è il prepositivo irregolare (in **-у**) di **аэропо́рт**, *aeroporto*. Ricordate che questa forma del prepositivo va usata solo quando indica uno stato in luogo (non quando indica un argomento: **об аэропо́рте**).

② **па́спорт**, *passaporto*, fa il plurale in **-а**: **паспорта́** ▸

❹ All'ora di punta, in metropolitana, c'è tanta di quella *(così molto)* gente!

В час ... в ..... так много .....!

❺ Se Le hanno rubato qualcosa, bisogna denunciare subito il furto alla polizia.

Если у вас ...... что-нибудь, надо сразу .... о ..... в милицию.

Soluzione dell'esercizio 2

❶ – рюкзаке – зонт ❷ Страшно – потеря – ключи – ❸ Ваше – удостоверение – ❹ – пик – метро – людей ❺ – украли – заявить – краже –

Seconda ondata: quarantaseiesima lezione

Novantaseiesima lezione 96

All'aeroporto

1 — Non avrai mica dimenticato i biglietti e i passaporti?
2 — No, non ti preoccupare, ho già controllato cinque volte.
3 — E dove sono i tuoi bagagli? Bisogna pesarli!
4 — Non è che *(Improvvisamente)* la tua valigia peserà troppo *(pesa troppo molto)*?

▶ ③ бага́ж, *bagaglio* oppure *bagagli, valigie*, va sempre al singolare in russo:
– **У вас мно́го багажа́? – Нет, оди́н чемода́н.** – *Hai molte valigie? – No, una sola.*

	5	Надо будет платить за ④ перевес...
	6	– Мам, ⑤ не беспокойся, я уже всё взвесила:
	7	весь мой багаж весит не более двадцати килограмм!
	8	– Почему не объявляют твой рейс?
	9	– Регистрация начинается ⑥ за два часа до ⑦ вылета,
	10	ещё слишком рано.
	11	– А куда ты положишь ⑧ все документы и портативный компьютер?
	12	– Я возьму их в ручную кладь.
	13	– Достань ⑨ паспорт, чтобы он был у тебя под рукой.
	14	– Да не переживай ты так!
	15	Паспортный ⑩ контроль ещё не скоро. □

Note

④ Ripassiamo la preposizione **за** che spesso significa *per*:
Они волнуются за вас. *Si preoccupano per Lei.*
Notate che, dopo il verbo **платить / заплатить** (perf.), *pagare*, questa preposizione può introdurre un sostantivo indicante la merce o il servizio che si paga (e in tal caso **за** non si traduce), ma può anche significare *per, al posto di*:
– Я ещё не заплатила за вино. – Не волнуйся, я уже заплатил за тебя. – *Non ho ancora pagato il vino. – Non preoccuparti, ho già pagato io per te.*
Он сделал за меня все упражнения по английскому!, *Ha svolto per me tutti gli esercizi di inglese!*

⑤ **Мам** è una forma di vocativo usata nel linguaggio colloquiale.

⑥ Il verbo *cominciare*, quando è intransitivo, si traduce col verbo riflessivo **начинаться**. Quando è transitivo, invece, si traduce con **начинать**:
Он начинает работать в девять утра. *Comincia a lavorare alle nove di mattina.*
Фильм начинается в шесть. *Il film comincia alle sei.*

5	Dovremo *(Bisognerà)* pagare *(per)* l'eccesso di peso…
6 –	Mamma, non preoccuparti, ho già pesato tutto:
7	tutti i miei bagagli non superano [in totale] i *(pesa non più di)* venti chili!
8 –	Perché non annunciano il tuo volo?
9 –	Il check-in comincia due ore prima della partenza,
10	è ancora troppo presto.
11 –	E dove metterai tutti i documenti e il computer portatile?
12 –	Li porterò *(Io prenderò loro)* come bagaglio a mano.
13 –	Tira fuori il passaporto, così lo avrai a portata di mano *(affinché lui era presso di te sotto mano)*.
14 –	Ma non agitarti *(tu)* così!
15	È ancora presto per il controllo dei passaporti *(ancora non presto)*.

⑦ Ecco un altro importante significato della preposizione **за**: **за два часа́ до**, *due ore prima di* (lett. *per due ore fino a*).

⑧ Nella 94ª lezione abbiamo già conosciuto il verbo perfettivo **поста́вить**, *mettere* (in posizione verticale). Ecco ora il verbo perfettivo **положи́ть**, *mettere* (in posizione orizzontale). Si tratta di una distinzione importante, perché è meglio "**поста́вить**" **откры́тую буты́лку**, *mettere una bottiglia aperta in posizione verticale* che "**положи́ть**", *metterla in posizione orizzontale*!

⑨ Per rinfrescarvi la memoria sulla formazione dell'imperativo in **-ь** (segno molle), rileggete il 5° punto dell'84ª lezione.

⑩ L'aggettivo **па́спортный** deriva naturalmente da **па́спорт**, al quale si aggiungono il suffisso **н** e la desinenza dell'aggettivo (**-ый**). Un altro esempio: **моро́з**, *gelo* + **н** + **ый** → **моро́зный день**, *una giornata gelida*.

96 **Упражнение 1 – Читайте и переводите**

❶ Я возьму эту сумку в ручную кладь, чтобы она была у меня под рукой. ❷ – Во сколько начинается регистрация? – Через двадцать минут. ❸ – Вы уже взвесили ваш багаж? – Ещё нет, а где это можно сделать? ❹ – Ваши билеты и паспорта, пожалуйста. – Вот они. ❺ Ой, по-моему, объявляют мой рейс. Мне надо идти.

Упражнение 2 – Восстановите текст

❶ Incontriamoci all'aeroporto due ore prima della partenza.
Давай встретимся в .... за два часа до ....

❷ Non dimenticarti di prendere il passaporto dalla valigia e di metterlo nel bagaglio a mano.
Не забудь взять в .... паспорт и .... его в ручную ......

❸ – Quanto pesa la Sua valigia? – Spero non troppo.
– Сколько ..... ваш чемодан? – ...., не слишком много.

❹ Prima dovete passare il controllo dei passaporti e poi comincerà il check-in.
Сначала вам надо ...... паспортный ...., а потом .... регистрация.

❺ – Porterai il [tuo] computer portatile come bagaglio a mano? – Certo.
– Ты .... портативный .... в ..... кладь? – Конечно.

Soluzione dell'esercizio 1

❶ Prenderò questa borsa come bagaglio a mano per averla disponibile. ❷ – A che ora comincia il check-in? – Fra venti minuti. ❸ – Ha già pesato il Suo bagaglio? – Ancora no, dove posso farlo? ❹ – I vostri biglietti e i passaporti, prego. – Eccoli. ❺ Oh, credo *(per me)* che stiano annunciando il mio volo. Devo andare.

Soluzione dell'esercizio 2

❶ – аэропорту – вылета ❷ – чемодане – положить – кладь ❸ – весит – Надеюсь – ❹ – пройти – контроль – начнётся – ❺ – возьмёшь – компьютер – ручную –

Seconda ondata: quarantasettesima lezione

97 Девяно́сто седьмо́й уро́к

Шашлы́к ①

1 — Как прия́тно вы́браться ② на приро́ду ③!
2 — Да, мы уже́ давно́ не выезжа́ли за́ город.
3   Така́я чуде́сная поля́нка ④, ла́сковое со́лнце… и ни о́блачка!
4   Э́то про́сто идеа́льное ме́сто для на́шего пикника́.
5 — Ми́ша, доста́нь, пожа́луйста, из бага́жника большу́ю се́рую су́мку.
6   Найди́ в ней што́пор, открыва́лку для консе́рвных ба́нок и нож.
7   Я пока́ расста́влю однора́зовые стака́нчики и таре́лочки ⑤.

Osservazioni sulla pronuncia
2 не выезжа́ли *nivyizžali*

Note

① Non si può pensare di fare un picnic senza gli **шашлыки́**, deliziosi *spiedini* di carne o di pollo (più raramente di pesce). Di solito si fa marinare la carne per una notte con cipolle e aceto, e il giorno dopo si cuociono gli spiedini alla brace accompagnati da una varietà di insalate.

② Il verbo **вы́браться**, qui reso semplicemente con *andare*, significa *uscire a fatica, trovare il tempo o la possibilità* di andare da qualche parte.

③ Il termine **приро́да**, *natura*, come alcune altre parole che abbiamo visto nell'84ª lezione, richiede l'uso della preposizione **на** al prepositivo o all'accusativo:
За́втра мы е́дем на приро́ду. *Domani andiamo in campagna.*
Де́ти гуля́ли на приро́де це́лый день. *I bambini hanno passeggiato in campagna tutto il giorno.*

Novantasettesima lezione   97

Spiedini

1 – Com'è bello andare in mezzo alla natura *(trovare il tempo per andare sulla natura)*!
2 – Sì, era da un po' che non andavamo fuori città *(uscivamo in auto oltre-città)*.
3   Uno spiazzo così splendido *(meraviglioso)* un bel *(tenero)* sole… e neanche una nuvoletta!
4   È davvero il posto ideale per il nostro picnic.
5 – Misha, prendi per favore dal bagagliaio la borsa grande grigia.
6   Prendi da lì *(Trova in essa)* il cavatappi, l'apriscatole *(per i barattoli di conserva)* e un coltello.
7   Io intanto sistemerò i bicchierini e i piattini usa e getta.

④ Il suffisso **-ка** serve a formare il diminutivo dei nomi femminili: **морщи́на**, *ruga* + **ка** → **морщи́нка**, *rughetta*; **каби́на**, *cabina* + **ка** → **каби́нка**, *cabinetta*; **да́ча**, *dacia* + **ка** → **да́чка**, *piccola dacia*.

⑤ Ed ecco, per contro, il suffisso diminutivo per i nomi maschili, ovvero **-чик**, già incontrato nella 93ª lezione. Qualche esempio: **стака́н**, *bicchiere* + **чик** → **стака́нчик**, *bicchierino*; **карма́н**, *tasca* + **чик** → **карма́нчик**, *taschina*; **лимо́н**, *limone* + **чик** → **лимо́нчик**, *limoncino*. Nella 93ª lezione avevamo anche visto il suffisso diminutivo dei femminili **-очка**: **таре́лка**, *piatto* + **очка** → **таре́лочка**, *piattino*; **оши́бка**, *errore* + **очка** → **оши́бочка**, *errorino*.

97

8 – Ух ты! Уже пахнет шашлыками...
9 Открыть ⑥ бутылку вина?
10 Или вы будете ⑦ пиво?
11 – Открой бутылочку ⑧ красного вина.
12 С мясом оно – в самый раз.
13 – Надя, ты уже порезала огурцы и помидоры для овощного ⑨ салата?
14 – Да, осталось ⑩ добавить лука и соли.
15 – Отлично, а то шашлыки уже почти готовы.
16 – Смотри за ⑪ пламенем ⑫, а то твои шашлыки сгорят!
17 – А ты смотри ⑬ с солью не перестарайся,
18 а то пересолишь, как в прошлый раз... □

Note

⑥ Per fare una proposta si usa spesso l'infinito del verbo:
Я иду́ на ры́нок. Вам купи́ть виногра́да? *Vado al mercato. [Volete che] vi compri dell'uva?*
– **Дать тебе́ де́нег?** – **Нет, ма́ма, спаси́бо, у меня́ ещё оста́лись де́ньги.** – *[Vuoi che] ti dia dei soldi? – No, mamma, grazie, ne ho ancora* (presso di me ancora sono rimasti soldi).

⑦ Qui è sottinteso il verbo **пить**, *bere*. La forma completa sarebbe **вы бу́дете пить**, un futuro imperfettivo reso in italiano con il presente.

⑧ **буты́лочка** è il diminutivo di **буты́лка**, *bottiglia*, formato con l'aiuto del suffisso **-очка**.

⑨ **овощно́го** è il genitivo dell'aggettivo **овощно́й**, che è derivato da un nome e si forma con l'aiuto del suffisso **н**. Stavolta, però, il suffisso è **-ой**, perché l'accento tonico cade sull'ultima sillaba della parola: **о́вощ**, *verdura* + **н** + **ой** → **овощно́й сала́т**, *insalata di verdure*.

⑩ **оста́лось** è il passato neutro del verbo perfettivo **оста́ться**. Corrisponde in italiano all'espressione *non resta che*.

8 – Ah! Si sente già l'odore degli spiedini…
9 [Che dite?] Apro *(Aprire)* una bottiglia di vino?
10 O bevete birra?
11 – Apri una bottiglietta di vino rosso.
12 Con la carne va a meraviglia.
13 – Nadja, hai già tagliato i cetrioli e i pomodori per l'insalata di verdure?
14 – Sì, [non] resta [che] aggiungere cipolla e sale.
15 – Ottimo, perché gli spiedini sono quasi pronti.
16 – Fa' attenzione alla fiamma, altrimenti i tuoi spiedini bruceranno!
17 – E tu sta' attenta a non esagerare col sale,
18 altrimenti ce ne metterai troppo come l'ultima *(passata)* volta…

***

▶ ⑪ Il verbo imperfettivo **смотреть**, *guardare*, non vi è certamente nuovo; quando è seguito dalla preposizione **за** e dal caso strumentale significa anche *sorvegliare, fare attenzione, badare* a qualcuno o a qualcosa:
Смотри, пожалуйста, за своими детьми; а моими я займусь сама! *Per favore, bada ai tuoi bambini, che ai miei ci penso* (mi occuperò) *io!*

⑫ **пламенем** è lo strumentale di **пламя**, *fiamma*, sostantivo appartenente alla declinazione dei neutri in **-мя** che potete ripassare al 2° punto della 49ª lezione.

⑬ Attenti alla sequenza di imperativi che trovate in questa frase: qui **смотри**, imperativo del verbo **смотреть**, si usa spesso per avvertire di un pericolo e quindi si può tradurre con "Fa' attenzione a non", "Vedi di non": **Смотри не упади!** *Vedi di non cadere!*

97

Упражнение 1 – Читайте и переводите

❶ Давайте поедем за город: природа, шашлыки – всё что нам нужно! ❷ Ух ты! Красивая полянка и солнце: в самый раз для пикника. ❸ – Ты купил вина? – Нет, давай возьмём пару бутылок пива. ❹ – Как вкусно пахнет! – Да, это моя мама готовит борщ. ❺ Ну, что будем делать? У нас пять консервных банок, но нет открывалки…

Упражнение 2 – Восстановите текст

❶ Per favore, taglia i pomodori, i cetrioli e la cipolla per l'insalata di verdure.

Порежь, пожалуйста, ……… , …… и … для овощного салата.

❷ Per favore, prendi il cavatappi dalla borsa; voglio aprire una bottiglia di vino.

……… , пожалуйста, из сумки …… ; я хочу открыть ……. вина.

❸ – E dov'è la borsa grande blu? – È nel bagagliaio.

– А где большая ….. сумка? – Она в ……….

❹ – Tanja, hai già aggiunto il sale all'insalata? – Sì, e ho paura di averne messo troppo.

– Таня, ты уже ……. соли в …… ? – Да, и боюсь, я его ……….

❺ – Ora vado da mio padre *(papà)* a dirgli *(e gli dirò)* tutta la verità! – Vedi di non esagerare!

– Сейчас пойду к папе и ….. ему … правду! – Смотри не ……….. !

Soluzione dell'esercizio 1

❶ Andiamo fuori città: la natura e gli spiedini sono tutto quello che ci serve! ❷ Wow! Un bello spiazzo e il sole: è l'ideale per un picnic. ❸ – Hai comprato del vino? – No, prendiamo un paio di bottiglie di birra. ❹ – Che buon profumo! – Sì, è mia madre che sta cucinando il borsh. ❺ Beh, che facciamo? Abbiamo cinque barattoli di conserva, ma non c'è l'apriscatole…

Soluzione dell'esercizio 2

❶ – помидоры – огурцы – лук – ❷ Достань – штопор – бутылку – ❸ – синяя – багажнике ❹ – добавила – салат – пересолила ❺ – скажу – всю – перестарайся

Seconda ondata: quarantottesima lezione

98 Девяно́сто восьмо́й уро́к

Повторе́ние – Ripasso

1 I diminutivi

In russo i diminutivi si usano anche più frequentemente che in italiano. Rivediamo i suffissi che abbiamo incontrato nelle ultime lezioni:

Al femminile:
- -ка: каби́на, *cabina* + ка → каби́нка, *cabinetta*;
- -очка: ро́за, *rosa* + очка → ро́зочка, *rosetta*; dopo le consonanti ж, ч, ш e щ il suffisso -ечка: ло́жка, *cucchiaio* + ечка → ло́жечка, *cucchiaino*.

Al maschile:
- -чик: фонта́н, *fontana* + чик → фонта́нчик, *fontanella*. Quando la parola finisce per л, si aggiunge il segno molle ь: сканда́л, *scandalo* + чик → сканда́льчик, *scandaletto*.

Ci sono molti altri suffissi con la stessa funzione, che apprenderete con la pratica.

2 Il superlativo

Avete già imparato come si forma il superlativo con са́мый, *il più*, + l'aggettivo (a volte seguito da изо всех, *di tutti*): са́мый интере́сный из всех, *il più interessante di tutti*. Il superlativo si può anche formare col suffisso -ейший, -ая, -ее: интере́сный, *interessante* → интере́снейший (attenti all'accento), *interessantissimo* o *il più interessante*; вку́сный, *gustoso* → вкусне́йший, *gustosissimo* o *il più gustoso*. Il suffisso da usare è però -айший, -ая, -ее dopo le consonanti ж, ч, ш e щ, che possono anche essere il risultato di un'alternanza consonantica: per esempio ди́кий, *selvatico* → дича́йший, *molto selvatico, il più selvatico* (alternanza к / ч); бли́зкий, *vicino* → ближа́йший, *vicinissimo* (alternanza tra il gruppo consonantico зк e la ж). Queste alternanze si verificano con una certa regolarità.

Novantottesima lezione 98

3 I suffissi per la formazione degli aggettivi

Molti nomi possono formare degli aggettivi con l'aiuto di determinati suffissi. Tra questi abbiamo incontrato il suffisso **-н** seguito dalle desinenze **-ый** (o **-ой**), **-ая**, **-ое**, tipiche degli aggettivi. Per esempio: **о́вощи**, *verdura* → **овощно́й**, *di verdura*; **вкус**, *gusto* → **вку́сный**, *gustoso*; **интере́с**, *interesse* → **интере́сный**, *interessante*. Se il nome finisce per **л**, per formare l'aggettivo si aggiunge il segno molle **ь**: **идеа́л**, *ideale* (nome) → **идеа́льный** *ideale* (agg.).

4 I verbi di posizione

Imparate a usare correttamente questi verbi, che è importante sapere padroneggiare con disinvoltura.
- **полежа́ть** (perf.), *stare straiato per un po'*: (vedi l'imperfettivo **лежа́ть**) **полежу́, полежи́шь, полежа́т**.
- **поста́вить** (perf.), *mettere in posizione verticale* : (vedi l'imperfettivo **ста́вить**) **поста́влю, поста́вишь, поста́вят**.
- **положи́ть** (perf.), *mettere in posizione orizzontale*: **положу́, поло́жишь, поло́жат**.

5 Gli altri verbi di questa settimana

- **вы́глядеть** (imperf.), *apparire*: **вы́гляжу, вы́глядишь, вы́глядят**.
- **заяви́ть** (perf.), *denunciare* (ma anche *dichiarare*): **заявлю́, зая́вишь, зая́вят**.
- **зна́чить** (imperf.), *significare*: **зна́чу, зна́чишь, зна́чат**.
- **изменя́ть** (imperf.), *tradire, ingannare, cambiare*: **изменя́ю, изменя́ешь, изменя́ют**.
- **начина́ться** (imperf.), *cominciare* (usato in senso intransitivo): **начина́ется, начина́ются**.
- **оста́ться** (perf.), *restare*: **оста́нусь, оста́нешься, оста́нутся**.
- **прийти́сь** (perf.), *toccare* (indica obbligo): **придётся, приду́тся, пришло́сь, пришли́сь**.
- **угоща́ть** (imperf.), *offrire*: **угоща́ю, угоща́ешь, угоща́ют**.

- **по** seguita dal dativo può avere valore distributivo:
На рабо́те, мы подари́ли ка́ждой же́нщине по буке́ту цвето́в. *Al lavoro abbiamo regalato un mazzo di fiori a ogni donna.*
- **за**, nel senso di *per*, vuole l'accusativo:
На́до бу́дет плати́ть за переве́с. *Dovremo pagare (per) l'eccesso di peso.*
- **о** seguita dal prepositivo quando indica un argomento:
Он рассказа́л нам всё о свои́х друзья́х. *Ci ha raccontato tutto sui suoi amici.*
– О ком ты ду́маешь? – О твоём бра́те. *– A chi pensi? – A tuo fratello.*
О чём вы говори́те? Я не совсе́м понима́ю. *Di cosa parla? Non capisco bene.*
- **при**, *in presenza di, sotto, all'epoca di, con*, è seguita dal prepositivo:
При каки́х обстоя́тельствах вы впервы́е оказа́лись в э́том до́ме? *Come siete capitati in questa casa per la prima volta?*

Заключи́тельный диало́г

1 – Каждый раз, когда я хочу выбраться на природу, идёт дождь…

2 – Ну, сегодня тебе повезло: чудесная погода и ни облачка.

3 – Нет, сегодня нет дождя, но у меня температура и кашель.

4   Теперь я должен сидеть дома и пить чай с малиной.

5   Хочешь, бери мою машину: и сам отдохнёшь, и моих на природу отвезёшь.

6   Я уже заправил полный бак бензина и приготовил всё для шашлыков.

7 Только не забудь, чтобы паспорт и водительское удостоверение всегда были под рукой,
8 а то, если мне не изменяет память, ты их всегда оставляешь дома…
9 – Не волнуйся ты так, а лучше скажи, что ещё надо взять.
10 – Не забудьте вилки, ножи и стаканы.
11 Всё остальное уже в багажнике, я лично пять раз проверил!

Traduzione

1 Ogni volta che voglio andare in campagna piove… 2 Dai, oggi ti è andata bene: un tempo splendido e nemmeno una nuvoletta. 3 No, oggi non piove, ma ho la febbre e la tosse. 4 Ora devo stare a casa e bere del tè al lampone. 5 Se vuoi, prendi la mia auto: ti riposerai tu e al tempo stesso porterai i miei in campagna. 6 Ho già fatto il pieno di benzina e ho preparato tutto per gli spiedini. 7 Solo non dimenticarti di tenere sempre il documento d'identità e la patente di guida a portata di mano, 8 perché, se la memoria non mi inganna, li lasci sempre a casa… 9 Non ti preoccupare tanto, dimmi piuttosto cos'altro bisogna prendere. 10 Non dimenticate le forchette, i coltelli e i bicchieri. 11 Tutto il resto è già nel bagagliaio, ho controllato personalmente cinque volte!

Seconda ondata: quarantanovesima lezione

99 Девяно́сто девя́тый уро́к

Ро́дина

1. Люблю́ отчи́зну ① я, но стра́нною любо́вью!
2. Не победи́т её рассу́док мой.
3. Ни сла́ва, ку́пленная ② кро́вью,
4. Ни по́лный го́рдого дове́рия поко́й,
5. Ни тёмной старины́ заве́тные преда́нья ③
6. Не шевеля́т во мне отра́дного мечта́нья.
7. Но я люблю́ – за что ④, не зна́ю сам –
8. Её степе́й холо́дное молча́нье ③,
9. Её лесо́в безбре́жных колыха́нье ③,

Note

① Sia **ро́дина** che **отчи́зна** vogliono dire *patria*, ma il secondo termine è più letterario.

② **ку́пленная**, *comprata*, è il participio passato passivo del verbo **купи́ть**, *comprare*. Si forma col suffisso **-енн-**, cui si aggiungono le desinenze degli aggettivi (**-нный** per il maschile, **-нная** per il femminile, **-нное** per il neutro e **-нные** per il plurale). Esistono anche altri suffissi per formare il participio passato, ma non li studieremo in questa sede.

③ Nella lingua attuale, i nomi neutri **преда́нье**, *leggenda*, **молча́нье**, *silenzio*, **колыха́нье**, *ondeggiare, ondeggiamento*, non hanno più il segno molle **ь**, che è stato sostituito da una **и**: **преда́ние, молча́ние, колыха́ние**. L'aggettivo **заве́тный** significa *recondito, intimo, tramandato* e l'espressione **заве́тная мечта́** si può rendere come *sogno nel cassetto*.

④ **люби́ть за**, *amare per*, è seguito dall'accusativo: **Я так люблю́ жизнь за все её сюрпри́зы** (accusativo)! *Amo tanto la vita per tutte le sue sorprese!* Anche la forma negativa è seguita dall'accusativo: **Она́ не лю́бит твоего́ дру́га за его́ глу́пость** (accusativo). *Il tuo amico non le piace perché è stupido* (lett. "per la sua stupidità").

Novantanovesima lezione 99

In questa lezione conoscerete una vera poesia russa. Il testo è un po' difficile nella versione originale: se avete il CD o l'MP3 abbinato al manuale, ascoltate bene la registrazione e ripetete i versi ad alta voce; provate poi a rileggerli cercando di scandirne il ritmo poetico. Fate attenzione alla pronuncia di tutti i suoni modificati dal segno molle e osservate l'ordine delle parole: spesso il soggetto della frase si trova dopo il verbo.

La patria

1 Amo la mia patria, ma d'uno strano amore!
2 Non lo vincerà la mia ragione.
3 Né la gloria comprata col sangue,
4 Né la pace colma di fiducia orgogliosa,
5 Né le leggende della tradizione degli oscuri tempi antichi
6 Destano *(agitano)* in me il grato fantasticare.
7 Ma io amo – il perché lo ignoro anch'io –
8 Il silenzio freddo delle sue steppe,
9 L'ondeggiare delle sue foreste immense,

10	Разливы рек её, подобные морям;
11	Просёлочным путём люблю скакать в телеге
12	И, взором медленным пронзая ⑤ ночи тень,
13	Встречать по сторонам, вздыхая ⑤ о ночлеге,
14	Дрожащие огни ⑥ печальных деревень ⑦...
15	Михаил Лермонтов ☐

Osservazioni sulla pronuncia
13 встреча́ть *fstričat'*
15 Михаи́л Лёрмонтов *miHail ljermantᵃf*

Note

⑤ **пронза́я**, *trafiggendo, penetrando*, e **вздыха́я**, *sospirando, agognando*, sono i gerundi presenti dei verbi **пронза́ть**, *trafiggere, penetrare* e **вздыха́ть**, *sospirare, agognare*. Il gerundio può essere sia imperfettivo (e in tal caso corrisponde al nostro gerundio presente) che perfettivo (e in tal caso è passato). Gli esempi riguardano verbi imperfettivi, ai quali si sostituisce la desinenza della 1ª persona singolare presente con la desinenza del gerundio **-я** (**-ясь** nei verbi riflessivi e pronominali): **де́лать** (imperfettivo), *fare*: **де́лаю**, *faccio*, ▶

Упражнение 1 – Читайте и переводите

❶ За что ты любишь этого человека? Я этого никогда не пойму! ❷ Ты просишь моего доверия? Как я могу доверять тебе после всего, что случилось? ❸ Нам не нужна его слава, купленная кровью! ❹ Не вздыхай о прошлых успехах. Всё будет хорошо. ❺ У меня есть одна заветная мечта: поехать на каникулы в Африку.

10 Le piene dei suoi fiumi, a mari simili;
11 Amo viaggiare *(galoppare)* sul carro per la strada vicinale
12 E, penetrando lentamente con lo sguardo l'ombra della notte,
13 Incontrare ai lati della strada, agognando il riposo,
14 Le luci tremanti dei villaggi tristi…
15   Michail Lermontov

▸ де́ла + я → де́лая, *facendo*; устра́иваться (imperfettivo), *accomodarsi*: устра́иваюсь, *mi accomodo*, устра́ива + ясь → устра́иваясь, *accomodandosi*. Dopo le consonanti **ж, ч, ш** e **щ**, la desinenza è **-а (-ась)** e non **-я (-ясь)**. Per esempio, мыча́ть (imperfettivo), *muggire*: мычу́ *muggisco*, мыч + а → мыча́, *muggendo*; ложи́ться, *coricarsi*: ложу́сь, *mi corico*, лож + а → ложа́сь, *coricandosi*. Alcuni verbi non hanno il gerundio presente.

⑥ огни́ è l'accusativo plurale di ого́нь (maschile), *fuoco, luce*. Attenzione alla vocale mobile.

⑦ Anche in questo caso state attenti alla vocale mobile e al segno molle alla fine nel genitivo plurale di дере́вня, *villaggio*: дереве́нь.

Soluzione dell'esercizio 1

❶ Perché ami quell'uomo? Non lo capirò mai! ❷ Mi chiedi di fidarmi? Come posso fidarmi di te dopo tutto quello che è successo? ❸ Non abbiamo bisogno della sua gloria comprata col sangue! ❹ Non sospirare per i successi passati. Andrà tutto bene. ❺ Ho un sogno nel cassetto: andare in vacanza in Africa.

100 Упражнение 2 – Восстановите текст

❶ Sono così orgogliosi che non accetteranno mai il vostro aiuto.
  Они такие ......, что никогда не ...... вашей помощи.

❷ Sei sempre il solito: totalmente [immerso] nelle tue fantasticherie!
  Ты – как ......: весь в своих ....!

❸ Mi ha trafitto col suo sguardo cupo e ne ho avuto paura.
  Он ...... меня своим ...... взором, и мне стало страшно.

❹ Amo la mia patria per le sue steppe e le sue foreste sconfinate.
  Я люблю свою ...... за её безбрежные ..... и .....

❺ – Perché ha degli occhi così tristi? – Forse [gli] è successo qualcosa…
  – Почему у него такие .... глаза?
  – Наверное, что-то ....

---

100 Со́тый уро́к

До но́вых встреч!

1 Вот мы и подошли́ ① к после́днему уро́ку на́шего уче́бника.

Note

① **подошли́**: il prefisso **под(о)** esprime l'idea di avvicinamento: **подойти́**, *avvicinarsi a piedi*, vuole la preposizione **к** seguita dal dativo:
Он подошёл к столу́ и чтó-то взял. *Si è avvicinato al tavolo e ha preso qualcosa.*

Soluzione dell'esercizio 2

❶ – гордые – примут – ❷ – всегда – мечтаниях ❸ – пронзил – тёмным – ❹ – родину – степи – леса ❺ – печальные – случилось

Michail Lermontov (1814-1841), poeta russo nato a Mosca, compì i suoi studi presso una scuola militare di San Pietroburgo. Di natura scettica e ribelle, deluso dalla realtà, si sentiva solo e questa solitudine, lacerandolo, pesò molto sulla sua esistenza. Espresse tutti questi sentimenti fin nelle sue prime poesie.
Nel 1837, sconvolto dalla morte di Aleksandr Pushkin, scrisse "La morte del poeta" e, a causa di questa poesia venne esiliato nel Caucaso. Ciò nonostante, l'opera venne trascritta e imparata a memoria da centinaia di persone. Le sue opere principali sono il poema "Il demone", in cui Lermontov si rivoltò contro il mondo contemporaneo, e il romanzo psicologico "Un eroe del nostro tempo", in cui è ritratta un'intera generazione. Il poeta morì a 27 anni in seguito a un duello al quale l'aveva sfidato il suo compagno d'armi Martynov, lasciando dietro di sé un'eredità incredibile di quasi 400 poesie, 30 poemi lirici, oltre a drammi e opere epiche incompiute.

Seconda ondata: cinquantesima lezione

Centesima lezione 100

Arrivederci!
(A nuovi incontri)

1   Eccoci arrivati all'ultima lezione del nostro corso *(Ecco noi e ci siamo avvicinati verso l'ultima lezione del nostro manuale)*.

пятьсот • 500

2 Путь был нелёгким ②, вам понадобилось много терпения и трудолюбия ③.

3 Но, как говорится, без труда не вынешь ④ и рыбку ⑤ из пруда!

4 У вас всё получилось, и если вам захотелось поехать в Россию,

5 мы только можем пожелать вам "Счастливого пути!".

6 Язык – это наилучший ⑥ способ познания стран и народов,

7 с их культурой и традициями.

8 Открытие ⑦ многовековой русской культуры, великой литературы,

Note

② Abbiamo già visto che dopo alcuni verbi bisogna utilizzare il caso strumentale (per ripassare l'argomento consultate il 6° punto della 77ª lezione). Perciò, dopo il verbo **быть** al passato, l'aggettivo va allo strumentale: **упражнение было нелёгким**, *l'esercizio era difficile*; **ты был грустным**, *eri triste*; **девочка была странной**, *la bambina era strana*.

③ Dopo **много**, *molto*, si usa il genitivo singolare per i nomi astratti e il genitivo plurale per i nomi concreti: **много терпения и трудолюбия**, *molta pazienza e molto impegno*.

④ Nei proverbi si trova frequentemente il soggetto alla 2ª persona singolare (**не вынешь**), un po' come se in italiano dicessimo "Se dormi non prendi pesci", "Se vai piano, vai sano e vai lontano", ecc.

⑤ **рыбка** è il diminutivo di **рыба**, *pesce* (il suffisso utilizzato per alterare il nome è **-ка**). Questo termine si usa anche per chiamare affettuosamente la propria ragazza.

2   Il percorso è stato difficile, avete avuto bisogno di molta pazienza e molto impegno *(laboriosità)*.
3   Ma, come si suol dire, chi dorme non piglia pesci *(senza fatica non tirerai fuori nemmeno un pesciolino dallo stagno)*!
4   Ce l'avete fatta *(Presso di voi tutto è riuscito)* e, se vi è venuta voglia di andare in Russia,
5   non possiamo far altro che *(noi solo possiamo)* augurarvi: "Buon viaggio!".
6   La lingua è il modo migliore per conoscere i *(di conoscenza dei)* Paesi e i *(dei)* popoli,
7   con la loro cultura e le loro tradizioni.
8   La scoperta della cultura secolare russa [e] della grande letteratura

▶ ⑥ Il prefisso **наи-** si può usare per rafforzare alcuni superlativi (ma non tutti): per esempio **наилу́чший** è un rafforzativo di **лу́чший**, *il migliore*.

⑦ Il termine **откры́тие** significa sia *apertura* che *scoperta*: **откры́тие магази́на**, *l'apertura di un negozio*; **откры́тие но́вых стран**, *la scoperta di nuovi Paesi*.

9   всё это ждёт вас, если вы пойдёте дальше.
10 Говорите по-русски! Читайте! Откройте для себя русский кинематограф!
11 А мы не прощаемся с вами, а говорим вам "До свидания!"
12 Всего доброго и успехов во всём!

***

Упражнение 1 – Читайте и переводите

❶ Без труда не вынешь и рыбку из пруда! ❷ Не ходите туда: вы не знаете, что вас там ждёт… ❸ Они учат русский язык, чтобы говорить по-русски и читать русскую литературу. ❹ Ура! У нас всё получилось! ❺ – Опять в Россию захотелось… – Вы там уже были? – Нет, но вчера тоже хотелось!

Упражнение 2 – Восстановите текст

❶ – Vi auguriamo tutto il meglio! – Grazie.
– …… вам всего ……… !
– Спасибо.

❷ La lingua è il miglior modo per conoscere la cultura e le tradizioni.
Язык – наилучший …… познания ……… и ……… .

❸ – Beh, non diciamoci addio! – Certo, arrivederci!
– Ну, не ……… ! – Конечно, до новой ……… !

9	vi aspettano *(tutto questo aspetta voi)* se andrete avanti *(più lontano)*.
10	Parlate in russo! Leggete! Scoprite *(per sé)* il cinema russo!
11	*(E)* noi però non vi diciamo addio *(congediamo con voi)*, bensì *(diciamo a voi)* "Arrivederci"!
12	Buona fortuna e tanti auguri per tutto *(Di tutto buono e di successi in tutto)*!

***

Soluzione dell'esercizio 1

❶ Chi dorme non piglia pesci! ❷ Non andateci *(là)*: non sapete cosa vi *(là)* aspetta… ❸ Studiano il russo per parlare russo e leggere la letteratura russa. ❹ Evviva! Ce l'abbiamo fatta! ❺ – Ho di nuovo *(prima)* voglia di andare in Russia… – Ci è già stato? – No, ma ne avevo voglia anche ieri!

❹ Questo popolo ha delle tradizioni secolari molto interessanti.
У этого …… очень интересные ……… традиции.

❺ Buon viaggio! Non dimenticate di chiamarci quando arriverete a casa.
Счастливого ….! Не ……… позвонить нам, как ……… домой.

Soluzione dell'esercizio 2

❶ Желаем – наилучшего – ❷ – способ – культуры – традиций ❸ – прощаемся – встречи ❹ – народа – многовековые – ❺ – пути – забудьте – приедете –

100

Il popolo russo ha uno spiccato senso dell'umorismo che gli permette di sdrammatizzare una vita piuttosto dura in una società in trasformazione. I Russi non esitano a scherzare su se stessi, sui loro eroi preferiti, sui vari aspetti della società, sui difetti del genere umano ecc. Ecco qualche esempio per terminare con un sorriso quest'ultima lezione.

– Товарищ милиционер, скажите, по этой улице ходить не опасно?
– Было бы опасно, я бы здесь не ходил!
– Mi scusi, signor agente, andare per questa strada è pericoloso?
– Se fosse pericoloso, non starei (andrei) qui!

– Папа, угадай, какой поезд больше всех опаздывает?
– Какой, сынок?
– Тот, который ты обещал мне подарить ещё на прошлый Новый год…
– Papà, indovina qual è il treno che è più in ritardo di tutti?
– Qual è, figliolo?
– Quello che hai promesso di regalarmi per lo scorso Capodanno…

На рынке:
– Скажите, пожалуйста, сколько стоит эта лошадь?
– Но это не лошадь! Это курица.
– А… простите: я смотрел на цену.
Al mercato:
– Mi scusi, quanto costa questo cavallo?
– Ma non è un cavallo! È una gallina.
– Ah… Mi scusi: stavo guardando il prezzo.

– Доктор, у меня грипп. Что вы мне посоветуете?
– Встаньте от меня подальше!
– Dottore, ho l'influenza. Cosa mi consiglia?
– Di starmi un po' più lontano!

L'ultima lezione è terminata, ma non è tutto finito! Proseguite ogni giorno con la seconda ondata, traducendo in russo i testi italiani dei dialoghi dalla 51ª fino alla 100ª lezione…

Seconda ondata: cinquantunesima lezione

Appendice grammaticale

Quest'appendice riprende e integra gli elementi di pronuncia e di grammatica studiati durante il corso. Per rileggere le note che riguardano gli argomenti incontrati nelle lezioni, consultate l'indice grammaticale a pag. 555.

Sommario

1	**L'alfabeto e la pronuncia**	510
1.1	L'alfabeto e la pronuncia delle lettere	510
1.2	Consonanti sonore e sorde	511
1.3	Consonanti dure e molli	512
1.4	Le vocali e l'accento tonico	513
2	**Il nome**	514
2.1	Casi e generi	514
2.2	La declinazione	515
2.3	Nomi indeclinabili	517
2.4	Casi particolari	518
2.5	Nomi dalla declinazione irregolare	518
2.6	I suffissi diminutivi dei nomi	521
3	**L'aggettivo**	521
3.1	La forma lunga e la sua declinazione	522
3.2	La forma breve	523
3.3	Il comparativo	524
3.4	Il superlativo	525
4	**I numeri**	525
4.1	I numeri cardinali e la loro declinazione	527
4.2	L'accento tonico dei numeri cardinali (casi indiretti)	529
4.3	I numeri ordinali e la loro declinazione	529
4.4	L'accordo dei numeri cardinali con nomi e aggettivi	530
5	**I pronomi e gli aggettivi**	531
5.1	I pronomi personali	531
5.2	I pronomi e gli aggettivi possessivi	532
5.3	I pronomi interrogativi e relativi	534

5.4	I pronomi e gli aggettivi dimostrativi	534
5.5	I pronomi e gli aggettivi indefiniti	535
5.6	Весь	535
5.7	Il pronome сам	535
6	**I cognomi**	**536**
7	**I verbi**	**537**
7.1	Le particolarità dei verbi russi	537
7.2	Il presente dei verbi regolari e le desinenze delle due coniugazioni	538
7.3	I verbi riflessivi e pronominali	540
7.4	Le alternanze consonantiche	540
7.5	L'aspetto	541
7.6	I verbi di moto e i prefissi verbali	543
7.7	Il passato	545
7.8	Il futuro	545
7.9	Il condizionale	546
7.10	L'imperativo	546
7.11	I verbi irregolari	546
7.12	Uso dello strumentale dopo alcuni verbi	548
7.13	Le costruzioni impersonali	548
7.14	Il verbo essere	549
8	**Le preposizioni**	**550**
8.1	Preposizioni che introducono complementi di luogo	550
8.2	Preposizioni che introducono espressioni di tempo	551
8.3	Preposizioni che introducono complementi di favore o di causa	551
8.4	Altre preposizioni	552
9	**La negazione**	**554**

1 L'alfabeto e la pronuncia

1.1 L'alfabeto e la pronuncia delle lettere

Lettera russa	Lettera in corsivo	Nome della lettera	Trascrizione Assimil
А а	*А а*	а	*a*
Б б	*Б б*	бэ	*b*
В в	*В в*	вэ	*v*
Г г	*Г г*	гэ	*g / gh*
Д д	*Д д*	дэ	*d*
Е е	*Е е*	е	*je, e* (spesso *i* o *y* quando è atona)
Ё ё	*Ё ё*	ё	*jo*
Ж ж	*Ж ж*	же	*ž*
З з	*З з*	зэ	*z*
И и	*И и*	и	*i* (*y* dopo ж e ш)
Й й	*Й й*	и краткое	*j*
К к	*К к*	ка	*k*
Л л	*Л л*	эл	*l*
М м	*М м*	эм	*m*
Н н	*Н н*	эн	*n*
О о	*О о*	о	*o* (*a* quando è atona)
П п	*П п*	пэ	*p*
Р р	*Р р*	эр	*r*

С с	*Сс*	эс	s
Т т	*Тт*	тэ	t
У у	*Уу*	у	u
Ф ф	*Фф*	эф	f
Х х	*Хх*	ха	H
Ц ц	*Цц*	цэ	ts
Ч ч	*Чч*	че	č
Ш ш	*Шш*	ша	sh
Щ щ	*Щщ*	ща	ssh
ъ	*ъ*	твёрдый знак	-
ы	*ы*	ы	y
ь	*ь*	мягкий знак	'
Э э	*Ээ*	э	e
Ю ю	*Юю*	ю	ju
Я я	*Яя*	я	ja (spesso *i* quando è atona)

Questa tabella riporta un numero di trascrizioni maggiore rispetto a quella dell'introduzione, che presentava solo quelle principali per facilitare l'approccio con l'alfabeto cirillico.

1.2 Consonanti sonore e sorde

Le consonanti sonore **б, в, г, д, ж, з** si pronunciano facendo vibrare le corde vocali, mentre le rispettive sorde (**п, ф, к, т, ш, с**) si pronunciano senza farle vibrare.

Le consonanti **б, в, г, д, ж, з** si assordano in fine di parola o davanti a una consonante sorda e, in tal caso, si pronunciano come le loro rispettive sorde:

Sonora	б *b*	в *v*	г *g/gh*	д *d*	ж *ž*	з *z*
↓	↓	↓	↓	↓	↓	↓
Sorda	п *p*	ф *f*	к *k*	т *t*	ш *sh*	с *s*

Alcuni esempi: **Кавка́з** *kafkas Caucaso*; **во́дка** *votka vodka*; **кладь** *klat' bagaglio*; **зуб** *zup dente*; **без** *bjes senza*; **сапо́г** *sapok stivale*; **муж** *mush marito*.

Alcune consonanti sonore non hanno una corrispondente sorda: **л, м, н, р**; allo stesso modo, alcune consonanti sorde non hanno la corrispondente sonora: **х, ц, ч, щ**.

1.3 Consonanti dure e molli

Oltre alla distinzione tra consonanti sonore e sorde, in russo è importante anche la distinzione tra consonanti dure e molli.
Le consonanti molli si pronunciano accostando la lingua al palato, un po' come se fossero seguite da una *i*. Le consonanti dure, invece, si pronunciano in modo simile a quelle italiane.
Le consonanti sono generalmente dure in fine di parola e davanti a una vocale della prima serie (vedi il paragrafo sulle vocali), mentre si ammolliscono di fronte a una vocale della seconda serie.

Le consonanti **ж, ш** e **ц** sono sempre dure, anche quando sono seguite da una vocale della seconda serie (che di norma rende molle la consonante che la precede): **до́лжен** *dolžen deve*; **маши́на** *mashyna auto*; **цена́** *tsyna prezzi*.

Per contro, le consonanti **ч** e **щ** sono sempre molli: **чита́ть** *čitat' leggere*; **я́щик** *jasshik cassetto*.

Le consonanti **б, в, д, з, к, м, н, п, р, с, т** e **ф** non presentano problemi particolari e, quando sono dure, si pronunciano come in italiano: **зло** *zlo rabbiosamente*, **коме́та** *kamjeta cometa*, **посу́да** *pasuda stoviglie, piatti*, ecc.

La **г** si pronuncia sempre come una *g* dura (come in "gamba"), mai come la *g* di "giada": **нога́** *naga gamba, piede*; **гимна́стика** *ghimnastika ginnastica*.

La lettera **л** si pronuncia con la lingua posta più in alto rispetto a quando si pronuncia una *l* italiana. Inoltre, nella sua versione molle

somiglia molto al suono del gruppo consonantico *gl* nella parola "aglio".
La **н** molle, dal canto suo, somiglia al suono del gruppo consonantico *gn* in "gnomo".
La **x** si pronuncia come la *c* toscana aspirata, o come la *h* inglese di "hobby". Si tratta dunque di un suono che, a differenza della *h* italiana che è sempre muta, si sente distintamente. L'abbiamo trascritto con la lettera H: **хотéть** *Hatjet' volere*.
La differenza tra la **ш** e la **щ** è minima sia a livello grafico che a livello sonoro: la prima lettera ha una pronuncia simile a quella della *sh* di "shampoo", ma più forte, mentre la seconda si pronuncia con la lingua ancora più vicina al palato e ricorda il suono emesso quando si chiede di fare silenzio ("ssh").

1.4 Le vocali e l'accento tonico

Le vocali russe vengono distinte in due serie: quelle della prima non modificano la consonante che le precede, mentre quelle della seconda la "ammolliscono" (ovvero la rendono molle):

1	**a** *a*	**o** *o*	**э** *e*	**ы** *y*	**y** *u*
↓	↓	↓	↓	↓	↓
2	**я** *ja*	**ё** *jo*	**e** *je*	**и** *i*	**ю** *ju*

Le vocali si pronunciano come riportato qui sopra quando sono toniche, ma alcune hanno un suono attenuato o differente quando sono in posizione atona: la **e** ha spesso (se non si trova in fine di parola, nel qual caso si pronuncia più attenuata) un suono simile a quello di una "i": **óпера** *opira opera*; la **o** atona si legge normalmente come una "a" attenuata: **хорошó** *Harasho bene*; la **я** atona, all'inizio o all'interno di una parola, si pronuncia *ji* (talvolta *je*): **язы́к** *jizyk lingua*.
Le vocali **a** ed **e** suonano attenuate quando sono atone (tanto che la seconda si avvicina al suono di una "i").

Le vocali **ы, и, y, ю** e **ё** mantengono in genere sempre la stessa pronuncia: il suono della **ы** non esiste in italiano ed è quello di una *i* gutturale che nella pronuncia figurata abbiamo trascritto con la lettera *y*: **быть** *byt' essere*; la **и** corrisponde invece alla nostra "i": **носи́ть** *nasit' portare*; la **y** si pronuncia *u*: **уро́к** *urok lezione*; la **ю** si legge *ju*: **кастрю́ля** *kastrjulja pentola*; la **ё** è sempre accentata e si legge *jo*: **кошелёк** *kashyljok portafoglio*.

2 Il nome

2.1 Casi e generi

Il russo non ha gli articoli, ma in compenso ha i casi, che ci informano sulla funzione di un nome nella frase e corrispondono ai nostri complementi. Per declinare un sostantivo ai vari casi, di norma si aggiungono una o più lettere o si sostituisce l'ultima del nominativo (che è il caso di partenza). Ciascun caso presenta desinenze diverse in base al genere del sostantivo che si declina. In russo i generi sono tre (maschile, femminile e neutro), mentre i casi sono sei:

• Il **nominativo** (N) è il caso del soggetto o dei suoi aggettivi (non si usa mai dopo una preposizione):
Моя сестра ходит в школу. *Mia sorella va a scuola.*
• Il **genitivo** (G) è il caso del complemento di specificazione, ma può anche indicare il complemento oggetto in frasi negative, il partitivo, un complemento di quantità o di provenienza:
Я иду из театра. *Vengo dal teatro.*
Дай мне, пожалуйста, денег. *Dammi dei soldi, per favore.*
• Il **dativo** (D) è il caso del complemento di termine:
Он подарил маме букет цветов. *Ha regalato alla mamma un mazzo di fiori.*
• L'**accusativo** (A) è il caso del complemento oggetto:
Мы видим детей. *Vediamo dei bambini.*
• Lo **strumentale** (S) è il caso del complemento di mezzo o di compagnia:
Саша пишет карандашом. *Sasha scrive con la matita.*
• Il **prepositivo** (P) si usa soltanto dopo una preposizione e può indicare un complemento di luogo o di argomento:
Она всё время думает о своём женихе. *Pensa continuamente alla sua fidanzata.*

Il genere dei nomi dipende dalla loro desinenza al nominativo. Anche la loro declinazione (dura o molle) dipende da questa desinenza:
• **Nomi maschili**
Finiscono di norma per **consonante** (declinazione **dura**): **долг** *debito*; **проспект** *prospettiva, corso*; **отец** *padre*.
Altri finiscono per **-й** o **-ь** (declinazione **molle**): **музей** *museo*; **водитель** *autista*.

• **Nomi femminili**
La maggior parte di essi finisce per **-a** (declinazione **dura**): доро́га *strada*; жена́ *moglie*; литерату́ра *letteratura*.
Gli altri finiscono per **-я**, **-ия** o **-ь** (declinazione **molle**): семья́ *famiglia*; регистра́ция *registrazione*; любо́вь *amore*.

• **Nomi neutri**
Finiscono per **-o** (declinazione **dura**) o per **-e**, **-ие** (declinazione **molle**): ле́то *estate*; окно́ *finestra*; мо́ре *mare*; пла́тье *abito*; совпаде́ние *coincidenza*.
Inoltre è di genere neutro anche un piccolo gruppo di sostantivi in **-мя**: пла́мя *fiamma*; вре́мя *tempo*.

Note:
Alcuni nomi che finiscono per **-a** o **-я** sono maschili: si tratta di nomi che indicano persone di sesso maschile o di diminutivi di nomi propri maschili: па́па *papà*; Ви́тя (diminutivo di *Viktor*). Questi sostantivi si declinano come se fossero femminili, ma gli aggettivi e i verbi al passato con cui concordano vanno al maschile.
I nomi che finiscono per segno molle (**-ь**) possono essere maschili o femminili (è bene memorizzarne di volta in volta il genere).

2.2 La declinazione

I nomi russi si dividono in animati (esseri viventi) e inanimati (oggetti). Nei sostantivi maschili inanimati, l'accusativo è identico al nominativo, mentre in quelli animati l'accusativo è identico al genitivo; per i nomi femminili questa regola vale solo al plurale.

• **Nomi maschili**
– In consonante: **проспе́кт** (inanimato) *corso*, **кот** (animato) *gatto*

	Singolare		Plurale	
N	проспе́кт	кот	проспе́кты	коты́
G	проспе́кта	кота́	проспе́ктов	кото́в
D	проспе́кту	коту́	проспе́ктам	кота́м
A	проспе́кт	кота́	проспе́кты	кото́в
S	проспе́ктом	кото́м	проспе́ктами	кота́ми
P	проспе́кте	коте́	проспе́ктах	кота́х

Se la radice del sostantivo finisce per **ж**, **ч**, **ш** o **щ**, la desinenza del genitivo plurale è **-ей**: **врач** *medico* → **врачей**; **нож** *coltello* → **ножей**.
– In **-й** : **мавзолей** (inanimato) *mausoleo*; in **-ь**: **гель** (inanimato) *gel*

	Singolare		Plurale	
N	мавзолей	гель	мавзолеи	гели
G	мавзолея	геля	мавзолеев	гелей
D	мавзолею	гелю	мавзолеям	гелям
A	мавзолей	гель	мавзолеи	гели
S	мавзолеем	гелем	мавзолеями	гелями
P	мавзолее	геле	мавзолеях	гелях

• **Nomi femminili**
– In **-a**: **норма** (inanimato) *norma*; **дама** (animato) *dama, signora*

	Singolare		Plurale	
N	норма	дама	нормы	дамы
G	нормы	дамы	норм	дам
D	норме	даме	нормам	дамам
A	норму	даму	нормы	дам
S	нормой	дамой	нормами	дамами
P	норме	даме	нормах	дамах

– In **-я**: **потеря** (inanimato) *perdita*; in **-ь**: **боль** (inanimato) *dolore*

	Singolare		Plurale	
N	потеря	боль	потери	боли
G	потери	боли	потерь	болей
D	потере	боли	потерям	болям
A	потерю	боль	потери	боли
S	потерей	болью	потерями	болями
P	потере	боли	потерях	болях

I nomi femminili in **-ия** fanno il dativo e il prepositivo singolare in **-ии** e il genitivo plurale in **-ий**: **регистрáция** *registrazione* → **регистрáции** (D), **регистрáции** (P), **регистрáций** (G pl.).

- **Nomi neutri** (sempre inanimati: l'accusativo è quindi sempre identico al nominativo)
– In **-o**: **окнó** *finestra*; in **-e**: **мóре** *mare*

	Singolare		Plurale	
N	окнó	мóре	óкна	моря́
G	окнá	мóря	óкон	морéй
D	окнý	мóрю	óкнам	моря́м
A	окнó	мóре	óкна	моря́
S	окнóм	мóрем	óкнами	моря́ми
P	окнé	мóре	óкнах	моря́х

I neutri in **-ие** (esattamente come i femminili in **-ия**) fanno il prepositivo singolare in **-ии** e il genitivo plurale in **-ий**: **значéние** *significato* → **значéнии** (P), **значéний** (G pl.).

Nomi neutri in -мя: **врéмя** *tempo*

	Singolare	Plurale
N	врéмя	временá
G	врéмени	времён
D	врéмени	временáм
A	врéмя	временá
S	врéменем	временáми
P	врéмени	временáх

2.3 Nomi indeclinabili

Alcuni nomi di origine straniera sono indeclinabili e pertanto hanno sempre la stessa forma. Alcuni esempi: **кинó** *cinema* (dal tedesco *Kino*); **пальтó** *cappotto*; **метрó** *metropolitana*; **таксú** *taxi*.

2.4 Casi particolari

• **Regola dell'incompatibilità ortografica**
Ricordate che dopo **г, ж, к, х, ч, ш, щ** non si può scrivere la vocale **-ы** (incompatibilità ortografica), che viene pertanto sostituita da una **-и** (per esempio al plurale): **вечери́нка** *festa* → **вечери́нки** *feste*; **долг** *debito* → **долги́** *debiti*.

• **Vocali mobili**
Se la radice di un sostantivo finisce per due consonanti e la desinenza è "zero", tra le due consonanti compare una vocale mobile (che può essere una **o** o una **e**) per facilitare la pronuncia. Per esempio, nel genitivo plurale dei femminili, la vocale mobile è una **o** se la radice del nome finisce per una consonante dura seguita da **к**: **су́мка** *borsa* → **су́мок** (G pl.). Dopo le consonanti molli o dopo **ж, ч, ш, щ**, la vocale mobile è invece una **e**: **ча́шка** *tazza* → **ча́шек** (G pl.), **письмо́** *lettera* → **пи́сем** (G pl.).

2.5 Nomi dalla declinazione irregolare

• **Il prepositivo in -у**
Alcuni nomi maschili formano il prepositivo in **-у** (desinenza sempre accentata) dopo le preposizioni **в** e **на**: **на берегу́** *sulla sponda*; **в э́том году́** *quest'anno*; **в лесу́** *nel bosco*; **на мосту́** *sul ponte*; **на носу́** *sul naso*; **на полу́** *sul pavimento*; **в саду́** *nel giardino*; **в шкафу́** *nell'armadio*. Con altre preposizioni, invece, il prepositivo si forma regolarmente in **-е**: **я говорю́ о ле́се / о са́де** *parlo del bosco / del giardino*.

• **Il plurale irregolare in -а**
Un buon numero di nomi maschili forma il plurale in **-а** accentata (**-я** se la consonante finale è molle). Ecco quelli di uso più frequente:

а́дрес *indirizzo* → **адреса́**
бе́рег *sponda* → **берега́**
ве́чер *sera* → **вечера́**
глаз *occhio* → **глаза́**
го́род *città* → **города́**
до́ктор *dottore* → **доктора́**
дом *casa* → **дома́**
лес *bosco* → **леса́**
но́мер *numero, stanza, camera* → **номера́**
о́стров *isola* → **острова́**
о́тпуск *ferie* → **отпуска́**

па́спорт *passaporto* → паспорта́
по́езд *treno* → поезда́
то́рмоз *freno* → тормоза́
учи́тель *insegnante, professore* → учителя́
хо́лод *freddo* → холода́
цвет *colore* → цвета́

• Alcuni nomi neutri hanno un plurale irregolare:
коле́но *ginocchio* → коле́ни
не́бо *cielo* → небеса́
плечо́ *spalla* → пле́чи
чу́до *miracolo* → чудеса́

• **Il plurale irregolare in -ья**

Alcuni nomi maschili (come **лист** *foglia*, **брат** *fratello*) e neutri (**де́рево** *albero*, **крыло́** *ala*, **перо́** *piuma*) formano il nominativo plurale in **-ья** e il genitivo plurale in **-ьев**. Il segno molle si conserva in tutte le forme del plurale:

	Singolare	Plurale
N	брат	бра́тья
G	бра́та	бра́тьев
D	бра́ту	бра́тьям
A	бра́та (= G perché è animato)	бра́тьев
S	бра́том	бра́тьями
P	бра́те	бра́тьях

Altri nomi formano sempre il nominativo plurale in **-ья** (**друг** *amico*, **муж** *marito*), ma formano il genitivo plurale in **-ей** e le desinenze del plurale sono accentate. In alcuni casi questi sostantivi modificano la radice (come nel caso di **друг**), ma il segno molle si conserva in tutte le forme del plurale, genitivo escluso:

	Singolare	Plurale
N	друг, муж	друзья́, мужья́
G	дру́га, му́жа	друзе́й, муже́й
D	дру́гу, му́жу	друзья́м, мужья́м
A	дру́га, му́жа (= G perché è animato)	друзе́й, муже́й
S	дру́гом, му́жем*	друзья́ми, мужья́ми
P	дру́ге, му́же	друзья́х, мужья́х

* -ем dopo ж, ш, ч, щ e ц se la desinenza non è accentata: му́жем, altrimenti -о́м: карандашо́м.

- **Il genitivo plurale di alcuni nomi maschili** ha la cosiddetta desinenza zero:

раз *volta* → (мно́го) раз *(molte) volte*
во́лос *capello* → (мно́го) воло́с *(molti) capelli*
глаз *occhio* → (мно́го) глаз *(molti) occhi*
сапо́г *stivale* → (мно́го) сапо́г *(molti) stivali*

- **Declinazione del femminile мать:**

	Singolare	Plurale
N	мать	ма́тери
G	ма́тери	матере́й
D	ма́тери	матеря́м
A	мать	матере́й
S	ма́терью	матеря́ми
P	ма́тери	матеря́х

L'accento cade sulla prima sillaba nelle forme al singolare e alla 1ª persona plurale. Nelle altre forme del plurale l'accento cade sull'ultima o sulla penultima sillaba.

• **челове́к**, *uomo, persona*, è un nome maschile irregolare:

	Singolare	Plurale
N	челове́к	лю́ди
G	челове́ка	люде́й
D	челове́ку	лю́дям
A	челове́ка	люде́й
S	челове́ком	людьми́
P	челове́ке	лю́дях

2.6 I suffissi diminutivi dei nomi

Il russo si serve molto spesso di suffissi diminutivi. Eccone alcuni;
• **Suffissi diminutivi di nomi femminili:**
-**ка**: каби́на *cabina* + **ка** → каби́нка *cabinetta*;
-**очка**: ро́за *rosa* + **очка** → ро́зочка *rosetta*; dopo le consonanti **ж, ч, ш** e **щ** il suffisso è -**ечка**: ло́жка *cucchiaio* + **ечка** → ло́жечка *cucchiaino*.
• **Suffissi diminutivi di nomi maschili:**
-**чик**: фонта́н *fontana* + **чик** → фонта́нчик *fontanella*. Quando il nome finisce per **л**, si aggiunge il segno molle **ь**: сканда́л *scandalo* + **чик** → сканда́льчик *scandaletto*.

3 L'aggettivo

Gli aggettivi russi si dividono in aggettivi di declinazione dura e di declinazione molle, e molti di essi hanno sia una forma lunga che una forma breve. Quelli di forma lunga si declinano e hanno l'accento fisso.
Il loro accusativo coincide con il nominativo quando si riferiscono a un oggetto, mentre coincide con il genitivo quando si riferiscono a un sostantivo animato. Le desinenze degli aggettivi di declinazione dura e molle sono molto simili; inoltre alcuni aggettivi di declinazione dura recano l'accento sull'ultima sillaba, e in tal caso il loro nominativo finisce in -**ой**: **большо́й** *grande*.

3.1 La forma lunga e la sua declinazione

Ecco un esempio di aggettivo di declinazione dura (**бе́дный, -ая, -ое** *povero*) e uno di declinazione molle (**си́ний, -яя, -ее** *blu*):

	Singolare			
	Maschile, neutro	Femm.	Maschile, neutro	Femm.
N	бе́дный, бе́дное	бе́дная	си́ний, си́нее	си́няя
G	бе́дного	бе́дной	си́него	си́ней
D	бе́дному	бе́дной	си́нему	си́ней
A	N o G	бе́дную	N o G	си́нюю
S	бе́дным	бе́дной	си́ним	си́ней
P	бе́дном	бе́дной	си́нем	си́ней

	Plurale (tutti i generi)	
N	бе́дные	си́ние
G	бе́дных	си́них
D	бе́дным	си́ним
A	N o G	
S	бе́дными	си́ними
P	бе́дных	си́них

Gli aggettivi **тако́й**, *tale*, e **како́й**, *quale*, si declinano come gli altri aggettivi con l'accento tonico sull'ultima sillaba (es. **большо́й**).

La regola dell'incompatibilità ortografica (vedi 2.4) determina i cambiamenti di desinenza seguenti: -ый → -ий; -яя → -ая; -ое (atono) → -ее: **высо́кий, высо́кая, высо́кое, высо́кие** *alto*; **бы́вший, бы́вшая, бы́вшее, бы́вшие** *ex*.

Singolare				
	Maschile, neutro	Femminile	Maschile, neutro	Femminile
N	бы́вш**ий**, бы́вш**ее**	бы́вш**ая**	высо́к**ий**, высо́к**ое**	высо́к**ая**
G	бы́вш**его**	бы́вш**ей**	высо́к**ого**	высо́к**ой**
D	бы́вш**ему**	бы́вш**ей**	высо́к**ому**	высо́к**ой**
A	N o G	бы́вш**ую**	N o G	высо́к**ую**
S	бы́вш**им**	бы́вш**ей**	высо́к**им**	высо́к**ой**
P	бы́вш**ем**	бы́вш**ей**	высо́к**ом**	высо́к**ой**

Plurale (tutti i generi)		
N	бы́вш**ие**	высо́к**ие**
G	бы́вш**их**	высо́к**их**
D	бы́вш**им**	высо́к**им**
A	N o G	
S	бы́вш**ими**	высо́к**ими**
P	бы́вш**их**	высо́к**их**

3.2 La forma breve

La forma breve si usa in funzione predicativa:
Э́тот челове́к мо́лод.
Quest'uomo è giovane (il verbo *essere* si omette al presente); **мо́лод** è la forma breve di **молодо́й**.
L'aggettivo di forma breve concorda nel genere e nel numero col soggetto: **он мо́лод, она́ молода́, оно́ мо́лодо, они́ мо́лоды**. Questa forma si usa anche nelle frasi esclamative:
Как здесь краси́во!
Come si sta bene qui!
L'aggettivo di forma breve esprime inoltre una qualità transitoria, mentre per indicare una qualità costante si usa la forma lunga:
– **Сего́дня она́ сли́шком весела́!** *Oggi è troppo allegra!*

– **По-мо́ему, она́ всегда́ така́я весёлая.** *Secondo me è sempre così allegra.*

Alcuni aggettivi hanno solo la forma breve: **рад** *contento*, **ра́да** *contenta*, **ра́ды** *contenti, contente*.

3.3 Il comparativo

Al comparativo gli aggettivi e gli avverbi hanno la stessa forma. Il **comparativo di maggioranza** si può formare in due modi:

• Utilizzando **бо́лее**, *più*, davanti all'avverbio o all'aggettivo in questione: **бо́лее молодо́й**, *più giovane*; **бо́лее интере́сный**, *più interessante*; **бо́лее дорого́й**, *più caro*;

• Sostituendo alla desinenza dell'aggettivo o dell'avverbio il suffisso **-ее**:
дли́нный (agg.) *lungo* → **длинне́е** *più lungo*
интере́сно (avv.) *interessante* → **интере́снее** *più interessante*
но́вый *nuovo* → **нове́е** *più nuovo*

Il comparativo degli aggettivi o degli avverbi la cui radice finisce per **г, к, х, д, т** (più raramente per **з** e **с**) si forma col suffisso **-е** che non è mai accentato e può dar luogo a fenomeni di alternanza consonantica:

– le consonanti **г, д, з** diventano **ж**:
молодо́й *giovane* → **моло́же** *più giovane*; **дорого́й** *caro* → **доро́же** *più caro*;

– le consonanti **х** e **с** diventano **ш**:
(говори́ть) ти́хо *(parlare) piano* → **(говори́ть) ти́ше** *(parlare) più piano*;

– le consonanti **к** e **т** diventano **ч** (ma non sempre):
бога́тый *ricco* → **бога́че** *più ricco*; **легко́** *facilmente* → **ле́гче** *più facilmente*, ma **жёлтый** (agg.) *giallo* → **желте́е** *più giallo*;

– il gruppo consonantico **ст** diventa **щ**:
про́сто *semplicemente* → **про́ще** *più semplicemente*.

Alcune eccezioni:
большо́й *grande* → **бо́льше** *più grande, maggiore*
высо́кий *alto* → **вы́ше** *più alto*
далеко́ *lontano* → **да́льше** *più lontano*
дешёвый *conveniente* → **деше́вле** *più conveniente*

до́лгий *lungo* → **до́льше** *più lungo*
ма́ленький *piccolo* → **ме́ньше** *più piccolo, minore*
хоро́ший *buono*, **хорошо́** *bene* → **лу́чше** *migliore, meglio*.

I comparativi possono essere seguiti dalla congiunzione **чем** e dal secondo termine di paragone: **э́та кни́га интере́снее, чем та** *questo libro è più interessante di quello*; **ты говори́шь ти́ше, чем я** *tu parli più piano di me*. Prima di **чем** ci vuole sempre la virgola.

3.4 Il superlativo

• Il superlativo relativo si forma con **са́мый**, *il più*, seguito dall'aggettivo in questione ed eventualmente da **из всех**, *di tutti*: **са́мый интере́сный из всех**, *il più interessante di tutti*.

• Il superlativo assoluto si forma col suffisso **-ейший, -ая, -ее** (che può anche indicare un superlativo relativo: in questo caso, però, non si può utilizzare **из всех**, *di tutti*):
интере́сный, *interessante* → **интере́снейший**, *il più interessante, interessantissimo*
бе́дная, *povera* → **беднейшая**, *la più povera, poverissima*
Dopo le consonanti **ж, ч, ш** e **щ** (che possono anche essere il risultato di un'alternanza consonantica) il suffisso da usare è **-айший, -ая, -ее**:
бли́зкий, *vicino, prossimo* → **ближа́йший**, *il prossimo, vicinissimo* (alternanza tra il gruppo consonantico **зк** e la **ж**)
ди́кий, *selvatico* → **дича́йший**, *molto selvatico, il più selvatico* (alternanza **к / ч**).

• Inoltre alcuni superlativi possono essere rafforzati con il prefisso **наи-**: **наилу́чший**, *il migliore*.

4 I numeri

	Cardinali	Ordinali
0	ноль	
1	оди́н, одна́, одно́	пе́рвый, пе́рвая, пе́рвое
2	два, две	второ́й, втора́я, второ́е

3	три	тре́тий, тре́тья, тре́тье
4	четы́ре	четвёртый, четвёртая, четвёртое
5	пять	пя́тый, пя́тая, пя́тое
6	шесть	шесто́й
7	семь	седьмо́й
8	во́семь	восьмо́й
9	де́вять	девя́тый
10	де́сять	деся́тый
11	оди́ннадцать	оди́ннадцатый
12	двена́дцать	двена́дцатый
13	трина́дцать	трина́дцатый
14	четы́рнадцать	четы́рнадцатый
15	пятна́дцать	пятна́дцатый
16	шестна́дцать	шестна́дцатый
17	семна́дцать	семна́дцатый
18	восемна́дцать	восемна́дцатый
19	девятна́дцать	девятна́дцатый
20	два́дцать	двадца́тый
21	два́дцать оди́н	два́дцать пе́рвый
22	два́дцать два	два́дцать второ́й
30	три́дцать	тридца́тый
40	со́рок	сороково́й
50	пятьдеся́т	пятидеся́тый
60	шестьдеся́т	шестидеся́тый
70	се́мьдесят	семидеся́тый
80	во́семьдесят	восьмидеся́тый
90	девяно́сто	девяно́стый
100	сто	со́тый

101	сто оди́н	сто пе́рвый
200	две́сти	двухсо́тый
300	три́ста	трёхсо́тый
400	четы́реста	четырёхсо́тый
500	пятьсо́т	пятисо́тый
600	шестьсо́т	шестисо́тый
700	семьсо́т	семисо́тый
800	восемьсо́т	восьмисо́тый
900	девятьсо́т	девятисо́тый

4.1 I numeri cardinali e la loro declinazione

L'accusativo di un numero cardinale è identico al nominativo quando si riferisce a un sostantivo inanimato; è identico al genitivo quando invece fa riferimento a un sostantivo animato.

- Il numero cardinale **оди́н** si declina come il dimostrativo **э́тот**, alle cui desinenze è sufficiente premettere la radice **одн-**. Ricordate che questo numero cardinale concorda nel genere e nel numero col sostantivo cui si riferisce:

	Maschile, neutro	Femminile	Plurale
N	оди́н, одно́	одна́	одни́
G	одного́	одно́й	одни́х
D	одному́	одно́й	одни́м
A	N o G	одну́	N o G
S	одни́м	одно́й	одни́ми
P	одно́м	одно́й	одни́х

- I numeri cardinali **два, две** concordano nel genere col nome cui si riferiscono al nominativo e all'accusativo. Il caso accusativo è uguale al nominativo quando il sostantivo cui si fa riferimento è inanimato, mentre è uguale al genitivo quando il sostantivo è animato; queste regole valgono anche per i nomi femminili: **Я вижу две книги** (femminile inanimato), *Vedo due libri*; **Я вижу двух девушек** (femminile animato), *Vedo due ragazze* (vedi lezione 70 § 5).

Два e **две** sono seguiti da nomi al **genitivo singolare**. Le declinazioni di *due* **два**, *tre* **три** e *quattro* **четыре** recano l'accento sull'ultima sillaba, tranne al nominativo di **четы́ре**.

	Maschile, femminile		
N	два, две	три	четы́ре
G	двух	трёх	четырёх
D	двум	трём	четырём
A	N o G	N o G	N o G
S	двумя́	тремя́	четырьмя́
P	двух	трёх	четырёх

• I numeri cardinali da 5 a 20 (e il 30) si declinano come i femminili in segno molle **ь**. La desinenza del genitivo, del dativo e del prepositivo è **-и**; l'accusativo è uguale al nominativo; lo strumentale è in **-ью**. I numeri cardinali 50, 60, 70 e 80 sono composti da due parti che si declinano come femminili in segno molle: **пяти́десяти** (G, D, P), **пятью́десятью** (S).

• 40, 90 e 100 hanno la desinenza **-а** in tutti i casi (tranne al nominativo e all'accusativo, che sono identici).

• 200, 300 e 400 sono composti da due parti che si declinano entrambe (la prima parte perde l'accento anche se contiene una **ё**):

N	две́сти	три́ста	четы́реста
G	двухсо́т	трёхсо́т	четырёхсо́т
D	двумста́м	трёмста́м	четырёмста́м
A	две́сти	три́ста	четы́реста
S	двумяста́ми	тремяста́ми	четырьмяста́ми
P	двухста́х	трёхста́х	четырёхста́х

• 500, 600, 700, 800 e 900 sono composti da due parti, la prima delle quali si declina come un nome femminile in segno molle, mentre la seconda si declina come nella tabella precedente, salvo al nominativo e all'accusativo:

N	пятьсóт	девятьсóт
G	пятисóт	девятисóт
D	пятистáм	девятистáм
A	пятьсóт	девятьсóт
S	пятьюстáми	девятьюстáми
P	пятистáх	девятистáх

4.2 L'accento tonico dei numeri cardinali (casi indiretti)

I numeri cardinali da 5 a 10, il 20 e il 30 hanno l'accento sull'ultima sillaba nei casi indiretti (genitivo, dativo, strumentale e prepositivo); i cardinali da 11 a 19 hanno l'accento fisso; 50, 60, 70 e 80 hanno l'accento sulla seconda sillaba: шестúдесяти, восьмúдесяти. Gli altri numeri cardinali recano l'accento sull'ultima sillaba.

4.3 I numeri ordinali e la loro declinazione

I numeri ordinali concordano nel genere e nel numero col sostantivo cui si riferiscono e si declinano come aggettivi. Tuttavia, la declinazione di трéтий, трéтья, трéтье, трéтьи *terzo (terzi)* presenta una particolarità: si declina come un aggettivo molle e, al nominativo e all'accusativo plurale, ha desinenze simili a quelle di un aggettivo breve.

	Maschile, neutro	Femminile	Plurale
N	трéтий, трéтье	трéтья	трéтьи
G	трéтьего	трéтьей	трéтьих
D	трéтьему	трéтьей	трéтьим
A	N o G	трéтью	N o G
S	трéтьим	трéтьей	трéтьими
P	трéтьем	трéтьей	трéтьих

4.4 L'accordo dei numeri cardinali con nomi e aggettivi

L'accordo dei numeri cardinali con nomi e aggettivi segue regole piuttosto complesse.

• **Accordo con i nomi**

• 1 e i numeri composti che finiscono per 1 (tranne 11) sono seguiti da nomi al nominativo singolare e concordano con essi nel genere: **одно́ де́рево**, *un albero*; **два́дцать одна́ подру́га**, *ventuno amiche*; **сто пятьдеся́т одна́ кни́га**, *centocinquantuno libri*; **девятьсо́т три́дцать оди́н дом**, *novecentotrenta case*.

• 2, 3, 4 e i numeri composti che finiscono per 2, 3 e 4 (tranne 12, 13 e 14) sono seguiti da nomi al genitivo singolare. Inoltre 2, **два**, ha una forma al femminile, **две**: **две италья́нки**, *due italiane*; **три́дцать три депута́та**, *trentatré deputati*; **сто четы́ре де́рева**, *centoquattro alberi*.

• da 5 a 20, i nomi che seguono vanno al genitivo plurale: **пять враче́й**, *cinque medici*; **оди́ннадцать води́телей**, *undici autisti*; **семна́дцать дете́й**, *diciassette bambini*; **два́дцать мужчи́н**, *venti uomini*.

Queste regole valgono quando il numero cardinale è al nominativo o all'accusativo. Per quanto riguarda gli altri casi, i nomi concordano logicamente col numero cardinale:
Пять (nominativo) **де́вочек** (genitivo plurale) **гуля́ют в па́рке.**
Cinque bambine passeggiano nel parco.
Я ви́жу пять (accusativo) **де́вочек** (genitivo plurale).
Vedo cinque bambine.
Я даю́ кни́гу пяти́ (dativo) **де́вочкам** (dativo plurale).
Do il libro a cinque bambine.

• **Accordo con gli aggettivi**

• Dopo **оди́н, одна́, одно́, одни́**, a prescindere dal caso, il nome e l'aggettivo concordano nel genere e nel numero col cardinale che li precede: **оди́н ма́ленький ма́льчик**, *un ragazzino*; **одни́м хоро́шим фи́льмом**, *con un buon film*; **одно́й краси́вой де́вушке**, *a una bella ragazza*.

• Dopo 2, 3 e 4, al nominativo e all'accusativo dei nomi inanimati, il nome va al genitivo singolare e l'aggettivo al genitivo plurale (gli aggettivi femminili possono essere declinati al nominativo plurale, ma è preferibile utilizzare il genitivo plurale):
Два краси́вых ма́льчика, *Due bei ragazzi.*
Per quanto riguarda l'accusativo dei nomi animati, invece (dal momento che l'accusativo coincide col genitivo), sia i nomi che gli aggettivi vanno tutti declinati al genitivo plurale.
Я ви́жу двух краси́вых де́вочек, *Vedo due belle bambine.*

Per casi diversi dal nominativo e dall'accusativo, i nomi e gli aggettivi concordano logicamente col numero cardinale (anche dal 5 in poi):
Я даю́ кни́гу двум краси́вым де́вочкам (il numero cardinale, l'aggettivo e il nome sono tutti declinati al dativo plurale), *Do il libro a due belle bambine.*
Я ви́жу пять ма́леньких ма́льчиков, *Vedo cinque ragazzini.*
Я даю́ кни́гу пяти́ ма́леньким ма́льчикам, *Do il libro a cinque ragazzini.*

5 I pronomi e gli aggettivi

5.1 I pronomi personali

	Singolare	Plurale
1ª persona		
N	я	мы
G	меня́	нас
D	мне	нам
A	меня́	нас
S	мной	на́ми
P	(обо) мне	(о) нас
2ª persona		
N	ты	вы
G	тебя́	вас

D	тебе́	вам
A	тебя́	вас
I	тобо́й	ва́ми
L	(о) тебе́	(о) вас
3ª persona		
N	он, оно́, она́	они́
G	(н)его́, (н)её	(н)их
D	(н)ему́, (н)ей	(н)им
A	(н)его́, (н)её	(н)их
S	(н)им, (н)ей	(н)и́ми
P	(о) нём, ней	(о) них

Quando sono preceduti da una preposizione, ai pronomi di 3ª persona si aggiunge una **н**.
Я подари́л ей цветы́, *Le ho regalato dei fiori.*
Ma:
Я иду́ к ней, *Vado da lei.*

5.2 I pronomi e gli aggettivi possessivi

Anche gli aggettivi e i pronomi possessivi si declinano.
• **мой** *mio*, **твой** *tuo* e **свой** *proprio* si declinano allo stesso modo:

	Maschile, neutro	Femminile	Plurale
N	мой, моё	моя́	мои́
G	моего́	мое́й	мои́х
D	моему́	мое́й	мои́м
A	N o G	мою́	N o G
S	мои́м	мое́й	мои́ми
P	моём	мое́й	мои́х

La loro declinazione somiglia un po' a quella del numero cardinale **один**. L'aggettivo e pronome possessivo **свой** indica che il sostantivo al quale si riferisce appartiene al soggetto (che può essere di 1ª, 2ª o 3ª persona). In genere **свой** non si usa al caso nominativo.

Он уезжа́ет на да́чу к свое́й сестре́.
Lui va alla dacia da sua (lett. *propria*) *sorella* (usando **свой** si indica che è la sorella del soggetto e non di altri).

Attenzione: se avessimo detto **Он уезжа́ет на да́чу к его́ сестре́**, avremmo indicato che il soggetto va alla dacia dalla sorella di un'altra persona (sempre di genere maschile) che è stata nominata in precedenza.

- I pronomi e gli aggettivi possessivi plurali **наш** *nostro* e **ваш** *vostro, Suo*, si declinano entrambi come segue:

	Maschile, neutro	Femminile	Plurale
N	наш, на́ше	на́ша	на́ши
G	на́шего	на́шей	на́ших
D	на́шему	на́шей	на́шим
A	N o G	на́шу	N o G
S	на́шим	на́шей	на́шими
P	на́шем	на́шей	на́ших

- I pronomi e gli aggettivi possessivi di 3ª persona sono invece invariabili: **его́** *suo, di lui*, **её** *suo, di lei*, **их** *loro*. Concordano sempre nel genere e nel numero col possessore:

э́то его́ кастрю́ля, *è la sua pentola* (**его́** indica che il possessore è un maschio; il genere dell'oggetto posseduto, **кастрю́ля**, benché sia femminile, non influisce sull'aggettivo possessivo);

у тебя́ её ключи́, *hai le sue chiavi* (**её** indica che il possessore delle chiavi è una donna; il genere dell'oggetto posseduto, **ключ**, benché sia maschile, non influisce sull'aggettivo possessivo);

мы их де́ти, *siamo i loro figli* (**их** indica che i "possessori", in questo caso i genitori, sono più d'uno).

5.3 I pronomi interrogativi e relativi

• **La declinazione dei pronomi что e кто**
Questi due pronomi hanno solo il singolare; **кто** fa riferimento a esseri animati, mentre **что** si riferisce agli oggetti. La declinazione di **кто**, *chi*, somiglia a quella di **тот**, *quello*:

N	кто	что
G	кого́	чего́
D	кому́	чему́
A	кого́	что
S	кем	чем
P	ком	чём

• I pronomi e aggettivi **какóй, áя, óe, и́e**, *quale, quali* e **котóрый, -ая, -ое, -ые**, *che, quale, il quale*, ecc. si declinano come normali aggettivi.

5.4 I pronomi e gli aggettivi dimostrativi

I dimostrativi **э́тот**, *questo*, e **тот**, *quello*, hanno declinazioni molto simili: l'unica differenza consiste nel fatto che al plurale, al posto della **и** presente nelle desinenze di **э́тот**, c'è una **e** in quelle di **тот**.

	Maschile, neutro	Femminile	Plurale
N	э́тот, э́то / тот, то	э́та / та	э́ти / те
G	э́того / того́	э́той / той	э́тих / тех
D	э́тому / тому́	э́той / той	э́тим / тем
A	N o G	э́ту / ту	N o G
S	э́тим / тем	э́той / той	э́тими / те́ми
P	э́том / том	э́той / той	э́тих / тех

5.5 I pronomi e gli aggettivi indefiniti

Si formano con l'aiuto delle seguenti particelle, che si premettono o seguono i pronomi e gli aggettivi interrogativi:
- **не-**: **не́который, -ая, -ое**, *certo, qualche* (si usa solo al plurale); **не́сколько**, *alcuni*; **не́кто**, *qualcuno*; **не́что**, *qualcosa*.

Questi ultimi due pronomi si usano solo al nominativo e all'accusativo:

Сейча́с я расскажу́ вам не́что отра́дное!
Ora vi racconto qualcosa di bello!
Тебе́ звони́л не́кто Петро́в.
Ti ha telefonato un certo Petrov.

- **-нибудь**: **где́-нибудь, кто́-нибудь, что́-нибудь, ско́лько-нибудь**.
- **-то**: **где́-то, кто́-то, что́-то, ско́лько-то**.

нибудь e **то** vanno sempre preceduti da un trattino.

5.6 Весь

Concorda nel genere e nel numero col sostantivo cui si riferisce: **весь**, *tutto* (m); **всё**, *tutto* (n); **вся**, *tutta*; **все**, *tutti, tutte*.
Si declina in modo simile a **тот**, ma ha una declinazione di tipo molle. Confrontate:

	Maschile, neutro	Femminile	Plurale
N	тот, то/весь, всё	та/вся	те/все
G	того́/всего́	той/всей	тех/всех
D	тому́/всему́	той/всей	тем/всем
A	N o G	ту/всю	N o G
S	тем/всем	той/всей	те́ми/все́ми
P	том/всём	той/всей	тех/всех

5.7 Il pronome сам

сам, *stesso, da solo*, si usa sia con i sostantivi animati che con quelli inanimati e concorda nel genere e nel numero col nome cui si riferisce: **он сам**, *lui stesso*; **она́ сама́**, *lei stessa*; **оно́ само́** (neutro); **они́ са́ми**, *loro stessi* o *loro stesse*. Nella declinazione l'accento cade sempre sull'ultima sillaba, tranne al nominativo e allo strumentale plurale.

	Maschile, neutro	Femminile	Plurale
N	сам, самó	самá	сáми
G	самогó	самóй	самúх
D	самомý	самóй	самúм
A	N o G	самý	N o G
S	самúм	самóй	самúми
P	самóм	самóй	самúх

• **сам** si mette dopo il nome o il pronome personale per sottolineare che il soggetto svolge l'azione da solo, senza alcun aiuto:
Онú сáми вы́брали свой нóвый дом.
Hanno scelto da soli la (propria) casa nuova.

• Può seguire anche un nome o un pronome personale declinato per metterne in rilievo l'importanza:
Тóлько онá самá мóжет решúть, кто ей нрáвится бóльше.
Solo lei può decidere chi è che le piace di più.
Вчерá мы разговáривали с самúм Президéнтом!
Ieri abbiamo parlato con il Presidente in persona!

6 I cognomi

I cognomi che finiscono per **-ов** e **-ин** hanno il femminile in **-а**, quelli in **-ский**, **-ый** e **-ой** ce l'hanno in **-ая** mentre tutti gli altri (per esempio quelli che finiscono per **-ич** e **-о**) sono invariabili:

– **На вечерúнке бы́ло мнóго людéй: Вúктор Гончарóв и Тамáра Гончарóва, Сáша Купрúн и Тáня Купринá, Свéта Грушúнская и Олéг Грушúнский.**

Alla festa c'era molta gente: Viktor Gončarov (m.) e Tamara Gončarova (f.), Sasha Kuprin (m.) e Tanja Kuprina (f.), Sveta Grushinskaja (f.) e Oleg Grushinskij (m.).

– **А Петрóвы тóже бы́ли?**

E i Petrov c'erano?

– **Нет, онú не пришлú. А вот Нáдя Засýлич, Úгорь Засýлич и Ковалéнко пришлú.**

No, non sono venuti. Ma Nadja Zasulič (f.), Igor' Zasulič (m.) e i Kovalenko c'erano (i cognomi privi di forma al femminile, quando non vengono specificati i relativi nomi propri, si possono considerare maschili,

femminili o anche plurali). I cognomi in **-ский**, **-ый** e **-ой** si declinano come degli aggettivi:
Я óчень люблю читáть кнúги Толстóго.
Mi piace molto leggere i libri di Tolstoj.

I cognomi in **-ов** e **-ин** seguono una declinazione "mista" che ricorda tanto quella dei sostantivi quanto quella degli aggettivi:

	Maschile	Femminile	Plurale
N	Ивáнов	Ивáнова	Ивáновы
G	Ивáнова	Ивáновой	Ивáновых
D	Ивáнову	Ивáновой	Ивáновым
A	Ивáнова	Ивáнову	Ивáновых
S	Ивáновым	Ивáновой	Ивáновыми
P	Ивáнове	Ивáновой	Ивáновых

7 I verbi

7.1 Le particolarità dei verbi russi

Il russo ha solo tre tempi (presente, passato e futuro), l'indicativo, il condizionale (che si forma dal passato) e l'imperativo. Non ci sono tempi composti, ma questa "povertà" è compensata dalla presenza degli aspetti (perfettivo o imperfettivo). L'infinito dei verbi russi può essere perfettivo o imperfettivo e ha di norma il suffisso **-ть**, più raramente **-ти** o **-чь**.
I verbi russi si suddividono in due coniugazioni, che non si distinguono in base al suffisso dell'infinito (come avviene in molte lingue europee), bensì in base alla desinenza del presente e, più precisamente, alla cosiddetta "vocale tematica" che unisce la desinenza alla radice del verbo. Per coniugare i verbi russi è necessario impararne l'infinito e tre forme del presente indicativo: la 1ª persona singolare (perché può essere irregolare), la 2ª persona singolare (che ci dà la vocale tematica) e la 3ª persona plurale.

7.2 Il presente dei verbi regolari e le desinenze delle due coniugazioni

Per formare il presente occorre aggiungere le desinenze seguenti all'infinito senza il suffisso **-ть** (verbi di prima coniugazione) e all'infinito senza **-ить**:

• **Prima coniugazione**
де́ла - ть, *fare*

я	де́ла + ю
ты	де́ла + ешь
он	де́ла + ет
она́	
оно́	
мы	де́ла + ем
вы	де́ла + ете
они́	де́ла + ют

ид - ти́ *andare (a piedi)* si coniuga invece come segue:

я	ид + у́
ты	ид + ёшь
он	ид + ёт
она́	
оно́	
мы	ид + ём
вы	ид + ёте
они́	ид + у́т

La vocale tematica per la prima coniugazione è la **e** atona (o la **ё**, sempre accentata) perché si incontra in tutte le desinenze tranne due; questa vocale è quella che distingue la prima dalla seconda coniugazione.

Inoltre, nella prima coniugazione, la vocale della desinenza della 1ª persona singolare (**ю** o **у**) ricompare anche nella desinenza della 3ª persona plurale: де́ла**ю** – де́ла**ю**т; ид**у́** – ид**у́**т.

- **Seconda coniugazione**

говор - и́ть, *parlare*

я	говор + ю́
ты	говор + и́шь
он	говор + и́т
она́	
оно́	
мы	говор + и́м
вы	говор + и́те
они́	говор + я́т

слы́ша - ть, *sentire*

я	слы́ш + у
ты	слы́ш + ишь
он	слы́ш + ит
она́	
оно́	
мы	слы́ш + им
вы	слы́ш + ите
они́	слы́ш + ат

La vocale tematica della seconda coniugazione è **и**. Quanto alla vocale presente nella desinenza della 1ª persona singolare, è bene sapere che influisce sulla desinenza della 3ª persona plurale: infatti, se è della seconda serie (**ю**), anche nella desinenza della 3ª persona plurale avremo una vocale della seconda serie: говор**ю́** – говор**я́т**; se invece è una vocale della prima serie (**у**), anche nella desinenza della 3ª persona plurale ci sarà una vocale della prima serie: слы́ш**у** – слы́ш**ат**. Quest'ultimo esempio mostra che, in caso di incompatibilità ortografica, dopo alcune consonanti (vedi 2.4) non si può scrivere **-я** o **-ю**.

7.3 I verbi riflessivi e pronominali

I verbi riflessivi e pronominali si coniugano come gli altri verbi: l'unica differenza è che, dopo le desinenze abituali, bisogna aggiungere **-сь** dopo le desinenze che finiscono per vocale e **-ся** dopo quelle che finiscono per consonante. Ecco un esempio:
смея́ться, *ridere*
я смею́сь
ты смеёшься
он/она́ смеётся
мы смеёмся
вы смеётесь
они́ смею́тся

7.4 Le alternanze consonantiche

In russo ci sono diversi verbi in cui una o più consonanti della radice si alternano con un'altra consonante (o con un gruppo di consonanti) al presente indicativo o al futuro perfettivo. Questo fenomeno si chiama per l'appunto alternanza consonantica. In alcuni casi questo cambiamento riguarda tutte le voci verbali del presente o del futuro, in altri la 1ª persona singolare e la 3ª plurale (o la 1ª persona singolare soltanto). Di norma le alternanze consonantiche sono fisse (д si alterna sempre con ж, т si alterna con ч, г con ж, ecc.). Alcuni esempi:

- **Prima coniugazione**
- Alternanza д / ж: е́здить → я е́зжу, ты е́здишь, они́ е́здят.
- Nei verbi in **-чь** si ha l'alternanza г / ж:
бере́чь, *conservare, risparmiare*: я берегу́, ты бережёшь, они́ берегу́т;
мочь, *potere*: я могу́, ты мо́жешь, он мо́жет, мы мо́жем, вы мо́жете, они́ мо́гут.
- писа́ть, *scrivere*, presenta l'alternanza с / ш in tutte le persone: я пишу́, ты пи́шешь, они́ пи́шут.

Notate gli spostamenti dell'accento tonico, che quando non è fisso cade sull'ultima sillaba nella 1ª persona singolare e sulla prima sillaba nelle altre persone.

- **Seconda coniugazione**
ви́деть, *vedere*: я ви́жу, ты ви́дишь, они́ ви́дят;
люби́ть, *amare*: я люблю́, ты лю́бишь, они́ лю́бят;
плати́ть, *pagare*: я плачу́, ты пла́тишь, они́ пла́тят.

7.5 L'aspetto

Il verbo russo ha due aspetti: l'imperfettivo e il perfettivo. A un verbo italiano corrispondono dunque due verbi russi e, di conseguenza, è bene memorizzare di volta in volta una coppia di verbi (imperfettivo/perfettivo). Spesso i perfettivi derivano dagli imperfettivi e se ne differenziano per un prefisso, un suffisso o una lieve modifica, ma in alcuni casi hanno una forma completamente diversa:

знако́миться – познако́миться, *fare conoscenza*
дава́ть – дать, *dare*
говори́ть – сказа́ть, *parlare – dire*

La scelta dell'aspetto dipende in genere dal punto di vista con cui si considera l'azione:
• **L'imperfettivo** mette in evidenza il carattere ripetitivo di un'azione o il suo svolgimento, senza preoccuparsi del risultato.
• **Il perfettivo** descrive invece un'azione istantanea, che avviene in un momento ben determinato e si conclude con un risultato. Al presente si usa dunque l'imperfettivo, perché il perfettivo non può descrivere un'azione che si svolge nel momento della narrazione.

• **L'aspetto e il presente**
I verbi perfettivi non hanno il presente.
• Con l'*imperfettivo* si esprime:
– un'azione che si volge al presente:
Ма́ма зовёт (imperf.) **Са́шу.** *La mamma chiama Sasha.*
– una caratteristica permanente:
Лю́ди не уме́ют (imperf.) **лета́ть.** *Gli uomini non sanno volare.*
– un'azione abituale:
Вы так ча́сто хо́дите (imperf.) **в теа́тр.** *Lei va a teatro molto spesso.*

• **L'aspetto e il futuro**
• Con l'*imperfettivo* si esprime:
– un'azione considerata nel suo svolgimento, senza interessarsi al suo risultato:
На́дя бу́дет чита́ть (imperf.) **кни́гу.** *Nadja leggerà il libro* (non sappiamo se lo finirà, ci interessa soltanto l'azione).
– un'azione che si ripeterà nel futuro:
Он бу́дет приходи́ть (imperf.) **к нам ка́ждый день.** *Verrà a trovarci tutti i giorni.*
– un'azione che richiederà un certo tempo o che avverrà mentre se ne svolge un'altra:

Я его зна́ю: он бу́дет чита́ть (imperf.) **це́лый час!** *Lo conosco: leggerà per un'ora intera!*
Та́ня бу́дет гото́вить у́жин (imperf.)**, а я бу́ду мыть** (imperf.) **посу́ду.** *Tania preparerà la cena e io laverò i piatti.*

• Con il *perfettivo* si esprime:
– un'azione che si completerà con un risultato:
На́дя прочита́ет (perf.) **кни́гу.** *Nadia leggerà il libro (da cima a fondo).*
– un'azione che avverrà una sola volta:
Сле́дующим ле́том мы пое́дем на мо́ре. *L'estate prossima andremo al mare.*
За́втра ты при́мешь лека́рство в де́вять. *Domani prenderai la medicina alle nove.*
– una serie di azioni che si svolgeranno una dopo l'altra:
Снача́ла ты сде́лаешь то, что я проси́ла, а пото́м пойдёшь гуля́ть. *Prima farai quello che ho chiesto, poi andrai a fare una passeggiata.*

• **L'aspetto e l'imperativo**
• Con *l'imperfettivo* si esprime:
– un ordine o un invito a fare qualcosa più volte:
Приходи́те (imperf.) **к нам по вечера́м!** *Venite a trovarci la sera!*
– una richiesta di non fare qualcosa:
Не оставля́йте (imperf.) **дете́й одни́х до́ма!** *Non lasciate i bambini da soli a casa!*
– un permesso:
– **Могу́ я посмотре́ть** (perf.) **э́ти брю́ки?** *Posso dare un'occhiata a questi pantaloni?*
– **Пожа́луйста, смотри́те** (imperf.)**!** *Prego, li guardi pure!*
– il modo in cui si deve svolgere l'azione:
Говори́те (imperf.)**, пожа́луйста, не так ти́хо.** *Per cortesia, non parli così piano.*
• Con il *perfettivo* si esprime:
– un ordine che dev'essere eseguito subito e/o una volta sola:
Откро́й (perf.)**, пожа́луйста, окно́, мне жа́рко!** *Apri la finestra, per favore, ho caldo!*
– un ammonimento (forma negativa):
Не опозда́й на совеща́ние! *Non fare tardi alla riunione!*

– un'esigenza:
Сде́лайте (perf.) **всё к трём часа́м!** *Fate tutto entro le tre!*

• **L'aspetto e il passato**
• Con *l'imperfettivo* si esprime:
– un'azione che si stava svolgendo, senza preoccuparsi del suo risultato:
На́дя чита́ла (imperf.) **кни́гу.** *Nadia leggeva il libro* (non si sa se l'abbia finito, ci interessa soltanto l'azione in sé);
– un'azione ripetuta nel passato:
Ма́ма чита́ла (imperf.) **мне кни́ги ка́ждый ве́чер.** *La mamma mi leggeva dei libri tutte le sere*;
– un'azione durativa di cui ci interessa lo svolgimento:
Он мыл (imperf.) **посу́ду це́лый час!** *Ha lavato i piatti per un'ora intera!*
• Con il *perfettivo* si esprime:
– un'azione che si è conclusa con un risultato:
Ты уже́ помы́л (perf.) **посу́ду!** *Hai già lavato i piatti!* (i piatti sono stati lavati e chi parla vede il risultato dell'azione);
– un'azione avvenuta una sola volta:
Мы познако́мились у друзе́й. *Ci siamo conosciuti da degli amici*;
– una serie di azioni che si sono svolte una dopo l'altra:
Снача́ла ты потеря́л ключи́, пото́м у тебя́ укра́ли кошелёк… Что бу́дет да́льше? *Prima hai perso le chiavi, poi ti hanno rubato il portafoglio… Cos'avverrà ancora?*

7.6 I verbi di moto e i prefissi verbali

Esistono 14 coppie di verbi di moto: ciascuna coppia corrisponde a un mezzo di trasporto (a piedi, in auto, in aereo, ecc.) o al tipo di movimento (strisciando, nuotando, accompagnando, ecc.). Questi verbi si dividono in unidirezionali (indicano una direzione precisa) e pluridirezionali (indicano un moto ripetuto o senza una direzione precisa). Le prime otto coppie della tabella seguente sono coppie di verbi intransitivi, mentre le altre sei sono coppie di verbi transitivi:

Unidirezionali	Pluridirezionali	
идти́	ходи́ть	*andare a piedi*
е́хать	е́здить	*andare con un mezzo*
бежа́ть	бе́гать	*correre*
плыть	пла́вать	*nuotare*
лете́ть	лета́ть	*volare*
брести́	броди́ть	*vagare, trascinarsi*
ползти́	по́лзать	*strisciare*
лезть	ла́зить	*arrampicarsi*
нести́	носи́ть	*portare andando a piedi*
вести́	води́ть	*condurre, guidare*
везти́	вози́ть	*trasportare con un mezzo*
тащи́ть	таска́ть	*trascinare*
кати́ть	ката́ть	*far rotolare*
гнать	гоня́ть	*inseguire, cacciare*

Il senso dei verbi può essere modificato con l'aiuto dei prefissi: **лете́ть** *volare* → **вы́лететь, полете́ть, прилете́ть**. Ecco alcuni dei prefissi usati più di frequente:

• **вы** indica *uscita, partenza*: **выходи́ть** (imperf.) / **вы́йти** (perf.) *uscire (a piedi)*, **выезжа́ть** *partire, uscire (con un mezzo di trasporto)*, **вылета́ть** (imperf.) / **вы́лететь** (perf.) *partire (volando), volare via*;

• **до** indica un *movimento che giunge a destinazione o raggiunge un limite*: **дойти́** *arrivare, raggiungere (a piedi)*, **довезти́** *portare a destinazione (con un veicolo)*;

• **за** indica un *movimento durante il quale cambia la destinazione prevista (visita rapida)*: **заходи́ть** *passare a trovare, fare un salto da*;

• **о**, **об** indica *movimento circolare* o *visita di più cose*: **объе́хать** *fare il giro, girare, aggirare*;

• **пере** indica *attraversamento*: **перейти́** *attraversare (a piedi)*, **переноси́ть** *portare attraversando (a piedi)*, **переводи́ть** *tradurre*, **переезжа́ть** *traslocare*;

• **при** indica *arrivo*: **приходи́ть** *arrivare, venire (a piedi)*, **приноси́ть** (imperf.) / **принести́** (perf.) *portare*;
• **про** indica *passaggio*: **проходи́ть** *accomodarsi, entrare*, **пройти́** *passare (a piedi)*, **прое́хать** *passare (con un mezzo)*;
• **у** indica *partenza*: **уходи́ть** *andarsene (a piedi)*, **уезжа́ть** *partire, andarsene (con un mezzo)*, **улете́ть** *partire (in aereo)*.

7.7 Il passato

Per formare il passato è sufficiente sostituire alla desinenza dell'infinito i suffissi **-л** (se il soggetto è maschile singolare), **-ло** (neutro singolare), **-ла** (femminile singolare) e **-ли** (plurale).
де́лать *fare*: **де́лал, де́лала, де́лало, де́лали**;
слы́шать *sentire*: **слы́шал, слы́шала, слы́шало, слы́шали**;
говори́ть *parlare*: **говори́л, говори́ла, говори́ло, говори́ли**.

Esistono tuttavia dei verbi irregolari. Spesso la radice del verbo cambia, ma i suffissi da utilizzare sono gli stessi o, come nell'ultimo esempio, "manca" il suffisso del maschile:
вести́ *condurre, guidare*: **вёл, вела́, вело́, вели́** (**везти́** e **нести́** si coniugano allo stesso modo, ma conservano rispettivamente le consonanti "з" e "с" della radice: **вёз, везла́**, ecc.; **нёс, несла́**, ecc.);
идти́ *andare (a piedi)*: **шёл, шла, шло, шли**;
мочь *potere*: **мог, могла́, могло́, могли́**.

7.8 Il futuro

In russo ci sono due forme di futuro: quello dei verbi perfettivi (futuro semplice) e quello dei verbi imperfettivi (futuro composto).
• Il futuro dei verbi perfettivi sottolinea l'esito dell'azione, il suo compimento nel futuro. Ha le stesse desinenze del presente.
• Il futuro dei verbi imperfettivi si forma col verbo **быть**, *essere*, al futuro seguito dall'infinito del verbo imperfettivo. Questo tempo descrive un'azione che si prolunga o si ripete nel futuro.
• Il futuro del verbo **быть** ha le desinenze della prima coniugazione:
я бу́ду *io sarò*
ты бу́дешь *tu sarai*
он бу́дет *lui sarà*
мы бу́дем *noi saremo*
вы бу́дете *voi sarete*
они́ бу́дут *loro saranno*

7.9 Il condizionale

Il condizionale è molto semplice da formare: si coniuga il verbo al passato facendolo seguire dalla particella **бы**. È possibile anche mettere la particella dietro il verbo:
Я хотéл бы (oppure **бы хотéл**) **попи́ть ко́фе.** *Vorrei (avrei voluto) bere un caffè.*
Il condizionale traduce anche il nostro congiuntivo imperfetto nelle frasi ipotetiche:
Éсли бы они́ могли́, они́ бы поéхали с нáми. *Se potessero, verrebbero con noi.*

7.10 L'imperativo

• L'imperativo si forma a partire dalla 2ª persona singolare del presente, cui bisogna sostituire la desinenza con una **-й** se la lettera precedente è una vocale o con una **-и** se la lettera precedente è una consonante (salvo eccezioni):
узнавáть, *riconoscere* → **узна - ёшь** + **й** → **узнáй!** *riconosci!*
идти́, *andare a piedi* → **ид - ёшь** + **и** → **иди́!**, *va'!*
Per formare l'imperativo plurale (o di cortesia) basta aggiungere **-те** all'imperativo singolare: **иди́** + **те** → **иди́те!** *andate!, vada!*
• **L'imperativo con il segno molle**
I verbi la cui radice finisce per consonante alla 1ª persona singolare del presente indicativo e con la desinenza non accentata formano l'imperativo con il segno molle:
взвéсить *pesare* → **взвéшу** , **взвéсишь** → **взвес** + **ь** → **взвесь!** (**взвéсьте!** al plurale).
• Nel caso dei verbi pronominali e riflessivi la formazione segue le stesse norme, ma bisogna aggiungere **-сь** dopo una vocale e **-ся** dopo la **й** o il segno molle: **успоко́йтесь!**, *calmatevi!, si calmi!*; **смéйся!** *ridi!*, **взвéсься!**, *pesati!*, **взвéсьтесь**, *pesatevi, si pesi!*

7.11 I verbi irregolari

• **I verbi in -овать** (in **-евать** se preceduti da **ж, ч, ш, щ** o da **ц**) presentano una coniugazione particolare: al presente si sostituisce il suffisso **-овать** (o **-евать**) con **-у** e poi si aggiungono le desinenze della prima coniugazione: **попрóбовать** (perf.) *provare*: **попрóбую, попрóбуешь, попрóбуют**.

I verbi seguenti si coniugano secondo lo stesso modello: **паникова́ть** (imperf.), *agitarsi, farsi prendere dal panico*; **зави́довать** (imperf.), *invidiare*; **волнова́ть** (imperf.), *agitare, preoccupare*; **воспо́льзоваться** (perf.), *servirsi*; **зааплоди́ровать** (perf.), *mettersi ad applaudire*; **танцева́ть** (imperf.), *ballare*.

Attenti, inoltre, ad alcuni verbi che sembrano appartenere a questo gruppo, ma in realtà si coniugano diversamente: si tratta di verbi in cui il suffisso **-евать** non è preceduto da sibilante o da **ц**: per esempio **успева́ть** (imperf.), *fare in tempo*: **успева́ю, успева́ешь, успева́ют**.

- I verbi in **-авать**, invece, perdono solo il suffisso **ва** al presente. Di conseguenza si coniugano come **продава́ть** (imperf.), *vendere*: **продаю́, продаёшь, продаю́т**.

Lo stesso vale per **дава́ть** (imperf.), *dare*; **сдава́ть** (imperf.), *passare un esame*; **узнава́ть** (imperf.), *riconoscere*.

Al passato, per contro, il suffisso **ва** si conserva:
паникова́ть, *agitarsi* → **он паникова́л**, *si agitava;*
танцева́ть, *ballare* → **он танцева́л**, *ballava;*
продава́ть, *vendere* → **он продава́л**, *vendeva*.

- I verbi in **-ти**:
идти́, *andare a piedi* → **иду́, идёшь, иду́т**;
везти́, *trasportare con un mezzo* → **везу́, везёшь, везу́т**;
- I verbi in **-йти** (ovvero quelli derivati da **идти́**, *andare a piedi*):
-йду́, -йдёшь, -йду́т (**пойти́: пойду́, пойдёшь, пойду́т**);
- I verbi in **-сти, -сть**:
вести́ себя́, *comportarsi* → **веду́ себя́, ведёшь себя́, веду́т себя́**;
красть, *rubare* → **краду́, крадёшь, краду́т**;
класть, *mettere in posizione orizzontale* → **кладу́, кладёшь, кладу́т**;
- I verbi in **-ереть**: **тере́ть**, *sfregare* → **тру, трёшь, трут**;
- I verbi in **-ать**: **нача́ть**, *cominciare* → **начну́, начнёт, начну́т**;
- Verbi isolati:
бежа́ть, *correre*: **бегу́, бежи́шь, бегу́т**;
брать, *prendere*: **беру́, берёшь, беру́т**;
дать, *dare*: **даю́, даёшь, даю́т**;
есть, *mangiare*: **ем, ешь, ест, еди́м, еди́те, едя́т**;
е́хать, *andare (con un mezzo)*: **е́ду, е́дешь, е́дут**;
ждать, *aspettare*: **жду, ждёшь, ждут**;
жить, *vivere*: **живу́, живёшь, живу́т**;
звать, *chiamare*: **зову́, зовёшь, зову́т**;
пить, *bere*: **пью, пьёшь, пьют**;
пла́кать, *piangere*: **пла́чу, пла́чешь, пла́чут**;

сесть, *sedersi*: **ся́ду, ся́дешь, ся́дут**;
стать, *diventare* e i suoi derivati: **ста́ну, ста́нешь, ста́нут**;
спать, *dormire*: **сплю, спишь, спят**;
хоте́ть, *volere*: **хочу́, хо́чешь, хо́чет, хоти́м, хоти́те, хотя́т**.

7.12 Uso dello strumentale dopo alcuni verbi

Alcuni verbi reggono il caso **strumentale**. Tra questi:
• Il verbo **быть**, *essere*, all'infinito, al passato e al futuro quando il sostantivo o l'aggettivo che seguono indicano una professione, una caratteristica temporanea o uno stato d'animo:
Её брат всегда́ был жа́дным! *Suo fratello è sempre stato avaro!*
Ра́ньше он был нота́риусом. *Prima faceva il notaio.*
• Il verbo **стать**, *diventare*:
Е́сли я ста́ну бога́тым, я куплю́ себе́ большу́ю да́чу. *Se divento ricco mi comprerò una grande dacia.*
• Il verbo **рабо́тать**, *lavorare*, quando il sostantivo che segue indica una professione:
– **Кем ты рабо́таешь?** *Cosa fai di mestiere?*
– **(Я рабо́таю) Врачо́м.** *Faccio il medico.*

7.13 Le costruzioni impersonali

In russo ci sono diversi modi per formare delle costruzioni impersonali:
• Con la 3ª persona plurale, senza esprimere il soggetto:
Говоря́т, ско́ро бу́дет о́чень хо́лодно. *Si dice* (oppure *dicono*) *che presto farà molto freddo.*
Так обы́чно и де́лают. *È così che si fa di solito* (lett. *Così solitamente e fanno*).
• Con un verbo al neutro passato:
На вечери́нке бы́ло ве́село. *La festa è stata divertente* (lett. *Alla festa è stato divertente*).
• Con la 3ª persona singolare di un verbo pronominale. In tal caso il soggetto logico è declinato al dativo:
Мне хо́чется пить. *Ho sete* (lett. *A me si vuole bere*).
Al passato, in questo tipo di frase, il verbo pronominale va al neutro:
Нам всегда́ хоте́лось пое́хать в А́нглию. *Abbiamo sempre avuto voglia di andare in Inghilterra.*
• Con l'aggettivo di forma breve al neutro e il dativo del soggetto logico:
Мне хо́лодно, вам смешно́. *Ho freddo e questo vi fa ridere.*

7.14 Il verbo essere

- Il verbo *essere* si omette al presente, ma si usa al passato (concordando nel genere e nel numero con il soggetto dell'azione) e al futuro; nelle costruzioni personali, tuttavia, il verbo *essere* va alla 3ª persona neutra singolare.

Они́ должны́ гото́виться к экза́менам всю неде́лю.
Devono prepararsi per gli esami tutta la settimana (lett. *Loro [sono] obbligati prepararsi* ecc.).

Они́ должны́ бы́ли гото́виться к экза́менам всю неде́лю.
Hanno dovuto prepararsi per gli esami tutta la settimana.

Они́ должны́ бу́дут гото́виться к экза́менам всю неде́лю.
Dovranno prepararsi per gli esami tutta la settimana.

Сего́дня хо́лодно. *Oggi fa freddo* (lett. *Oggi [è] freddo*).

Вчера́ бы́ло хо́лодно. *Ieri faceva freddo.*

За́втра бу́дет хо́лодно. *Domani farà freddo.*

Сейча́с два часа́. *Sono le due.*

Когда́ он пришёл, бы́ло два часа́. *Quando è arrivato erano le due.*

Когда́ мы всё сде́лаем, бу́дет уже́ два часа́. *Quando avremo fatto tutto, saranno già le due.*

- Il verbo *essere* compare solo al passato e al futuro anche nelle frasi che esprimono assenza. Al presente, invece, si usa **нет** seguito da un genitivo:

Их нет до́ма. *Loro non sono in casa.*

У меня́ нет де́нег. *Non ho soldi.*

Её нет. *Lei non c'è.*

Al passato e al futuro, per contro, il verbo *essere* va alla 3ª persona neutra singolare ed è preceduto da **не**:

Их не́ было до́ма. *Non erano in casa.*

У меня́ не́ было де́нег. *Non avevo soldi.*

Её не́ было. *Lei non c'era.*

- Al passato, inoltre, il verbo *essere* si può impiegare nel senso di *andare*, come in italiano:

Мы бы́ли в теа́тре. *Siamo andati (siamo stati) a teatro.*

Attenzione: in questo caso il verbo **быть** è seguito da un prepositivo (l'azione si svolge in assenza di movimento); un verbo di moto, per es. **ходи́ть**, deve essere invece seguito da un accusativo (l'azione implica un movimento:

Мы ходи́ли в теа́тр. *Siamo andati a teatro.*

8 Le preposizioni

Le preposizioni reggono casi diversi e una stessa preposizione può reggere più di un caso.

8.1 Preposizioni che introducono complementi di luogo

In russo è molto importante la distinzione tra il complemento di moto a luogo (che risponde alla domanda **куда?** e indica presenza di movimento) e il complemento di stato in luogo (che risponde alla domanda **где?** e indica assenza di movimento).

- **Assenza di movimento:**
- Con **в** e **на** si usa il *prepositivo* quando introducono un complemento di stato in luogo:

в Москве́, *a Mosca*; **на столе́**, *sul tavolo* (l'azione non implica un movimento: es. *essere a Mosca; c'è qualcosa sul tavolo*);
- **вдоль**, *lungo*, regge il *genitivo*:

Вдоль стены́ стоя́т пусты́е буты́лки. *Lungo la parete sono disposte delle bottiglie vuote.*
- **за**, *dietro*, regge lo *strumentale*:

Возьми́ корзи́ну для му́сора за столо́м. *Prendi il cestino dell'immondizia dietro il tavolo.*
- **перед**, *davanti*, regge lo *strumentale*:

Перед де́вочками лежа́ло мно́го книг. *Davanti alle ragazze c'erano molti libri.*

Davanti al pronome personale **мной**, **пе́ред** diventa **передо**:
Вы передо мной? *C'è Lei davanti a me?*
- **под**, *sotto*, regge lo *strumentale*:

Очки́ лежа́т под столо́м. *Gli occhiali sono sotto il tavolo.*
- **у**, *presso, da (qualcuno)*, regge il *genitivo*:

Я была́ у подру́ги. *Ero da un'amica.*

- **Presenza di movimento:**
- Con **в** e **на** si usa l'*accusativo* quando introducono un complemento di moto a luogo:

в Москву́, *a Mosca*; **на стол**, *sul tavolo* (l'azione implica un movimento: es. *andare a Mosca; mettere qualcosa sul tavolo*);
- **вдоль**, *lungo*, regge il *genitivo*:

По утра́м он бе́гает вдоль реки́. *Di mattina lui corre lungo il fiume.*

- **до**, *fino a*, regge il *genitivo*:

Я éду на пóезде до Москвы́. *Vado in treno fino a Mosca.*

- **за**, *dietro*, regge l'*accusativo*:

Они́ ушли́ за дóм. *Sono andati dietro casa.*

- **из**, *da*, regge il *genitivo* e indica provenienza:

Я из Москвы́. *Vengo da Mosca.*
Дéти идýт из шкóлы. *I bambini vengono da scuola.*

- **к**, *da (qualcuno)*, regge il *dativo*:

Я идý к подрýге. *Vado da un'amica.*

- **ми́мо**, *davanti, vicino*, regge il *genitivo*:

Он прошёл ми́мо меня́ и да́же не заме́тил! *Mi è passato davanti e non mi ha nemmeno notato!*

- **от** e **с** reggono il *genitivo* e indicano provenienza:

от брáта, *da (casa di) mio fratello*; **от меня́**, *da parte mia (o da casa mia)*; **с пóчты**, *dalla posta*.

- **под**, *sotto*, regge l'*accusativo*:

Они́ идýт под мост. *Vanno sotto un ponte.*

8.2 Preposizioni che introducono espressioni di tempo

- **до**, *fino a*, regge il *genitivo*:

Он дал мне кни́гу до понедéльника. *Mi ha prestato* (lett. *dato*) *il libro fino a lunedì.*

- **за**, *in*, regge l'*accusativo* e indica il tempo necessario per fare qualcosa:

Онá вы́брала нóвую маши́ну за два дня. *Lei ha scelto un'auto nuova in due giorni.*

- **к**, *per, verso* regge il *dativo* e si usa nelle espressioni di tempo per indicare una scadenza:

Всё бýдет готóво к средé. *Tutto sarà pronto per mercoledì.*
Онá сказáла, что придёт на рабóту к трём. *Ha detto che verrà al lavoro per le tre.*

- **на**, seguita dall'*accusativo*, può indicare il periodo di tempo o la durata prevista o necessaria per un'azione:

Он дал мне кни́гу на недéлю. *Mi ha prestato* (lett. *dato*) *il libro per una settimana.*
Вы в Росси́и нá год. *Lei starà in Russia (per) un anno.*

- **через**, *fra*, regge l'*accusativo*: **через чáс** *fra un'ora*.

8.3 Preposizioni che introducono complementi di favore o di causa

- **для**, *per*, regge il *genitivo* e indica la destinazione o lo scopo di un'azione:

для меня́ *per me*, для вечери́нки *per la festa*;
• **за**, seguita dallo *strumentale* e preceduta da un verbo di moto, può voler dire *andare a prendere*:
Ты ещё здесь? А кто пошёл за шампа́нским для вечери́нки? *Sei ancora qui? Allora chi è andato a prendere lo champagne per la festa?*
• **из-за**, *a causa di, per via di, per colpa di*, regge *l'accusativo*:
Из-за тебя́ мы опозда́ли в теа́тр. *Per colpa tua abbiamo fatto tardi a teatro.*
• **ра́ди**, *per, a favore di, per amore di*, regge il *genitivo*:
Если тебе́ всё равно́, сде́лай э́то ра́ди меня́! *Se per te è indifferente, fallo per me!*

8.4 Altre preposizioni

• **без**, *senza*, regge il *genitivo*:
Я не смогу́ сде́лать э́то без ва́шей по́мощи. *Non riuscirò a fare questo senza il vostro aiuto.*
• **в**, seguita dal *prepositivo*, può esprimere uno stato d'animo:
в па́нике *preso dal panico, agitatissimo*.
• **за**, nel senso di *per, al posto di*, regge l'*accusativo*:
Сего́дня я плачу́ за тебя́, так как вчера́ ты заплати́л за меня́. *Oggi offro io* (lett. *pago per te*), *visto che ieri hai offerto tu.*
– Ты ду́маешь, он сам э́то сде́лал? – Нет! Я уве́рена, что его́ оте́ц сде́лал э́то за него́!
– Pensi che l'abbia fatto da solo? – No! Sono certa che l'ha fatto suo padre al posto suo!
• **на**, seguita dal *prepositivo*, può indicare il mezzo di trasporto:
на маши́не, *in auto*; **на самолёте**, *in aereo*; **на такси́**, *in taxi*.
• **о**, seguita dal *prepositivo*, può indicare un complemento di argomento:
Он рассказа́л нам всё о свои́х друзья́х. *Ci ha raccontato tutto sui suoi amici.*
– О ком ты ду́маешь? – О твоём бра́те. *– A chi stai pensando? – A tuo fratello.*
О чём вы говори́те? Я не совсе́м понима́ю. *Di cosa sta parlando? Non capisco bene.*
• **по** seguita dal *dativo*:
1) può significare *secondo, in base a*:
По расписа́нию, мы уезжа́ем ро́вно в пять. *Secondo l'orario partiremo alle cinque esatte.*
2) può anche indicare un movimento su una superficie, oppure attraverso una superficie:

подниматься по лестнице, *salire le scale*; **плыть по морю**, *navigare / nuotare nel mare*; **идти по лесу**, *camminare per il bosco*; **лететь по небу**, *volare nel cielo*
3) può avere valore distributivo:
На работе, мы подарили каждой женщине по букету цветов. *Al lavoro abbiamo regalato un mazzo di fiori a ogni donna.*
4) si usa nelle seguenti espressioni:
говорить по телефону, *parlare al telefono*; **смотреть что-то по телевизору**, *guardare qualcosa alla televisione*; **слушать что-то по радио**, *ascoltare qualcosa alla radio*;
• **при** *in presenza di, sotto, all'epoca di, con*, è seguita dal *prepositivo*:
При каких обстоятельствах вы впервые оказались в этом доме? *Come siete capitati in questa casa per la prima volta?*
• **против**, *contro*, regge il *genitivo*:
Я не понимаю: ты играешь против нас? *Non capisco: giochi contro di noi?*
• **с**, *con*, regge lo *strumentale*:
со мной, *con me*; **водка с икрой**, *vodka con caviale*
• **у** seguita da un *genitivo* indica appartenenza:
У меня (есть) хорошая идея. *Ho una buona idea.*
У моего мужа есть брат. *Mio marito ha un fratello.*

- **через**, *tra* (seguito da una distanza o da un'espressione di tempo), *attraverso*, regge l'*accusativo*:

Через сто ме́тров есть магази́н. *A (fra) cento metri c'è un negozio.*

Через окно́ я ви́жу лес. *Dalla (attraverso la) finestra vedo il bosco.*

9 La negazione

La particella negativa **не** nega il termine che lo segue immediatamente:

Это не моя́ кни́га. *Questo non è il mio libro.*

– Вы идёте в теа́тр? – Нет, не в теа́тр, а в кино́. *– Va a teatro? – No, non vado a teatro, ma al cinema.*

Моё пла́тье не си́нее. *Il mio abito non è blu.*

L'uso di **не** è sempre obbligatorio in combinazione con **никогда́**, **ничего́** o **никто́**:

Никто́ не хо́чет чита́ть э́ту кни́гу, *Nessuno vuole leggere questo libro.*

Я никогда́ э́того не де́лал, *Non l'ho mai fatto.*

Indice grammaticale

Il primo numero si riferisce alla lezione, il secondo alla nota o al paragrafo della lezione. I numeri in grassetto rimandano a lezioni in cui l'argomento è stato approfondito.

Accento tonico 7,1
Accordo dei numeri cardinali (coi nomi) **69,3**; (con gli aggettivi) **70,5**
Accusativo 10,2; 14,1; 22,2; 26,3; **28,2**; **56,1**; **84,3**; 86,3
Aggettivi e pronomi dimostrativi: vedi Dimostrativi
Aggettivi e pronomi indefiniti 29,4; 53,1; 55,7; **56,4**; 74,5; 79,9; 82,5
Aggettivi e pronomi possessivi **35,3**; **42,6**; 59,5; 65,3; **70,2**; (omissione) 78,5
Aggettivo:
  Declinazione 49,3; 52,3,4,5; **56,2**
  Forma breve 30,4; 32,3; 34,1; **35,2**; 54,4; 73,3, 6, 7; 76,10
  Forma lunga 7,7; 30,3; **35,2**; 52,3,4,5; **56,2**; 65,2; **70,5**; 97,9; **98,3**
  Suffissi per la formazione degli aggettivi 98,3
Alternanza consonantica 56,9
Animati e inanimati (sostantivi ~) **14,1**
Aspetto 30,2; **35,4**; 42,7; 48,7; 56,8; **84,6**
Avverbi 5,2; 86,6; 78,9
  Formazione degli avverbi da aggettivi 68,7
Comparativo 78,7,8; **84,2**; 88,7; 90,7
Complemento del nome 22,1
Condizionale 32,4; 35,5
Consonanti sonore e sorde 7,2; **21,1**
Costruzioni impersonali 20,3; **21,4**; 24,4; 26,4; **28,4**; 29,5; 48,4; 50,9; 58,2; 76,11; 78,2; 79,3; 95,6; 100,4
Dativo 14,1; **35,1**; 39,3; **42,6**; **56,1**
Declinazioni 8,1; **14,1**; 49,3; 56,1,2; 63,2 e 3; 70,1; 77,1; 84,1
Diminutivi 1,2; 16,2; 50,5; 87,2; 94,1
Dimostrativi, aggettivi e pronomi 2,1; 23,6; **28,5**; **42,3**; **56,3**; 57,3; 63,2; 82,10
Dove 9,1; 13,1; 14,3
Essere 2,1; 8,4; **14,2**; 43,5; 44,2; 55,2; 57,9; 100,2
Futuro 23,7; **42,7**; **49,6**; 86,1
Genere dei nomi 7,5; 16,1; 49,2
Genitivo 15,2; 15,4; 18,2; **21,3**; 22,1; **28,2**; 29,1; 40,5; **42,2**; 48,2; 53,5,6,7; **63,1**; **70,1**; 80,4; 80,6

Gerundio presente 99,5
Imperativo 31,3-5; **35,5**; 71,2; 73,9; 80,3; **84,5, 6**; 97,13
Interrogativi, pronomi e aggettivi 2,1; 6,1; 9,3; 10,1; 11,2; **14,4**; **42,4**; 46,1; 47,6; 49,4; **77,3**
Movimento (azioni con e senza ~) 9,1; 13,1; 15,1; 18,1; 20,1; **21,2**; 26,5; 47,2
Negazione 6,5; 7,9; 11,6; 71,5
Nominativo 14,1
Nominativo plurale **28,2**; 33,1; 34,3,4; **35,1**; 45,4; 47,4; 52,2; 54,5; 60,3; 72,2; 80,6
Numeri cardinali 41,2; 57,1; 58,4; 59,1; **63,3**; 68,5; 69,1; 69,3; **70,5**
Numeri ordinali 68,4; **70,4**; 71,11; 82,8; 83,2; **84,1**
Omissione del verbo 7,8; 14,2
Omissione dell'aggettivo possessivo 78,5
Ordine delle parole 62,1
Passato 26,2; 27,2; **28,6**; 58,1
Plurale degli aggettivi 35,2
Plurale dei nomi **28,2**; 35,1
Prefissi verbali **91,4**; 94,9; 100,1
Prepositivo 20,1; **21,3**; 76,3; **77,2**; 96,1
Preposizioni 42,9; 49,5; 53,8; 54,2; 63,4; 70,8; 77, 7; 84,9; 91,6; 98,6
Presente **21,4**
Pronome relativo 58,5
Pronomi personali 3,3; 6,2; 7,10; 11,5; **14,1**; **21,3**; **42,5**
Sostantivi animati e inanimati **14,1**
Strumentale **42,2,4,5**; 43,5; 50,3; **56,1**; 64,1; 74,1,2; 77, 6; 100,2
Suffissi diminutivi 93,2 e 4; 97,4, 5 e 8; **98,1**; 100,5
Superlativo 51,1; 95,2; **98,2**; 100,6
Verbi di moto 44,3; 51,3; **56,6**; 58,6; 61,8; 62,5 e 10; **63,5**; 67,3-8; **70,7**; 88,4; 89,3
Verbi di posizione **56,7**; 58,3; 60,2; **63,5**; 92,5; 96,8; **98,4**
Verbi pronominali e riflessivi 38,4; 58,1; 80,2
Vocale mobile 45,5; 47,4; 72,3; 80,9; 81,9; 99,6 e 7

Bibliografia

Vediamo ora una scelta di testi che vi potranno essere utili per perfezionare l'apprendimento della lingua russa. Buona lettura!

• **Dizionari**

• V. Kovalev. Dizionario russo-italiano / italiano-russo di Vladimir Kovalev (quinta edizione). Zanichelli 2020, ISBN 9788808920355.

• J. Dobrovolskaja. Grande dizionario russo-italiano / italiano russo (seconda edizione). Hoepli 2011, ISBN 9788820345808.

• A. Nicolescu. Dizionario tascabile italiano-russo / russo-italiano. Vallardi 2019, ISBN 9788869878794.

• **Letteratura**

• Bulgakov (Michail) (1891-1940) *Cuore di cane.* Coll. Tascabili Deluxe, Newton Compton; ISBN 9788854110076 .

Il partito bolscevico è sempre più forte e la società russa in piena trasformazione… Il dottor Preobraženskij e i suoi collaboratori operano un cane trapiantandogli l'ipofisi e le ghiandole genitali di un proletario. L'operazione riesce, ma l'entusiasmo iniziale è di breve durata: il cane si trasforma in un essere odioso e insopportabile che, tuttavia, si integra benissimo nella nuova società sovietica perché ha tutti i requisiti per essere un buon proletario… Un romanzo divertente che descrive un'epoca terribile.

• Bulgakov (Michail) *Il Maestro e Margherita.* Garzanti Libri 2004; ISBN 9788811360247.

In questo romanzo magnifico e molto complesso, ambientato nella Mosca degli anni '30, il Diavolo in persona e il suo pittoresco seguito seminano il panico nel piccolo mondo dei burocrati e dei letterati. Parallelamente, uno scrittore perseguitato – il Maestro – si vede costretto a bruciare la sua ultima opera, ma ci penserà l'amore, vale a dire Margherita, a salvare lui e la sua opera stringendo un patto col diavolo. Molte le sorprese che attendono il lettore in questo capolavoro che è stato pubblicato 26 anni dopo la morte dell'autore e i cui contenuti vanno ben al di là della condanna delle derive totalitarie della Russia anni '30.

• DOSTOJEVSKIJ (Fedor) (1821-1881) *Il Giocatore*. ET Classici, Einaudi 2005; ISBN 9788806175603.

Questo capolavoro della letteratura russa, i cui temi principali sono la febbre del gioco, l'amore e la passione, non è privo di riferimenti autobiografici: l'autore stesso era un giocatore compulsivo e appassionato. Il romanzo narra la rovina morale e finanziaria del giovane Aleksej, precettore dei figli d'un generale, indebitato e innamorato dell'inaccessibile Polina.

• IL'F (Il'ja) e PETROV (Evgenij) *Le dodici sedie*, BUR Classici Moderni, Rizzoli 1993; ISBN 17169387.

Questo romanzo delizioso ed esilarante è una satira mordace della nuova realtà sovietica instauratasi con l'inizio dello stalinismo.

Tutto comincia con la morte della zia Ippolit Matveevič, un ex aristocratico dalla vita agiata. Prima di morire, sua zia gli rivela di aver nascosto i diamanti di famiglia in una delle sedie del salotto. Ippolit è fuori di sé per la gioia, ma le sedie sono andate disperse per la Russia! Ippolit si mette in cerca del tesoro, ma non da solo: il pope, che ha sentito le ultime parole della zia, e un giovane e simpatico imbroglione si uniscono alla caccia…

Si tratta di un romanzo che ha battuto record di tiratura in lingua russa; molte sono le citazioni famose da questo libro che si usano frequentemente nella lingua parlata, dal momento che i Russi ne conoscono alcuni passaggi a memoria.

• ZAMJATIN (Evgenij) (1884-1938) *Noi* Feltrinelli 1984; ISBN 88-07-80412-3.

Scritto nel 1920 (ma pubblicato per la prima volta in Russia solo nel 1988), questo romanzo breve descrive tutto l'orrore di una società totalitaria.

In un mondo immaginario e futuristico, la gente vive costantemente sorvegliata in cubi di vetro, dove è autorizzata ad abbassare una tendina per avere un po' d'intimità con un partner (assegnato dallo Stato) che sostituisce l'amore e la famiglia. I cittadini di questa società non hanno un nome, ma solo un codice identificativo, e tutta la loro esistenza dev'essere dedicata alla costruzione dell'Integrale, una società uniforme dove il pensiero non è più individuale né personale. Il narratore, D-503, non ha più una personalità né vuole averla, perché anela a un'ideale mancanza di libertà. Ma un giorno l'ordine della sua vita al servizio dell'Integrale è sconvolto dalla comparsa di una donna diversa dalle altre…

Un'ultima raccomandazione: è disponibile in commercio la Collana "Le Betulle" edita da Marsilio, che comprende diversi capolavori della letteratura russa sia in versione originale che con una traduzione italiana a fronte: è un'ottima occasione per cominciare a leggere in russo!

Locuzioni ed espressioni russe

Il numero posto accanto alla traduzione italiana indica la lezione in cui si incontra la frase.

(там) ве́тер	c'è vento 5
(там) дождь	piove 5
(там) тепло́	si sta bene 5
Бо́же мой! Го́споди!	Mio Dio! 83, 90
В са́мый раз.	È proprio quello che ci vuole. 97
Вам сты́дно	Lei si vergogna 58
Вот э́то сюрпри́з!	Ma che sorpresa! 85
Всё норма́льно !	Tutto a posto! 94
Всего́ до́брого!	Buona fortuna! 100
Да что ты!	Macché! 90
два́жды два	due per due 94
Е́сли мо́жно.	Se è possibile 17
Есте́ственно!	Naturalmente! / Ovviamente! 93
за два часа́ до вы́лета	due ore prima della partenza 96
За сто́л!	A tavola! 15
Здесь це́ны куса́ются	Qui i prezzi sono esorbitanti 30
к тому́ же	inoltre, e poi, per di più 10
К чёрту!	Crepi il lupo! 9
как говори́тся *(imperf.)*	come si suol dire 100
Как дела́?	Come va? 1
Како́е го́ре!	Che disgrazia! 54
како́е сча́стье!	Che fortuna! 89
Како́й у́жас!	È terribile! 48
Мне жаль тебя́!	Mi dispiace per te! Ti compatisco! 34
Мне жаль!	Mi dispiace! 34
Мне надое́ло	Mi ha stufato, sono stufo (di) 79
Мне не́когда	Non ho tempo 89
Мне сни́тся, что…	Sogno che… 23
Мне хо́чется пить.	Ho sete. 24
на са́мом де́ле	in realtà 78
Наконе́ц-то!	Finalmente! 67
Не́ было печа́ли!	Ci mancava anche questa! 48
Ни в ко́ем слу́чае	Assolutamente no! 75
Ни пу́ха ни пера́!	In bocca al lupo! 9
Ничего́ себе́!	Però! / Accidenti! 78
О́чень прия́тно!	Molto piacere! 3

По-мо́ему…	Secondo me,… 30, 94
Пора́!	È ora! 66
С днём рожде́ния!	Buon compleanno! 25
Само́ собо́й разуме́ется!	Certo! / Va da sé! *(nella lingua parlata, però, spesso si sente dire solo* Само́ собо́й!*)* 15
Ско́лько вре́мени? / Кото́рый час?	Che ore sono? 41/66
Спаси́бо большо́е!	Grazie mille! 25
Споко́йной но́чи!	Buona notte! 6
Счастли́вого пути́!	Buon viaggio! 100
Ты говори́шь по-ру́сски?	Parli russo? 12
У вас всё получи́лось *(perf.)*	Ce l'avete fatta! 100
Ура́!	Evviva! 67
Чем могу́ помо́чь?	In cosa posso esserLe utile? 40
Э́то зна́чит, что…	Significa che… 93
Я хочу́ есть.	Ho fame. 15
Я хочу́ спать.	Ho sonno. 6

Lessico
Russo – Italiano

Modo d'uso

Nei lessici seguenti troverete tutte le parole utilizzate nelle lezioni di questo manuale: ogni termine è accompagnato dalla sua traduzione e dal numero della lezione in cui compare per la prima volta. Se una parola che è comparsa più volte nel manuale è stata tradotta in modi diversi, in questi lessici troverete, com'è logico, le varie accezioni seguite dai numeri delle lezioni in cui ricorrono. Tuttavia non sono sempre fornite tutte le traduzioni possibili dei vocaboli.
Nel lessico "italiano – russo" ci è parso opportuno proporvi anche dei sinonimi (per esempio "acquisto: *vedi* spese, 80").

• Dei verbi, tranne in casi particolari, viene riportato l'infinito e l'aspetto (perfettivo / imperfettivo); nel lessico "italiano – russo", assieme al verbo imperfettivo, viene fornito anche quello perfettivo corrispondente nel caso in cui sia stato utilizzato nelle lezioni.

• I sostantivi sono riportati al caso nominativo e ne viene indicato sistematicamente il genere.

• Gli aggettivi sono riportati al maschile e sono seguiti dalle desinenze del femminile e del neutro; sono presenti anche le forme brevi che compaiono nelle lezioni.

Abbreviazioni usate nei lessici

acc.	accusativo	*gen.*	genitivo
agg.	aggettivo	*imperf.*	imperfettivo
avv.	avverbio	*inf.*	infinito
coll.	colloquiale	*interiez.*	interiezione
dat.	dativo	*inv.*	invariabile
f.	femminile	*m.*	maschile

n.	neutro	*pron.*	pronome
nom.	nominativo	*sing.*	singolare
perf.	perfettivo	*str.*	strumentale
pl.	plurale	*unidir.*	unidirezionale
pluridir.	pluridirezionale	*v.i.*	verbo intransitivo
prep.	prepositivo	*v.t.*	verbo transitivo

А, а

а	e, ma 1
а то	altrimenti, sennò, perché, poiché 94, 97
абрикос *(m.)*	albicocca 80
август *(m.)*	agosto 91
авиапочта (авиа) *(f.)*	posta aerea 82
Австралия *(f.)*	Australia 79
адрес *(m.)*	indirizzo 33
Азия *(f.)*	Asia 79
аккумулятор *(m.)*	batteria 94
акт *(m.)*	atto 26
актёр, актриса	attore, attrice 74
алло	pronto (al telefono) 19
Америка *(f.)*	America 79
американец	americano 47
амплуа *(inv.) (n.)*	ruolo 17
ананас *(m.)*	ananas 3
английский, -ая, -ое	inglese *(agg.)* 78
англичанин, англичанка	inglese *(nome)* 47, 78
Англия *(f.)*	Inghilterra 47
анекдот *(m.)*	barzelletta 80
антагонизм *(m.)*	antagonismo 17
антенна *(f.)*	antenna 18
антифриз *(m.)*	antigelo 94
апельсин *(m.)*	arancia 27
апрель *(m.)*	aprile 91
аптека *(f.)*	farmacia 74
арабский, -ая, -ое	arabo 78
архитектор *(m.)*	architetto 89

аспир**и**н *(m.)*	aspirina 92
Африка *(f.)*	Africa 79
ах!	ah! *(interiez.)* 33
аэроп**о**рт *(m.)*	aeroporto 85

Б, б

б**а**бочка *(f.)*	farfalla 76
б**а**бушка *(f.)*	nonna 36
баг**а**ж *(m.)*	bagaglio, bagagli, valigie 96
баг**а**жник *(m.)*	bagagliaio 97
бак *(m.)*	serbatoio 94
балк**о**н *(m.)*	balcone 89
бан**а**н *(m.)*	banana 2
бар**а**нина *(f.)*	carne di montone 80
барахл**и**ть *(imperf.) (coll.)*	funzionare male 94
бас *(m.)*	basso (voce) 3
басс**е**йн *(m.)*	piscina 64
б**е**дный, -ая, -ое	povero 34
беж**а**ть *(imperf., unidir.)*	correre 89
б**е**жевый, -ая, -ое	beige 72
без	senza, meno 41
безбр**е**жный, -ая, -ое	immenso 99
белосн**е**жный, -ая, -ое	candido 89
б**е**лый, -ая, -ое	bianco 30
бельё *(n.)*	biancheria 81
бенз**и**н *(m.)*	benzina 94
бер**е**чь *(imperf.)*	conservare, risparmiare 38
Берл**и**н	Berlino 47
беспок**о**ить *(imperf.)*	preoccupare 38
беспок**о**иться *(imperf.)*	preoccuparsi 96
беспок**о**йство *(n.)*	ansia, disturbo 85
бесполе**з**но *(+ inf.)*	è inutile *(+ inf.)* 86
бесс**о**нница *(f.)*	insonnia 38
библиот**е**ка *(f.)*	biblioteca 11, 46
бил**е**т *(m.)*	biglietto 17
бил**е**т в од**и**н конец	biglietto di sola andata 17
бланк *(m.)*	modulo 82
бл**е**дный, -ая, -ое	pallido 88
ближ**а**йший, -ая, -ее	prossimo, più vicino 73
блин *(m.)*	blin 4
бл**и**нчик *(m.)*	frittellina 93
бл**у**зка *(f.)*	camicetta 81
бл**ю**до *(n.)*	piatto (pietanza) 54
бл**ю**дце *(n.)*	piattino 93

бобина *(f.)*	bobina 18
Бог	Dio 47, 83
богатый, -ая, -ое 32	ricco 32
бокал *(m.)*	calice 93
более	più 67
болезнь *(f.)*	malattia 92
болеть *(imperf.)*	essere malato, dolere, far male 27, 37
боль *(f.)*	male, dolore 92
больше	più, altro 18
большой, -ая, -ое	grande 25
борщ *(m.)*	borsh 5, 18
ботаник *(m.)*	botanico *(nome)* 76
ботанический, -ая, -ое	botanico *(agg.)* 76
бояться *(imperf.)*	avere paura, temere 22
брат *(m.)*	fratello 16
брать *(imperf.)*	prendere 64
бросаться *(imperf.)*	gettarsi, affrettarsi 88
бросить *(perf.)*	smettere (di), gettare 59
брюки *(pl.)*	pantaloni 29
будильник *(m.)*	sveglia 87
буква *(f.)*	lettera (dell'alfabeto) 82
букет *(m.)*	mazzo (di fiori) 90
бутик *(m.)*	boutique 74
бутылка *(f.)*	bottiglia 75
бутылочка *(f.)*	bottiglietta 97
буфет *(m.)*	credenza 93
бывший, -ая, -ее	ex 89
быстро *(avv.)*	in fretta, velocemente 90
быть *(imperf.)*	essere 2
быть в гостях	essere ospite (invitato) 66

В, в

в	in, a 6
важен, важна, -о, -ы	importante *(agg.)* 74
ванна *(f.)*	bagno, vasca 68, 81
ванная *(f.)*	bagno (stanza) 85
варенье *(n.)*	confettura 93
Ватикан	Vaticano 13
ватный, -ая, -ое	molle, intorpidito, di cotone 88
ваш *(m.)*	vostro, Suo 17
вдоль	lungo *(preposizione)* 73
вдруг	all'improvviso, improvvisamente 60, 96

ведр**о** *(n.)*	secchio 75
ведь	eppure, ma, però 16; perché, poiché 87
в**е**жливый, -ая, -ое	educato 27
везд**е**	dappertutto 79
везт**и** *(imperf.)*	trasportare 62
вел**и**кий, -ая, -ое	grande 100
великол**е**пный, -ая, -ое	ottimo 94
велосип**е**д *(m.)*	bici 67
в**е**ра *(f.)*	fede 60
в**е**рить в *(imperf.)*	credere (in, a) 60
в**е**рно	giusto 58
в**е**село *(agg. breve, n.)*	divertente 26
в**е**сить *(imperf.)*	pesare 96
весн**а** *(f.)*	primavera 51
весн**о**й	in primavera 51
вест**и** себ**я** *(imperf.)*	comportarsi 76
весь (*f.* вся)	tutto *(agg.)* 54
в**е**тер *(m.)*	vento 5
в**е**чер *(m.)*	sera/serata 19, 26
вечер**и**нка *(f.)*	festa 32
веч**е**рний, -яя, -ее	da sera 29
вещь *(f.)*	cosa 81
взв**е**сить *(perf.)*	pesare *(v. t.)* 80
вздых**а**ть *(imperf.)*	sospirare, agognare 99
взор *(m.)*	sguardo 99
взр**о**слый, -ая, -ое	adulto 76
взять *(perf.)*	prendere 13
взять *(perf.)* себ**я** в р**у**ки	dominarsi, controllarsi 31
в**и**деть *(imperf.)*	vedere 11
в**и**за *(f.)*	visto 6
в**и**лка *(f.)*	forchetta 93
вин**о** *(n.)*	vino 97
виногр**а**д *(m.)*	uva 80
вкр**а**тце	in breve 89
вкус	gusto 48
вк**у**сный, -ая, -ое	gustoso, squisito 15
влад**е**лец *(m.)*	proprietario 89
влюбл**ё**н, влюблен**а**, -**о**, -**ы**	innamorato 76
вм**е**сте	insieme 46
внук *(m.)*	nipote (di nonno) 90
вн**у**чка *(f.)*	nipote (di nonno) 90
во вр**е**мя	durante 92

вода *(f.)*	acqua 18
водитель *(m.)*	autista, conducente 61
водительское удостовере́ние	patente di guida 95
води́ть *(imperf.)*	guidare (auto, nave, ecc.) 61; portare (condurre qualcuno) 71
води́ть за́ нос *(imperf.)*	prendere in giro 71
во́дка *(f.)*	vodka 15
возложи́ть *(perf.)*	deporre 90
возрожда́ться *(imperf.)*	rinascere 51
война́ *(f.)*	guerra 10
волнова́ть *(imperf.)*	preoccupare, agitare 65
волнова́ться *(imperf.)*	agitarsi 59
во́лос *(m.)*	capello 39
волше́бник *(m.)*	mago 65
вообще́	in generale 30
вопро́с *(m.)*	domanda 85
вор *(m.)*	ladro 58
воскресе́нье *(n.)*	domenica 22
воспо́льзоваться *(+ str.) (perf.)*	servirsi di 73
восстана́вливать *(imperf.)*	rifare (un documento d'identità) 95
восхити́тельный, -ая, -ое	splendido 89
вот	ecco 23, 88, 90
впада́ть *(imperf.)*	cadere 37
впервы́е	volta (per la prima ~) 81
впечатле́ние *(n.)*	impressione 52
врач *(m.)*	medico 37
вре́мя *(n.)*	tempo 24, 48
вре́мя го́да	stagione 51
вро́де	come, simile 57
вро́де (бы)	più o meno 94
все	tutti 12, 15
всё	tutto *(pron.)* 1, 8
всегда́	sempre 74
всё-таки	tuttavia 60
встава́ть *(imperf.)*	alzarsi 38
встать *(perf.)*	alzarsi 55
встре́тить *(perf.)*	incontrare 87
встре́титься *(perf.)*	incontrarsi, vedersi 41
встре́ча *(f.)*	appuntamento 87
встреча́ть *(imperf.)*	incontrare 99
встреча́ться *(imperf.)*	vedersi, incontrarsi 52
вто́рник *(m.)*	martedì 22

вчера	ieri 26
вы	voi, Lei 7
вы́брать *(perf.)*	scegliere 48
вы́браться *(perf.)*	uscire a fatica, trovare il tempo di andare *(v. i.)* 97
вы́глядеть *(imperf.)*	sembrare, avere l'aspetto 57
выезжа́ть *(imperf.)*	partire/uscire (con un mezzo di trasporto) *(v.i.)* 61
выезжа́ть за город	andare fuori città 97
выздора́вливать *(imperf.)*	guarire 92
вы́йти *(perf.)* за́муж	sposarsi (per una donna), maritarsi 90
вы́лет *(m.)*	partenza, decollo 96
вылета́ть *(imperf.)*	volare via, partire (volando) 88
вылета́ть *(imperf.)* через	volare attraverso 88
вы́лететь *(perf.)*	partire in aereo 85
вы́нуть *(perf.)*	tirare fuori 100
вы́ручить *(perf.)*	dare una mano, aiutare, togliere dai guai 62
высо́кий, -ая, -ое	alto 68
высота́ *(f.)*	altezza 71
выхва́тывать *(imperf.)*	estrarre 88
вы́ход *(m.)*	soluzione, uscita 87
выходи́ть *(imperf.)*	uscire (a piedi) 88
выходи́ть *(imperf.)* за́муж	sposarsi (per una donna) 90
выходны́е *(m. pl.)*	fine settimana, week-end 22

Г, г

габари́т *(m.)*	sagoma 19
гав-гав!	bau bau! 36
га́вкать *(imperf.)*	abbaiare, latrare 36
газ *(m.)*	gas 1
газе́тный кио́ск *(m.)*	edicola 73
га́лстук *(m.)*	cravatta 40
где	dove (senza movimento) 13
где-нибу́дь	da qualche parte (senza movimento) 29
где-то	da qualche parte, pressapoco 82
гель *(m.)*	gel 85
гель для ду́ша	gel per la doccia 85
Герма́ния *(f.)*	Germania 47
Гёте	Goethe 16
гимна́стика *(f.)*	ginnastica 64
гла́вное	l'importante, l'essenziale 10

глаз *(m.)*	occhio 72
глупость *(f.)*	sciocchezza 74
говорить *(imperf.)*	dire, parlare 12, 21, 28
говориться *(imperf.)*	dirsi 100
говядина *(f.)*	carne di manzo 80
год *(m.)*	anno 39
голова *(f.)*	testa 37
голос *(m.)*	voce 60
голубой, -ая, -ое;	azzurro 72
гораздо больше	molto più 86
гордый, -ая, -ое	orgoglioso 99
горе *(n.)*	disgrazia, dolore 54
горло *(n.)*	gola 92
город *(m.)*	città 68
господи!	Mio Dio!, Signore! 90
господин *(m.)*	signore 58
гостиница *(f.)*	albergo 68
гость *(m.)* / гости *(pl.)*	ospite / ospiti 66
готов, -а, -о, -ы	pronto 82
готовить *(imperf.)*	cucinare, preparare 54
график *(m.)*	grafico, piano, agenda 41
Греция *(f.)*	Grecia 82
грипп *(m.)*	influenza 92
грустный, -ая, -ое	triste 44
груша *(f.)*	pera 80
гулять *(imperf.)*	fare una passeggiata 5
Гюго	Hugo 12

Д, д

дешёвый, -ая, -ое	conveniente 82
да	sì 4
да нет!	ma no! 78
давать *(imperf.)*	dare 3, 12
давно	da tempo, da un pezzo 90; 97
даже	persino *(avv.)* 30
далеко	lontano 67
дальний, - яя, -ее	lontano, remoto, sperduto 93
дальше	più lontano 100
дама *(f.)*	signora, dama 90
дата *(f.)*	data 83
дать *(perf.)*	dare 27
дача *(f.)*	dacia, casa di campagna 52
два *(m., n.)*	due 1
дважды	due volte 94

двою́родная сестра́ *(f.)*	cugina 74
двухко́мнатная *(agg.)*	con due camere (appartamento) 89
двухме́стный, -ая, -ое	doppio, a due posti 68
двухэта́жный -ая, -ое	a due piani 89
де́вочка *(f.)*	bambina 27
де́вушка *(f.)*	ragazza, fidanzata, signorina 40
девчо́нка *(f.) (coll.)*	ragazza 87
дед *(m.)*	nonno 48
Дед Моро́з	Babbo Natale 48
де́душка *(m.)*	nonno 36
действи́тельно	proprio, davvero 81; in effetti, effettivamente 94
де́йствовать на не́рвы *(imperf.)*	dare sui nervi 86
дека́брь *(m.)*	dicembre 91
де́лать *(imperf.)*	fare 6, 21, 28
деликате́с *(m.)*	leccornia 93
де́ло *(n.)*	affare 1
день *(m.)*	giorno 1, 22
день рожде́ния	compleanno 21, 25
де́ньги *(pl.)*	soldi, denaro 75
депре́ссия *(f.)*	depressione 37
депута́т *(m.)*	deputato 74
дере́вня *(f.)*	villaggio 99
де́рево *(n.)*	albero 76
держа́ть *(imperf.)*	tenere 39
де́ти *(pl.) (sing.*: ребёнок)	bambini 8
дёшево	a poco prezzo *(avv.)* 30
джи́нсы *(pl.)*	jeans 30
джип *(m.)*	jeep 62
дие́та *(f.)*	dieta 4
ди́кий, -ая, -ое	terribile, selvaggio 61
диле́мма *(f.)*	dilemma 60
диске́та *(f.)*	dischetto 5
дискоте́ка *(f.)*	discoteca 12
дли́нный, -ая, -ое	lungo 67
для	per 40
до	fino a 17
до свида́ния	arrivederci 100
доба́вить *(perf.)*	aggiungere 97
добро́ пожа́ловать	benvenuto 85
до́брый ве́чер	buona sera 19
до́брый день	buongiorno 1

д**о**брый, -ая, -ое	buono *(agg.)* 1, 16
довез**ти** *(perf.)*	trasportare, portare a destinazione 62
дов**е**рие *(n.)*	fiducia 99
довер**я**ть *(imperf.)*	fidarsi 52
дождь *(m.)*	pioggia 5
дойт**и** *(perf.)*	arrivare (a piedi) 82
д**о**ктор *(m.)*	dottore 23
докум**е**нт *(m.)*	documento 89
докум**е**нты *(pl.)*	documenti (d'identità) 95
долг *(m.)*	debito, prestito 75
д**о**лгий, ая, -ое	lungo (duraturo) 55
д**о**лго	a lungo 38
д**о**лжен *(m.)*, должн**а** *(f.)*, должн**ы** *(pl.)*	dovere (è un agg. in russo) 43
дол**и**ть *(perf.)*	aggiungere (un liquido) 94
дом *(m.)*	casa, edificio 89
д**о**ма	in casa, a casa (senza movimento) 66
дом**а**шний, -яя, -ее	domestico *(agg.)* (di casa), familiare 50
дом**о**й	a casa (con movimento) 73
домос**е**д *(m.)*	sedentario 79
дор**о**га *(f.)*	strada 62
дорог**о**й, -**а**я, -**о**е	caro 57
дор**о**жный знак *(m.)*	segnale stradale 88
достав**а**ть *(imperf.)*	prendere 93
дост**а**ть *(perf.)*	estrarre, tirare fuori 96, 97
дост**у**пно *(agg. breve, n.)*	accessibile, facile 78
дрем**а**ть *(imperf.)*	sonnecchiare 61
дрож**а**щий, -ая, -ое	tremante 99
друг *(m.)* / подр**у**га *(f.)*	amico/amica 26, 43
друг**о**й, -**а**я, -**о**е	altro 22
д**у**мать *(imperf.)*	pensare, credere 11
душ *(m.)*	doccia 68, 85
д**ы**ня *(f.)*	melone 27
д**я**дя *(m.)*	zio 66

Е, е

Евр**о**па *(f.)*	Europa 78
ег**о**, её	suo, sua, suoi, sue 35
ед**а** *(f.)*	cibo, pasto 54
езд**а** *(f.)*	viaggio 94
ездить *(imperf., pluridir.)*	andare con un mezzo 51

ерунда *(f.)*	stupidaggini 75
если	se 17
естественно	naturalmente, ovviamente 93
есть	c'è, ci sono 8
есть *(imperf.)*	mangiare 15
есть (у меня есть)	avere (io ho) 9
ехать *(imperf., unidir.)*	andare (con un mezzo) 62, 94
ехать обратно *(imperf. unidir.)*	tornare (con un mezzo) 62
ещё	ancora, poi 13, 92
ещё не скоро	è ancora presto 96

Ж, ж

жадина *(m., f.)*	spilorcio 45
жадный, -ая, -ое	avaro 45
жалоба *(f.)*	reclamo 71
жаловаться *(imperf.)*	lamentarsi 37
жаль	peccato, purtroppo 22
жаль (мне ~)	mi dispiace 34
жара *(f.)*	caldo 24
жарко	fa caldo 24
ждать *(imperf.)*	aspettare 74
же	ma, e 41, 48, 75
жезл *(m.)*	paletta 88
желать *(imperf.)*	desiderare, volere 72; augurare 83
железный, -ая, -ое	ferreo, di ferro 53
жёлтый, -ая, -ое	giallo 72
желудок *(m.)*	stomaco 37
жена *(f.)*	moglie 54
жениться *(imperf. e perf.)*	sposarsi 90
жених / невеста	fidanzato / fidanzata 32, 90
женщина *(f.)*	donna 43
живот *(m.)*	pancia 27
животное *(n.)*	animale 43
жизнь *(f.)*	vita 51
жираф *(m.)*	giraffa 1
жить *(imperf.)*	vivere, abitare 33
журналист *(m.)*	giornalista 2
жюри *(inv.) (n.)*	giuria 19

З, з

за	a, dietro, fuori, oltre, dopo, per 15, 48, 49, 59, 76
за … часа до	x ore prima di 96
зааплодировать *(perf.)*	mettersi ad applaudire 44
забавный, -ая, -ое	divertente 43

заболе́ть *(perf.)*	cominciare a far male, ammalarsi 27
забо́та *(f.)*	cura, attenzione 92
забы́тый, -ая, -ое	dimenticato 29
забы́ть *(perf.)*	dimenticare 94
заве́тный, -ая, -ое	tradizionale 99
зави́довать *(imperf.)*	invidiare 76
заводи́ться *(imperf.)*	partire, avviarsi 94
за́втра	domani 23
за́втрак *(m.)*	colazione 4
за́втракать *(imperf.)*	fare colazione 41
заглохнуть *(perf.)*	spegnersi (motore) 94
зада́ние *(n.)*	compiti, compito 50
за́дний, -яя, -ее	posteriore 61
заду́мчиво	pensosamente, pensierosamente 88
зажига́ние *(n.)*	accensione 94
зака́з *(m.)*	ordine 82
заказно́й, -а́я, -о́е	raccomandata (lettera) 82
зака́нчивать *(imperf.)*	finire 41
заключи́тельный, -ая, -ое	conclusivo *(agg.)* 7
зако́нчиться *(perf.)*	finire, terminare 53
закорене́лый, -ая, -ое	incallito, radicato 54
закры́т, -а, -о, -ы	chiuso 73
закры́ть *(perf.)*	chiudere 76
зал *(m.)*	sala 44
заме́тить *(perf.)*	notare 65
замеча́тельный, -ая, -ое	splendido, grande, straordinario 26
замеча́ть *(imperf.)*	accorgersi, notare 54
занима́ться *(imperf.)*	occuparsi di, praticare, studiare 64
за́нят, -а, -о	occupato, impegnato 41
заня́ться *(perf.)*	occuparsi 46
запла́кать *(perf.)*	mettersi a piangere 39
запо́лнить *(perf.)*	compilare, riempire 82
запра́вить по́лный бак	fare il pieno 94
засну́ть *(perf.)*	addormentarsi 26
заставля́ть *(+ inf.) (imperf.)*	costringere, obbligare 66
заходи́ть *(imperf.)*	passare a trovare, fare un salto da 33
захоте́ться *(perf.)*	venire voglia 100
заче́м	perché (a che scopo) 11
заяви́ть *(perf.)*	denunciare 95
звать *(imperf.)*	chiamare 3

звон**и**ть *(imperf.)*	telefonare, chiamare (al telefono) 87
звон**о**к *(m.)*	suoneria 87
здесь	qui 8
зд**о**рово	bello 73
здор**о**вый, -ая, -ое	sano 38
здор**о**вье *(n.)*	salute 38
здр**а**вствуй(те)	buongiorno, salve 2
зел**ё**ный, -ая, -ое	verde 72
з**е**ркало *(n.)*	specchio 75
зим**а** *(f.)*	inverno 51
з**и**мний, -яя, -ее	invernale 29
зим**о**й	in inverno 51
зло	rabbiosamente 36
знак *(m.)*	segno, segnale 88
знак**о**миться *(imperf.)*	fare conoscenza 3
знать *(imperf.)*	sapere, conoscere 19, 21
знач**е**ние *(n.)*	importanza, senso, significato 53
зн**а**чит	dunque, allora 50
зн**а**чить *(imperf.)*	significare 93
зов**у**т *(pron. all'acc. + ~)*	chiamarsi 3, 16
з**о**лото	oro, tesoro 81
золот**о**й, -**а**я, -**о**е	oro, dorato, d'oro 72
зонт *(m.)*	ombrello 95
зооп**а**рк *(m.)*	zoo 62
зр**е**ние *(n.)*	vista 38
зуб *(m.)*	dente 39
зубн**а**я п**а**ста *(f.)*	dentifricio 71

И, и

и	e 2
и вообщ**е**	e poi 30
игр**а**ть *(imperf.)*	giocare 23
иде**а**льный, -ая, -ое	ideale 40
ид**е**я *(f.)*	idea 5
идт**и** *(imperf.)*	andare a piedi 6
идт**и** за пок**у**пками	fare spese 80
из	di, da (provenienza) 16
извин**и**ть *(perf.)*	scusare 19
извин**я**ться *(imperf.)*	scusarsi 85
из-за	a causa di, per via, per colpa di 54
измен**и**ться *(perf.)*	cambiare *(v. i.)* 71
измен**я**ть *(imperf.)*	tradire, cambiare, ingannare 94, 98
изображ**а**ть *(imperf.)* из себ**я**	fingere, credere di essere 65

ико́на *(f.)*	icona 13
икра́ *(f.)*	caviale 15
и́ли	o, oppure 15
и́менно	proprio, esattamente 50
име́ть *(perf.)*	avere (possedere) 43
иммуните́т *(m.)*	immunità 24
импрессиони́зм *(m.)*	impressionismo 22
инициа́лы *(m. pl.)*	iniziali 23
иногда́	a volte 81
иностра́нец *(m.)*	straniero *(nome)* 12
интере́с *(m.)*	interesse 43
интере́сно *(agg. breve e avv.)*	interessante 10
интере́сный, -ая, -ое	interessante 10
интерне́т *(m.)*	Internet 73
интерне́т-кафе́ *(n.)*	Internet point 73
испа́нец	spagnolo *(nome)* 47
Испа́ния *(f.)*	Spagna 78
испа́нский, -ая, -ое	spagnolo *(agg.)* 78
испо́льзовать *(imperf.)*	usare 87
исто́рия *(f.)*	storia 43
Ита́лия *(f.)*	Italia 78
италья́нец	italiano *(nome)* 47
италья́нский, -ая, -ое	italiano *(agg.)* 10, 78
их	loro *(agg.)* 42
ию́ль *(m.)*	luglio 91
ию́нь *(m.)*	giugno 91

К, к

к	verso, a, da 9
к тому́ же	inoltre, e poi, per di più 10
каби́на *(f.)*	cabina 73
Кавка́з *(m.)*	Caucaso 8
ка́ждый из нас	ciascuno di noi 89
ка́ждый, -ая, -ое	ogni, ciascuno 23
каза́ться *(imperf.)*	sembrare 65
как	come 1, 2, 10
како́й, -а́я, -о́е	quale 9
како́й-нибу́дь, -ая, -ое *(indefinito)*	un, uno qualunque 76
како́й-то, -ая, -ое *(indefinito)*	un, un qualche, un certo 74
ка́к-то	in qualche modo, un po' 55
кана́л *(m.)*	canale 64
кани́кулы *(pl.)*	vacanza, vacanze 67
каранда́ш *(m.)*	matita 50

карма́н *(m.)*	tasca 58
карто́фель *(m.)*	patata 80
карто́шка *(f.)*	patata 80
кастрю́ля *(f.)*	pentola 93
ката́ться *(imperf.)* на конька́х	pattinare 51
ката́ться *(imperf.)* на лы́жах	sciare 51
катафа́лк *(m.)*	carro funebre 61
като́к *(m.)*	campo di pattinaggio 64
кача́ть *(imperf.)*	dondolare 31
ка́шель *(m.)*	tosse 92
кварти́ра *(f.)*	appartamento, casa 81, 89
квита́нция *(f.)*	ricevuta 82
кенгуру́ *(inv.) (m.)*	canguro 16
ки́ви	kiwi 80
килогра́мм *(m.)*	chilo 80
кинемато́граф *(m.)*	cinematografo, cinema 100
кино́ *(inv.) (n.)*	cinema 22
ки́слый, -ая, -ое	acido 87
кита́ец *(m.)*, китая́нка *(f.)*	cinese *(nome)* 47
класс *(m.)*	classe 55
кла́ссный *(coll.)*	niente male 87
кли́ника *(f.)*	clinica 17
ключ *(m.)*	chiave 95
кни́га *(f.)*	libro 10
кобура́ *(f.)*	fondina 88
когда́	quando 36
код *(m.)*	codice 5
колесо́ *(n.)*	ruota 94
колбаса́ *(f.)*	salame 80
колго́тки *(pl.)*	collant 81
коле́но *(n.)*	ginocchio 88
колыха́нье (колыха́ние) *(n.)*	ondeggiamento 99
коля́ска *(f.)*	passeggino 31
командиро́вка *(f.)*	trasferta 48
коме́та *(f.)*	cometa 20
ко́мната *(f.)*	camera, stanza 89
компре́сс *(m.)*	impacco 26
компью́тер *(m.)*	computer 50
конве́рт *(m.)*	busta 82
кондиционе́р *(m.)*	climatizzatore 62
коне́ц *(m.)*	fine, fondo 17
коне́чно	naturalmente, certo 17
консе́рвная ба́нка *(f.)*	barattolo di conserva 97

конст**и**т**у**ция *(f.)*	costituzione 25
контр**о**ль *(m.)*	controllo 96
контр**о**льный, -ая, -ое	di controllo *(agg.)* 94
конц**е**рт *(m.)*	concerto 5
конь**к**и *(pl.)*	pattini 51
кор**а**бль *(m.)*	nave 86
корз**и**на *(f.)*	cestino 40
коридо́р *(m.)*	corridoio 20
кор**и**чневый, -ая, -ое	marrone 72
кор**о**ва *(f.)*	mucca 36
кор**о**че	insomma 83
корр**у**пция *(f.)*	corruzione 26
корс**а**р *(m.)*	corsaro 27
кост**ю**м *(m.)*	completo (abito) 6
кот *(m.)*	gatto 36
кот**о**рый, -ая, -ое	che *(pron. relativo)* 58, 93
к**о**фе *(inv.) (m.)*	caffè 4
кошел**ё**к *(m.)*	portafoglio 58
кошм**а**р *(m.)*	incubo 23
краб *(m.)*	granchio 4
кр**а**жа *(f.)*	furto 95
крас**и**во	bene, bello 46
крас**и**вый, -ая, -ое	bello 29
кр**а**сный свет *(m.)*	semaforo rosso 88
кр**а**сный, -ая, -ое	rosso 72
красть *(imperf.)*	rubare 90
кр**е**сло *(n.)*	poltrona 81
крик *(m.)*	grido 61
крич**а**ть *(imperf.)*	gridare 36
кровь *(f.)*	sangue 99
кросс**о**вок *(m.) (pl.* : -вки)	scarpa da ginnastica 81
кр**у**глая д**а**та *(f.)*	anniversario 83
кр**у**глый, -ая, -ое	tondo 83
крыл**о** *(n.)*	ala 76
кр**ы**са *(f.)*	topo, ratto 23
кст**а**ти	a proposito, inoltre 76
кто	chi 2
кт**о**-нибудь	qualcuno 29
кт**о**-то	qualcuno 56
куд**а**	dove (con movimento) 9
куд**а**-нибудь	da qualche parte, in un posto qualunque (con movimento) 79

куда-то	da qualche parte (con movimento) 53
кукареку	chicchirichì 36
кулинарный, -ая, -ое	culinario, di cucina 54
культура *(f.)*	cultura 100
купе *(inv.) (n.)*	scompartimento 17
купить *(perf.)*	comprare 29
купленный, -ая, -ое *(part. passato)*	comprato 99
курить *(imperf.)*	fumare 38, 59
курица *(f.)*	pollo, gallina 80
куртка *(f.)*	giubbotto 30
кусаться *(imperf.)*	mordere 30
кухня *(f.)*	cucina 81

Л, л

ладно	d'accordo, va bene 87, 89
лампочка *(f.)*	lampadina, spia (luminosa) 94
ласковый, -ая, -ое	tenero, piacevole 97
лаять *(imperf.)*	abbaiare, latrare 36
лёгкий, -ая, -ое	facile, leggero, semplice 78
легко	facilmente, leggermente, semplicemente 78
лежать *(imperf.)*	giacere, essere sdraiato 60, 93
лекарство *(n.)*	medicina 23
лес *(m.)*	bosco 8
лестница *(f.)*	scala 89
летать *(imperf., pluridir.)*	volare 67
лететь *(imperf., unidir.)*	volare; andare in aereo 67
летний, -яя, -ее	estivo 52
лето *(n.)*	estate 51
летом	in estate 51
лимон *(m.)*	limone 80
лира *(f.)*	lira 18
лист *(m.)*	foglia 76
литература *(f.)*	letteratura 100
лифт *(m.)*	ascensore 89
лично	personalmente 60
лишь	solo, soltanto 81
лобби *(inv.)*	lobby 19
лобовое стекло *(n.)*	parabrezza 88
ловить *(imperf.)*	afferrare, acchiappare, prendere 61
логика *(f.)*	logica 53

лодка *(f.)*	barca 67
ложиться *(imperf.)*	andare a letto, coricarsi 38
ложка *(f.)*	cucchiaio 72
ломаться *(imperf.)*	rompersi 89
Лондон	Londra 15
лошадь *(f.)*	cavallo 79
лук *(m.)*	cipolla 80
луна *(f.)*	luna 6
лучше	meglio 13; piuttosto 95
лыжи *(f. pl.)*	sci (attrezzi) 51
лыжный спорт *(m.)*	sci (sport) 64
любимый, -ая, -ое	preferito, amato, caro 16
любить *(imperf.)*	amare 34
любоваться *(imperf.)*	ammirare, contemplare 79
любовь *(f.)*	amore 99
любой, -ая, -ое	qualsiasi 73; ogni *(agg.)* 93
люди *(pl.)*	gente, persone 60, 95

М, м

мавзолей *(m.)*	mausoleo 25
маг *(m.)*	mago 22
магазин *(m.)*	negozio 29
май *(m.)*	maggio 91
маленький, -ая, -ое	piccolo *(agg.)* 65
малина *(f.)*	lamponi 92
мало	poco 69
малыш *(m.)*	bimbo 65
мальчик *(m.)*	ragazzo 69
мама; мам	mamma 16, 96
марка *(f.)*	francobollo 82
маркиз *(m.)*	marchese 22
март *(m.)*	marzo 91
масло *(n.)*	burro 80
масса *(f.)*	massa 4
математика *(f.)*	matematica 9
матч *(m.)*	match 15
мать *(f.)*	madre 78
махать *(imperf.)*	agitare 88
машина *(f.)*	auto 61
мебель *(f.)*	mobili 20
мегаватт *(m.)*	megawatt 18
мёд *(m.)*	miele 92
медицинский, -ая, -ое	medico *(agg.)* 38
медленный, -ая, -ое	lento 99

ме́жду про́чим	tra l'altro 76
междунаро́дный, -ая, -ое	internazionale 43
ме́ньше	meno, più piccolo 78
ме́стный, -ая, -ое	locale, del luogo 73
ме́сто *(n.)*	posto 39, 81
ме́сяц *(m.)*	mese 82
метро́ *(n.) (inv.)*	metropolitana 95
меха́ник *(m.)*	meccanico 94
мечта́ *(f.)*	desiderio, sogno 43
мечта́ние *(n.)*	sogno, fantasticheria 99
мечта́ть *(imperf.)*	sognare, desiderare 52
меша́ть *(imperf.)*	impedire, disturbare, dare fastidio 60
милиционе́р *(m.)*	vigile, poliziotto 88
мили́ция *(f.)*	polizia 95
ми́лый, -ая, -ое	carino, simpatico, gentile 52
ми́мо	davanti, vicino 88
мимо́за *(f.)*	mimosa 9
мимолётный, -ая, -ое	fugace, passeggero, effimero 52
ми́нус *(m.)*	meno; sottozero; difetto 20
мину́та *(f.)*	minuto 41
мир *(m.)*	mondo; pace 10
мне ну́жно	ho bisogno (di) 30, 94
мно́гие	tanti, molti 79
мно́го	molto 40
многовеково́й, -а́я, -о́е	secolare 100
мобилиза́ция *(f.)*	mobilitazione 19
моби́льник *(m.)*	cellulare (telefono) 87
моби́льный, -ая, -ое	portatile (telefonino) *(agg.)* 87
мо́да *(f.)*	moda 74
модельéр *(m.)*	stilista 74
мо́дный, -ая, -ое	alla moda 74
мо́жет быть	forse 20
мо́жно	è possibile, è permesso 17
мой, моя́, моё	mio, mia 16, 35
мо́лод, -а, -о, -ы *(agg. breve)*	giovane 31
молодёжь *(f.)*	giovani, gioventù 75
молоде́ц!	bravo! 36
молодо́й, -а́я, -о́е	giovane 31
молоко́ *(n.)*	latte 80
молча́нье (молча́ние) *(n.)*	silenzio 99
монасты́рь *(m.)*	monastero 79
мо́ре *(n.)*	mare 8

морк**о**вь *(f.)*	carota 80
мор**о**женое *(n.)*	gelato 24
мор**о**з *(т.)*	gelo, freddo *(nome)* 92
мор**о**ка *(f.)*	seccatura 95
морщ**и**на *(f.)*	ruga 38
Москв**а**	Mosca 5, 17, 42
мост *(т.)*	ponte 90
мотоц**и**кл *(т.)*	moto 67
мочь *(imperf.)*	potere *(v.)* 22, 28
му!	muu! 36
мудрёный, -ая, -ое	complicato 85
муж *(т.)*	marito 43
мужч**и**на *(т.)*	uomo 61
муз**е**й *(т.)*	museo 22
м**у**зыка *(f.)*	musica 61
мук**а** *(f.)*	farina 80
м**у**сор *(т.)*	spazzatura, carta straccia 40
м**у**чить *(imperf.)*	tormentare 38
мы	noi 6
м**ы**ло *(n.)*	sapone 71
мыть *(imperf.)*	lavare 36
мыч**а**ть *(imperf.)*	muggire 36
м**я**со *(n.)*	carne 15
мя**у**	miao 36
мя**у**кать *(imperf.)*	miagolare 36

Н, н

на	a, su 4
нав**е**рно, нав**е**рное	probabilmente, forse 45
наверняк**а**	sicuramente 73
навесн**о**й, -**а**я, -**о**е	a muro 93
навест**и** пор**я**док *(perf.)*	mettere in ordine 71
над**е**ть *(perf.)*	mettere, indossare 57
над**е**яться *(imperf.)*	sperare 95
н**а**до	bisogna, è necessario, occorre 92
надо**е**сть *(perf.)*	annoiare, stancare, stufare 79
нажим**а**ть на *(imperf.)*	premere, schiacciare 88
наз**а**д	fa *(avv.)* 83
назв**а**ть *(perf.)*	chiamare 87
назл**о**	apposta, per dispetto 62
назыв**а**ться *(imperf.)*	chiamarsi 71
наил**у**чший, -ая, -ое	il migliore 100
найт**и** *(perf.)*	trovare 29
найт**и**сь *(perf.)*	trovarsi 86

наконец, наконец-то	finalmente 67
налево	a sinistra (con movimento) 13
намного *(+ agg. al comparativo)*	molto più 90
намного больше	molto più 94
написать *(perf.)*	scrivere 48
направо	a destra (con movimento) 13
например	per esempio 40
напряжённый, -ая, -ое	teso 41
наркотик *(m.)*	droga 64
народ *(m.)*	popolo 100
нарушить *(perf.)*	violare 88
настаивать *(imperf.)*	insistere 18, 86
настоящий, -яя, -ее	vero 64
находиться *(imperf.)*	trovarsi 73
начать *(perf.)*	cominciare 83
начаться *(perf.)*	cominciare 53
начинать *(v.t. imperf.)*	cominciare 61
начинаться *(v.i. imperf.)*	cominciare 96
наш, -а, -е, -и	nostro, nostra, nostri, nostre 35, 42
не	non 6
не за что	di niente, non c'è di che 73
небо *(n.)*	cielo 72
неважно *(avv., agg. breve, n.)*	male, maluccio *(avv.)*, non fa niente, non ha importanza 92
неделя *(f.)*	settimane 22
недопустимо	inaccettabile 71
недоразумение *(n.)*	malinteso 31
недорогой, -ая, -ое;	a buon prezzo, economico 30
недоумение *(n.)*	perplessità 61
неинтересный, -ая, -ое	noioso, poco interessante 11
некогда (мне ~)	non ho tempo 89
некоторый, -ая, -ое	certo, qualche, un po' di 61
некрасивый, -ая, -ое	brutto 30
нелёгкий, -ая, -ое	difficile *(agg.)* 100
неловко	goffamente; goffo, imbarazzante 55
нельзя *(+ inf. imperf.)*	non si può / non è possibile / è impossibile 52
немец	tedesco *(nome)* 47
немного	un po', poco 12

необход**и**м, -а, -о, -ы *(agg. breve)*	necessario, indispensabile 94
необ**ы**чный, -ая, -ое	inconsueto, fuori dal comune 89
неож**и**данно	all'improvviso 88
неприятно	spiacevole *(avv.)* 87
н**е**рв *(m.)*	nervo 86
н**е**рвно	nervosamente 59
н**е**рвный, -ая, -ое	nervoso 37
несч**а**стье *(n.)*	disgrazia 75
нет	no, non c'è 2, 37
неуд**а**ча *(f.)*	sfortuna 75
неуд**о**бно	scomodo, imbarazzante 81
неч**а**янно	involontariamente 75
н**е**чего	niente 46
ни *(+ gen.)*	nemmeno un/una 97
ни (ни… ни…)	né (né… né…) 9
н**и**жнее бель**ё** *(n.)*	biancheria intima 81
н**и**жний, -яя, -ее	inferiore *(agg.)* 17
н**и**зкий, -ая, -ое	basso, vile *(agg.)* 68
н**и**зко	in basso *(avv.)* 68
никак**о**й, -ая, -ое	nessuno 53
никогд**а**	mai 38
никт**о**	nessuno 45
ничег**о**	niente 18
но	ma 10
н**о**вый, -ая, -ое	nuovo 29
ног**а** *(f.)*	gamba, piede 39
нож *(m.)*	coltello 93
н**о**мер *(m.)*	numero, stanza, camera 19, 68
н**о**рма *(f.)*	norma 94
норм**а**льно	normalmente, a posto 94
нос *(m.)*	naso 71
нос**и**ть *(imperf., pluridir.)*	portare 40
нос**о**к *(m.)*	calzino 81
нот**а**риус *(m.)*	notaio 89
ночл**е**г *(m.)*	riposo, pernottamento 99
ночь *(f.)*	notte 6
но**я**брь *(m.)*	novembre 91
нр**а**виться *(imperf.)*	piacere 8
ну	beh, allora 6
ну так	beh, ebbene, allora 20
н**у**жен, нужн**а**, н**у**жно *(agg. breve)*	necessario 43
н**у**жно	occorre, bisogna 29

ну́жный, -ая, -ое	necessario, utile 40

О, о

о!	oh! *(interiez.)* 13
о́ба *(m.)* / о́бе *(f.)*	entrambi / entrambe 57
обе́д *(m.)*	pranzo 41
оби́деться *(perf.)*	offendersi 90
о́блачко *(n.)*	nuvoletta 97
обожа́ть *(imperf.)*	adorare 93
обо́чина *(f.)*	ciglio (della strada) 61
обра́тно	indietro, al contrario 17
обстано́вка *(f.)*	situazione 43
обстоя́тельство *(n.)*	circostanza 95
о́бувь *(f., sing.)*	scarpe 29
общежи́тие *(n.)*	convitto 47
объе́хать *(perf.)*	girare, percorrere, aggirare (con un mezzo) 79
объявля́ть *(imperf.)*	annunciare 96
объясни́ть *(perf.)*	spiegare 55
объясня́ть *(imperf.)*	spiegare 43
объясня́ться *(imperf.)*	spiegarsi 78
обыкнове́нный, -ая, -ое	comune 93
обы́чный, -ая, -ое	comune 30
обяза́тельно	assolutamente, senz'altro 85, 92
о́вощи *(m.)*	ortaggi, verdura 74
овощно́й сала́т *(m.)*	insalata di verdure 97
овощно́й, -ая, -ое	di verdure 97
оглуши́тельно	assordante 88
ого́нь *(m.)*	fuoco 99
ограни́читься *(perf.)*	limitarsi 80
огро́мный, -ая, -ое	immenso, enorme 79, 87
огуре́ц *(m.)*	cetriolo 80
оде́жда *(f, sing.)*	vestiti, abbigliamento 29
одея́ло *(n)*	coperta 71
оди́н *(m.)*, одна́ *(f.)*, одно́ *(n.)*	un/una 4, 59, 69
оди́н и тот же	lo stesso 54
одина́ково	allo stesso modo 54
одноме́стный, -ая, -ое	singolo, a un posto 68
одноразовая таре́лочка *(f.)*	piattino usa e getta 97
одноразовый стака́нчик *(m.)*	bicchierino usa e getta 97
одноразовый, -ая, -ое	usa e getta 97
одолжи́ть *(perf.)*	prestare 75
ой!	oh! *(interiez.)* 19
оказа́ться *(perf.)*	capitare, finire 58

окно *(n.)*	finestra, finestrino 62; sportello 82
около	circa, intorno a 82
окрестности *(pl.)*	dintorni 67
окрошка *(f.)*	okroshka (zuppa fredda) 15
октябрь *(m.)*	ottobre 83
он	lui 2
она	lei 5
они	loro 4, 7, 12
оно *(n.)*	esso 2
опаздывать *(imperf.)*	ritardare 83
опера *(f.)*	opera (teatro) 1
оперный театр *(m.)*	teatro dell'opera 44
опоздание *(n.)*	ritardo 85
опоздать *(perf.)*	essere in ritardo 53
оранжевый, -ая, -ое	arancione 72
осень *(f.)*	autunno 51
осенью	in autunno 51
осмотр *(m.)*	visita, ispezione 38
осмотр (медицинский ~)	visita medica 38
особняк *(m.)*	palazzina 89
оставить *(perf.)*	lasciare 76
оставлять *(imperf.)*	lasciare 33
останавливать *(imperf.)*	fermare 88
остановиться *(perf.)*	fermarsi 87
остаться *(perf.)*	restare 97
осторожно!	attenzione! 88
остров *(m.)*	isola 79
острый, -ая, -ое	acuto 92
от	da 46
отвезти *(perf.)*	trasportare (con un mezzo) 62
отводить *(imperf.)*	portare 83
отдел *(m.)*	reparto 80
отделение *(n.)* милиции	stazione di polizia 95
отдельный, -ая, ое	separato, a parte 93
отель *(m.)*	albergo 68
отец *(m.)*	padre 78, 80
отказать *(perf.)*	rifiutare 44
отказаться *(perf.)*	rifiutare 27
открывалка *(f.)*	apriscatole 97
открытие *(n.)*	apertura, scoperta 100
открыть *(perf.)*	scoprire, aprire 76
откуда	da dove 44
отлично!	ottimo! 40

отли́чный, -ая, -ое	ottimo 46, 78
отправи́тель *(m.)*	mittente 82
отпра́вить *(perf.)*	spedire 82
отправля́ть *(imperf.)*	spedire 46
отправля́ться *(imperf.)*	partire 67
о́тпуск *(m.)*	ferie 67
отра́дный, -ая, -ое	grato, piacevole 99
отту́да	da lì 67
отчи́зна *(f.)*	patria 99
о́фис *(m.)*	ufficio 53
официа́нт *(m.)*	cameriere 74
оформля́ть *(imperf.)*	legalizzare, formalizzare 89
охо́тник *(m.)*	cacciatore 72
очеви́дный, -ая, -ое	ovvio, evidente 94
о́чень	molto 3, 93
о́чень прия́тно!	molto piacere! 3
о́чередь *(f.)*	turno 90
очки́ *(pl.)*	occhiali 76
ошиби́ться *(perf.)*	sbagliare, sbagliarsi 19
оши́бка *(f.)*	errore 50
ощуще́ние *(n.)*	impressione, sensazione 74

П, п

па́дать *(imperf.)*	cadere 61
па́дать *(imperf.)* в о́бморок	svenire 61
па́дать *(imperf.)* ду́хом	perdersi d'animo 87
паке́т *(m.)*	sacchetto 95
пальто́ *(inv.) (n.)*	cappotto 16
па́мятник *(m.)*	monumento 90
па́мять *(f.)*	memoria 94
па́ника *(f.)*	panico 62
паникова́ть *(imperf.)*	agitarsi, farsi prendere dal panico 31
па́па *(m.)*	papà 16
па́рень *(m.)*	ragazzo 32
па́ра *(f.)*	paio 80
парашю́т *(m.)*	paracadute 86
Пари́ж	Parigi 3
парикма́хер *(m.)*	parrucchiere 74
парк *(m.)*	parco 46
парохо́д *(m.)*	nave 67
па́спорт *(m.)*	passaporto 17
па́спортный контро́ль *(m.)*	controllo dei passaporti 96
пассажи́р *(m.)*	passeggero 61
па́уза *(f.)*	pausa 55

пахнуть *(imperf.)* *(+ str.)*	odorare di 97
певец / певица	cantante 74
педаль *(f.)*	pedale 88
педаль тормоза	pedale del freno 88
пельмень *(m.)*	pel'men' 80
первую (в ~ очередь)	innanzi tutto 94
первый этаж	pianterreno 68
перебивать *(imperf.)*	interrompere 43
перевес *(m.)*	eccesso di peso 96
переводить *(imperf.)*	tradurre 1
перед	davanti 81
переезжать *(imperf.)*	traslocare 89
переживать *(imperf.)*	stare in pena, preoccuparsi 59
перейти *(perf.)*	attraversare (a piedi) 75
переключать *(imperf.)*	cambiare, sintonizzare 64
перекрёсток *(m.)*	incrocio 88
переносить *(imperf.)*	portare (attraversando) 90
переселить *(perf.)*	trasferire 71
пересолить *(perf.)*	mettere troppo sale 97
перестараться *(imperf.)*	esagerare 97
перестать *(perf.)*	smettere 71
перо *(n.)*	penna 9
перчатка *(f.)*	guanto 95
петух *(m.)*	gallo 36
печаль *(f.)*	pena 48
печальный, -ая, -ое	triste 99
печатать *(imperf.)*	battere a macchina, stampare, pubblicare 50
печатная буква *(f.)*	lettera in stampatello 82
печатный, -ая, -ое	di stampa, stampatello 82
пешком	a piedi 89
пиво *(n.)*	birra 18, 97
пиджак *(m.)*	giacca 81
пикник *(m.)*	picnic 97
пингвин *(m.)*	pinguino 62
пирог *(m.)*	torta 93
пирожок *(m.)*	fagottino 4
писатель *(m.)*	scrittore 40
писать *(imperf.)*	scrivere 50
пистолет *(m.)*	pistola 88
письмо *(n.)*	lettera (missiva) 46
Питер (*vedi anche* Санкт-Петербург)	San Pietroburgo 33

пить *(imperf.)*	bere 24
пища *(f.)*	cibo 38
пищварение *(n.)*	digestione 37
плавание *(n.)*	nuoto 64
плавать *(imperf., indét.)*	nuotare 86
плакать *(imperf.)*	piangere 31
пламя *(n.)*	fiamma 97
план *(m.)*	programma 46
планировка *(f.)*	struttura 89
платить *(imperf.)*	pagare 96
платье *(n.)*	abito 29
плацкарта (билет ~)	biglietto di 2ª classe 17
плащ *(m.)*	impermeabile *(nome)* 81
племянник *(m.)*	nipote (di zio) 90
племянница *(f.)*	nipote (di zio) 90
плечо *(n.)*	spalla 61
плохо	male *(avv.)* 92
плохой, -ая, -ое	cattivo 5
плыть *(imperf., unidir.)*	nuotare, navigare 67
по	per, su, secondo 9, 61, 79
по-(моему)	secondo (me) 30
победить *(perf.)*	vincere 99
повезти *(perf.)*	portare, avere fortuna 39
повторение *(n.)*	ripasso 7
поговорить *(perf.)*	parlare 79
погода *(f.)*	tempo (meteorologico) 5
под	sotto 61
под	con (al suono di, al ritmo di, a tempo di) 61
подарить *(perf.)*	regalare 25
подарок *(m.)*	regalo 25
подвал *(m.)*	cantina 89
подготовить *(perf.)*	preparare 94
поделать *(perf.)*	fare 34
поделиться с *(+ instr.) (perf.)*	fare a metà con, condividere con 45
подниматься *(imperf.)*	salire, alzarsi 55
подобный, -ая, -ое	simile 99
подозрение *(n.)*	sospetto 65
подозрительный, -ая, -ое *(agg.)*	sospetto 65
подойти *(perf.)*	avvicinarsi (a piedi) 100
подруга *(f.) (m. : друг)*	amica 43
подсказать *(perf.)*	suggerire, indicare, consigliare 73

под**у**мать *(perf.)*	riflettere 50
под**у**шка *(f.)*	cuscino 71
подход**и**ть *(imperf.)*	convenire 68
п**о**езд *(m.)*	treno 17
по**е**хать *(perf.)*	andare (con un mezzo) 67, 79
пож**а**луйста	per favore, prego, grazie 4
пожел**а**ть *(perf.)*	augurare 100
пожен**и**ться *(perf.)*	sposarsi 83
пожил**о**й, -**ая**, -**ое**	anziano 75
позв**а**ть *(perf.)*	chiamare, telefonare 34
позв**а**ть к *(perf.)*	invitare per (una certa ora) 83
позв**о**лить *(perf.)*	permettere 51
позвон**и**ть *(perf.)*	chiamare, telefonare 34
п**о**здно	tardi 75
познак**о**мить *(perf.)*	presentare 32
познак**о**миться *(perf.)*	conoscere, fare conoscenza 32
позн**а**ние *(n.)*	conoscenza 100
п**о**иск *(m.)*	ricerca 93
поиск**а**ть *(perf.)*	cercare 29
пойт**и** *(perf.)*	andare a piedi 5
пок**а**	intanto 97
пок**а** не	finché non 87
пок**а**зывать *(imperf.)*	mostrare 64
пок**о**й *(m.)*	pace 99
покуп**а**ть *(imperf.)*	comprare 48
пок**у**пки *(f. pl.)*	spese, compere 80
пол-	mezzo, metà 80
пол *(m.)*	pavimento 81
полг**о**да *(f.)*	sei mesi 52, 80
полеж**а**ть *(perf.)*	stare sdraiato per un po' 92
полеж**а**ть *(perf.)* в пост**е**ли	stare un po' a letto 92
пол**е**зен, -на, -но *(agg. breve)*	utile 73
пол**е**зный, -ая, -ое	utile 74
полет**е**ть *(perf.)*	volare / andare in aereo 67, 85
полигл**о**т *(m.)*	poliglotta 78
п**о**лка *(f.)*	mensola, cuccetta 17, 93
полкил**о**	mezzo chilo 80
п**о**лный, -ая, -ое	pieno, colmo, perfetto, completo, robusto, 55, 90, 94, 99
полов**и**на *(f.)*	metà 41, 80
полож**е**ние *(n.)*	situazione 87
полож**и**ть *(perf.)*	mettere in posizione orizzontale 96

полотенце *(n.)*	asciugamano 71, 85
полтора	uno e mezzo 53
получить *(perf.)*	ricevere, avere 86
получиться *(perf.)*	riuscire 100
полчаса	mezzora 53
полянка *(f.)*	spiazzo 97
поменять *(perf.)*	cambiare *(v. t.)* 71
помидор *(m.)*	pomodoro 80
помнить *(imperf.)*	ricordare 44
помогать *(imperf.)*	aiutare 36
по-моему	secondo me 94
помочь *(perf.)*	aiutare 40
помощь *(f.)*	aiuto 62
понадобиться *(imperf.)*	essere necessario 100
понедельник *(m.)*	lunedì 22
понимать *(imperf.)*	capire 10
понравиться *(perf.)*	piacere 44
понятно	è comprensibile, è chiaro 78
понять *(perf.)*	capire, comprendere 55
попить *(perf.)*	bere 53
поплыть *(perf.)*	nuotare, navigare 67
поправиться *(perf.)*	rimettersi, guarire 92
по-прежнему	come prima 71
попробовать *(perf.)*	provare 73
попросить *(perf.)*	chiedere 71
пора	è ora (di) 66
порезать *(perf.)*	tagliare 97
портативный компьютер *(m.)*	computer portatile 96
портативный, -ая, -ое	portatile *(agg.)* 96
порядок *(m.)*	ordine 38
посидеть *(perf.)*	restare seduto 92
посидеть дома	restare a casa 92
поскорее	alla svelta, prima 66
послать *(perf.)*	spedire 82
после	dopo 13
последний, -ая, -ое	ultimo 61
послушать *(perf.)*	ascoltare 31
посмотреть *(perf.)*	guardare 30
посмотрим…	vedremo… 85
поспешить *(perf.)*	affrettarsi 95
поставить *(perf.)*	mettere (in posizione verticale) 94
постель *(f.)*	letto 81
постирать *(perf.)*	lavare 81

постойте! *(perf.)*	aspetti! 71
постоянно	continuamente 50
постоять *(perf.)*	stare in piedi per un po' 71
посуда *(f.)*	stoviglie, piatti 36
посылка *(f.)*	pacco 82
потеря *(f.)*	perdita 95
потолок *(m.)*	soffitto 89
потом	poi, dopo 9, 13
потому что	perché (nelle risposte) 23
потреблять *(imperf.)*	consumare 94
потрясающе	straordinario, splendido, sbalorditivo 57
почему	perché (per quale motivo) 11
почистить *(perf.)*	pulire 81
почта *(f.)*	posta 46
почтамт *(m.)*	Posta Centrale 73
почти	quasi 12
почти не	quasi mai 40
поэма *(f.)*	poema 4
поэтому	perciò 54
правда *(f.)*	verità, davvero, veramente 15
правило *(n.)*	regola 34
правильно	correttamente 64
праздник *(m.)*	festa 38
праздновать *(imperf.)*	festeggiare 83
преданье (предание) *(n.)*	leggenda 99
предложить *(perf.)*	proporre, offrire 22, 68
предпочитать *(imperf.)*	preferire 51
президент *(m.)*	presidente 13
прекрасно	benissimo, bellissimo 48
прекратить *(perf.)*	smettere 31
прекратиться *(perf.)*	finire *(v. i.)* 23
преподаватель *(m.)*	professore (di scuola superiore) 74
при	in presenza di, sotto, all'epoca di, con 95
прибор (столовый ~) *(m.)*	posata 93
привести *(perf.)*	portare, arrivare portando 58
привет	ciao 1
пригласить *(perf.)*	invitare 26
приготовить *(perf.)*	preparare, cucinare 80
придумать *(imperf.)*	trovare, inventare, escogitare 87
приём *(m.)*	consulto (medico); ricevimento, accoglienza 37

прие́хать *(perf.)*	arrivare (con un mezzo di trasporto) 85
приземли́ться *(perf.)*	atterrare 85
прийти́сь *(perf.)*	toccare, essere necessario 95
прилете́ть *(perf.)*	arrivare in aereo 85
приме́рно	circa 82
приме́та *(f.)*	segno premonitore 75
принести́ *(perf.)*	portare 71
принима́ть *(imperf.)*	accettare 82
принима́ть ва́нну/душ	fare un bagno / una doccia 81, 85
приноси́ть *(imperf.)*	portare 81
приня́ть *(perf.)*	prendere 23
приро́да *(f.)*	natura 51
прихо́дится *(imperf.)*	tocca, occorre 89
приходи́ть *(imperf.)*	venire (a piedi) 22
приходи́ть в себя́ *(imperf.)*	tornare in sé, riaversi, riprendersi 61
прия́тель *(m.)*	amico 76
прия́тно *(agg. breve, n.)*	piacevole 3
прия́тный, -ая, -ое	piacevole, simpatico 16
пробле́ма *(f.)*	problema 23
прове́рить *(perf.)*	controllare, provare 45, 88
прове́рка *(f.)*	controllo 88
прогно́з *(m.)*	previsione 20
прогно́з пого́ды	previsioni del tempo 20
прогре́ть *(perf.)* маши́ну	fare scaldare l'auto 94
продаве́ц / продавщи́ца	commesso / commessa 74
продава́ть *(imperf.)*	vendere 74
прое́хать *(perf.)*	passare (con un mezzo) 88
пройти́ *(perf.)*	passare (a piedi) 13
пройти́ техосмо́тр *(perf.)*	passare la revisione 94
пронза́ть *(imperf.)*	penetrare, trafiggere 99
пронза́ть *(imperf.)* взгля́дом	trafiggere con lo sguardo 99
просёлочный, -ая, -ое	vicinale 99
просну́ться *(perf.)*	svegliarsi 87
проспа́ть *(perf.)*	dormire troppo 87
проспе́кт *(m.)*	prospettiva, corso 33
прости́ть *(perf.)*	scusare 13
про́сто	semplice, semplicemente 13, 39
про́сто так	così 79
просто́й, -а́я, -о́е	semplice 78
просту́да *(f.)*	raffreddore 92
простыня́ *(f.)*	lenzuolo 71

прос**ы**пать *(perf.)*	spargere 75
просып**а**ться *(imperf.)*	risvegliarsi, svegliarsi 51
пр**о**тив	contro 74
профессион**а**льно	professionalmente 66
проф**е**ссия *(f.)*	professione 74
проход**и**ть *(imperf.)*	accomodarsi 83
прох**о**жий *(m.)*, -ая *(f.)*	passante 31
пр**о**чий, -ая, -ое	altro 93
пр**о**шлый, -ая, -ое	passato *(agg.)*, scorso 52
прощ**а**ться *(imperf.)*	dire addio, congedarsi 100
пруд *(m.)*	stagno 100
пр**я**мо	dritto, proprio, esattamente 13
пт**и**ца *(f.)*	uccello 76
пульт *(f.)*	telecomando, pannello, leggio 64
пункту**а**ция *(f.)*	punteggiatura 27
пуст**о**й, -**а**я, -**о**е	vuoto 75
путеш**е**ствие *(n.)*	viaggio 67
путеш**е**ствовать *(imperf.)*	viaggiare 78
путь *(m.)*	strada 99
пух *(m.)*	piuma 9
п**я**тница *(f.)*	venerdì 22

Р, р

раб**о**та *(f.)*	lavoro 40
раб**о**тать *(imperf.)*	funzionare 87
раб**о**тать *(imperf.)*	lavorare 40, 94
равн**о**	uguale 74
рад, -а, -о, -ы	lieto 73
р**а**ди	per, a favore di, per amore di 71
р**а**дио *(n.)*	radio 11
р**а**дуга *(f.)*	arcobaleno 72
раз	volta; se; visto che 18
разбеж**а**ться *(perf.)*	correre via 66
разб**и**ть *(perf.)*	rompere 75
разбуд**и**ть *(perf.)*	svegliare 85
развест**и**сь с *(perf.)*	divorziare da 54
р**а**зве	ma, davvero 90
разгов**а**ривать *(imperf.)*	chiacchierare, conversare 59
разгов**о**р *(m.)*	conversazione 19
раздав**а**ть *(imperf.)*	distribuire 86
разде**в**аться *(imperf.)*	svestirsi 83
раздраж**ё**нный, -ая, -ое	irritato, irato 60
разл**и**в *(m.)*	piena 99
р**а**зница *(f.)*	differenza 82

разносторо́нний, - яя, -ее	svariato 43
ра́зный, -ая, -ое	vario, differente 75
разочарова́ние *(n.)*	delusione 34
разу́мный, -ая, -ое	sensato, ragionevole 59
разъясня́ть *(imperf.)*	spiegare 43
ра́но	presto 96
ра́ньше	prima, in passato, un tempo, una volta 33
расписа́ние *(n.)*	programma, orario 41, 85
рассказа́ть *(perf.)*	raccontare, dire, parlare 65
расска́зывать *(imperf.)*	raccontare 43
расста́вить *(perf.)*	sistemare, disporre 97
расстра́иваться *(imperf.)*	preoccuparsi 92
рассу́док *(m.)*	ragione 99
рассчи́тан, -а, -о *(agg. breve)*	previsto, calcolato 54
рассчи́тывать на *(imperf.)*	contare su 87
расте́ние *(n.)*	pianta 76
расти́ *(imperf.)*	crescere 90
расша́танный, -ая, -ое	rovinato, a pezzi 37
ребёнок *(m.)* *(pl.:* де́ти*)*	bambino 8, 31
ре́вность *(f.)*	gelosia 76
регистра́ция *(f.)*	check-in 96
ре́зко	bruscamente 88
рейс *(m.)*	volo 96
река́ *(f.)*	fiume 67
ре́нта *(f.)*	rendita 23
ре́плика *(f.)*	battuta 25
рестора́н *(m.)*	ristorante 18, 90
реце́пт *(m.)*	ricetta 54
реше́ние *(n.)*	decisione 59
реши́ть *(perf.)*	decidere 74
рис *(m.)*	riso 80
ритм *(m.)*	ritmo 15
ро́дина *(f.)*	patria 99
роди́тель *(m.)*	genitore 78
роди́ться *(perf.)*	nascere 78
ро́дственник *(m.)*	parente 16
рожде́ние *(n.)*	nascita 25
Рождество́ *(n.)*	Natale 48
ро́за *(f.)*	rosa *(nome)* 2
ро́зовый, -ая, -ое	rosa *(agg.)* 72
рома́н *(m.)*	romanzo, storia d'amore 52
Росси́я *(f.)*	Russia 3

руб**а**шка *(f.)*	camicia 40
рубль *(m.)*	rublo 13
рук**а** *(f.)*	mano, braccio 31
р**у**сский яз**ы**к *(m.)*	russo (lingua) 12, 47
р**у**сский, -ая, -ое	russo 12, 93
р**у**чка *(f.)*	penna 50
ручн**а**я кладь *(f.)*	bagaglio a mano 96
ручн**о**й, -**а**я, -**о**е	a mano 96
р**ы**ба *(f.)*	pesce 80
р**ы**бка *(f.)*	pesciolino 100
р**ы**нок *(m.)*	mercato 80
рюкз**а**к *(m.)*	zaino 95
р**ю**мка *(f.)*	bicchierino 93
р**ю**мочка *(f.)*	bicchierino, cicchetto 83
р**я**дом	accanto 33

С, с

с	da 41
с(о)	con 6, 46
сад *(m.)*	giardino 76
сал**а**т *(m.)*	insalata 15
сам	da solo, stesso 50
самов**а**р *(m.)*	samovar 93
с**а**мое гл**а**вное	la cosa più importante 95
самолёт *(m.)*	aereo 67
с**а**мый раз (в ~)	a meraviglia 97
с**а**мый центр *(m.)*	pieno centro 33
с**а**мый, -ая, -ое	il più, la più (+ *agg.*) 16
Санкт-Петерб**у**рг	San Pietroburgo 33
сап**о**г *(m.)*	stivale 30
сард**и**на *(f.)*	sardina 19
сардон**и**ческий, -ая, -ое	sardonico 27
сарк**а**зм *(m.)*	sarcasmo 18
саркоф**а**г *(m.)*	sarcofago 22
сат**и**р *(m.)*	satiro 20
с**а**хар *(m.)*	zucchero 4
сбег**а**ть *(perf.)* за *(coll.)*	fare un salto, correre a prendere 92
сб**о**ры *(m. pl.)*	preparativi 57
св (б**и**знес-класс)	biglietto di 1ª classe 17
св**а**дьба *(f.)*	matrimonio 83, 90
св**е**рху	dall'alto 60
свет *(m.)*	luce, mondo 85
светло-	chiaro 72
светло-зелёный	verde chiaro 72

светофо́р *(m.)*	semaforo 13
свиде́тель *(m.)*	testimone 58
свини́на *(f.)*	carne di maiale 80
свисте́ть *(imperf.)*	fischiare 88
сви́тер *(m.)*	maglione 29
свобо́дный, -ая, -ое	libero 41
свой, своя́, своё	proprio, propria 26
связа́ться *(perf.)*	mettersi in contatto, contattare, legarsi 73
сгоре́ть *(perf.)*	bruciare *(v.i.)* 97
сдава́ть экза́мен *(imperf.)*	dare un esame 9
сдать экза́мен *(perf.)*	passare (un esame) 79
сде́лать *(perf.)*	fare 73
сего́дня	oggi 5
сейча́с	ora, adesso 9, 85
секре́т *(m.)*	segreto 69
се́кция *(f.)*	sezione 93
семья́ *(f.)*	famiglia 16
сентя́брь *(m.)*	settembre 91
се́рвис *(m.)*	servizio (clienti) 71
сере́бряный, -ая, -ое	argenteo, d'argento 72
се́рый, -ая, -ое	grigio 72
сестра́ *(f.)*	sorella 16
сиби́рский, -ая, -ое	siberiano 80
Сиби́рь *(f.)*	Siberia 20
сигаре́та *(f.)*	sigaretta 45
сиде́ние *(n.)*	sedile 61
сиде́ть *(imperf.)*	sedere, sedersi 58
си́льно	forte, fortemente 39
симме́трия *(f.)*	simmetria 26
си́ний, -яя, -ее	blu 30
систе́ма *(f.)*	sistema 37
ситуа́ция *(f.)*	situazione 24
сказа́ть *(perf.)*	dire 32
скака́ть *(imperf.)*	saltare, galoppare 99
сканда́л *(m.)*	scandalo, scenata 71
сковоро́дка *(f.)*	padella 93
ско́лько	quanto 30
скоре́е	piuttosto 44
ско́ро	presto 48
скорогово́рка *(f.)*	scioglilingua 72
ско́рый, -ая, -ое	rapido, veloce 79
скро́мный, -ая, -ое	modesto 67

скука *(f.)*	noia 38
скучный, -ая, -ое	noioso 26
слабый, -ая, -ое	debole 37
слава *(f.)*	gloria 99
слева	a sinistra (senza movimento) 47
следующий, -ая, -ее	prossimo 48
слишком	troppo 34
слишком много	troppo 96
словарь *(m.)*	dizionario 45
слово *(n.)*	parola 60
сложный, -ая, -ое	complicato 90
сломаться *(perf.)*	rompersi 62
случай *(m.)*	caso, occasione 43
случайно	per caso, casualmente 47
случиться *(perf.)*	succedere 62
слушать *(imperf.)*	ascoltare 89
слушаться *(imperf.)*	obbedire 39
слышать *(imperf.)*	sentire 19, 21, 28, 87
смешно *(avv., agg. breve, n.)*	ridicolo; in modo ridicolo 76
смеяться *(imperf.)*	ridere 38
смеяться над (+ str.)	ridere di, deridere 76
смотреть *(imperf.)*	guardare 11
смотреть за (+ str.)	badare, sorvegliare, fare attenzione 97
смотреть на *(imperf.)*	fissare, guardare intensamente 76
смотреть телевизор	guardare la televisione 38
смотри не (+ *imperativo*)	vedi di non… (+ *inf.*); fa' attenzione a non… (+ *inf.*) 97
смочь *(perf.)*	potere *(v.)* 27
сначала	prima 9
снежок *(m.)*, *(pl.*: снежки)	palla di neve 34
снимать *(imperf.)*	prendere in affitto 89
сниться, *(imperf.)*	sognare 23
снять *(perf.)*	togliere 81
собака *(f.)*	cane 16
собственный, -ая, -ое	proprio, personale 79
совершенно	completamente, del tutto 41
совет *(m.)*	consiglio 94
совещание *(n.)*	riunione 48
совпадение *(n.)*	coincidenza 61
совсем	del tutto, proprio 55
сойти *(perf.)*	scendere 71
солидарность *(f.)*	solidarietà 55

со́лнце *(n.)*	sole 97
соль *(f.)*	sale 15
сон *(m.)*	sogno, sonno 23
сосе́д *(m.)*/-ка *(f.)*	vicino/vicina (di casa) 33
соси́ска *(f.)*	salsiccia 80
состоя́ние *(n.)*	stato, situazione 65
спаса́тельный круг *(m.)*	salvagente 86
спаси́бо	grazie 1, 25
спать *(imperf.)*	dormire 6, 38
специа́льный, -ая, -ое	speciale, apposito 93
спеши́ть *(imperf.)*	affrettarsi, avere fretta 53
спи́чка *(f.)*	fiammifero 45
споко́йно	tranquillamente 51
споко́йный, -ая, -ое	tranquillo 6
спо́рить *(imperf.)*	discutere 74
спорт *(m.)*	sport 4
спортсме́н *(m.)*	sportivo 64
спо́соб *(m.)*	modo 100
спосо́бный, -ая, -ое	bravo, capace 76
спра́ва	a destra (senza movimento) 47
спра́шивать *(imperf.)*	chiedere (per sapere), domandare 57
спроси́ть *(perf.)*	chiedere 13
сра́зу	subito, immediatamente 26, 95
среда́ *(f.)*	mercoledì 22
сро́чно	d'urgenza 73
сро́чный, -ая, -ое	urgente 82
ссо́ра *(f.)*	litigio 75
ста́вить *(imperf.)*	mettere (in posizione verticale) 75
стадио́н *(m.)*	stadio 64
стака́н *(m.)*	bicchiere 18
ста́нция *(f.)*	stazione 94
ста́нция техобслу́живания	stazione di servizio 94
старина́ *(f.)*	tempi antichi 99
стари́нный, -ая, -ое	antico 79, vecchio 93
ста́рый, -ая, -ое	vecchio 29
стать *(imperf.)*	diventare 74
стекло́ *(n.)*	vetro 88
стена́ *(f.)*	parete, muro 89
степь *(f.)*	steppa 99
стира́ть *(imperf.)*	lavare 81
стих *(m.)*, -и *(pl.)*	verso (*al plurale* poesie) 66
сто	cento 58

стоить *(imperf.)*	costare 30
стол *(m.)*	tavola 15
столовая *(f.)*	sala da pranzo, mensa 54
столовая ложка *(f.)*	cucchiaio da zuppa 93
столовый, -ая, -ое	da tavola 93
столько	tanto 64
стоп *(m.)*	stop 1
сторона *(f.)*	parte 95
стоять *(imperf.)*	stare in piedi 55, 56, 93
страна *(f.)*	Paese 78
странно *(agg. breve, n.)*	strano 79
странный, -ая, -ое;	strano 99
страшно	terribile 95
страшный, -ая, -ое	terribile, spaventoso 19
стройный, -ая, -ое	slanciato 90
студент/-ка	studente/-ssa 2
ступенька *(f.)*	gradino 89
стюардесса *(f.)*	hostess 86
суббота *(f.)*	sabato 22
суд *(m.)*	tribunale 58
суеверный, -ая, -ое	superstizioso 75
сумка *(f.)*	borsa 95
сходить *(perf.)*	andare a piedi (e tornare) 92
сцепление *(n.)*	frizione 94
счастлив, -а, -ы *(agg. breve)*	felice 85
счастливого пути!	buon viaggio! 100
счастливый, -ая, -ое	felice, fortunato 44
счастье *(n.)*	fortuna 89
считать *(imperf.)*	contare, pensare, considerare 30, 69
съесть *(perf.)*	mangiare 24
сын (*diminutivo* сынок) *(m.)*	figlio 34
сыр *(m.)*	formaggio 80
сюрприз *(m.)*	sorpresa 85

Т, т

таблетка *(f.)*	compressa 92
тайга *(f.)*	taiga 20
так	tanto, così, allora 15, 50, 96
так и быть	va bene, d'accordo, sia! 87
так как	perché, poiché 22
также	anche, compreso 93
такой же	lo stesso 88
такой, -ая, -ое	tale 43
таком случае (в ~)	in tal caso, in questo caso 43

такс**и** *(inv.) (n.)*	taxi 13
такт**и**чно	con delicatezza 90
там	là (senza movimento) 5
танцев**а**ть *(imperf.)*	ballare 26
т**а**почка *(f.)*	pantofola 81
тар**е**лка *(f.)*	piatto 54
тар**е**лочка *(f.)*	piattino 97
тар**и**ф *(m.)*	tariffa 68
твой, тво**я**, тво**ё**	tuo, tua 35
те**а**тр *(m.)*	teatro 6
текст *(m.)*	testo 1
телев**и**зор *(m.)*	televisione 20
тел**е**га *(f.)*	carro (trainato da cavalli) 99
телегр**а**мма *(f.)*	telegramma 82
телеф**о**н *(m.)*	telefono 19
телеф**о**н-автом**а**т *(m.)*	cabina telefonica 73
телеф**о**нная к**а**рта *(f.)*	scheda telefonica 73
телеф**о**нный, -ая, -ое	telefonico 19
тёмно-	scuro (dopo un colore) 72
тёмный, -ая, -ое	oscuro 99
температ**у**ра *(f.)*	febbre, temperatura 92
тень *(f.)*	ombra 99
теор**е**ма *(f.)*	teorema 55
те**о**рия *(f.)*	teoria 24
теп**е**рь	ora, adesso 33, 99
тепл**о**	si sta bene 5
тёплый, -ая, -ое	caldo 29
терп**е**ние *(n.)*	pazienza 100
терп**е**ть *(imperf.)*	sopportare 66
терр**а**са *(f.)*	terrazza 89
тетр**а**дь *(f.)*	quaderno 34
техобсл**у**живание *(n.)*	servizio tecnico 94
техосм**о**тр *(m.)*	revisione 94
тип *(m.)*	tipo 3
т**и**хий, -ая, -ое	tranquillo 61
т**и**хо	silenziosamente 51
то	allora 22
то есть	ovvero 41
тов**а**рищ *(m.)*	compagno 51
тогд**а**	allora 5
т**о**же	anche 2
Т**о**кио	Tokyo 17
толк**а**ть *(imperf.)*	spintonare 95

шестьсот • 600

толком	per bene, chiaramente 71
только	solo, soltanto 38
тормоз *(m.)*	freno 88
торчать *(imperf.)*	sporgere 62
тот *(m.)*, та *(f.)*, то *(n.)*	quello, quella 57, 63
тот, кто	quello che 86
точно	precisamente, proprio, infatti 18
традиция *(f.)*	tradizione 100
транспорт *(m.)*	trasporto, mezzi di trasporto 75
тратить *(imperf.)*	perdere, spendere 93
труд *(m.)*	fatica 100
трудно *(agg. breve)*	difficile *(agg.)* 95
трудолюбие *(n.)*	impegno, laboriosità 100
туда	là (con movimento) 17
туда и обратно	andata e ritorno 17
Тунис *(m.)*	Tunisia 78
тупица	idiota 55
турист *(m.)*	turista 86
туфля *(f.)*	scarpa 81
ты	tu 5
ты прав/-а *(agg. breve)*	hai ragione 34

У, у

у	presso, da 1
у *(+ gen.)*	presso di 1
убирать *(imperf.)*	mettere in ordine, togliere, adornare 81
уверен, -а, -о	sicuro/-a 24
увы	purtroppo, ahimè 71
уговорить *(perf.)*	convincere 87
угощать *(imperf.)*	offrire (da bere o da mangiare) 18
удача *(f.)*	fortuna, successo 73
удивляться *(imperf.)*	stupirsi 47
удовольствие *(n.)*	piacere 12
уезжать *(imperf.)*	partire (con un mezzo) 22
уехать *(perf.)*	partire (con un mezzo) 62
ужас *(m.)*	orrore 48
уже	già 22
ужин *(m.)*	cena 41
узнавать *(imperf.)*	riconoscere 33
узнать *(perf.)*	riconoscere, distinguere 76
украсть *(perf.)*	rubare 58
улица *(f.)*	via 13
ум *(m.)*	cervello 65

умере́ть *(perf.)*	morire 38
уме́ть *(imperf.)* *(+ infinito)*	sapere (fare qualcosa) 50
университе́т *(m.)*	università 62
упражне́ние *(n.)*	esercizio 1
упря́мство *(n.)*	testardaggine 11
ура́!	evviva! 67
уравне́ние *(n.)*	equazione 34
уро́к *(m.)*	lezione 1
урони́ть *(perf.)*	fare cadere 90
успева́ть *(imperf.)*	fare in tempo 64
успе́х *(m.)*	successo 83
успоко́иться *(perf.)*	calmarsi 31
уста́ть *(perf.)*	stancarsi 6
устра́иваться *(imperf.)*	accomodarsi 61
утвержда́ть *(imperf.)*	affermare 58
у́тро *(n.)*	mattino 85
ух ты!	ah! (soddisfazione) 97
уче́бник *(m.)*	manuale (libro) 34
учени́к *(m.)*	allievo 55
учи́тель *(m.)*	insegnante, professore (di scuola media) 55
учи́ть *(imperf.)*	imparare 78
учи́ться *(imperf.)*	studiare 78

Ф, ф

фа́за *(f.)*	fase 22
фаза́н *(m.)*	fagiano 25
фами́лия *(f.)*	cognome 82
фа́ра *(f.)*	faro 12
фарао́н *(m.)*	faraone 24
февра́ль *(m.)*	febbraio 91
фигу́рное ката́ние *(n.)*	pattinaggio artistico 64
фи́зика *(f.)*	fisica 9
фильм *(m.)*	film 11
фина́л *(m.)*	finale *(nome)* 23
фиоле́товый, -ая, -ое	viola 72
фонта́н *(m.)*	fontana 46
фотогра́фия *(f.)*	fotografia 12
фра́за *(f.)*	frase 10
францу́з, францу́женка	francese *(nome)* 47
францу́зский, -ая, -ое;	francese *(agg.)* 10
фру́кты *(m.)*	frutta 80
футбо́л *(m.)*	calcio 5, 23

Х, х

хал**а**т *(m.)*	vestaglia 81
хамеле**о**н *(m.)*	camaleonte 27
хват**а**ть *(imperf.)*	bastare 74
хват**и**ть *(perf.)*	bastare 75
хим**и**ческий, -ая, -ое	chimico 81
х**и**мия *(f.)*	chimica 23
химч**и**стка *(f.)*	tintoria 81
хитр**е**ц *(m.)*	furbacchione 66
х**и**трость *(f.)*	furbizia 50
хл**о**пать *(imperf.)*	dare una pacca, battere 61
ход**и**ть *(imperf.)*	andare a piedi (senza una direzione precisa) 44; funzionare 75
хоз**я**йка *(f.)*	padrona di casa 93
хокк**е**й *(m.)*	hockey 64
х**о**лод *(m.)*	freddo *(nome)* 20
холод**и**льник *(m.)*	frigorifero 62
х**о**лодно *(agg. breve)*	freddo 34
холо**д**ный, -ая, -ое	freddo 80
холост**я**к *(m.)*	scapolo 54
хор**о**ший, -ая, -ее	buono *(agg.)* 5
хорош**о**	bene 1
хот**е**ть *(imperf.)*	volere 4
хот**е**ть *(imperf.)* есть	avere fame 15
хот**е**ть *(imperf.)* спать	avere sonno 6
хоть	almeno 73
хот**я**	benché, anche se 44, 49
хот**я** бы	almeno 89, 92
х**о**чется (мне ~) *(imperf.)*	ho voglia 24, 100
х**о**чется пить (мне ~) *(imperf.)*	ho sete 24
х**у**денький, -ая, -ое	snello 90

Ц, ц

царь *(m.)*	zar 9
цвет *(m.)*	colore 51
цветн**о**й, **-ая**, **-о**е	colorato, a colori 72
цвет**о**к *(m.)*	fiore 25
ц**е**лый, -ая, -ое	intero 29
цен**а** *(f.)*	prezzo 30
ц**е**нный, -ая, -ое	prezioso 62
центр *(m.)*	centro 33
ц**е**рковь *(f.)*	chiesa 79

Ч, ч

чай *(m.)*	tè 4, 92
час *(m.)*	ora 41
час пик *(m.)*	ora di punta 95
часто	spesso 37
часы *(pl.)*	orologio 87
чашка *(f.)*	tazza 93
человек *(m.)*	uomo 52, persona 54
чемодан *(f.)*	valigia 96
чердак *(m.)*	soffitta 89
через	attraverso 88, 90
через *(periodo di tempo)*	fra 41
чернила *(pl.)*	inchiostro 72
чёрно-белый, -ая, -ое	bianco e nero 72
чёрный, -ая, -ое	nero 72
чёрт *(m.)*	diavolo 9
чертёнок *(m.)*	diavoletto 72
чертить *(imperf.)*	tracciare 72
чеснок *(m.)*	aglio 80
четверг *(m.)*	giovedì 22
четверть *(f.)*	quarto 53
четверть *(f.)*	trimestre 53
чипсы *(pl.)*	patatine 18
число *(n.)*	data, numero 83
чистить *(imperf.)*	pulire 81
чистка *(f.)*	lavaggio 81
чисто	pulito 72
чистота *(f.)*	pulizia 93
чистый, -ая, -ое	pulito 54
читать *(imperf.)*	leggere 6
читать (стихи) *(imperf.)*	recitare (una poesia, poesie) 66
чрезвычайно	straordinariamente 72
что	che cosa, che *(pron. relativo)* 6
что за вопрос!	che domande! 85
чтобы	per, affinché 66
что-нибудь	qualcosa, qualsiasi cosa 29
что-то	qualcosa 61
чувствовать *(imperf.)*	sentire 83
чудесный, -ая, -ое	splendido, meraviglioso 97
чудо *(n.)*	tesoro, miracolo, meraviglia 44
чумазый, -ая, -ое	sporco 72
чуть не (+*verbo perfettivo*)	stare per (+ *inf.*) 44, 88
чуть-чуть	un pochino 15

Ш, ш

шакал *(m.)*	sciacallo 20
шампанское *(n.)*	spumante, champagne 26, 90
шампунь *(m.)*	shampoo 85
шанс *(m.)*	occasione 6
шантаж *(m.)*	ricatto 23
шарик *(m.)*	palloncino 62
шасси *(inv.) (n.)*	telaio 17
шашлык *(m.)*	spiedini 97
шевелить *(imperf.)*	destare, agitare 99
шикарный, -ая, -ое	meraviglioso, splendido 83
шимпанзе *(m.) (inv.)*	scimpanzé 15
шина *(f.)*	pneumatico 94
шкаф *(m.)*	armadio 29, 93
шкафчик *(m.)*	armadietto 93
школа *(f.)*	scuola 34
шляпа *(f.)*	cappello 81
шок *(m.)*	choc 2
шофёр *(m.)*	autista 12
штопор *(m.)*	cavatappi 97
шутить *(imperf.)*	scherzare 5

Э, э

эгоист *(m.)*	egoista 24
экзамен *(m.)*	esame 9

экземпл**я**р *(m.)*	esemplare 25; copia 82
экон**о**мика *(f.)*	economia 26
экр**а**н *(m.)*	schermo 23
экск**у**рсия *(f.)*	gita, escursione 85
эликс**и**р *(m.)*	elisir 16
эм**о**ция *(f.)*	emozione 27
эт**а**ж *(m.)*	piano 68
это	questo *(pron.)* 2
этот, эта, это	questo, questa *(agg.)* 23, 57
эх!	ah! *(interiez.)* 48

Ю, ю
юбка *(f.)*	gonna 30
юмор *(m.)*	umorismo 26
юр**и**ст *(m.)*	avvocato 74

Я, я
я	io 3
яблоко *(n.)*	mela 27
яз**ы**к *(m.)*	lingua 10
яйц**о** *(n.)*	uovo 80
янв**а**рь *(m.)*	gennaio 91
яп**о**нец	giapponese *(nome)* 47
ясно	chiaro, chiaramente 25
ящик *(m.)*	cassetto 93

Lessico
Italiano – Russo

Vedi "Modo d'uso" a pag. 562

A

a	в 6; на 4; за 15
a favore di	ради 71
a meraviglia	в самый раз 97
a muro	навесной, -ая, -ое 93
a ritmo di	под 61
a tempo di	под 61
a volte	иногда 81
abbaiare	гавкать *(imperf.)*; лаять *(imperf.)* 36
abbigliamento	одежда *(f, sing.)* 29
abitare	жить 33
abito	платье 29
accanto	рядом 33
accensione	зажигание 94
accessibile	доступно *(agg. breve, n.)* 78
accettare	принимать *(imperf.)* 82
acchiappare	ловить *(imperf.)* 61
accoglienza	приём 37
accomodarsi	устраиваться 61, проходить *(imperf.)* 83
accorgersi	замечать *(imperf.)* 54 / заметить *(perf.)* 65
acido	кислый, -ая, -ое 87
acqua	вода 18
acquisto	*vedi* spese 80
acuto	острый, -ая, -ое 92
addio (dire ~)	прощаться *(Imperf.)* 100
addormentarsi	заснуть *(perf.)* 26
adesso	сейчас 9; теперь 33; 99
adorare	обожать *(imperf.)* 93
adulto	взрослый, -ая, -ое 76
aereo	самолёт 67-
aeroporto	аэропорт 85
affermare	утверждать *(imperf.)* 58
afferrare	ловить *(imperf.)* 61
affinché	чтобы 66

affrettarsi	спеш**и**ть *(imperf.)* 53; поспеш**и**ть *(perf.)* 95; брос**а**ться *(imperf.)* 88
Africa	**А**фрика 79
agenda	гр**а**фик 41
aggirare (con un mezzo)	объ**е**хать 79
aggiungere	доб**а**вить *(perf.)* 97
aggiungere (un liquido)	дол**и**ть *(perf.)* 94
agitare	мах**а**ть *(imperf.)* 88; шевел**и**ть *(imperf.)* 99
agitarsi, farsi prendere dal panico	паников**а**ть *(imperf.)* 31; волнов**а**ться *(imperf.)* 59
aglio	чесн**о**к 80
agognare	вздых**а**ть *(imperf.)* 99
agosto	**а**вгуст 91
ah! (soddisfazione)	ух ты! 97
ahimè	ув**ы** 71
aiutare	помог**а**ть *(imperf.)* 36 / пом**о**чь *(perf.)* 40; **в**ыручить *(perf.)* 62
aiuto	п**о**мощь 62
ala	крыл**о** 76
albergo	гост**и**ница 68; от**е**ль 68
albero	д**е**рево 76
albicocca	абрик**о**с 80
all'epoca di	при 95
all'improvviso	вдруг 60; неож**и**данно 88
alla svelta	поскор**е**е 66
allievo	учен**и**к 55
allora	тогд**а** 5; ну 6; ну так 20; то 22; же 48; зн**а**чит 50; так 50
almeno	хоть 73; хот**я** бы 89, 92
altezza	высот**а** 71
alto	выс**о**кий, -ая, -ое 68
alto (dall'~)	св**е**рху 60
altrimenti	а то 94
altro	друг**о**й, -**а**я, -**о**е 22; пр**о**чий, -ая, -ое 93
alzarsi	встав**а**ть *(imperf.)* 38 / встать *(perf.)* 55; поним**а**ться *(imperf.)* 55
amare	люб**и**ть *(imperf.)* 34

amato	люб**и**мый, -ая, -ое 16
America	Ам**е**рика 79
americano *(nome)*	америк**а**нец 47
amico/amica	друг 26, при**я**тель 76; подр**у**га 43
ammalarsi	забол**е**ть *(perf.)* 27
ammirare	любов**а**ться *(imperf.)* 79
amore	люб**о**вь 99
ananas	анан**а**с 3
anche	т**о**же 2; т**а**кже 93
anche se	хот**я** 44, 49
ancora	ещё 13
andare a piedi	идт**и** *(imperf.)* 6 / пойт**и** *(perf.)* 5;
andare a piedi (e tornare)	сход**и**ть *(perf.)* 92
andare a piedi (senza una direzione precisa)	ход**и**ть *(imperf.)* 44
andare con un mezzo	**е**здить *(imperf., pluridir.)* 51; **е**хать *(imperf., unidir.)* 62 / по**е**хать *(perf.)* 67
andare (funzionare)	ход**и**ть 75; раб**о**тать 87
andare in aereo	лет**е**ть *(imperf., unidir.)* 67 / полет**е**ть *(perf.)* 67
andata e ritorno	туд**а**-обр**а**тно, туд**а** и обр**а**тно 17
animale	жив**о**тное 43
anniversario	кр**у**глая д**а**та 83
anno	год 39
annoiare	надо**е**сть *(perf.)* 79
annunciare	объявл**я**ть *(imperf.)* 96
ansia	беспок**о**йство 85
antagonismo	антагон**и**зм 17
antenna	ант**е**нна 18
antico	стар**и**нный, -ая, -ое 79
antigelo	антифр**и**з 94
anziano	пожил**о**й, -**а**я, -**о**е 75
apertura	откр**ы**тие 100
appartamento	кварт**и**ра 81, 89
applaudire (mettersi a ~)	зааплод**и**ровать *(perf.)* 44
apposito	специ**а**льный, -ая, -ое 93
apposta	назл**о** 62
appuntamento	встр**е**ча 87
aprile	апр**е**ль 91
aprire	откр**ы**ть *(perf.)* 76
apriscatole	открыв**а**лка 97
arabo	ар**а**бский, -ая, -ое 78

arancia	апельсин 27
arancione	оранжевый, -ая, -ое 72
architetto	архитектор 89
arcobaleno	радуга 72
argenteo, d'argento	серебряный, -ая, -ое 72
armadietto	шкафчик 93
armadio	шкаф 29
arrivare a piedi	дойти *(perf.)* 82
arrivare (con un mezzo di trasporto)	приехать *(perf.)* 85
arrivare in aereo	прилететь *(perf.)* 85
arrivederci	до свидания 100
ascensore	лифт 89
asciugamano	полотенце 71, 85
ascoltare	слушать *(imperf.)* 89 / послушать *(perf.)* 31
Asia	Азия 79
aspettare	ждать *(imperf.)* 74
aspirina	аспирин 92
assolutamente	обязательно 85, 92
assolutamente no	ни в коем случае 75
assordante	оглушительно 88
attento a non… (+ *inf.*)	смотри не (+ *imperativo*) 97
attenzione!	осторожно! 88
atterrare	приземлиться *(perf.)* 85
atto	акт 26
attore, attrice	актёр, актриса 74
attraversare (a piedi)	перейти *(perf.)* 75
attraverso	через 88
augurare	желать *(imperf.)* 83 / пожелать *(perf.)* 100
Australia	Австралия 79
autista	шофёр 12; водитель 61
auto	машина 61
autunno	осень 51
autunno (in ~)	осенью 51
avaro	жадный, -ая, -ое 45
avere (possedere)	иметь *(perf.)* 43
avere (ricevere)	получить *(perf.)* 86
avere paura	бояться *(imperf.)* 22
avere voglia	хотеться 24 *(imperf.)* / захотеться *(perf.)* 100

avviarsi	заводи́ться *(imperf.)* 94
avvicinarsi (a piedi)	подойти́ *(perf.)* 100
avvocato	юри́ст 74
azzurro	голубо́й, **-ая**, **-ое** 72

B

Babbo Natale	дед моро́з 48
badare	смотре́ть за *(+ str.)* 97
bagagliaio	бага́жник 97
bagaglio a mano	ручна́я кладь 96
bagaglio, bagagli	бага́ж 96
bagno	ва́нна 68
bagno (stanza)	ва́нная 85
balcone	балко́н 89
ballare	танцева́ть *(imperf.)* 26
bambina	де́вочка 27
bambino	ребёнок 31 *(pl.*: де́ти) 8
banana	бана́н 2
barattolo (di conserva)	(консе́рвная) ба́нка 97
barca	ло́дка 67
barzelletta	анекдо́т 80
basso *(agg.)*	ни́зкий, **-ая**, **-ое** 68
basso *(avv.)*	ни́зко 68
basso (voce)	бас 3
bastare	хвата́ть *(imperf.)* 74 / хвати́ть *(perf.)* 75
battere	хло́пать *(imperf.)* 61
battere a macchina	печа́тать *(imperf.)* 50
batteria	аккумуля́тор 94
battuta	ре́плика 25
bau bau!	гав-га́в! 36
beh	ну 6; ну так 20
beige	бе́жевый, **-ая**, **-ое** 72
bello	краси́вый, **-ая**, **-ое** 29
benché	хотя́ 44, 49
bene	хорошо́ 1; краси́во 46
benissimo	прекра́сно 48
benvenuto	добро́ пожа́ловать 85
benzina	бензи́н 94
bere	пить *(imperf.)* 24 / попи́ть *(perf.)* 53
Berlino	Берли́н 47

biancheria	бельё 81
biancheria intima	нижнее бельё 81
bianchissimo	белоснежный, -ая, -ое 89
bianco	белый, -ая, -ое 30
bianco e nero	чёрно-белый, -ая, -ое 72
biblioteca	библиотека 11, 46
bicchiere	стакан 18
bicchierino	рюмочка 83, 93
bicchierino usa e getta	одноразовый стаканчик 97
bici	велосипед 67
biglietto	билет 17
biglietto di 1ª classe	св (бизнес-класс) 17
biglietto di 2ª classe	купе 17
bimbo	ребёнок 31; малыш 65
birra	пиво 18, 97
blin	блин 4; блинчик 93
blu	синий, -яя, -ее 30
bobina	бобина 18
borsa	сумка 95
borsh	борщ 5, 18
bosco	лес 8
botanico *(agg.)*	ботанический, -ая, -ое 76
botanico *(nome)*	ботаник 76
bottiglia	бутылка 75
bottiglietta	бутылочка 97
boutique	бутик 74
braccio	рука 31
bravo	способный, -ая, -ое 76
bravo!	молодец! 36
breve (in ~)	вкратце 89
bruciare *(v.i.)*	сгореть *(perf.)* 97
bruscamente	резко 88
brutto	некрасивый, -ая, -ое 30
buon viaggio!	счастливого пути! 100
buona sera	добрый вечер 19
buongiorno	добрый день 1; здравствуй(те) 2
buono *(agg.)*	хороший, -ая, -ее 5; добрый, -ая, -ое 1, 16
burro	масло 80
busta	конверт 82

C

cabina	кабина 73
cabina telefonica	телефон-автомат 73
cacciatore	охотник 72
cadere	впадать *(imperf.)* 37; падать *(imperf.)* 61
cadere (fare ~)	уронить *(perf.)* 90
caffè	кофе inv. 4
calcio	футбол 5, 23
caldo	жара 24
caldo *(agg.)*	тёплый, -ая, -ое 29
calice	бокал 93
calmarsi	успокоиться *(perf.)* 31
calzino	носок 81
camaleonte	хамелеон 27
cambiare (canale)	переключать *(imperf.)* 64
cambiare *(v.i.)*	измениться *(perf.)* 71
cambiare *(v.t.)*	поменять *(perf.)* 71; изменять *(imperf.)* 94
camera	комната 89
camera (d'albergo)	номер 68
cameriere	официант 74
camicetta	блузка 81
camicia	рубашка 40
campagna (andare in ~)	выезжать за город 97
campo di pattinaggio	каток 64
canale	канал 64
candido	белоснежный, -ая, -ое 89
cane	собака 16
canguro	кенгуру *(inv.)* 16
cantante	певец / певица 74
cantina	подвал 89
capace	способный, -ая, -ое 76
capello	волос 39
capire	понимать *(imperf.)* 10 / понять *(perf.)* 55
capitare	оказаться *(perf.)* 58
cappello	шляпа 81
cappotto	пальто *(inv.)* 16
carino	милый, -ая, -ое 52
carne	мясо 15

caro	люби́мый, -ая, -ое 16, дорого́й, -а́я, -о́е 57
carota	морко́вь 80
carro (trainato da cavalli)	теле́га 99
carro funebre	катафа́лк 61
casa	кварти́ра 81, 89; дом 89
casa (a ~) (con movimento)	домо́й 73
casa (a, in ~) (senza movimento)	до́ма 66
casa di campagna	да́ча 52
caso	слу́чай 43
caso (in questo ~)	в тако́м слу́чае 43
caso (per ~)	случа́йно 47
cassetto	я́щик 93
casualmente	случа́йно 47
cattivo	плохо́й, -а́я, -о́е 5
Caucaso	Кавка́з 8
causa (a ~ di)	из-за 54
cavallo	ло́шадь 79
cavatappi	што́пор 97
caviale	икра́ 15
cellulare *(nome)*	моби́льник 87
cena	у́жин 41
cento	сто 58
centro	центр 33
centro (pieno ~)	са́мый центр 33
cercare	поиска́ть *(perf.)* 29
cercare (correre a ~)	сбе́гать *(perf.)* за 92
certo *(agg.)*	не́который, -ая, -ое 61; како́й-то, -а́я, -о́е 74
certo *(avv.)*	коне́чно 17
cervello	ум 65
cestino	корзи́на 40
cetriolo	огуре́ц 80
champagne	шампа́нское 26, 90
che *(cong.)*	что 6; что́бы 66
che *(pron. relativo)*	кото́рый, -ая, -ое 58, 93
che cosa	что 6
check-in	регистра́ция 96
chi	кто 2

chiacchierare	разгов**а**ривать *(imperf.)* 59
chiamare	звать *(imperf.)* 3 / позв**а**ть *(perf.)* 34; назв**а**ть 87
chiamare (al telefono)	звон**и**ть *(imperf.)* 87
chiaramente	т**о**лком 71
chiaro	**я**сно *(avv.)* 25; св**е**тлый *(agg.)* 72
chiaro (è ~)	пон**я**тно 78
chiave	ключ 95
chicchirichì	кукарек**у** 36
chiedere	спр**а**шивать *(imperf.)* 57 / спрос**и**ть *(perf.)* 13; попрос**и**ть *(perf.)* 71
chiesa	ц**е**рковь 79
chilo	килогр**а**мм 80
chimica	х**и**мия 23
chimico	хим**и**ческий, -ая, -ое 81
chiudere	закр**ы**ть *(perf.)* 76
chiunque	кт**о**-нибудь 29
chiuso	закр**ы**т, -а, -о, -ы 73
choc	шок 2
ciao	прив**е**т 1
ciascuno	к**а**ждый, -ая, -ое 23
cibo	п**и**ща 38, ед**а** 54
cielo	н**е**бо 72
ciglio (della strada)	об**о**чина 61
cinema	кин**о** *(inv.)* 22; кинемат**о**граф 100
cinematografo	кинемат**о**граф 100
cinese *(nome)*	кит**а**ец *(m.)*, кита**я**нка *(f.)* 47
cipolla	лук 80
circa	**о**коло 82; прим**е**рно 82
circolare (in auto)	**е**хать *(imperf.)* 94
circostanza	обсто**я**тельство 95
città	г**о**род 68
classe	класс 55
climatizzatore	кондицион**е**р 62
clinica	кл**и**ника 17
codice	код 5
cognome	фам**и**лия 82
coincidenza	совпад**е**ние 61
colazione	з**а**втрак 4
colazione (fare ~)	з**а**втракать *(imperf.)* 41

collant	колг**о**тки 81
collegarsi	связ**а**ться *(perf.)* 73
colmo	п**о**лный, -ая, -ое 99
colorato	цветн**о**й, -**а**я, -ое 72
colore	цвет 51
colori (a ~)	цветн**о**й, -**а**я, -ое 72
colpa (per ~ di)	из-за 54
coltello	нож 93
come	как 1, 2, 10; вр**о**де 57
cometa	ком**е**та 20
cominciare	начин**а**ться *(v.i. imperf.)* 96 / нач**а**ться *(perf.)* 53; начин**а**ть *(v.t. imperf.)* 61 / нач**а**ть *(perf.)* 83
commesso / commessa	продав**е**ц 74, продавщ**и**ца 74
compagno	тов**а**рищ 51
compilare	зап**о**лнить *(perf.)* 82
compito, compiti	зад**а**ние 50
compleanno	день рожд**е**ния 21, 25
completamente	соверш**е**нно 41
completo	п**о**лный, -ая, -ое 55
completo (abito)	кост**ю**м 6
complicato	мудрёный 85, 90; сл**о**жный, -ая, -ое 90
comportarsi	вест**и** себ**я** *(imperf.)* 76
comprare	покуп**а**ть *(imperf.)* 48 / куп**и**ть *(perf.)* 29
comprato	к**у**пленный, -ая, -ое *(part. passato)* 99
comprensibile (è ~)	пон**я**тно 78
compressa	табл**е**тка 92
computer	комп**ью**тер 50
computer portatile	портат**и**вный комп**ью**тер 96
comune	об**ы**чный, -ая, -ое 30; обыкнов**е**нный, -ая, -ое 93
con	с(о) 6, 46; под 61
concerto	конц**е**рт 5
conclusivo	заключ**и**тельный, -ая, -ое 7
conducente	вод**и**тель 61
confettura	вар**е**нье 93
congedarsi	прощ**а**ться *(imperf.)* 100
conoscenza	позн**а**ние 100

conoscenza (fare ~)	знакомиться *(imperf.)* 3 / познакомиться *(perf.)* 32
conoscere	знать *(imperf.)* 19, 21
conservare	беречь *(imperf.)* 38
considerare	считать 30
consigliare	подсказать *(perf.)* 73
consiglio	совет 94
consulto (medico)	приём 37
consumare	потреблять *(imperf.)* 94
contare	считать *(imperf.)* 69
contare su	рассчитывать на 87
contattare	связаться *(perf.)* 73
contemplare	любоваться *(imperf.)* 79
continuamente	постоянно 50
contro	против 74
controllare	проверить *(perf.)* 45, 88
controllarsi	взять *(imperf.)* себя в руки 31
controllo	проверка 88; контроль 96
controllo dei passaporti	паспортный контроль 96
controllo (di ~) *(agg.)*	контрольный, -ая, -ое 94
convenire	подходить *(imperf.)* 68
conversare	разговаривать *(imperf.)* 59
conversazione	разговор 19
convincere	уговорить *(perf.)* 87
convitto	общежитие 47
coperta	одеяло 71
copia	экземпляр 82
coricarsi	ложиться *(imperf.)* 38
correre	бежать *(imperf., unidir.)* 89
correre a cercare	сбегать *(perf.)* за *(coll.)* 92
correre via	разбежаться *(perf.)* 66
correttamente	правильно 64
corridoio	коридор 20
corruzione	коррупция 26
corsaro	корсар 27
corso	проспект 33
cosa	дело 1; вещь 81
così	просто так 79; так 15, 96
costare	стоить *(imperf.)* 30
costituzione	конституция 25
costringere	заставлять *(+ inf.) (imperf.)* 66

cotone (di ~)	ватный, -ая, -ое 88
cravatta	галстук 40
credenza	буфет 93
credere (~ in, ~ a)	верить в *(imperf.)* 60
credere (pensare)	думать *(imperf.)* 11
crescere	расти *(imperf.)* 90
cuccetta	полка 17
cucchiaio	ложка 72
cucchiaio da zuppa	столовая ложка 93
cucina	кухня 81
cucinare	готовить *(imperf.)* 54
cugina	двоюродная сестра 74
culinario	кулинарный, -ая, -ое 54
cultura	культура 100
cura	забота 92
cuscino	подушка 71

D

d'accordo	ладно 87, 89; так и быть 87
da	у 1; из 16; с 41; от 46
da lì	оттуда 67
da qualche parte (con movimento)	куда-то 53; куда-нибудь 79
da qualche parte (senza movimento)	где-то 82
da tempo	давно 90; 97
da un pezzo	давно 90; 97
dacia	дача 52
dama	дама 90
dappertutto	везде 79
dare	давать *(imperf.)* 3, 12 / дать *(perf.)* 27
dare fastidio	мешать *(imperf.)* 60, надоесть *(perf.)* 79
dare sui nervi	действовать на нервы 86
dare una mano	выручить *(perf.)* 62
dare una pacca	хлопать *(imperf.)* 61
data	дата 83; число 83
davanti	перед 81; мимо 88
davvero	разве 90
debito	долг 75
debole	слабый, -ая, -ое 37

decidere	реш**и**ть *(perf.)* 74
decisione	реш**е**ние 59
del tutto	соверш**е**нно 41
delicatezza (con ~)	такт**и**чно 90
delusione	разочаров**а**ние 34
denaro	д**е**ньги *(pl.)* 75
dente	зуб 39
dentifricio	зубн**а**я п**а**ста 71
denunciare	заяв**и**ть *(perf.)* 95
deporre	возлож**и**ть *(perf.)* 90
depressione	депр**е**ссия 37
deputato	депут**а**т 74
deridere	сме**я**ться над (+ str.) 76
desiderare	мечт**а**ть *(imperf.)* 52; жел**а**ть *(imperf.)* 72
destare	шевел**и**ть *(imperf.)* 99
destra (a ~) (con movimento)	напр**а**во 13
destra (a ~) (senza movimento)	спр**а**ва 47
diavoletto	черт**ё**нок 72
diavolo	чёрт 9
dicembre	дек**а**брь 91
dieta	ди**е**та 4
dietro	за 48
difetto	м**и**нус 20
differente	р**а**зный, -ая, -ое 75
differenza	р**а**зница 82
difficile *(agg.)*	тр**у**дно *(agg. breve)* 95; нел**ё**гкий, -ая, -ое 100
digestione	пищевар**е**ние 37
dilemma	дил**е**мма 60
dimenticare	заб**ы**ть *(perf.)* 94
dimenticato	заб**ы**тый, -ая, -ое 29
dintorni	окр**е**стности 67
Dio	Бог 47, 83
Dio (mio ~!)	г**о**споди! 90
dire	говор**и**ть *(imperf.)* 12 / сказ**а**ть *(perf.)* 32
diritto *(avv.)*	пр**я**мо 13
dirsi	говор**и**ться *(imperf.)* 100

dischetto	дискета 5
discoteca	дискотека 12
discutere	спорить *(imperf.)* 74
disgrazia	горе 54; несчастье 75
disporre	расставить *(perf.)* 97
distribuire	раздавать 86
disturbare	мешать *(imperf.)* 60
disturbo	беспокойство 85
diventare	стать *(imperf.)* 74
divertente	весело *(agg. breve, n.)* 26, забавный, -ая, -ое 43
divorziare da	развестись с *(perf.)* 54
dizionario	словарь 45
doccia	душ 68
documenti (d'identità)	документы 95
documento	документ 89
dolore	горе 54, боль 92
domanda	вопрос 85
domandare	спрашивать *(imperf.)* 57
domande (che ~ !)	что за вопрос! 85
domani	завтра 23
domenica	воскресенье 22
domestico *(agg.)*	домашний, -яя, -ее 50
dominarsi	взять *(imperf.)* себя в руки 31
dondolare	качать *(imperf.)* 31
donna	женщина 43
dopo	потом 9; после 13; за 48, 49
doppio (a due posti)	двухместный, -ая, -ое 68
dorato	золотой, -ая, -ое 72
dormire	спать *(imperf.)* 6, 38
dormire troppo	проспать *(perf.)* 87
dottore	доктор 23
dove (con movimento)	куда 9
dove (da ~)	откуда 44
dove (senza movimento)	где 13
dovere *(agg. in russo)*	должен (m), должна (f), должны (pl) 43
dritto	прямо 13
droga	наркотик 64
due	два 1; пара 80
due camere (con ~)	двухкомнатная *(agg.)* 89

due piani (a ~)	двухэтажный 89
due volte	дважды 94
dunque	значит 50
durante	во время 92

E

e	а 1; и 2
eccesso di peso	перевес 96
ecco	вот 23
economia	экономика 26
edicola	газетный киоск 73
edificio	дом 89
educato	вежливый, -ая, -ое 27
effettivamente	действительно 94
effimero	мимолётный, -ая, -ое 52
egoista	эгоист 24
elisir	эликсир 16
emozione	эмоция 27
enorme	огромный, -ая, ое 79, 87
entrambi, entrambe	оба, обе 57
eppure	ведь 16
equazione	уравнение 34
errore	ошибка 50
esagerare	перестараться *(imperf.)* 97
esame	экзамен 9
esattamente	точно 18; именно 50
escogitare	придумать *(imperf.)* 87
escursione	экскурсия 85
esempio (per ~)	например 40
esemplare	экземпляр 25
esercizio	упражнение 1
essere	быть *(imperf.)* 2
essere necessario	понадобиться *(imperf.)* 100 / прийтись *(perf.)* 95
esso	оно (n) 2
estate	лето 51
estate (in ~)	летом 51
estivo	летний, -яя, -ее 52
estrarre	выхватывать *(imperf.)* 88; достать *(perf.)* 97
Europa	Европа 78

evidente	очеви́дный 94
evviva!	ура́! 67
ex	бы́вший, -ая, -ее 89

F

fa *(avv.)*	наза́д 83
facilmente	легко́ 78
fagiano	фаза́н 25
fagottino	пирожо́к 4
fame (avere ~)	хоте́ть есть 15
famiglia	семья́ 16
fantasticheria	мечта́ние 99
faraone	фарао́н 24
fare	де́лать *(imperf.)* 6, 21, 28/ сде́лать *(perf.)* 73; поде́лать *(perf.)* 34
fare a metà con	подели́ться с *(+ instr.)* *(perf.)* 45
fare cadere	урони́ть *(perf.)* 90
fare colazione	за́втракать *(imperf.)* 41
fare (+ professione)	рабо́тать 94
fare un bagno	принима́ть ва́нну 81
fare una doccia	принима́ть душ 81, 85
farfalla	ба́бочка 76
farina	мука́ 80
farmacia	апте́ка 74
faro	фа́ра 12
fase	фа́за 22
fatica	труд 100
febbraio	февра́ль 91
febbre	температу́ра 92
fede	ве́ра 60
felice	счастли́вый, -ая, -ое 44; сча́стлив, -а, -ы *(agg. breve)* 85
ferie	о́тпуск 67
fermare	остана́вливать *(imperf.)* 88
fermarsi	останови́ться 87
ferreo	желе́зный, -ая, -ое 53
ferro (di ~)	желе́зный, -ая, -ое 53
festa	вечери́нка 32; пра́здник 38
festeggiare	пра́здновать *(imperf.)* 83
fiamma	пла́мя 97
fiammifero	спи́чка 45
fidanzato / fidanzata	жени́х 32, неве́ста 90

fidarsi	доверять *(imperf.)* 52
fiducia	доверие 99
figlio	сын (*diminutivo* сынок) 34
film	фильм 11
finale *(agg.)*	заключительный, -ая, -ое 7
finale *(nome)*	финал 23
finalmente	наконец, наконец-то 67
finché non	пока не 87
fine	конец 17
fine settimana	выходные 22
finestra, finestrino	окно 62
fingere di essere	изображать *(imperf.)* из себя 65
finire	прекратиться *(perf.)* 23
finire (capitare)	оказаться *(perf.)* 58
finire (di fare qualcosa)	заканчивать *(imperf.)* 41
finire *(v. i.)*	закончиться *(perf.)* 53
fino a	до 17
fiore	цветок 25
fischiare	свистеть 88
fisica	физика 9
fissare	смотреть на *(imperf.)* 76
fiume	река 67
foglia	лист 76
fondina	кобура 88
fontana	фонтан 46
forchetta	вилка 93
formaggio	сыр 80
formalizzare	оформлять 89
forse	может быть 20, наверно, наверное 45
forte *(avv.)*, fortemente	сильно 39
fortuna	удача 73; счастье 89
fortuna (avere ~)	повезти *(perf.)* 39
fortunato	счастливый, -ая, -ое 44; счастлив, -а, -ы *(agg. breve)* 85
fotografia	фотография 12
fra	через *(tempo)* 41
francese *(agg.)*	французский, -ая, -ое 10 ;
francese *(nome)*	француз, француженка 47
francobollo	марка 82
frase	фраза 10

fratello	брат 16
freddo *(agg.)*	холодный, -ая, -ое 80; холодно *(forma breve)* 34
freddo *(nome)*	холод 20; мороз 92
freno	тормоз 88
fretta (in ~)	быстро 90
frigorifero	холодильник 62
frittellina	блинчик 93
frizione	сцепление 94
frutta	фрукты 80
fugace	мимолётный, -ая, -ое 52
fumare	курить *(imperf.)* 38, 59
funzionare	ходить *(imperf.)* 75
funzionare male	барахлить *(imperf.) (coll.)* 94
fuoco	огонь 99
fuori città (andare ~)	выезжать за город 97
furbacchione	хитрец 66
furbizia	хитрость 50
furto	кража 95

G

gallina	курица 80
gallo	петух 36
galoppare	скакать *(imperf.)* 99
gamba	нога 39
gas	газ 1
gatto	кот 36
gel	гель 85
gel per la doccia	гель для душа 85
gelato	мороженое 24
gelo	мороз 92
gelosia	ревность 76
genitore	родитель 78
gennaio	январь 91
gente	люди 60
gentile	милый, -ая, -ое 52
Germania	Германия 47
gettare	бросить *(perf.)* 59
gettarsi	бросаться *(imperf.)* 88
già	уже 22
giacca	пиджак 81
giacere	лежать *(imperf.)* 60

giallo	жёлтый, -ая, -ое 72
giapponese *(nome)*	японец 47
giardino	сад 76
ginnastica	гимнастика 64
ginocchio	колено 88
giocare	играть *(imperf.)* 23
giornalista	журналист 2
giorno	день 1, 22
giovane	молодой, -ая, -ое 31; молод, -а, -о, -ы *(agg. breve)* 31
giovani (i ~)	молодёжь 75
giovedì	четверг 22
gioventù	молодёжь 75
giraffa	жираф 1
girare (con un mezzo)	объехать 79
gita	экскурсия 85
giubbotto	куртка 30
giugno	июнь 91
giuria	жюри *(inv.)* 19
giusto	верно 58
gloria	слава 99
goffamente	неловко 55
goffo	неловко 55
gola	горло 92
gonna	юбка 30
gradino	ступенька 89
grafico	график 41
granchio	краб 4
grande	большой, -ая -ое 25; замечательный, -ая, -ое 26 великий, -ая, -ое 100;
grato (piacevole)	отрадный, -ая, -ое 99
grazie	спасибо 1, 25
Grecia	Греция 82
gridare	кричать *(imperf.)* 36
grido	крик 61
grigio	серый, -ая, -ое 72
guanto	перчатка 95
guardare	смотреть *(imperf.)* 11 / посмотреть *(perf.)* 30
guardare la televisione	смотреть телевизор 38

шестьсот двадцать шесть • 626

guarire	выздора́вливать *(imperf.)* 92 / попра́виться *(perf.)* 92
guerra	война́ 10
guidare	води́ть *(imperf.)* 61
gusto	вкус 48
gustoso	вку́сный, -ая, -ое 15

H

hockey	хокке́й 64
hostess	стюарде́сса 86

I

icona	ико́на 13
idea	иде́я 5
ideale *(agg.)*	идеа́льный, -ая, -ое 40
idiota	тупи́ца 55
ieri	вчера́ 26
imbarazzante	нело́вко 55; неудо́бно 81
immediatamente	сра́зу 26
immenso	огро́мный, -ая, -ое 79; безбре́жный, -ая, -ое 99
immunità	иммуните́т 24
impacco	компре́сс 26
imparare	учи́ть *(imperf.)* 78
impedire	меша́ть *(imperf.)* 60
impegnato	за́нят, -а, -о 41
impegno	трудолю́бие 100
impermeabile *(nome)*	плащ 81
importante *(agg.)*	ва́жен, важна́, -о, -ы 74
importanza	значе́ние 53
impossibile (è ~)	нельзя́ *(+ inf. imperf.)* 52
impressione	впечатле́ние 52, ощуще́ние 74
impressionismo	импрессиони́зм 22
improvvisamente	неожи́данно 88
in	в 6; за 76
in effetti	действи́тельно 94
in fretta	бы́стро 90
in presenza di	при 95
in qualche modo	как-то 55
inaccettabile	недопусти́мо 71
incallito	закорене́лый, -ая, -ое 54

incantevole	*vedi* splendido
inchiostro	черни́ла *(pl.)* 72
inconsueto	необы́чный, -ая, -ое 89
incontrare	встре́тить *(perf.)* 87 / встреча́ть *(imperf.)* 99
incontrarsi	встреча́ться *(imperf.)* 52 / встре́титься *(perf.)* 41
incontro	встре́ча 87
incrocio	перекрёсток 88
incubo	кошма́р 23
indicare	подсказа́ть *(perf.)* 73
indietro	обра́тно 17
indirizzo	а́дрес 33
indossare	наде́ть *(perf.)* 57
infatti	то́чно 18
inferiore	ни́жний, -яя, -ее 17
influenza	грипп 92
Inghilterra	А́нглия 47
inglese *(agg.)*	англи́йский, -ая, -ое 78
inglese *(nome)*	англича́нин 47, англича́нка 78
innamorato	влюблён, влюблена́, -о, -ы 76
innanzi tutto	в пе́рвую о́чередь 94
inoltre	к тому́ же 10
insalata	сала́т 15
insalata di verdure	овощно́й сала́т 97
insieme	вме́сте 46
insistere	наста́ивать *(imperf.)* 18, 86
insomma	коро́че 83
insonnia	бессо́нница 38
intanto	пока́ 97
interessante	интере́сный, -ая, -ос 10; интере́сно *(agg. breve, avv.)* 10
interesse	интере́с 43
internazionale	междунаро́дный, -ая, -ое 43
Internet	интерне́т 73
Internet point	интерне́т-кафе́ 73
intero	це́лый, -ая, -ое 29
interrompere	перебива́ть *(imperf.)* 43
intorpidito	ва́тный, -ая, -ое 88
inutile (è ~)	бесполе́зно *(+ inf.)* 86
inventare	приду́мать *(imperf.)* 87

invernale	зимний, -яя, -ее 29
inverno	зима 51
inverno (in ~)	зимой 51
invidiare	завидовать *(imperf.)* 76
invitare	пригласить *(perf.)* 26
invitare per (una certa ora)	позвать к 83
involontariamente	нечаянно 75
io	я 3
irritato	раздражённый, -ая, -ое 60
isola	остров 79
ispezione	осмотр 38
Italia	Италия 78
italiano *(agg.)*	итальянский, -ая, -ое 10, 78
italiano *(nome)*	итальянец 47

J

jeans	джинсы *(m. pl.)* 30
jeep	джип 62

K

kiwi	киви 80

L

là (con movimento)	туда 17
là (senza movimento)	там 5
laboriosità	трудолюбие 100
ladro	вор 58
lamentarsi	жаловаться *(imperf.)* 37
lampadina	лампочка 94
lampone	малина 92
lasciare	оставлять *(imperf.)* 33 / оставить *(perf.)* 76
latte	молоко 80
lavaggio	чистка 81
lavare	мыть *(imperf.)* 36; стирать 81 / постирать *(perf.)* 81
lavorare	работать *(imperf.)* 40
lavoro	работа 40
leccornia	деликатес 93
legalizzare	оформлять 89

leggenda	преданье (предание) 99
leggere	читать *(imperf.)* 6
leggere (una poesia)	читать (стихи) *(imperf.)* 66
leggermente	легко 78
lei	она 5
lento	медленный, -ая, -ое 99
lenzuolo	простыня 71
lettera (dell'alfabeto)	буква 82;
lettera (missiva)	письмо 46
letteratura	литература 100
letto	постель 81
letto (stare a ~)	полежать *(perf.)* в постели 92
lezione	урок 1
lì (da ~)	оттуда 67
libero	свободный, -ая, -ое 41
libro	книга 10
lieto	рад, -а, -о, -ы 73
limitarsi	ограничиться *(perf.)* 80
limone	лимон 80
lingua	язык 10
lira	лира 18
litigio	ссора 75
lobby	лобби *(inv.)* 19
locale *(agg.)*	местный, -ая, -ое 73
logica	логика 53
Londra	Лондон 15
lontano *(agg.)*	дальний, -яя, -ее 93
lontano *(avv.)*	далеко 67
lontano (più ~)	дальше 100
loro *(agg. possessivo)*	их 42
loro *(pron. personale)*	они 7, 12
luce	свет 85
luglio	июль 91
lui	он 2
luna	луна 6
lunedì	понедельник 22
lungo (a ~)	долго 38
lungo (duraturo)	долгий, ая, -ое 55
lungo (esteso nello spazio)	длинный, -ая, -ое 67
lungo *(preposizione)*	вдоль 73

M

ma	а 1; но 10; же 41; разве 90
ma no!	да нет! 78
madre	мать 78
maggio	май 91
maglione	свитер 29
mago	маг 22; волшебник 65
mai	никогда 38
maiale (carne)	свинина 80
malato (essere ~)	болеть 37
malattia	болезнь 92
male *(avv.)*	плохо 92; неважно 92
male *(nome)*	боль 92
male (fare ~)	болеть *(imperf.)* / заболеть *(perf.)* 27
malinteso	недоразумение 31
mamma	мама 16; мам 96
mangiare	есть *(imperf.)* 15 / съесть *(perf.)* 24
mano	рука 31
mano (a ~)	ручной, -ая, -ое 96
manuale (libro)	учебник 34
manzo (carne)	говядина 80
marchese	маркиз 22
mare	море 8
maritarsi	выходить замуж *(imperf.)* 90 / выйти замуж *(perf.)* 90
marito	муж 43
marrone	коричневый, -ая, -ое 72
martedì	вторник 22
marzo	март 91
massa	масса 4
match	матч 15
matematica	математика 9
matita	карандаш 50
matrimonio	свадьба 83, 90
mattino	утро 85
mausoleo	мавзолей 25
mazzo (di fiori)	букет 90
me (secondo ~)	по-моему 94
meccanico	механик 94
medicina	лекарство 23
medico *(agg.)*	медицинский, -ая, -ее 38

medico *(nome)*	врач 37
megawatt	мегаватт 18
meglio	лучше 13
mela	яблоко 27
melone	дыня 27
memoria	память 94
meno	минус 20; меньше 78
mensa	столовая 54
meraviglia	чудо 44
meraviglioso	шикарный, -ая, -ое 83; чудесный, -ая, -ое 97
mercato	рынок 80
mercoledì	среда 22
mese	месяц 82
mesi (sei ~)	полгода 52
metà	половина 41, 80
metropolitana	метро 95
mettere in ordine	навести порядок *(perf.)* 71 / убирать *(imperf.)* 81
mettere (in posizione orizzontale)	положить *(perf.)* 96
mettere (in posizione verticale)	ставить *(imperf.)* 75 / поставить *(perf.)* 94
mettere (indossare)	надеть *(perf.)* 57
mezzo chilo	полкило 80
mezzora	полчаса 53
mi chiamo; si chiama	меня зовут… 3, 16; это называется… *(imperf.)* 71
miagolare	мяукать *(imperf.)* 36
miao	мяу 36
miele	мёд 92
migliore (il ~)	наилучший, -ая, ое 100
mimosa	мимоза 9
minuto	минута 41
mio, mia	мой, моя, моё 16, 35
miracolo	чудо 44
mittente	отправитель 82
mobili	мебель 20
mobilitazione	мобилизация 19
moda	мода 74
moda (alla ~)	модный, -ая, -ое 74

modesto	скр**о**мный, -ая, -ое 67
modo	сп**о**соб 100
modo (allo stesso ~)	один**а**ково 54
modulo	бланк 82
moglie	жен**а** 54
molti	мн**о**гие 79
molto	мн**о**го 40; **о**чень 3, 93
molto piacere!	**о**чень при**я**тно! 3
molto più	гор**а**здо б**о**льше 86 ; намн**о**го б**о**льше 94 ; намн**о**го *(+ agg. al comparativo)* 90
monastero	монаст**ы**рь 79
mondo	мир 10; свет 85
montone (carne)	бар**а**нина 80
monumento	п**а**мятник 90
mordere	кус**а**ться *(imperf.)* 30
morire	умер**е**ть *(perf.)* 38
Mosca	Москв**а** 5, 17, 42
mostrare	пок**а**зывать *(imperf.)* 64
moto	мотоц**и**кл 67
mucca	кор**о**ва 36
muggire	мыч**а**ть *(imperf.)* 36
muro	стен**а** 89
muro (a ~)	навесн**о**й, -**а**я, -**о**е 93
museo	муз**е**й 22
musica	м**у**зыка 61

N

nascere	род**и**ться *(perf.)* 78
nascita	рожд**е**ние 25
naso	нос 71
Natale	Рождеств**о** 48
natura	прир**о**да 51
naturalmente	ест**е**ственно 93
nave	парох**о**д 67; кор**а**бль 86
navigare	плыть *(imperf., unidir.)* 67 / попл**ы**ть *(perf.)* 67
né (né… né…)	ни (ни… ни…) 9
necessario	н**у**жный, -ая, -ое 40, н**у**жен *(agg. breve)* 43; необход**и**м, -а, -о, -ы 94
negozio	магаз**и**н 29

nemmeno un/una	ни *(+ gen.)* 97
nero	чёрный, -ая, -ое 72
nervo	нерв 86
nervosamente	нервно 59
nervoso	нервный, -ая, -ое 37
nessuno	никто 45, никакой, -ая, -ое 53
niente	ничего 18; нечего 46
niente (di ~)	не за что 73
niente male	классный *(coll.)* 87
nipote *(f.)* di nonno	внучка 90
nipote *(f.)* di zio	племянница 90
nipote *(m.)* di nonno	внук 90
nipote *(m.)* di zio	племянник 90
no	нет 2
noi	мы 6
noia	скука 38
noioso	неинтересный, -ая, -ое 11; скучный, -ая, -ое 26
non	не 6
non c'è/non ci sono	нет 37
non fa niente	неважно *(avv., agg. breve, n.)* 92
non ha importanza	неважно *(avv., agg. breve, n.)* 92
nonna	бабушка 36
nonno	дедушка 36, дед 48
norma	норма 94
normalmente	в норме 94; нормально 94
nostro	наш 35, 42
notaio	нотариус 89
notare	замечать *(imperf.)* 54 / заметить *(perf.)* 65
notte	ночь 6
novembre	ноябрь 91
nozze	свадьба 83, 90
numero	номер 19, число 83
nuotare	плыть *(imperf., unidir.)* 67 / поплыть *(perf.)* 67; плавать *(imperf., pluridir.)* 86
nuoto	плавание 64
nuovo	новый, -ая, -ое 29
nuvoletta	облачко 96

O

o	или 15
obbedire	слушаться *(imperf.)* 39
obbligare	заставлять *(+ inf.) (imperf.)* 66
occasione (caso)	случай 43
occasione (possibilità)	шанс 6
occhiali	очки *(pl.)* 76
occhio	глаз 72
occorre	нужно 29; надо 92; приходится 89
occuparsi	заняться *(perf.)* 46 / заниматься *(imperf.)* 64
occupato	занят, -а, -о 41
odorare di	пахнуть *(imperf.) (+ str.)* 96
offendersi	обидеться *(perf.)* 90
offrire	угощать *(imperf.)* 18, 93
oggi	сегодня 5
ogni	каждый, -ая, -ое 23; любой, -ая, -ое 93
oh! *(interiezione)*	о! 13 ой! 19 ах! 33
okroshka (zuppa fredda)	окрошка 15
ombra	тень 99
ombrello	зонт 95
ondeggiamento	колыханье (колыхание) 99
opera (teatro)	опера 1
oppure	или 15
ora *(avv.)*	сейчас 9; теперь 33; 99
ora (è ~)	пора 66
ora *(nome)*	час 41
ora di punta	час пик 95
orario	расписание 41, 85
ordine	порядок 38; заказ 82 (commessa)
orgoglioso	гордый, -ая, -ое 99
oro	золото 81
oro (d' ~)	золотой, -ая, -ое 72
orologio	часы *(pl.)* 87
orrore	ужас 48
ortaggi	овощи 74
oscuro	тёмный, -ая, -ое 99
ospite	гость 66
ospite (essere ~)	быть в гостях 66

ottimo	отл**и**чный, -ая, -ое 46, 78; велико**ле**пный, -ая, -ое 94
ottimo!	отл**и**чно! 40
ottobre	окт**я**брь 83
ovvero	т**о** есть 41
ovviamente	есте**ст**венно 93
ovvio	очев**и**дный 94

P

pacco	пос**ы**лка 82
pace	мир 10; пок**о**й 99
padella	сковор**о**дка 93
padre	от**е**ц 78, 80
padrona di casa	хоз**я**йка 93
Paese	стран**а** 78
pagare	плат**и**ть *(imperf.)* 96
paio	п**а**ра 80
palazzina	особн**я**к 89
paletta	жезл 88
palla di neve	снеж**о**к *(m.)*, *(pl.:* снежк**и)** 34
pallido	бл**е**дный, -ая, -ое 88
palloncino	ш**а**рик 62
pancia	жив**о**т 27
panico	п**а**ника 62
pantaloni	бр**ю**ки (pl.) 29
pantofola	т**а**почка 81
papà	п**а**па 16
parabrezza	лобов**о**е стекл**о** 88
paracadute	параш**ю**т 86
parco	парк 46
parente	р**о**дственник 16
parete	стен**а** 89
Parigi	Пар**и**ж 3
parlare	говор**и**ть *(imperf.)* 12, 21, 28 / поговор**и**ть *(perf.)* 79; *vedi anche* discutere
parola	сл**о**во 60
parrucchiere	парикм**а**хер 74
parte	сторон**а** 95
parte (a ~)	отд**е**льный, -ая, ое 93
partenza (in aereo)	в**ы**лет 96

partire	отправл**я**ться *(imperf.)* 67, завод**и**ться *(imperf.)* 94
partire (con un mezzo)	уезж**а**ть *(imperf.)* 22 / у**е**хать *(perf.)* 62; выезж**а**ть *(imperf.)* 61 / по**е**хать *(perf.)* 79
partire in aereo	вылет**а**ть *(imperf.)* 88 / **вы**лететь *(perf.)* 85; полет**е**ть *(perf.)* 85
passante	прох**о**жий *(m.)*, -ая *(f.)* 31
passaporto	п**а**спорт 17
passare (a piedi)	проход**и**ть *(imperf.)* 83 / пройт**и** *(perf.)* 13
passare (con un mezzo)	про**е**хать *(perf.)* 88
passare la revisione	пройт**и** техосм**о**тр *(perf.)* 94
passare (un esame)	сдать экз**а**мен 79
passato *(agg.)*	пр**о**шлый, -ая, -ое 52
passeggero *(agg.)*	мимолётный, -ая, -ое 52
passeggero *(nome)*	пассаж**и**р 61
passeggiare	гул**я**ть *(imperf.)* 5
passeggiata (fare una ~)	гул**я**ть *(imperf.)* 5
passeggino	кол**я**ска 31
pasto	ед**а** 54
patata	карт**о**шка 80; карт**о**фель 80
patente di guida	вод**и**тельское удостовер**е**ние 95
patria	отч**и**зна 99; р**о**дина 99
pattinaggio artistico	фиг**у**рное кат**а**ние 64
pattinare	кат**а**ться *(imperf.)* на конк**а**х 51
pattini	коньк**и** 51
paura (avere ~)	бо**я**ться *(imperf.)* 22
pausa	п**а**уза 55
pavimento	пол 81
pazienza	терп**е**ние 100
peccato	жаль 22
pedale	пед**а**ль 88
pedale del freno	пед**а**ль т**о**рмоза 88
pel'men'	пельм**е**нь 80
pena	печ**а**ль 48; г**о**ре 54
penetrare	пронз**а**ть *(imperf.)* 99
penna	пер**о** 9, р**у**чка 50
pensare	д**у**мать *(imperf.)* 11;
pensierosamente	зад**у**мчиво 88
pensosamente	зад**у**мчиво 88

pentola	кастрю́ля 93
per	для 40; за 59; что́бы 66; ра́ди 71
per amore di	ра́ди 71
per bene	то́лком 71
per favore	пожа́луйста 4
pera	гру́ша 80
perché (a che scopo)	заче́м 11
perché (nelle risposte)	потому́ что 23
perché (per quale motivo)	почему́ 11
perciò	поэ́тому 54
percorrere (con un mezzo)	объе́хать 79
perdere	тра́тить *(imperf.)* 93
perdersi d'animo	па́дать *(imperf.)* ду́хом 87
perdita	поте́ря 95
permettere	позво́лить *(perf.)* 51
pernottamento	ночле́г 99
perplessità	недоуме́ние 61
persino *(avv.)*	да́же 30
persona	челове́к 54
personale	со́бственный, -ая, -ое 79
personalmente	ли́чно 60
pesare *(v. t.)*	ве́сить *(imperf.)* 96; взве́сить *(perf.)* 80
pesce	ры́ба 80
pesciolino	ры́бка 100
piacere *(nome)*	удово́льствие 12
piacere *(v.i.)*	нра́виться *(imperf.)* 8 / понра́виться *(perf.)* 44
piacevole	прия́тно *(agg. breve, n.)* 3, прия́тный, -ая, -ое 16; ла́сковый, -ая, -ое 96; отра́дный, -ая, -ое 99
piangere	пла́кать *(imperf.)* 31 / запла́кать *(perf.)* 39
piangere (mettersi a ~)	
piano *(nome)*	эта́ж 68
pianta	расте́ние 76
pianterreno	пе́рвый эта́ж 68
piattino	блю́дце 93; таре́лочка 97
piattino usa e getta	одноразо́вая таре́лочка 97
piatto	таре́лка (recipiente) 54, блю́до (pietanza) 54
piccolo *(agg.)*	ма́ленький, -ая, -ое 65

picnic	пикник 97
piede	нога 39
piedi (a ~)	пешком 89
piena	разлив 99
pieno *(agg.)*	полный, -ая, -ое 94
pieno (fare il ~)	заправить полный бак 94
pinguino	пингвин 62
pioggia	дождь 5
piscina	бассейн 64
pistola	пистолет 88
più	больше 18
più (il ~) *(+ agg.)*	самый, -ая, -ое 16
più o meno	вроде (бы) 94
piuma	пух 9
piuttosto	скорее 44; лучше 95
pneumatico	шина 94
poco	немного 12; мало 69
poema	поэма 4
poesia	стихи *(pl.)* 66
poi	потом 9, 13; ещё 92
poiché	раз 18; так как 22; ведь 87; а то 97
poliglotta	полиглот 78
polizia	милиция 95
poliziotto	милиционер 88
pollo	курица 80
poltrona	кресло 81
pomodoro	помидор 80
ponte	мост 90
popolo	народ 100
portafoglio	кошелёк 58
portare	носить *(imperf., pluridir.)* 40, водить 71 /привести *(perf.)* 58 / отводить *(imperf.)* 83, принести *(perf.)* 71, приносить *(imperf.)* 81
portare (attraversando)	переносить *(imperf.)* 90
portatile *(agg.)*	портативный, -ая, -ое 96
portatile (telefonino)	мобильный, -ая, -ое 87
posata	прибор (столовый ~) 93
posta	почта 46
posta aerea	авиа, авиапочта 82
posteriore *(agg.)*	задний, -яя, -ее 61

posto	место 39, 81
potere *(v.)*	мочь *(imperf.)* 22, 28 / смочь *(perf.)* 27
povero	бедный, -ая, -ое 34
pranzo	обед 41
praticare	заниматься *(imperf.)* 64
precisamente	точно 18
preferire	предпочитать *(imperf.)* 51
preferito	любимый, -ая, -ое 16
prego	пожалуйста 4
premere	нажимать на 88
prendere	взять *(perf.)* 13 /брать *(imperf.)* 6; принять *(perf.)* 23 / принимать *(imperf.)* 82; ловить *(imperf.)* 61; доставать *(imperf.)* 93 / достать *(perf.)* 97
prendere in affitto	снимать *(imperf.)* 89
prendere in giro	водить за нос *(imperf.)* 71
preoccupare	беспокоить *(imperf.)* 38; волновать *(imperf.)* 65
preoccuparsi	беспокоиться *(imperf.)* 96; волноваться *(imperf.)* 59; переживать *(imperf.)* 59; расстраиваться *(imperf.)* 92
preparare	готовить *(imperf.)* 54 / приготовить *(perf.)* 80; подготовить *(perf.)* 94
preparativi	сборы 57
presentare	познакомить *(perf.)* 32
presidente	президент 13
presso	у 1
presso di	у *(+ gen)* 1; около 82
prestare	одолжить *(perf.)* 75
prestito	долг 75
presto	скоро 48; рано 96
previsione	прогноз 20
previsioni del tempo	прогноз погоды 20
previsto	рассчитан, -а, -о *(agg. breve)* 54
prezioso	ценный, -ая, -ое 62
prezzo	цена 30
prima	сначала 9; раньше 33
prima (come ~)	по-прежнему 71

prima di (x ore ~)	за … часа до 96
primavera	весна 51
primavera (in ~)	весной 51
probabilmente	наверно, наверное 45
problema	проблема *(f.)* 23
professionalmente	профессионально 66
professione	профессия 74
professore (di scuola media)	учитель 55
professore (di scuola superiore)	преподаватель 74
programma	план 46
pronto	готов, -а, -о, -ы 82
pronto (al telefono)	алло 19
proporre	предложить *(perf.)* 22
proposito (a ~)	кстати 76
proprietario	владелец 89
proprio *(agg.)*	свой 26; собственный, -ая, -ое 79
proprio *(avv.)*	точно 18, именно 50
prossimo	следующий, -ая, -ее 48
prossimo (più vicino)	ближайший, -ая, -ее 73
provare	проверить *(perf.)* 45, 88; попробовать *(perf.)* 73
pubblicare	печатать *(imperf.)* 50
pulire	чистить *(imperf.)* 81 / почистить *(perf.)* 81
pulito	чистый, -ая, -ое *(agg.)* 54; чисто *(avv.)* 72
pulizia	чистота 93
punteggiatura	пунктуация 27
purtroppo	жаль 22; увы 71

Q

quaderno	тетрадь 34
qualche	некоторый, -ая, -ое 61
qualcosa	что-нибудь 29; что-то 61
qualcuno	кто-нибудь 29; кто-то 56
quale	какой, -ая, -ое 9
qualsiasi	любой, -ая, -ое 73
qualsiasi cosa	что-нибудь 29
quando	когда 36

quanto	сколько 30
quarto	четверть 53
quasi	почти 12
quello *(agg.)*	тот, та, то 57
quello che	тот, кто 86
questo *(agg.)*	этот, эта, это 23, 57
questo *(pron.)*	это 2
qui	здесь 8

R

rabbiosamente	зло 36
raccomandata (lettera)	заказной, -ая, -ое 82
raccontare	рассказывать *(imperf.)* 43 / рассказать *(perf.)* 65
radicato	закоренелый, -ая, -ое 54
radio	радио 11
raffreddore	простуда 92
ragazza	девушка 40
ragazza	девчонка *(coll.)* 87
ragazzo	парень 32; мальчик 69
ragione	рассудок 99
ragione (hai ~)	ты прав *(agg. breve)* 34
ragionevole	разумный, -ая, -ое 59
rapido	скорый, -ая, -ое 79
ratto	крыса 23
recitare (una poesia)	читать (стихи) *(imperf.)* 66
reclamo	жалоба 71
regalare	подарить *(perf.)* 25
regalo	подарок 25
regola	правило 34
remoto	дальний, - яя, -ее 93
rendita	рента 23
reparto	отдел 80
restare	остаться *(perf.)* 97
restare a casa	посидеть дома 92
revisione	техосмотр 94
riaversi	приходить в себя 61
ricatto	шантаж 23
ricco	богатый, -ая, -ое 32
ricerca	поиск 93
ricetta	рецепт 54

ricevere	получить *(perf.)* 86
ricevimento	приём 37
ricevuta	квитанция 82
riconoscere	узнавать *(imperf.)* 33 / узнать *(perf.)* 76
ricordare	помнить *(imperf.)* 44
ridere	смеяться *(imperf.)* 38
ridere di	смеяться над (+ instr.) 76
ridicolmente	смешно *(avv.)* 76
ridicolo	смешно *(agg. breve, n.)* 76
rifare (un documento d'identità)	восстанавливать *(imperf.)* 95
rifiutare	отказаться *(perf.)* 27, отказать *(perf.)* 44
riflettere	подумать *(perf.)* 50
rimettersi (in salute)	выздоравливать *(imperf.)* 92 / поправиться *(perf.)* 92
rinascere	возрождаться *(imperf.)* 51
ripasso	повторение 7
riposo	ночлег 99
riso	рис 80
risparmiare	беречь *(imperf.)* 38
ristorante	ресторан 18, 90
risvegliarsi	просыпаться *(imperf.)* 51 / проснуться *(perf.)* 87
ritardo	опоздание 85
ritardo (essere in ~)	опоздать *(perf.)* 53 / опаздывать *(imperf.)* 83
ritmo	ритм 15
riunione	совещание 48
riuscire	получиться *(perf.)* 100
robusto	полный, -ая, -ое 90
romanzo	роман 52
rompere	разбить *(perf.)* 75
rompersi	ломаться *(imperf.)* 89 / сломаться *(perf.)* 62
rosa *(agg.)*	розовый, -ая, -ое 72
rosa *(nome)*	роза 2
rosso	красный, -ая, -ое 72
rovinato	расшатанный, -ая, -ое 37

rubare	красть *(imperf.)* 90 / украсть *(perf.)* 58
rublo	рубль 13
ruga	морщина 38
ruolo (teatrale)	амплуа *(inv)* 17
ruota	колесо 94
Russia	Россия 3
russo *(agg.)*	русский, -ая, -ое 12
russo (lingua)	русский язык 12, 47
russo *(nome)*	русский, -ая 93

S

sabato	суббота 22
sacchetto	пакет 95
sagoma	габарит 19
sala	зал 44
sala da pranzo	столовая 54
salame	колбаса 80
sale	соль 15
salire	подниматься *(imperf.)* 55
salsiccia	сосиска 80
salute	здоровье 38
salvagente	спасательный круг 86
samovar	самовар 93
San Pietroburgo	Санкт-Петербург, Питер 33
sangue	кровь 99
sano	здоровый, -ая, -ое 38
sapere (fare qualcosa)	уметь *(imperf.) (+ infinito)* 50
sapere (qualcosa)	знать *(imperf.)* 19
sapone	мыло 71
sarcasmo	сарказм 18
sarcofago	саркофаг 22
sardina	сардина 19
sardonico	сардонический, -ая, -ое 27
satiro	сатир 20
sbagliare, sbagliarsi	ошибиться *(perf.)* 19
sbalorditivo	потрясающе 57
scaffale, mensola	полка 17, 93
scala	лестница 89
scaldare (fare ~ l'auto)	прогреть *(perf.)* машину 94

scandalo	скандал 71
scapolo	холостяк 54
scarpa	туфля 81
scarpa da ginnastica	кроссовок, *(pl. :* -вки) 81
scarpe	обувь *(f., sing.)* 29
scegliere	выбрать *(perf.)* 48
scenata	скандал 71
scendere	сойти *(perf.)* 71
scheda telefonica	телефонная карта 73
schermo	экран 23
scherzare	шутить *(imperf.)* 5
schiacciare	нажимать на 88
sci (attrezzi)	лыжи *(pl)* 51
sci (sport)	лыжный спорт 64
sciacallo	шакал 20
sciare	кататься *(imperf.)* на лыжах 51
scimpanzé	шимпанзе 15
sciocchezza	глупость 74
scioglilingua	скороговорка 72
scomodo	неудобно *(avv.)* 81
scompartimento	купе *(inv.)* 17
scoperta	открытие 100
scoprire	открыть *(perf.)* 76
scorso	прошлый, -ая, -ое 52
scrittore	писатель 40
scrivere	писать *(imperf.)* 50 / написать *(perf.)* 48
scuola	школа 34
scuro	тёмный 72
scuro (dopo un colore)	тёмно- 72
scusare	простить *(perf.)* 13; извинить *(perf.)* 19
scusarsi	извиняться *(imperf.)* 85
sdraiato (essere ~)	лежать *(imperf.)* 60
sdraiato (stare ~)	полежать *(perf.)* 92
se	если 17
seccatura	морока 95
secchio	ведро 75
secolare	многовековой, -ая, -ое 100
secondo	по 9
secondo (me)	по-(моему) 30, 94

sedentario *(nome)*	домосед 79
sedere, sedersi	сидеть *(imperf.)* 58
sedile	сидение 61
seduto (restare ~)	посидеть *(perf.)* 92
segnale stradale	дорожный знак 88
segno	знак 88
segno (fare ~)	махать *(imperf.)* 88
segno premonitore	примета 75
segreto	секрет 69
selvaggio	дикий, -ая, -ое 61
semaforo	светофор 13
semaforo rosso	красный свет 88
sembrare	выглядеть *(imperf.)* 57; казаться *(imperf.)* 65
semplice	простой, -ая, -ое 78
semplicemente	просто 39; легко 78
sempre	всегда 74
sennò	а то 94
sensato	разумный, -ая, -ое 59
sensazione	ощущение 74
senso	значение 53
sentire (provare)	чувствовать *(imperf.)* 83
sentire (udire)	слышать *(imperf.)* 19, 21, 28, 87
senza	без 41
senz'altro	обязательно 92
separato	отдельный, -ая, ое 93
sera/serata	вечер 19, 26
serbatoio	бак 94
servirsi di	воспользоваться *(+ str.) (perf.)* 73
servizio	сервис 71
scrvizio tecnico	техослуживание 94
sete (ho ~)	мне хочется пить 24
settembre	сентябрь 91
settimana	неделя 22
sezione	секция 93
sfortuna	неудача 75
sguardo	взор 99
shampoo	шампунь 85
sì	да 4
sia!	так и быть! 87
Siberia	Сибирь 20

siberiano *(agg.)*	сибирский, -ая, -ое 80
sicuramente	наверняка 73
sicuro	уверен 24
sigaretta	сигарета 45
significare	значить *(imperf.)* 93
significato	значение 53
signora	дама 90
signore	господин 58
Signore!	Господи! 90
signorina	девушка 40
silenzio	молчанье (молчание) 99
silenziosamente	тихо 51
simile	подобный, -ая, -ое 99
simmetria	симметрия 26
simpatico	милый, -ая, -ое 52
singolo	одноместный, -ая, -ое 68
sinistra (a ~) (con movimento)	налево 13
sinistra (a ~) (senza movimento)	слева 47
sintonizzare	переключать *(imperf.)* 64
sistema	система 37
sistemare	расставить *(perf.)* 97
situazione	ситуация 24; обстановка 43; состояние 65; положение 87
slanciato	стройный, -ая, -ое 90
smettere	прекратить *(perf.)* 31; бросить *(perf.)* 59; перестать *(perf.)* 71
snello	худенький 90
soffitta	чердак 89
soffitto	потолок 89
sognare	сниться, *(imperf.)* 23; мечтать *(imperf.)* 52
sogno	сон 23, мечта 43; мечтание 99
sola andata (biglietto di ~)	билет в один конец 17
soldi	деньги *(pl.)* 75
sole	солнце 97
solidarietà	солидарность 55
solo, soltanto	только 38; лишь 81
soluzione	выход 87
sonnecchiare	дремать *(imperf.)* 61

sonno	сон 23
sonno (avere ~)	хотеть *(imperf.)* спать 6
sopportare	терпеть *(imperf.)* 66
sorella	сестра 16
sorpresa	сюрприз 85
sorvegliare	смотреть за *(+ str.)* 97
sospetto *(agg.)*	подозрительный, -ая, -ое 65
sospetto *(nome)*	подозрение 65
sospirare	вздыхать *(imperf.)* 99
sotto	под 61; при 95
sottozero	минус 20
Spagna	Испания 78
spagnolo *(agg.)*	испанский, -ая, -ое 78
spagnolo *(nome)*	испанец 47
spalla	плечо 61
spargere	просыпать *(perf.)* 75
spaventoso	страшный, -ая, -ое 19
spazzatura	мусор 40
specchio	зеркало 75
speciale	специальный, -ая, -ое 93
spedire	отправлять *(imperf.)* 46 / отправить *(perf.)* 82; послать *(perf.)* 82
spegnersi (motore)	заглохнуть *(perf.)* 94
sperare	надеяться *(imperf.)* 95
spese	покупки 80
spese (fare ~)	идти за покупками 80
spesso	часто 37
spia (luminosa)	лампочка 94
spiacevole	неприятно 87 *(avv.)*
spiazzo	полянка 97
spiedini	шашлык 97
spiegare	объяснять *(imperf.)* 43 / объяснить *(perf.)* 55; разъяснять *(imperf.)* 43
spiegarsi	объясняться *(imperf.)* 78
spilorcio	жадина *(m., f.)* 45
spintonare	толкать *(imperf.)* 95
splendido	замечательный, -ая, -ое 26, потрясающе 57; восхитительный, -ая, -ое 89; чудесный, -ая, -ое 97
sporco	чумазый, -ая, -ое 72

sporgere	торчать *(imperf.)* 62
sport	спорт 4
sportello	окно 82
sportivo *(nome)*	спортсмен 64
sposarsi	жениться *(imperf. e perf.)* 90; пожениться *(perf.)* 83
sposarsi (per una donna)	выходить замуж *(imperf.)* 90 / выйти замуж *(perf.)* 90
spumante	шампанское 26, 90
squisito	вкусный, -ая, -ое 15
stadio	стадион 64
stagione	время года 51
stagno	пруд 100
stampare	печатать *(imperf.)* 50
stampatello (in ~)	печатный, -ая, -ое 82
stancare	надоесть *(perf.)* 79
stancarsi	устать *(perf.)* 6
stanza	комната *(f.)*, 89
stare (in piedi / fermo)	стоять *(imperf.)* 55, 56, 93
stare (in piedi per un po')	постоять *(perf.)* 71
stare per *(+ inf.)*	чуть не *(+verbo perfettivo)* 44, 88
stare sdraiato	лежать *(imperf.)* 93
stato	состояние 65
stazione	станция 94
stazione di polizia	отделение милиции 95
stazione di servizio	станция техобслуживания 94
steppa	степь 99
stesso	сам 50
stesso (lo ~)	один и тот же 54; такой же 88
stilista	модельер 74
stivale	сапог 30
stomaco	желудок 37
stop	стоп 1
storia	история 43
storia d'amore	роман 52
stoviglie	посуда 36
strada	дорога 62; путь 99
straniero *(nome)*	иностранец 12
strano	странный, -ая, -ое 99; странно *(agg. breve, n.)* 79
straordinariamente	чрезвычайно 72

straordinario	замечательный, -ая, -ое 26, потрясающе 57
struttura	планировка 89
studente/-ssa	студент/-ка 2
studiare	заниматься *(imperf.)* 64; учиться *(imperf.)* 78
stufare	надоесть *(perf.)* 79
stupidaggine, stupidaggini	ерунда 75
stupirsi	удивляться *(imperf.)* 47
su	на 4; по 61
su (attraverso)	через 90
subito	сразу 26, 95; сейчас 85
succedere	случиться *(perf.)* 62
successo	успех 83; удача 73
suggerire	подсказать *(perf.)* 73
suo (di lui, di lei)	его, её 35
suoneria	звонок 87
superstizioso	суеверный, -ая, -ое 75
svariato	разносторонний, - яя, -ее 43
sveglia	будильник 87
svegliare	разбудить *(perf.)* 85
svegliarsi	просыпаться *(imperf.)* 51 / проснуться *(perf.)* 87
svenire	падать в обморок 61
svestirsi	раздеваться *(imperf.)* 83

T

tagliare	порезать *(perf.)* 97
taiga	тайга 20
tale	такой, -ая, -ое 43
tanti	многие 79
tanto	так 15; столько 64
tardi	поздно 75
tariffa	тариф 68
tasca	карман 58
tavola	стол 15
tavola (da ~)	столовый, -ая, -ое 93
taxi	такси *(inv.)* 13
taxi (prendere un ~)	взять такси 61
tazza	чашка 93
tè	чай 4, 92
teatro	театр 6

teatro dell'opera	оперный театр 44
tedesco *(nome)*	немец 47
telaio	шасси *(inv.)* 17
telecomando	пульт 64
telefonare	звонить *(imperf.)* 87/ позвонить *(perf.)* 34
telefonico	телефонный, -ая, -ое 19
telefono	телефон 19
telegramma	телеграмма 82
televisione	телевизор 20
temere	бояться *(imperf.)* 22
temperatura	температура 92
tempi antichi	старина 99
tempo	время 24, 48
tempo (fare in ~)	успевать *(imperf.)* 64
tempo (meteorologico)	погода 5
tempo (non ho ~)	мне некогда 89
tenere	держать *(imperf.)* 39
tenero	ласковый, -ая, -ое 96
teorema	теорема 55
teoria	теория 24
terminare	закончиться *(perf.)* 53
terrazza	терраса 89
terribile	страшный, -ая, -ое 19; дикий, -ая, -ое 61
teso	напряжённый, -ая, -ое 41
testa	голова 37
testardaggine	упрямство 11
testimone	свидетель 58
testo	текст 1
tintoria	химчистка 81
tipo	тип 3
tirare fuori	достать *(perf.)* 97; вынуть *(perf.)* 100
togliere	снять *(perf.)* 81
Tokyo	Токио 17
tondo	круглый, -ая, -ое 83
topo	крыса 23
tormentare	мучить *(imperf.)* 38
tornare (con un mezzo)	ехать обратно *(imperf. unidir.)* 62
tornare in sé	приходить в себя 61

torta	пир**о**г 93
tosse	к**а**шель 92
tra l'altro	м**е**жду пр**о**чим 76
tracciare	черт**и**ть *(imperf.)* 72
tradire	изменя́ть *(imperf.)* 94
tradizionale	зав**е**тный, -ая, -ое 99
tradizione	трад**и**ция 100
tradurre	перевод**и**ть *(imperf.)* 1
trafiggere	пронз**а**ть *(imperf.)* 99
tranquillamente	спок**о**йно 51; т**и**хо 51
tranquillo	спок**о**йный, -ая, -ое 6; т**и**хий, -ая, -ое 61
trasferire	пересел**и**ть *(perf.)* 71
trasferta	командир**о**вка 48
traslocare	переезж**а**ть *(imperf.)* 89
trasportare	везт**и** *(imperf.)* 62 / отвезт**и** *(perf.)* 62 ; довезт**и** *(perf.)* 62
trasporto, trasporti	тр**а**нспорт 75
tremante	дрож**а**щий, -ая, -ое 99
treno	п**о**езд 17
tribunale	суд 58
trimestre	ч**е**тверть 53
triste	гр**у**стный, -ая, -ое 44 ; печ**а**льный, -ая, -ое 99
troppo	сл**и**шком 34; сл**и**шком мн**о**го 96
trovare	найт**и** *(perf.)* 29
trovare (inventare)	прид**у**мать *(imperf.)* 87
trovarsi	наход**и**ться *(imperf.)* 73 / найт**и**сь *(perf.)* 86
tu	ты 5
Tunisia	Тун**и**с 78
tuo, tua	твой, тво**я**, твоё 35
turista	тур**и**ст 86
turno	**о**чередь 90
tuttavia	всё-таки 60
tutti	все 12, 15
tutto *(agg.)*	весь (*f.* вся) 54
tutto *(pron.)*	всё 1, 8

U

uccello	пт**и**ца 76
ufficio	**о**фис 53

ufficio postale	почт**а**мт 73
uguale	равн**о** 74
ultimo	посл**е**дний, -яя, -ее 61
umorismo	**ю**мор 26
un/uno	од**и**н 4; как**о**й-нибудь, -**ая**, -**ое** *(indefinito)* 76; как**о**й-то, -**ая**, -**ое** *(indefinito)* 74; одн**о** 69
una	одн**а** 59
università	университ**е**т 62
uno e mezzo	полтор**а** 53
uomo	челов**е**к 52; мужч**и**на
uovo	яйц**о** 80
urgente	ср**о**чный, -ая, -ое 82
urgenza (d'~)	ср**о**чно 73
usa e getta	одноразовый, -**ая**, -**ое** 97
usare	исп**о**льзовать *(imperf.)* 87
uscire a fatica *(v.i.)*	в**ы**браться *(perf.)* 97
uscire (a piedi)	выход**и**ть *(imperf.)* 88
uscire (con un mezzo di trasporto) *(v.i.)*	выезж**а**ть *(imperf.)* 61
uscita	в**ы**ход 87
utile	н**у**жный, -ая, -ое 40; пол**е**зный, -ая, -ое 74; пол**е**зен, -на 73
uva	виногр**а**д 80

V

va bene	л**а**дно, так и быть 89
vacanza, vacanze	кан**и**кулы 67
valigia	чемод**а**н 96
vario	р**а**зный, -ая, -ое 75
vasca	в**а**нна 81
Vaticano	Ватик**а**н 13
vecchio	ст**а**рый, -ая, -ое 29; стар**и**нный, -ая, -ое 93
vedere	в**и**деть *(imperf.)* 11
vedersi	встреч**а**ться *(imperf.)* 52 / встр**е**титься *(perf.)* 41
veloce *(agg.)*	ск**о**рый, -ая, -ое 79
veloce *(avv.)*	б**ы**стро 90
velocemente *(avv.)*	б**ы**стро 90
vendere	продав**а**ть *(imperf.)* 74

venerdì	пя́тница 22
venire (a piedi)	приходи́ть *(imperf.)* 22
venire (con un mezzo di trasporto)	прие́хать *(perf.)* 85
vento	ве́тер 5
veramente	пра́вда 15; совсе́м 55; действи́тельно 81
verde	зелёный, -ая, -ое 72
verde chiaro	све́тло-зелёный 72
verdura	о́вощи 74
verdure (di ~)	овощно́й, -а́я, -о́е 97
verifica	прове́рка 88
verità	пра́вда 15
vero	настоя́щий, -яя, -ее 64
verso *(nome)*	стих *(m.)* 66
verso *(prep.)*	к 9
vestaglia	хала́т 81
vetro	стекло́ 88
via	у́лица 13
viaggiare	путеше́ствовать *(imperf.)* 78
viaggio	путеше́ствие 67, езда́ 94
viaggio (buon ~ !)	счастли́вого пути́! 100
vicinale	просёлочный, -ая, -ое 99
vicino *(avv.)*	ми́мо 88
vicino/vicina (di casa)	сосе́д *(m.)*, -ка *(f.)* 33
vigile	милиционе́р 88
vile	ни́зкий, -ая, -ое 68
villaggio	дере́вня 99
vincere	победи́ть *(perf.)* 99
vino	вино́ 97
viola	фиоле́товый, -ая, -ое 72
violare	нару́шить *(perf.)* 88
visita medica	медици́нский осмо́тр 38
vista	зре́ние 38
visto	ви́за 6
vita	жизнь 51
vivere	жить *(imperf.)* 33
voce	го́лос 60
vodka	во́дка 15
voi	вы 7

volare	лет**а**ть *(imperf., pluridir.)*; лет**е**ть *(imperf., unidir.)* 67 / полет**е**ть *(perf.)* 67
volare attraverso	вылет**а**ть *(imperf.)* ч**е**рез 88
volere	хот**е**ть *(imperf.)* 4; + жел**а**ть *(imperf.)* 72
volo	рейс 96
volta	раз 18
volta (per la prima ~)	вперв**ы**е 81
vostro	ваш 17
vuoto	пуст**ой**, **-ая**, **-ое** 75

W
week-end — выходные 22

Z
zaino — рюкзак 95
zar — царь 9
zio — дядя 66
zoo — зоопарк 62
zucchero — сахар 4

Il russo

con Assimil è anche:

Perfezionamento del russo. Metodo Assimil

Russo, primi passi. Quaderno di esercizi

Russo, le basi. Quaderno di scrittura

Russo. Guida di conversazione

Questo libro rispetta le foreste!

Il russo - Collana Senza Sforzo
Stampato in Italia - aprile 2022
Stampa: Vincenzo Bona s.p.a. - Torino